国家出版基金项目
NATIONAL PUBLICATION FOUNDATION
上海高校服务国家重大战略出版工程

臧克和 郭瑞 主编

汉魏六朝字形谱

第十卷

华东师范大学出版社

馬部

【馬】

《說文》：，怒也。武也。象馬頭髦尾四足之形。凡馬之屬皆从馬。

【影】

《說文》：，古文。

【影】

《說文》：，籀文馬與影同，有髦。

睡・秦律十八種 11

睡・秦律十八種 18

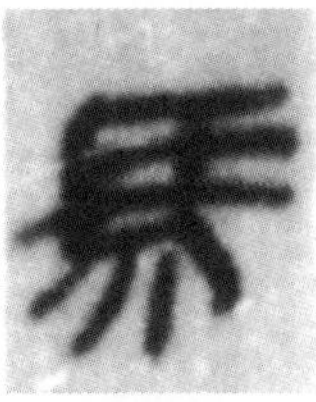
睡・效律 55

睡・秦律雜抄 29

睡・法律答問 175

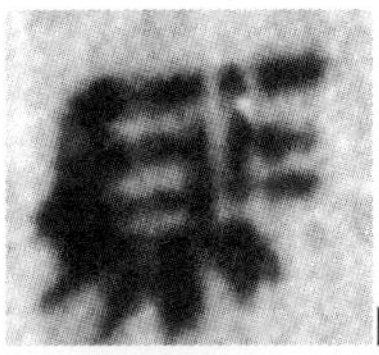
睡・日甲《歲》64

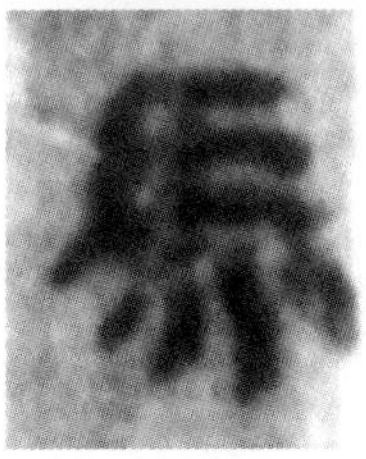
睡・日甲《盜者》79

漢銘・上林宣曲宮鼎

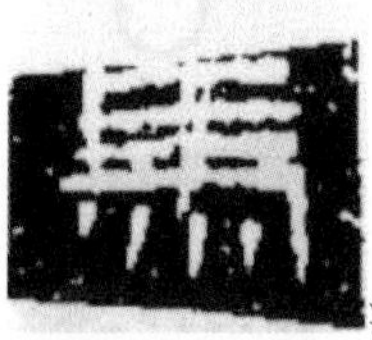
漢銘・張君郎君馬

漢銘・萬歲宮高鐙

漢銘・成山宮渠斗

漢銘・張君郎君馬

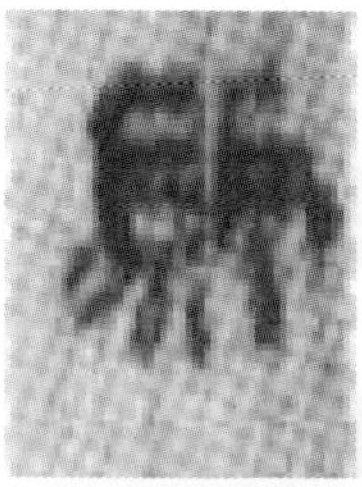
關・病方 345

嶽・占夢書 46

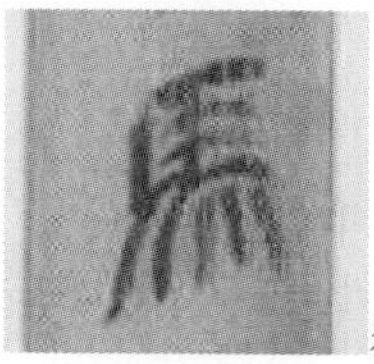
嶽・芮盜案 68

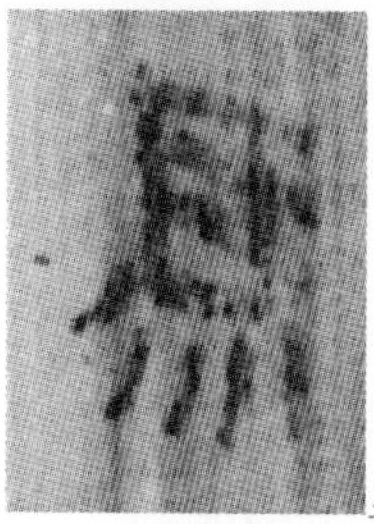
里・第八層 1443

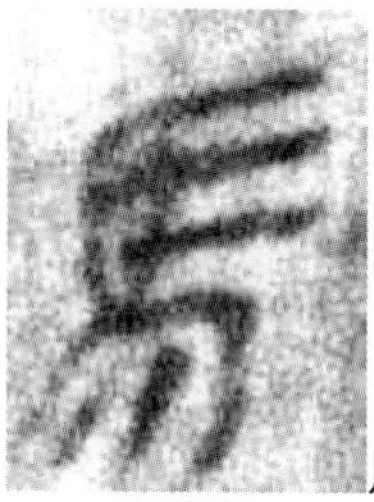
馬壹 97_52

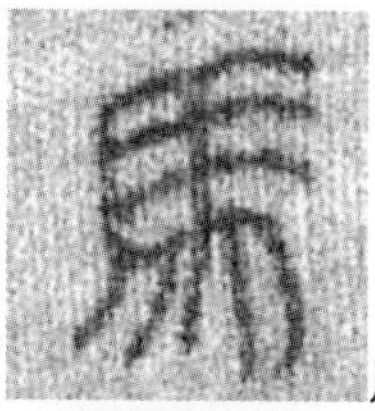
馬壹 247_5 下

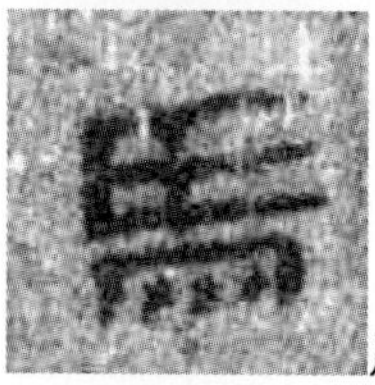
馬壹 16_11 下\104 下

○用錫馬番（蕃）

馬貳 261_40/60

馬貳 262_48/69

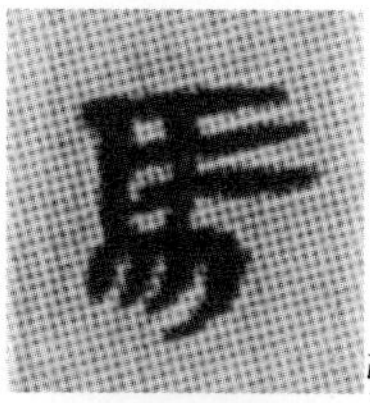
張・田律 251

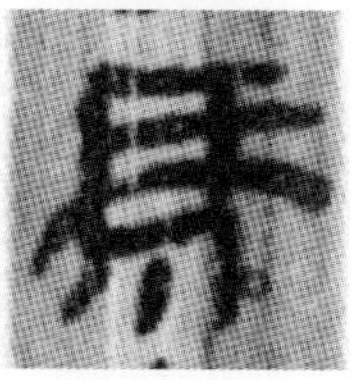
張・蓋廬 31

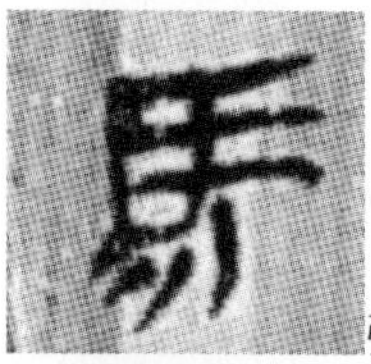
張・脈書 6

張・遣策 18

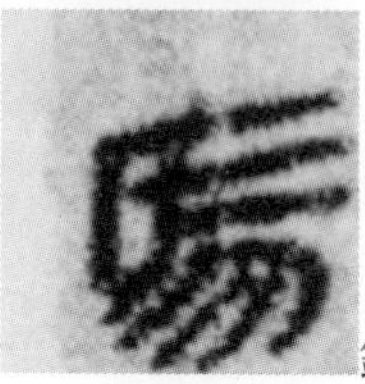
銀壹 435

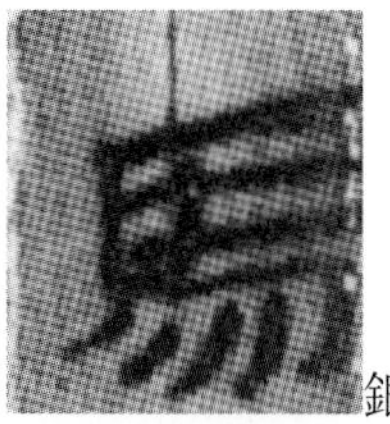
銀貳 1893

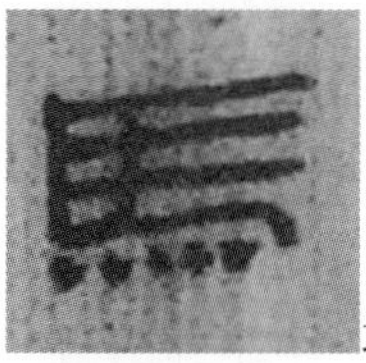
北貳・老子 25

敦煌簡 0173

〇如何馬誰使隨養視

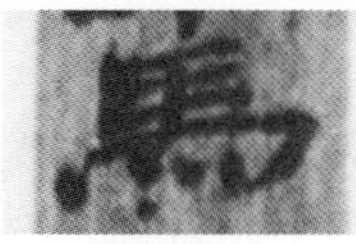
敦煌簡 0615

金關 T30:198

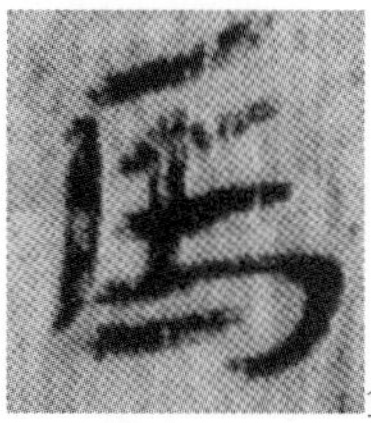
金關 T32:048

〇下司馬千人百

金關 T21:137

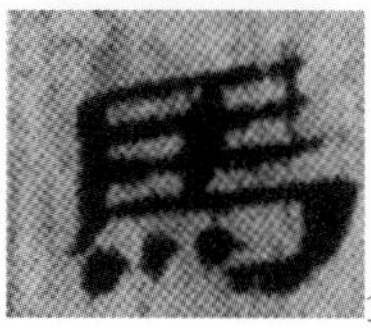
金關 T30:058

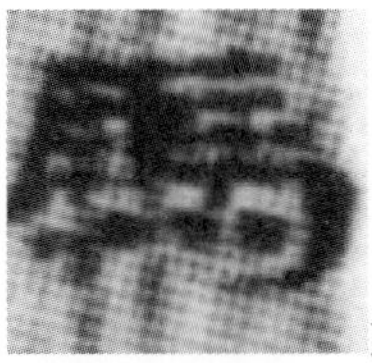
武・甲《少牢》9

武・甲《有司》10

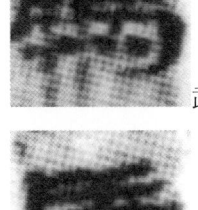

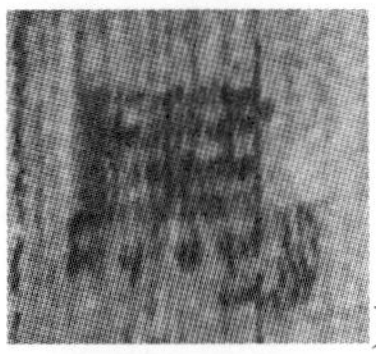
東牌樓 110

東牌樓 049 正

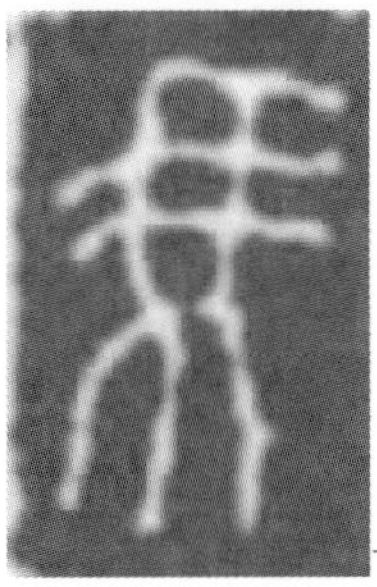
廿世紀璽印二-SY

〇馬適得

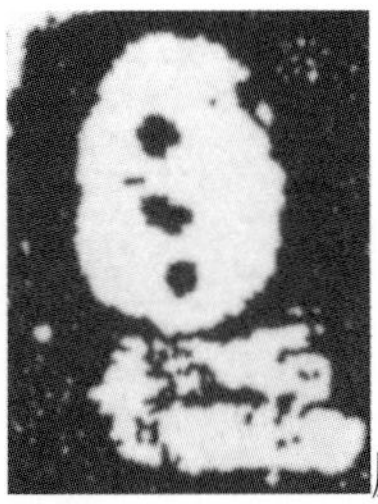
歷代印匋封泥

〇左討都車司馬之鉨

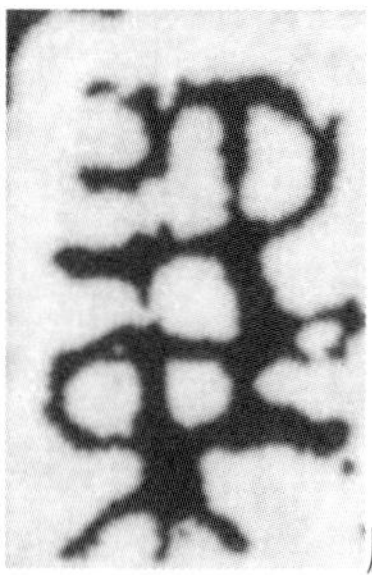
歷代印匋封泥

○丹馬

歷代印匋封泥

秦代印風

秦代印風

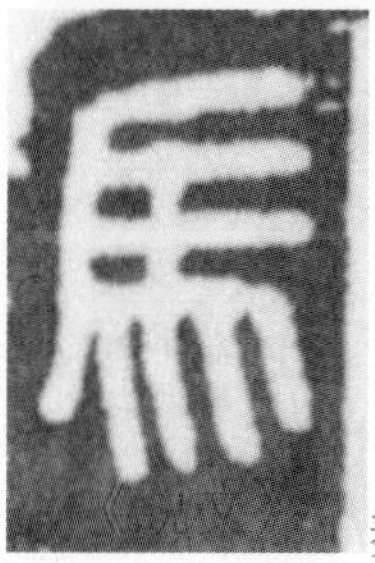
秦代印風

秦代印風

秦代印風

秦代印風

秦代印風

歷代印匋封泥

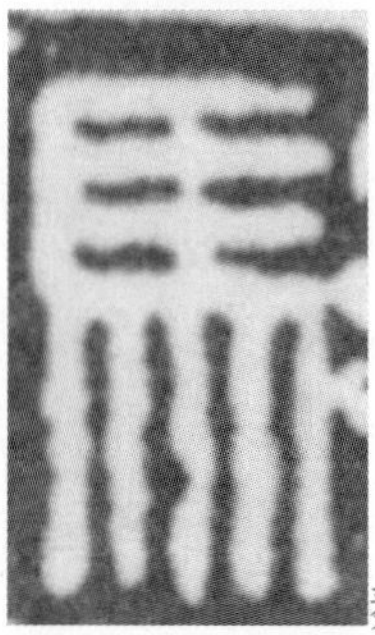
秦代印風

○馬乙

廿世紀璽印三-SY

〇馬師種

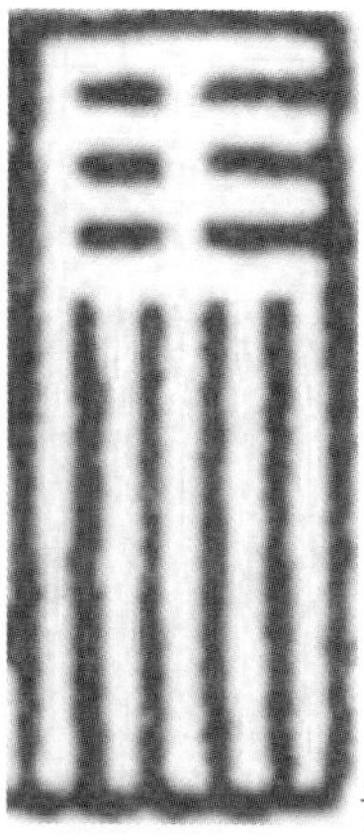

廿世紀璽印三-SY

廿世紀璽印三-GY

〇司馬

廿世紀璽印三-GY

漢晉南北朝印風

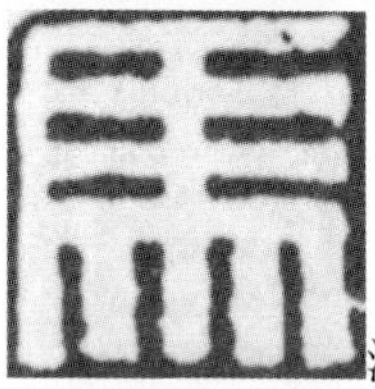

漢晉南北朝印風

漢晉南北朝印風

漢晉南北朝印風

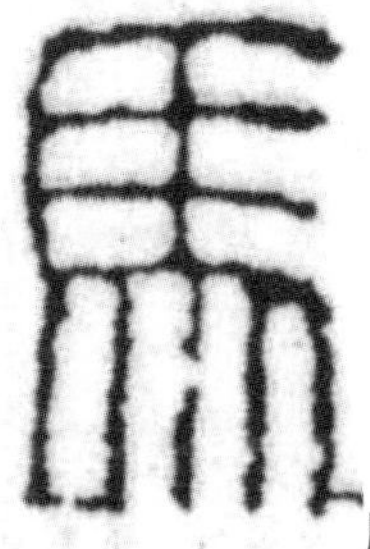

歷代印匋封泥

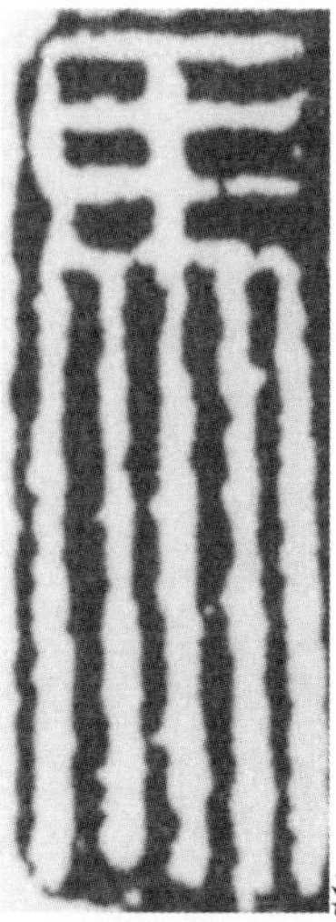

漢晉南北朝印風

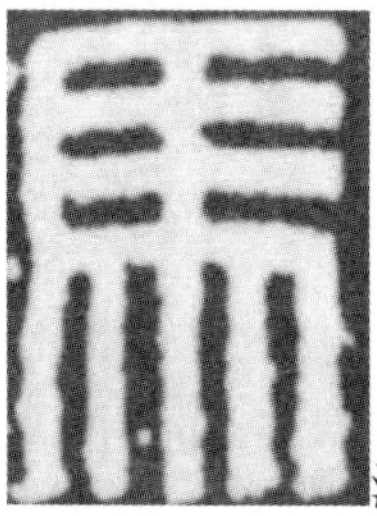

漢晉南北朝印風

漢晉南北朝印風

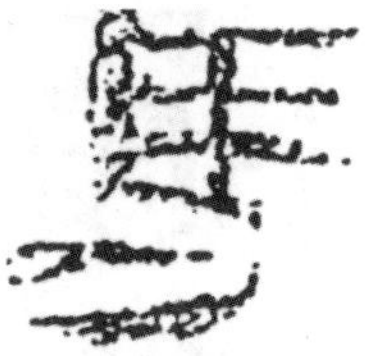
歷代印匋封泥

○□馬田

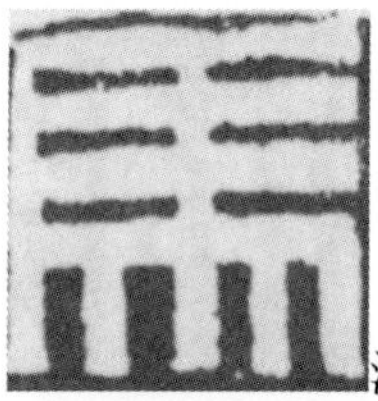
漢晉南北朝印風

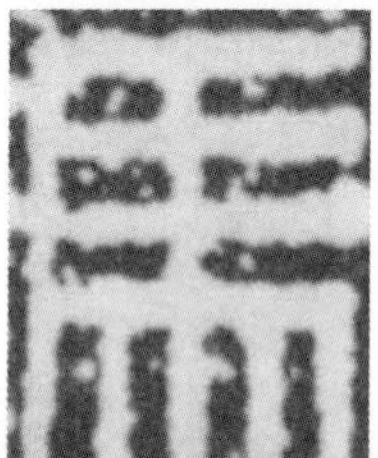
漢晉南北朝印風

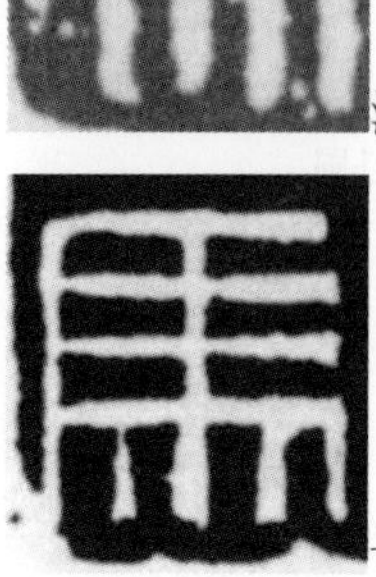
廿世紀璽印三-GY

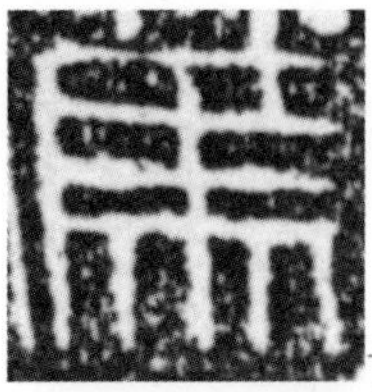
廿世紀璽印四-GY

漢代官印選

歷代印匋封泥

漢代官印選

漢代官印選

○大司馬車騎將軍

漢代官印選

歷代印匋封泥

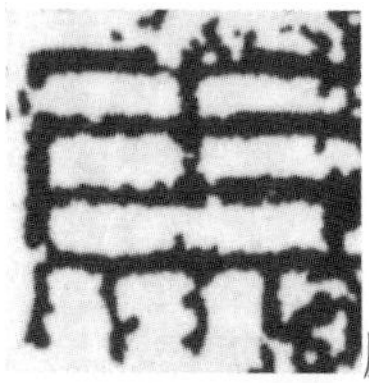
歷代印匋封泥

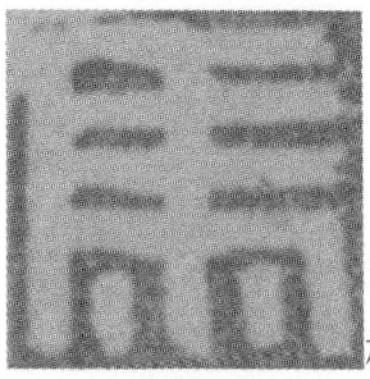
柿葉齋兩漢印萃

○大司馬印

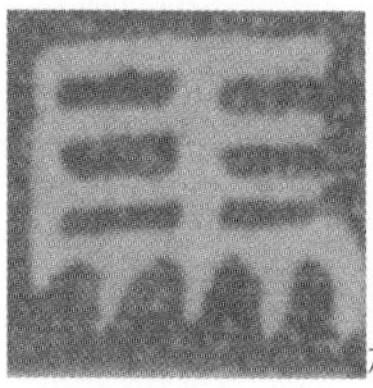
柿葉齋兩漢印萃

○列部司馬

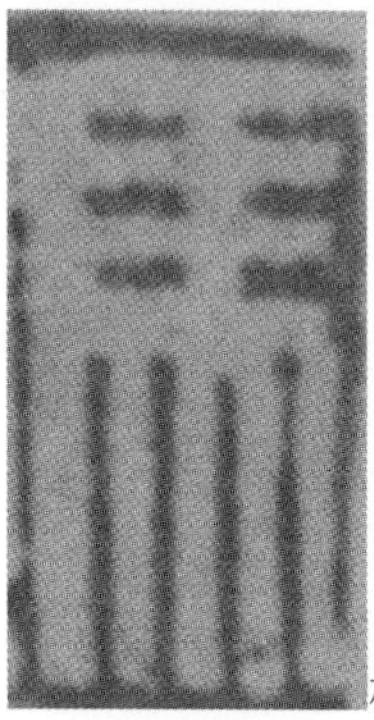
柿葉齋兩漢印萃

漢印文字徵

○左馬廄將

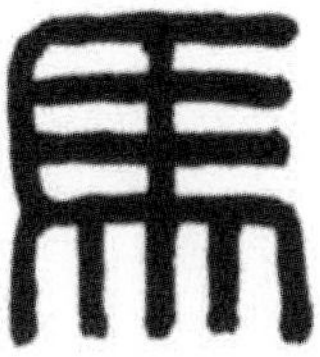
漢印文字徵

○校司馬印

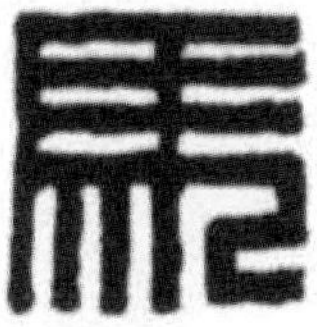
漢印文字徵

○乘馬道人

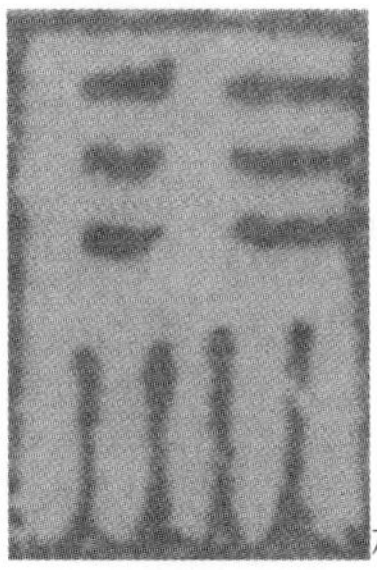
柿葉齋兩漢印萃

○大司馬印章

漢晉南北朝印風

○討虜司馬

漢晉南北朝印風

廿世紀璽印四-SY

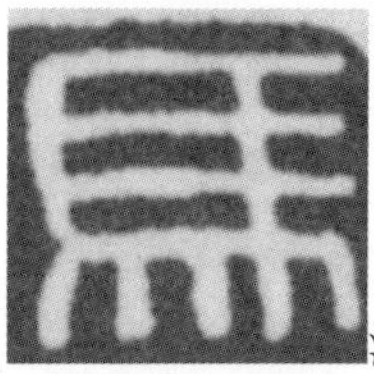
漢晉南北朝印風

漢晉南北朝印風

漢晉南北朝印風

○馬級私印

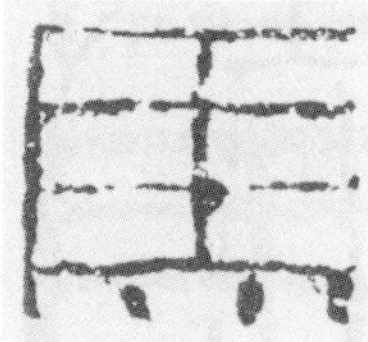
漢晉南北朝印風

○迺侯騎馬

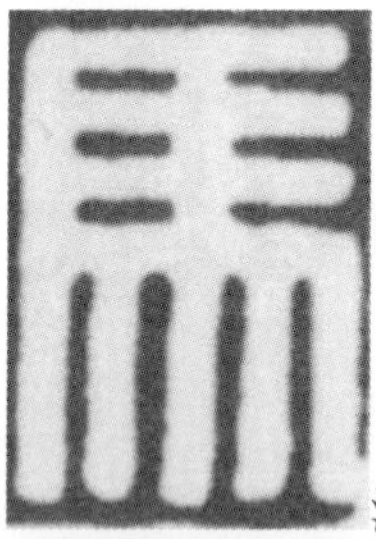
漢晉南北朝印風

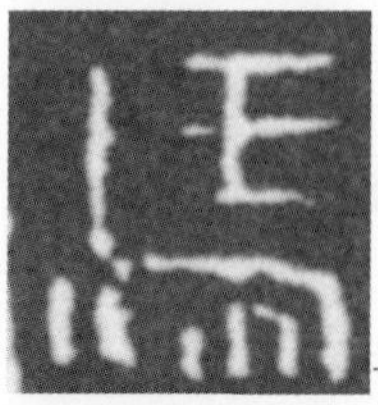
廿世紀璽印四-GY

○大司馬章

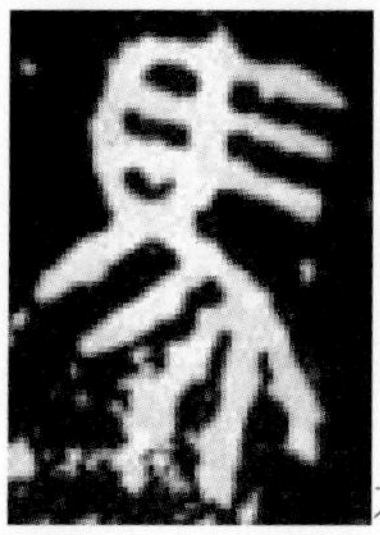
石鼓・鑾車

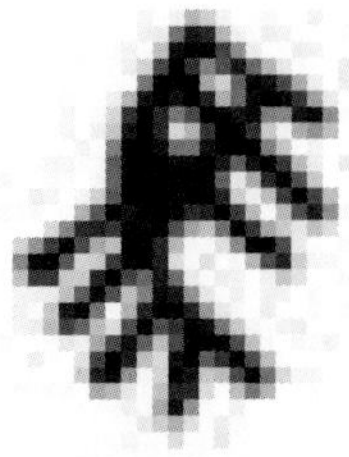
秦駰玉版

東漢・曹全碑陽

東漢・司馬芳殘碑額

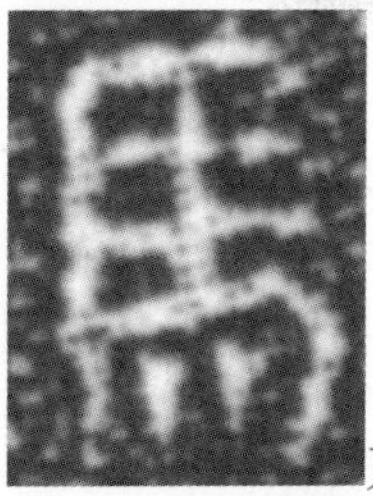
東漢・許安國墓祠題記

東漢・司馬長元石門題記

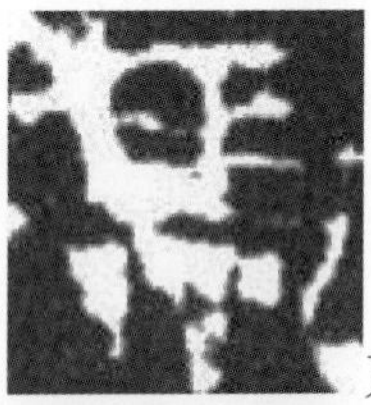
東漢・賈仲武妻馬姜墓記

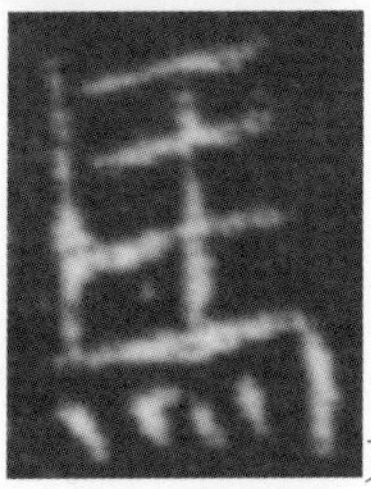
東漢・石祠堂石柱題記

○此上人馬皆食大倉

晉・司馬芳殘碑額

○司馬君之碑頌

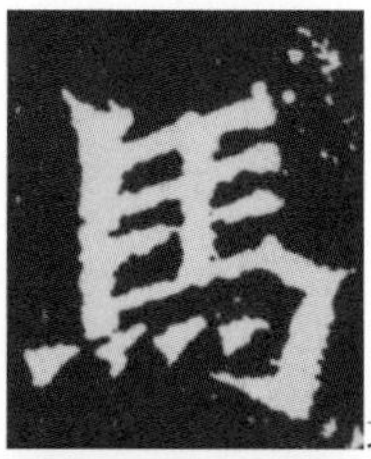
北魏・解伯都等造像

北魏・穆亮誌

北魏・元信誌

北魏・和邃誌

東魏・叔孫固誌

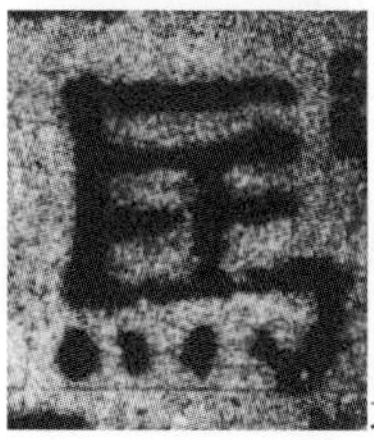
北齊・馬天祥造像

北齊・張海翼誌蓋

○齊故司馬萇安侯

北周・賀屯植誌

○至如揮戈跨馬

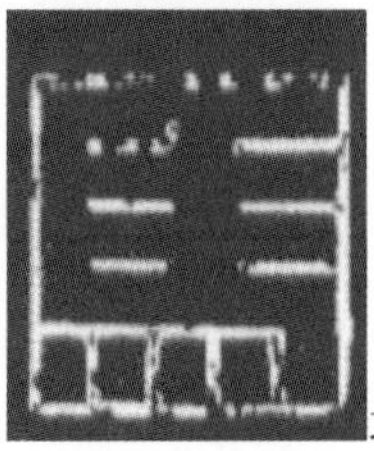
北周・賀蘭祥誌蓋

【騭】

《説文》：騭，牡馬也。从馬陟聲。讀若郅。

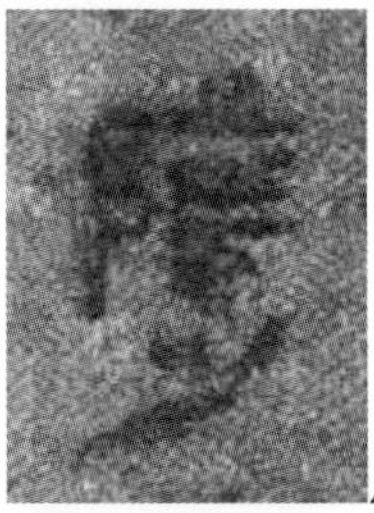
馬貳 112_67/67

北魏・辛穆誌

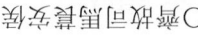

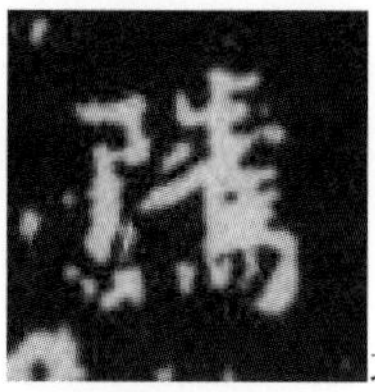
北周・匹婁歡誌

【馵】

《説文》：馵，馬一歲也。从馬；一，絆其足。讀若弦。一曰若環。

【駒】

《説文》：駒，馬二歲曰駒，三歲曰駣。从馬句聲。

銀貳 1739

○不食駒犢雌𨿸

金關 T01:188

漢印文字徵

○駒猛之印

漢印文字徵

○駒印萬方

秦文字編 1525

東漢・楊耿伯題記

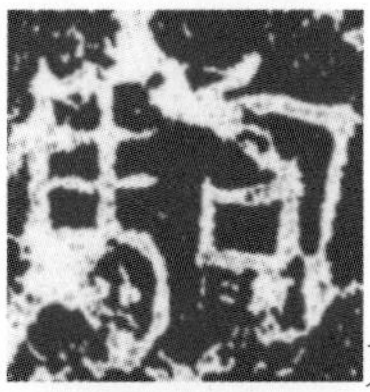
東漢・伯興妻殘碑

北魏・元信誌

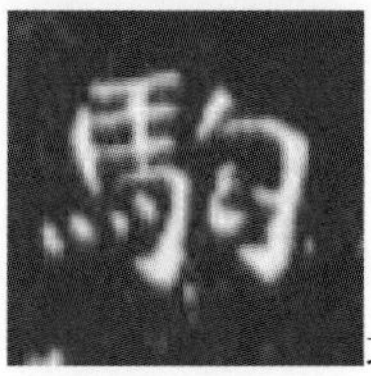
北魏・元則誌

○結軼名駒

北魏・皇甫驎誌

○字真駒

北魏・□伯超誌

○駒影

【馯】

《説文》：馯，馬八歲也。从馬从八。

【騆】

《説文》：䮠，馬一目白曰騆，二目白曰魚。从馬閒聲。

【騏】

《説文》：騏，馬青驪，文如博棊也。从馬其聲。

漢印文字徵

○騏湧汗

北魏・元爽誌

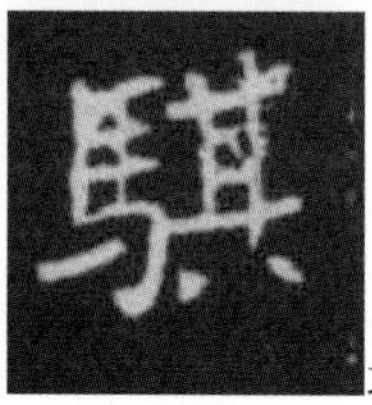
北魏・元俊誌

【驪】

《説文》：驪，馬深黑色。从馬麗聲。

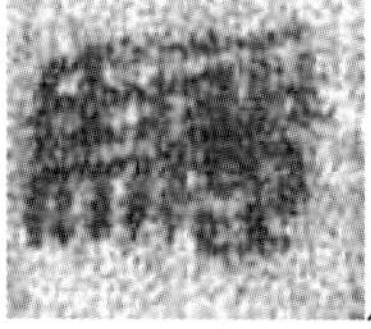
馬壹 40_6 下

張・脈書 37

○乾面驪是蹷厥

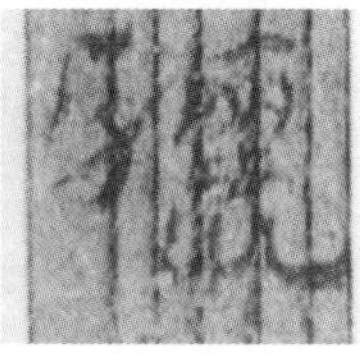
敦煌簡 0228

○賣大驪以千泉

金關 T10:126

○驪牡馬一匹

漢印文字徵

○驪里

漢印文字徵

○晉高句驪率善邑長

廿世紀璽印四-GY

○晉高句驪率善佰長

漢晉南北朝印風

○晉高句驪率善邑長

漢晉南北朝印風

○晉高句驪率善佰長

北魏・李伯欽誌

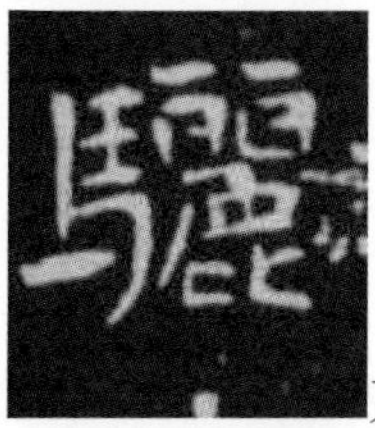
東魏・元鷙妃公孫甑生誌

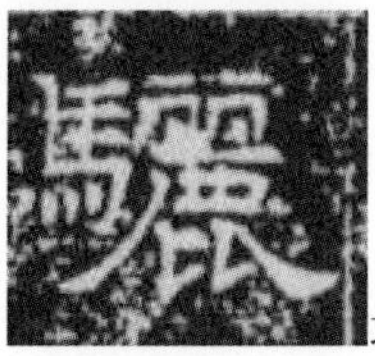
北齊・高百年誌

【駽】

《説文》：駽，青驪馬。从馬肙聲。《詩》曰："駜彼乘駽。"

【騩】

《説文》：騩，馬淺黑色。从馬鬼聲。

秦文字編 1526

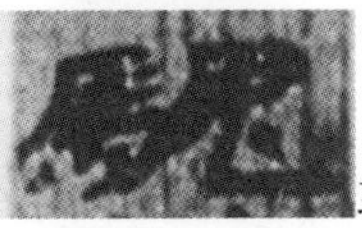
敦煌簡 2018

金關 T08:068

【騮】

《説文》：騮，赤馬黑毛尾也。从馬畱聲。

里・第八層 1146

○騮骨

金關 T24:412

○騮牡齒七歲

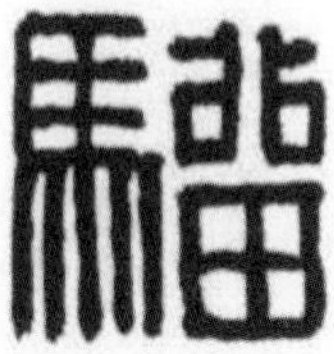
漢印文字徵

○騂騮別丞

漢晉南北朝印風

○騂騮別丞

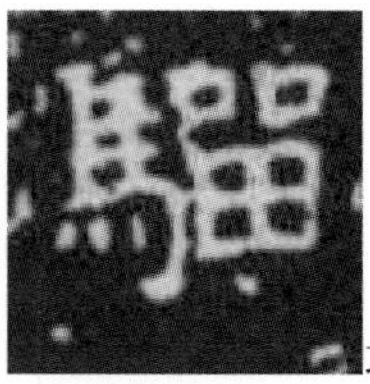
北齊・劉悅誌

【騢】

《説文》：騢，馬赤白雜毛。从馬叚聲。謂色似鰕魚也。

【騅】

《説文》：騅，馬蒼黑雜毛。从馬隹聲。

睡・封診式 21

○一匹騅牝右剽

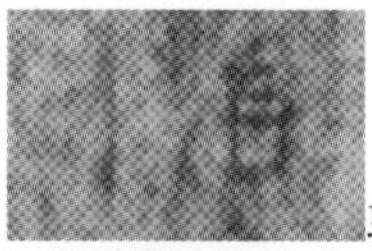
敦煌簡 0842

○大晨至騅鳴

金關 T10:324A

漢印文字徵

○杜騅

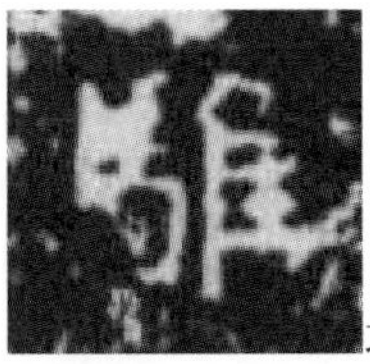
北齊・劉悅誌

【駱】

《説文》：駱，馬白色黑鬣尾也。从馬各聲。

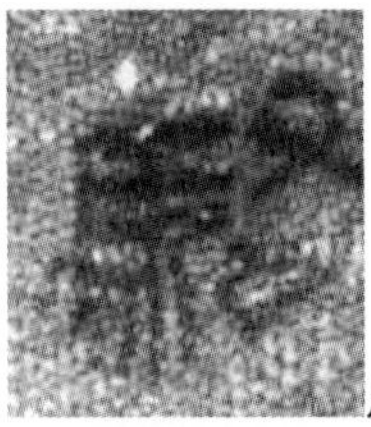
馬貳 82_270/257

廿世紀璽印二-SY

○駱地

秦代印風

秦代印風

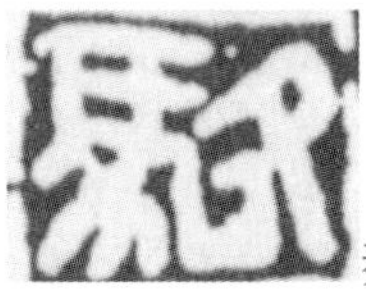
秦代印風

秦代印風

秦代印風

廿世紀璽印三-SY

○駱勝之印

漢印文字徵

○駱猛之印

漢印文字徵

○駱子功

漢印文字徵

○駱當時印

漢印文字徵

○駱臘

漢印文字徵

○駱洋

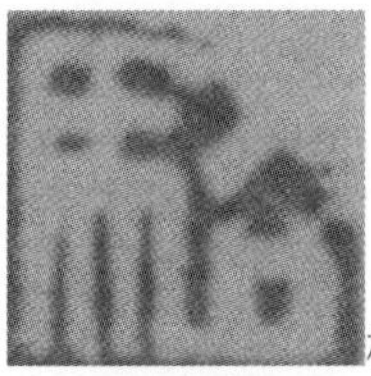
柿葉齋兩漢印萃

○駱常私印

漢晉南北朝印風

漢晉南北朝印風

○駱子功

懷后磬

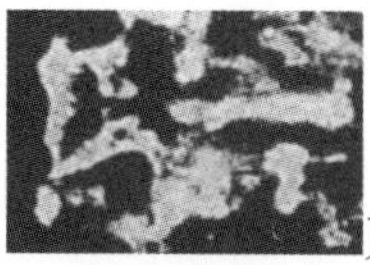
東漢・相張壽殘碑

○駱驛要請

東魏・李挺誌

東魏・馮令華誌

【駰】

《説文》：，馬陰白雜毛。黑。从馬因聲。《詩》曰："有駰有騢。"

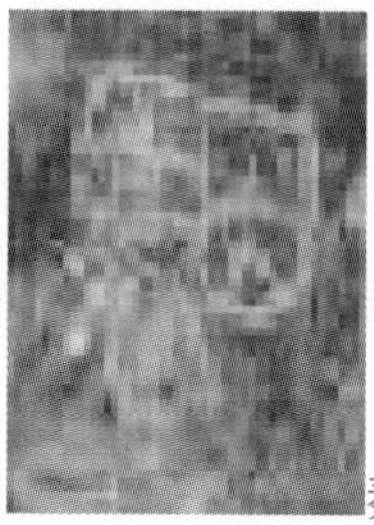
秦駰玉版

北魏・高猛誌

○駰騮踡跼

【驄】

《説文》：，馬青白雜毛也。从馬悤聲。

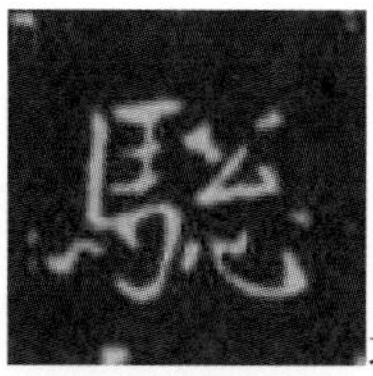
北魏・侯剛誌

○是以驄傳告清

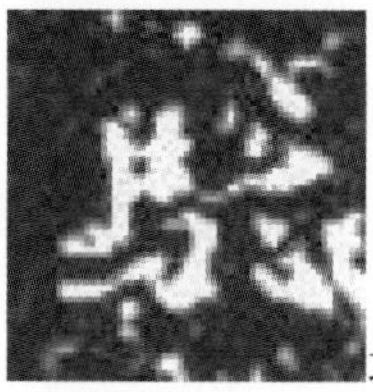
北齊・裴子誕誌

○驄馬一馳

【驈】

《説文》：，驪馬白胯也。从馬矞聲。《詩》曰："有驈有騜。"

【駹】

《説文》：，馬面顙皆白也。从馬尨聲。

金關 T24:430

○一匹駹牝齒七歲

【騧】

《説文》：，黄馬，黑喙。从馬咼聲。

【䯄】

《説文》：，籒文騧。

秦文字編 1526

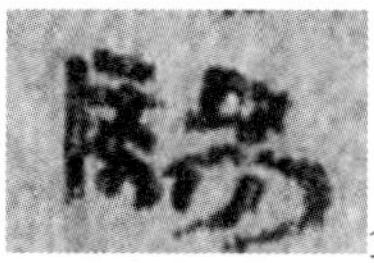
金關 T21:270

○下方騔□駠

漢印文字徵

○呂騔

【驃】

《説文》：驃，黄馬發白色。一曰白髦尾也。从馬㶾聲。

漢代官印選

○大司馬驃騎大將軍

漢代官印選

○驃騎將軍司馬

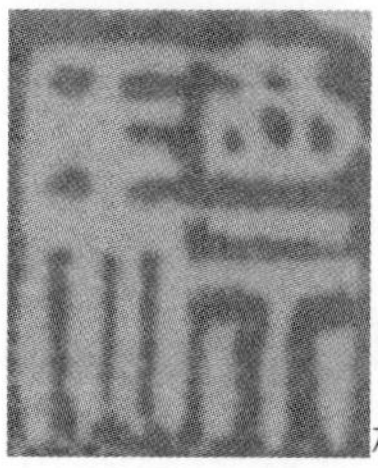
柿葉齋兩漢印萃

漢代官印選

○大司馬驃騎將軍

西晉・韓壽碣

○驃騎將軍

北魏・元珍誌

○驃騎大將軍

北魏・穆亮誌

○驃騎大將軍

北魏・元詮誌

○驃騎將軍

北魏・司馬紹誌

○驃騎府從事

北魏・嚴震誌

○驃騎大將軍

北魏・元珍誌

○驃騎大將軍

北魏・元孟輝誌

○薨贈驃騎大將軍冀州刺史

北魏・元平誌

北魏・元悌誌

北魏・爾朱紹誌

北魏・元項誌

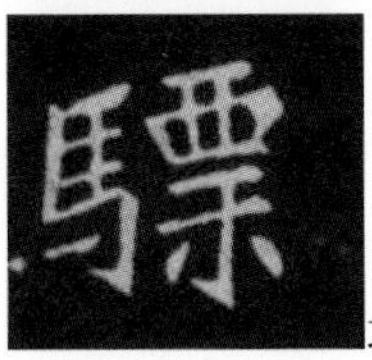
北魏・王蕃誌

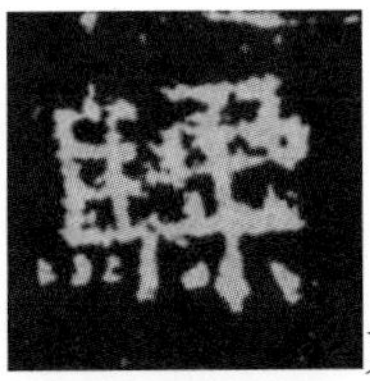
東魏・楊顯叔造像

○酒齊州驃大府長流參軍

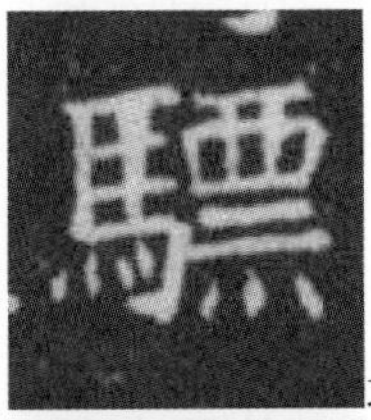
北齊・高湝誌

北齊・元賢誌

【駓】

《説文》：駓，黄馬白毛也。从馬丕聲。

【驖】

《説文》：驖，馬赤黑色。从馬戴聲。《詩》曰：“四驖孔阜。”

【駻】

《説文》：駻，馬頭有發赤色者。从馬岸聲。

【馰】

《説文》：馰，馬白頟也。从馬，的省聲。一曰駿也。《易》曰：“爲的顙。”

【駮】

《説文》：駮，馬色不純。从馬爻聲。

【驜】

《說文》：馵，馬後左足白也。从馬，二其足。讀若注。

【驔】

《說文》：驔，驪馬黄脊。从馬覃聲。讀若簟。

【驠】

《說文》：驠，馬白州也。从馬燕聲。

【騽】

《說文》：騽，馬豪骭也。从馬習聲。

【䮠】

《說文》：䮠，馬毛長也。从馬倝聲。

漢印文字徵

〇方䮠

【騛】

《說文》：騛，馬逸足也。从馬从飛。《司馬法》曰：“飛衛斯輿。”

【驁】

《說文》：驁，駿馬。以壬申日死，乘馬忌之。从馬敖聲。

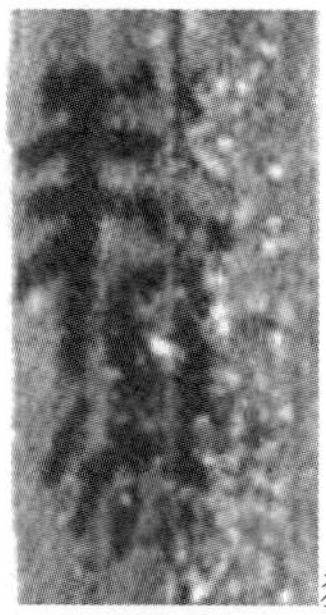
嶽・為吏 35

〇首渠（倨）驁（傲）

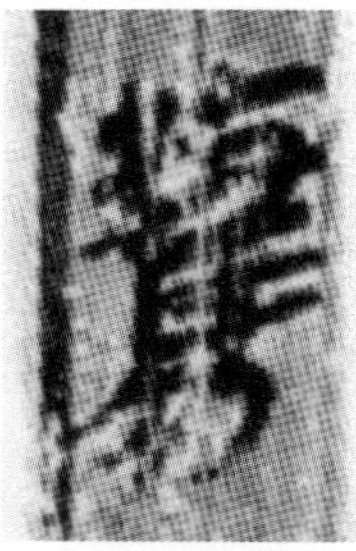
張・奏讞書 36

〇餘丞驁敢讞

北壹・倉頡篇 15

〇㹇驁騃警

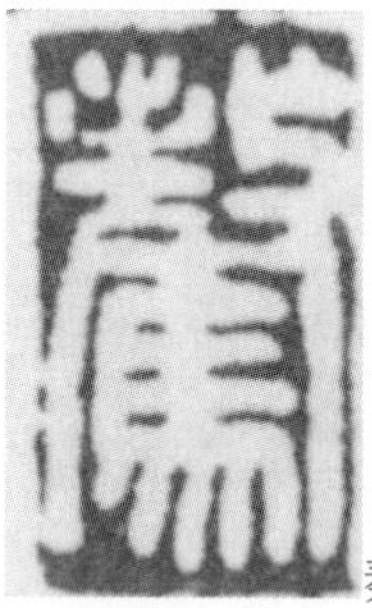
秦代印風

〇任驁

秦代印風

〇郭驁

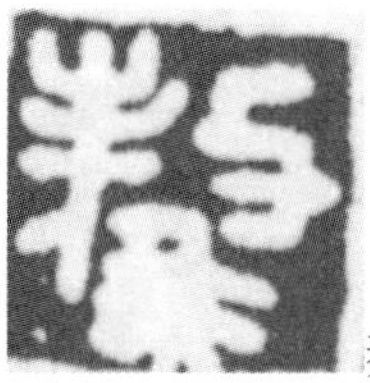
秦代印風

○李騖

漢印文字徵

○張騖

漢晉南北朝印風

○張騖

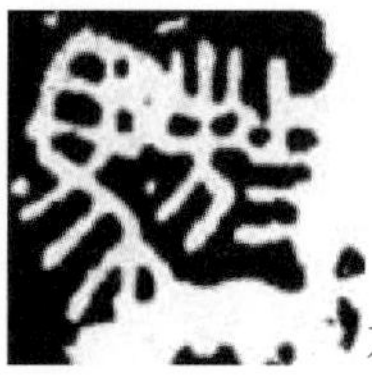
石鼓・鑾車

○轡騖箬

【驥】

《説文》：驥，千里馬也，孫陽所相者。从馬冀聲。天水有驥縣。

北魏・爾朱襲誌

東魏・廣陽元湛誌

北齊・盧脩娥誌

北齊・石奮門銘

【駿】

《説文》：駿，馬之良材者。从馬夋聲。

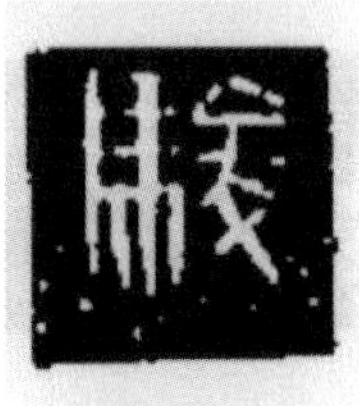
漢銘・上林鼎二

漢銘・上林鼎二

漢銘・上林銅鑒三

漢銘・信都食官行鐙

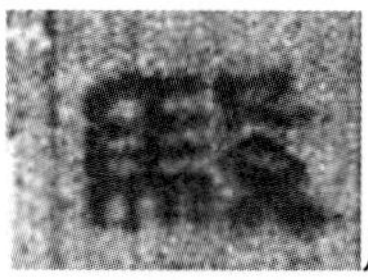
馬貳 34_41 上

馬貳 33_8 下

○天駿是當

敦煌簡 0280

○都胡駿年三十長汆

金關 T06:063

○司馬駿見大刀

金關 T28:007

○陳駿

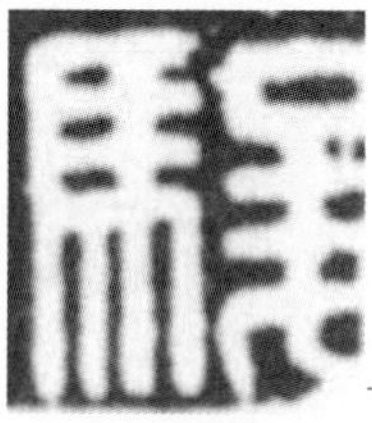
廿世紀璽印三-SY

○徐駿之印

廿世紀璽印三-SY

○王駿之印

漢印文字徵

○楊駿

漢代官印選

○駿馬監印

歷代印匋封泥

○王駿私印

柿葉齋兩漢印萃

○楊駿

漢印文字徵

○壺駿私印

漢印文字徵

〇田駿私印

漢印文字徵

〇張駿私印

漢印文字徵

〇潘駿

漢印文字徵

〇董駿

漢印文字徵

〇葛駿私印

漢印文字徵

〇任駿

漢晉南北朝印風

〇杜駿

漢晉南北朝印風

〇孫駿私印

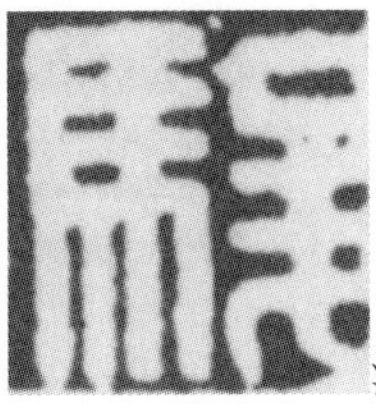
漢晉南北朝印風

〇徐駿之印

漢晉南北朝印風

〇董駿

漢晉南北朝印風

〇任駿

東漢・曹全碑陰

〇故鄉嗇夫曼駿安雲

西晉・石尠誌

〇值楊駿作逆

北魏・穆亮誌

〇遹駿茂聲

北魏・元暐誌

〇四馬駿駕

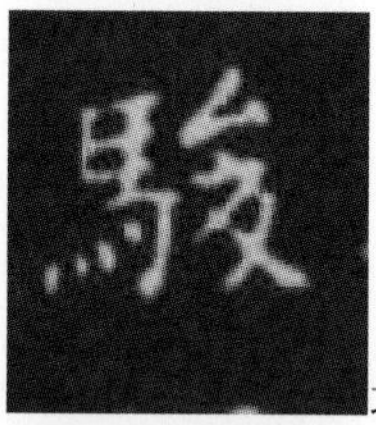
北魏・王誦誌

〇吉駿稱乎隆漢

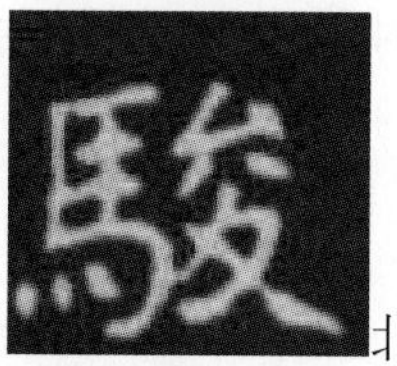
北魏・爾朱襲誌

【驍】

《説文》：驍，良馬也。从馬堯聲。

漢代官印選

〇驍騎都尉

漢代官印選

〇驍騎將軍

東漢・燕然山銘

〇驍騎十萬

北魏・楊順誌

〇驍騎將軍

北魏・元融誌

〇除驍騎將軍

北魏・元始和誌

〇驍騎將軍

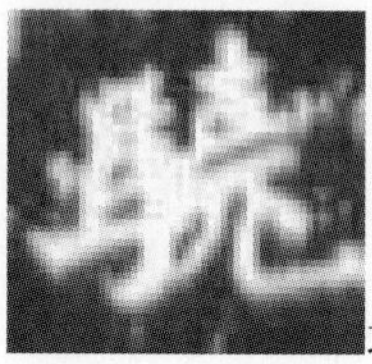
北魏・元龍誌

〇復以驍騎將軍

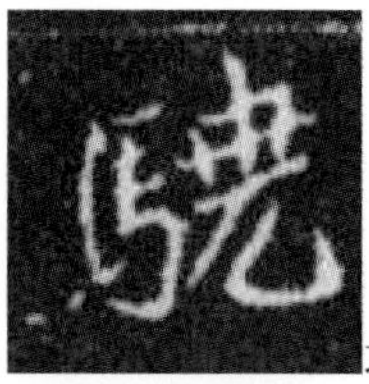
北魏・李伯欽誌

○驍騎將軍

北周・賀屯植誌

【騒】

《説文》：騒，馬小皃。从馬垂聲。讀若箠。

【騀】

《説文》：騀，籀文从𠂹。

【驕】

《説文》：驕，馬高六尺爲驕。从馬喬聲。《詩》曰：“我馬唯驕。”一曰野馬。

漢銘・驕博局

漢銘・靈丘驕馬印

睡・為吏 25

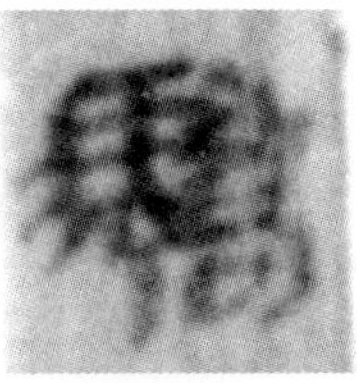
睡・日甲《毀弃》102

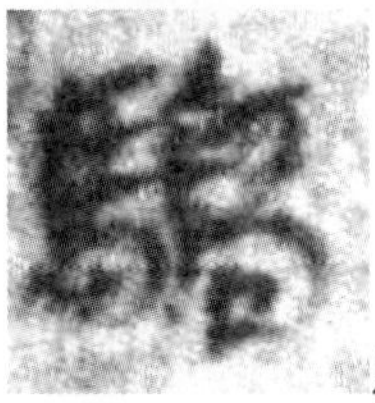
馬壹 99_107

○富貴而驕

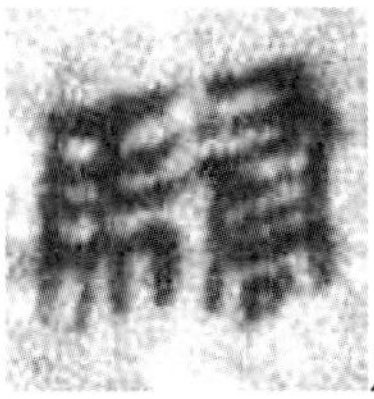
馬壹 147_50/224 下

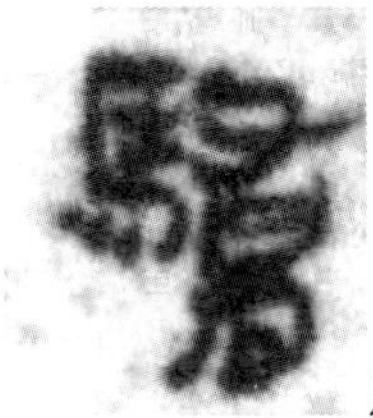
馬壹 85_128

馬壹 16_5 下\98 下

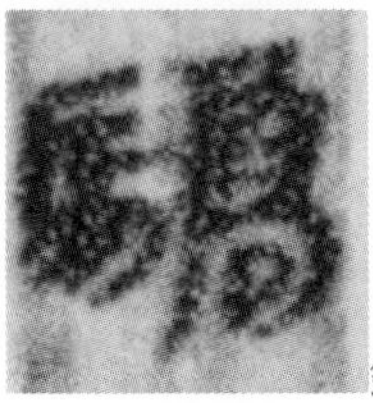
銀壹 279

銀貳 1231

○驕其志則

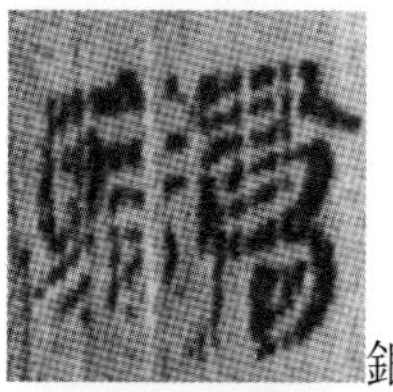
銀貳 1164

北貳・老子 202

○果而毋驕

北壹・倉頡篇 10

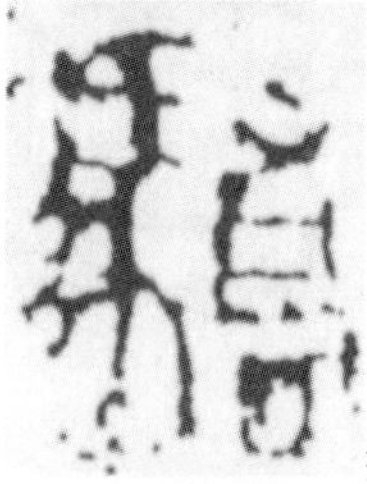
秦代印風

○咸郿里驕

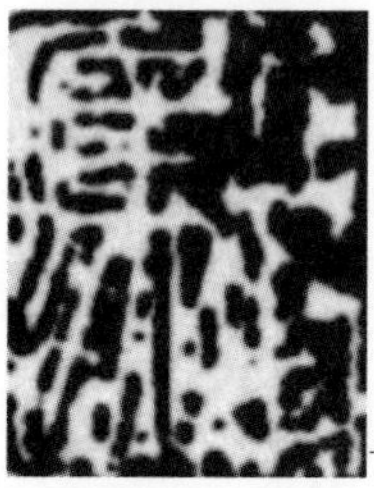
廿世紀璽印三-SY

○任驕

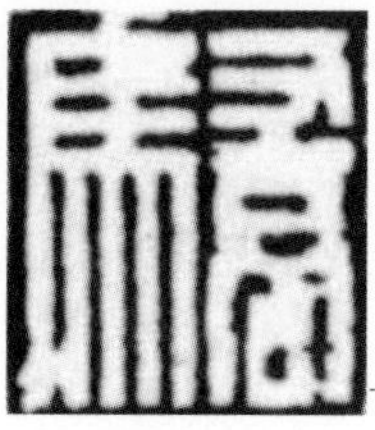
廿世紀璽印三-SY

○王驕次

漢印文字徵

○驕奴

漢印文字徵

○王驕私印

漢印文字徵

○孟印驕君

漢印文字徵

○孫驕君

漢印文字徵

○張驕

漢印文字徵

〇樂驕次印

漢印文字徵

〇華驕邪印

明瓊

北魏・元纂誌

〇容無驕色

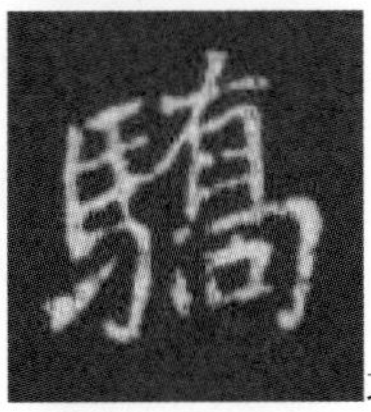
北魏・元茂誌

〇非驕與吝

北魏・元瞻誌

〇驕傲難理

北魏・高貞碑

〇不以富貴驕人

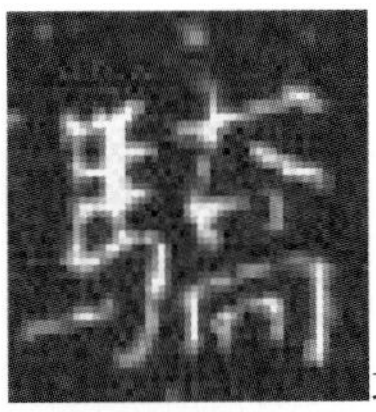
北齊・高顯國妃敬氏誌

〇情無驕物

【騋】

《説文》：騋，馬七尺爲騋，八尺爲龍。从馬來聲。《詩》曰："騋牝驪牡。"

【驩】

《説文》：驩，馬名。从馬雚聲。

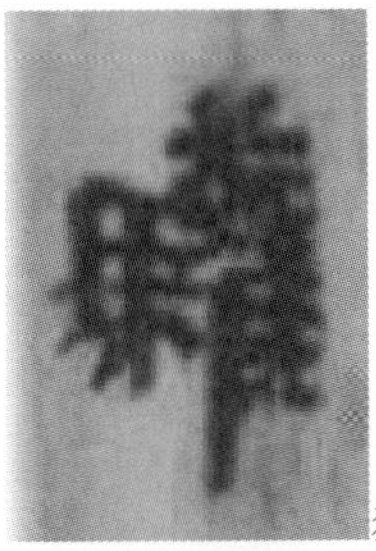
嶽・田與案 199

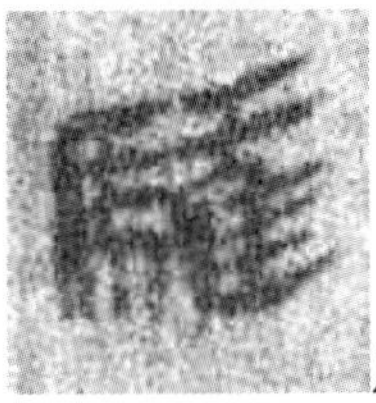
馬壹 43_37 上

〇歡（驩）然歸之

馬貳 206_38

〇驩欣咪(美)穀(谷)

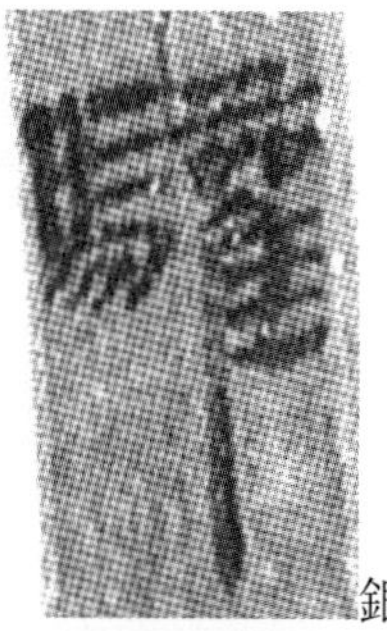
銀貳 1851

敦煌簡 1788

○黨從驢道故以請語

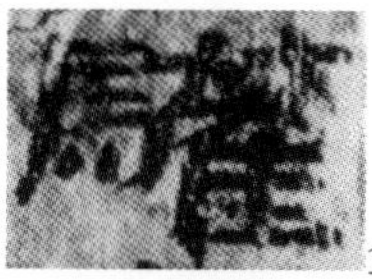
金關 T24:593

○稟驢喜隧長

廿世紀璽印三-SY

○干常驢印

廿世紀璽印三-SY

○辛驢

漢印文字徵

○燕驢

漢印文字徵

○弁驢

漢印文字徵

○趙印常驢

漢印文字徵

○救驢

漢印文字徵

○李驢私印

漢晉南北朝印風

○王驢

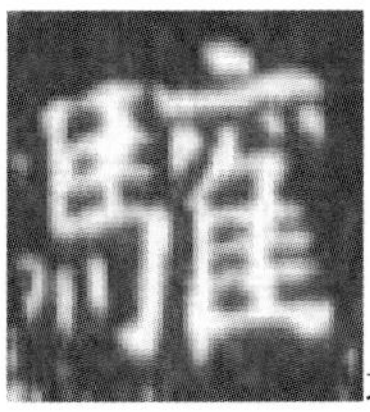
北周・李府君妻祖氏誌

〇平反爲驩

【驗】

《説文》：驗，馬名。从馬僉聲。

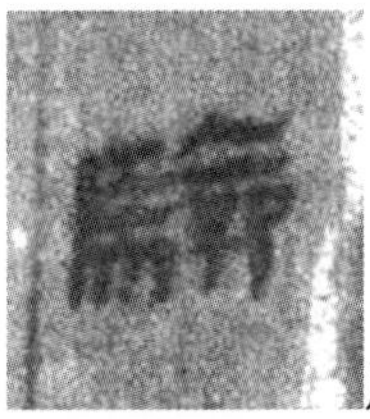
馬壹 133_35 下/112 下

〇恭驗（儉）

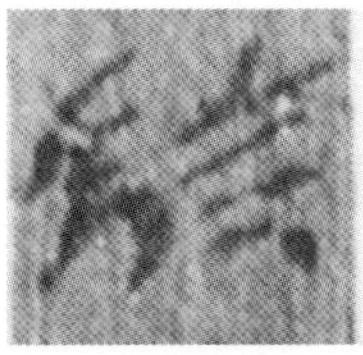
敦煌簡 0725

〇衆驗問辭曰□鄭

金關 T04:063A

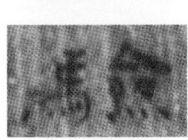

東牌樓 005

秦文字編 1527

東漢・白石神君碑

東漢・肥致碑

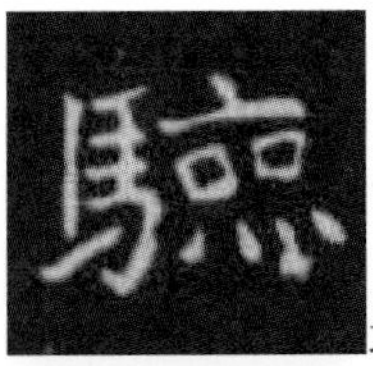
北魏・元誨誌

北魏・元子直誌

北魏・尉氏誌

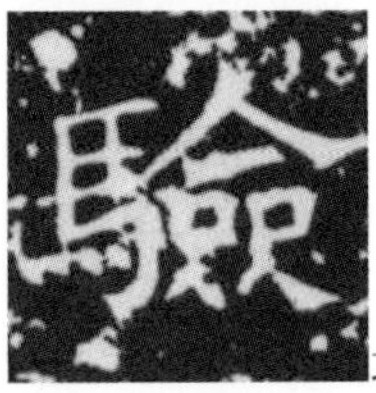
北齊・吳洛族造像

〇可驗之於目睹更不待言題矣

【䮺】

《説文》：䮺，馬名。从馬此聲。

【䯾】

《説文》：䯾，馬名。从馬休聲。

【駁】

《説文》：駁，馬赤鬣縞身，目若黄金，名曰媽。吉皇之乘，周文王時，犬戎獻之。从馬从文，文亦聲。《春秋傳》曰：“媽馬百駟。”畫馬也。西伯獻紂，以全其身。

【馶】

《説文》：馶，馬彊也。从馬支聲。

【駜】

《説文》：駜，馬飽也。从馬必聲。《詩》云：“有駜有駜。”

【駫】

《説文》：駫，馬盛肥也。从馬光聲。《詩》曰：“四牡駫駫。”

【騯】

《説文》：騯，馬盛也。从馬旁聲。《詩》曰：“四牡騯騯。”

【駧】

《説文》：駧，駧駧，馬怒皃。从馬印聲。

漢印文字徵

○司馬駧大利

漢印文字徵

○合□駧印

漢印文字徵

○涫駧于印

【驤】

《説文》：驤，馬之低仰也。从馬襄聲。

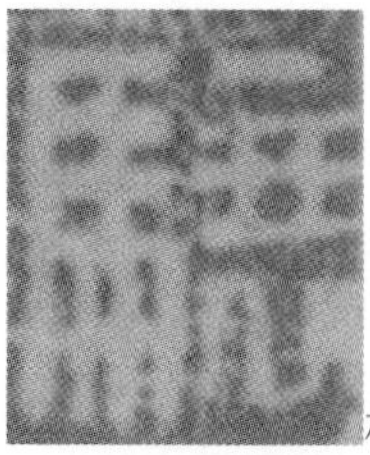

柿葉齋兩漢印萃

○龍驤將軍之印

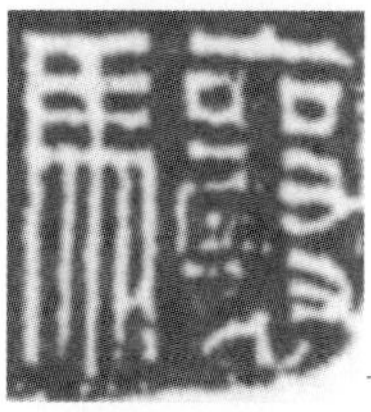

廿世紀璽印四-SY

○屠驤白牋

廿世紀璽印四-SY

○臣驤

漢晉南北朝印風

○龍驤將軍章

漢晉南北朝印風

○龍驤將軍章

漢晉南北朝印風

○龍驤將軍章

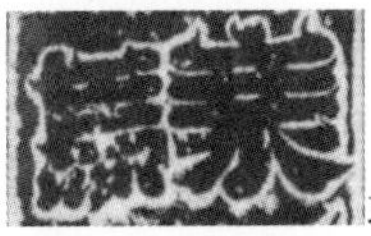
北魏・李遵誌蓋

○龍驤將軍

北魏・元煥誌蓋

○龍驤將軍

北魏・元斑誌

○龍驤將軍

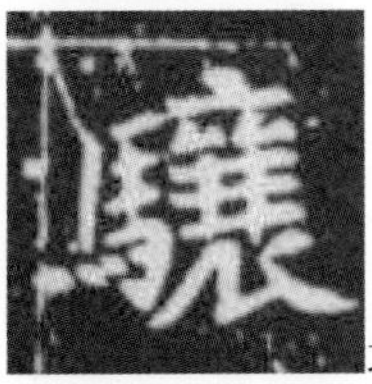
北魏・元秀誌

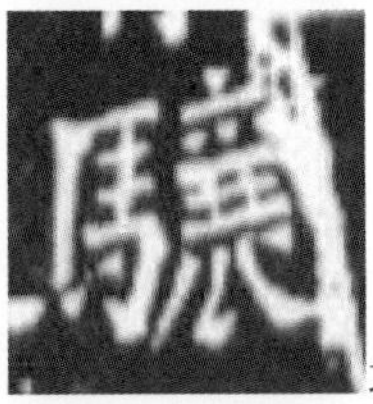
北魏・趙超宗誌

北魏・寇臻誌

北魏・元龍誌

北魏・張整誌

○驪驤將軍

東魏・王僧誌

○龍驤將軍

【驀】

《説文》：驀，上馬也。从馬莫聲。

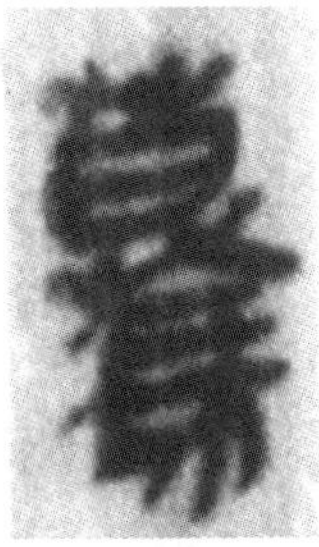
睡・秦律雜抄 9

○驀五尺八寸

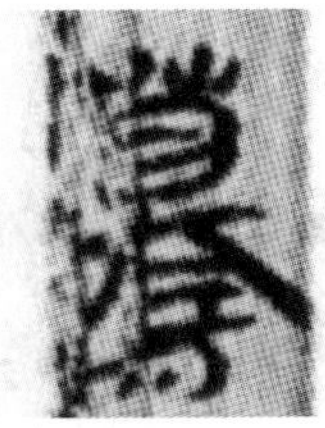
張・奏讞書 83

○劍驀（罵）詈

【騎】

《説文》：騎，跨馬也。从馬奇聲。

漢銘・張君馬二

漢銘・新候騎鉦

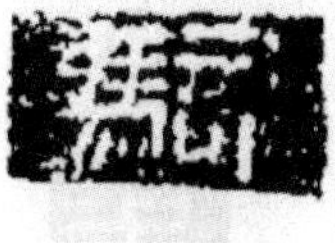
漢銘・張君馬三

漢銘・張君郎君馬

秦文字編 1527

馬貳 262_48/69

張・置吏律 217

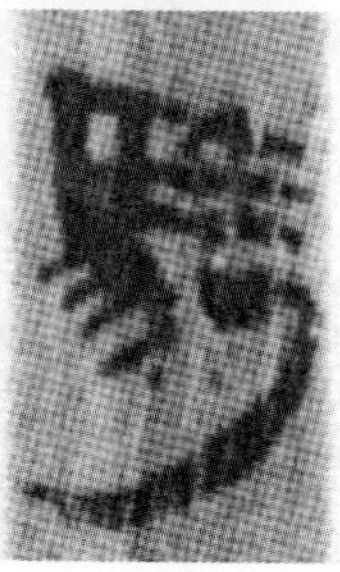
銀貳 1567

金關 T30:022

東牌樓 044

北壹・倉頡篇 44

吳簡嘉禾・五・三〇七

漢晉南北朝印風

廿世紀璽印三-GY

〇楚騎尉印

廿世紀璽印三-GY

〇騎千人印

漢晉南北朝印風

漢晉南北朝印風

廿世紀璽印三-GY

○騎部曲將

漢晉南北朝印風

漢晉南北朝印風

漢晉南北朝印風

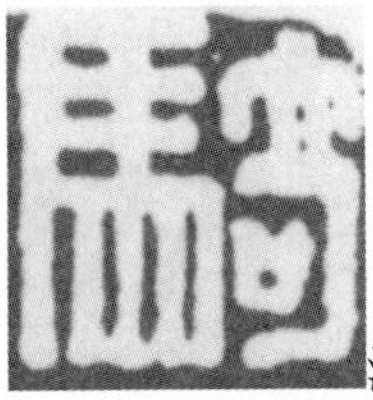
漢晉南北朝印風

漢代官印選

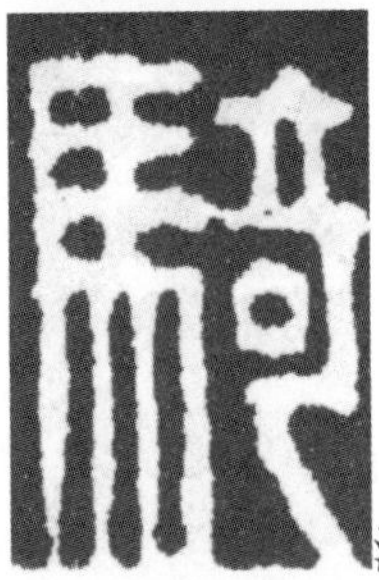
漢代官印選

漢代官印選

漢代官印選

○騎將軍印章

漢代官印選

歷代印匋封泥

○中騎千人

漢代官印選

柿葉齋兩漢印萃

○驃騎將軍章

柿葉齋兩漢印萃

○騎部曲督

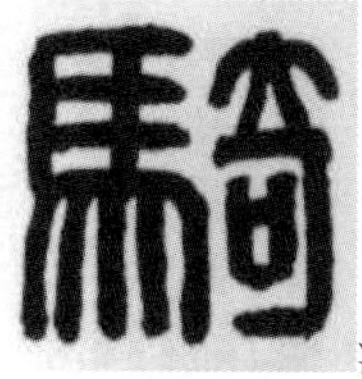
漢印文字徵

○騎千人印

漢印文字徵

○騎司馬印

漢印文字徵

○騎樂

柿葉齋兩漢印萃

○騎部曲督

柿葉齋兩漢印萃

○車騎將軍

漢晉南北朝印風

漢晉南北朝印風

漢晉南北朝印風

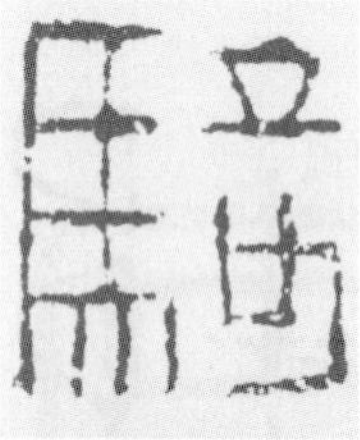
漢晉南北朝印風

東漢・史晨後碑

東漢・石門頌

西晉・韓壽碣

西晉・石尠誌

東晉・楊陽神道闕

〇晉故巴郡察孝騎

北魏・侯剛誌蓋

北魏・高珪誌

北魏・長孫子澤誌

北魏・賈瑾誌蓋

東魏・邸珍碑額

北周・乙弗紹誌

北周・梁嗣鼎誌

【駕】

《説文》：〔seal form〕，馬在軛中。从馬加聲。

【㹢】

《説文》：〔seal form〕，籀文駕。

睡・秦律十八種 47

睡・秦律雜抄 3

睡・法律答問 45

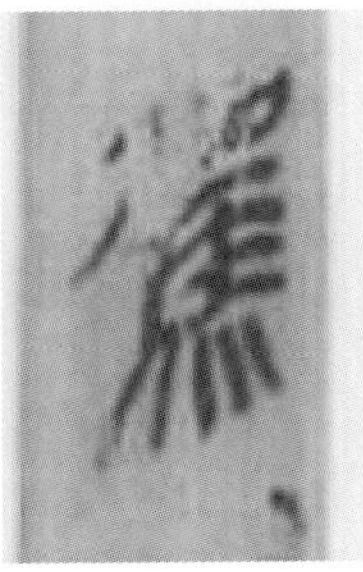
嶽・芮盜案 66

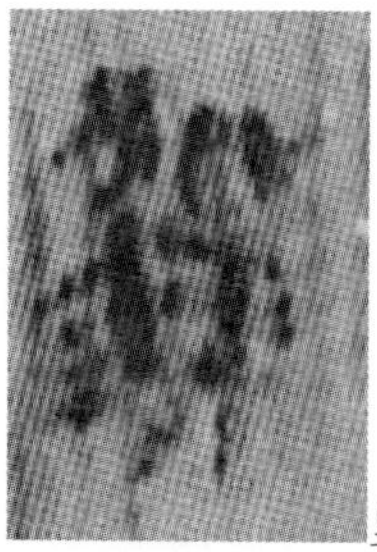
里・第八層 149

馬壹 174_21 下

馬壹 15_12 上\105 上

馬貳 262_46/66

張・具律 95

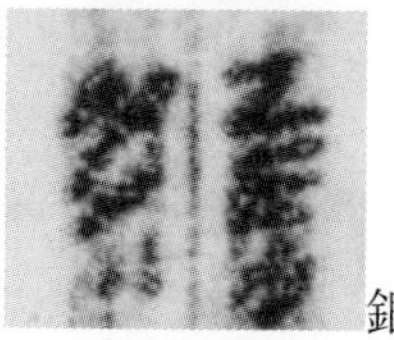
銀壹 534

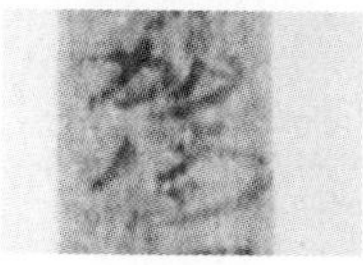
敦煌簡 0394

〇親車駕至

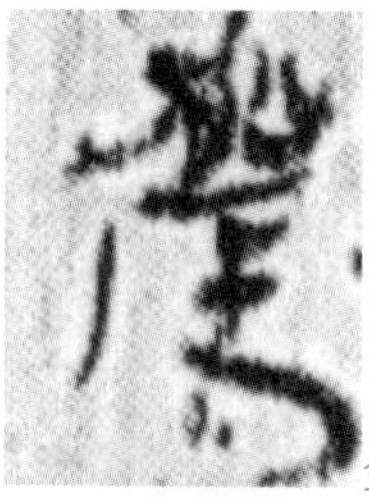
金關 T04:102

武・甲《特牲》40

北壹・倉頡篇 7

廿世紀璽印二-SY

秦代印風

秦代印風

〇楊駕

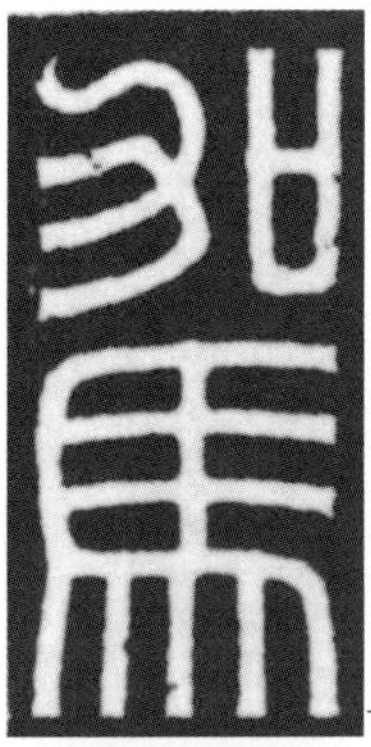
廿世紀璽印三-SY

漢印文字徵

○周駕

漢印文字徵

石鼓・吾水

○駕侖愈□

東漢・曹全碑陽

東漢・鮮於璜碑陰

北魏・塔基石函銘刻

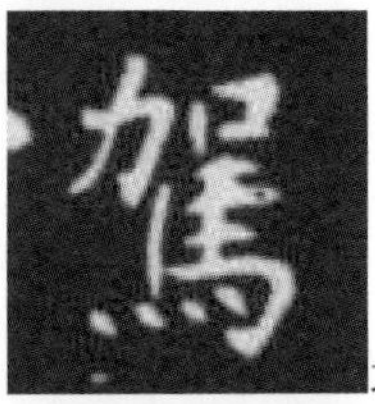
北魏・慈慶誌

北魏・元懷誌

【騑】

《説文》：騑，驂，旁馬。从馬非聲。

北魏・元延明誌

北魏・元譚妻司馬氏誌

【駢】

《説文》：駢，駕二馬也。从馬并聲。

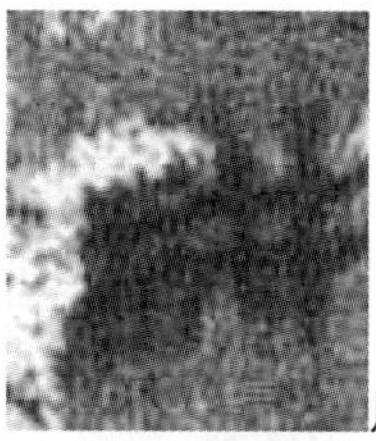
馬壹 41_13 上

○手足駢胝

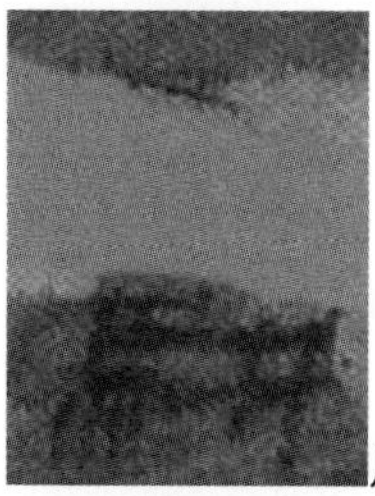
馬貳 117_146/146

○名曰駢石取小者

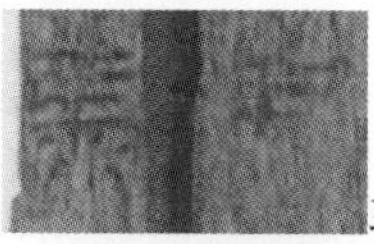
敦煌簡 1260

秦代印風

○冀駢

漢印文字徵

○馮駢之印

漢晉南北朝印風

○馮駢之印

【驂】

《説文》：，駕三馬也。从馬參聲。

漢銘・左驂右虎形器座

漢銘・左驂虎形器座

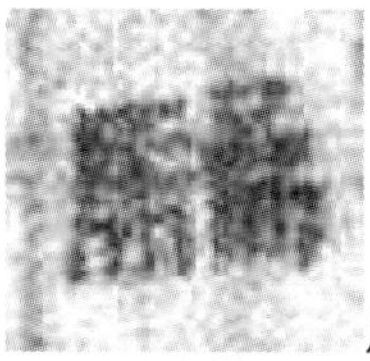
馬壹 226_96

○房左驂汝上也

馬壹 226_95

○房左驂汝上也

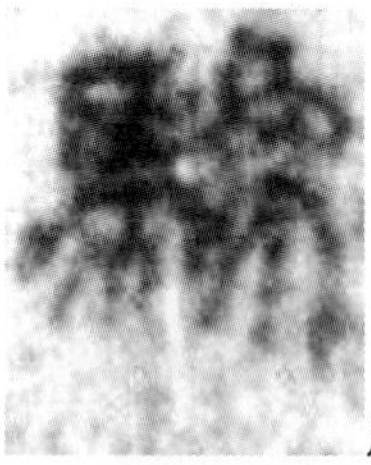
馬壹 212_55

○房左驂汝上也

石鼓・田車

北魏・元延明誌

○騑驂沃若

北魏・穆紹誌

北魏・元秀誌

○逸驥未驂

東魏・元悰誌

北齊・徐顯秀誌

○驂傳不停

北齊・司馬遵業誌

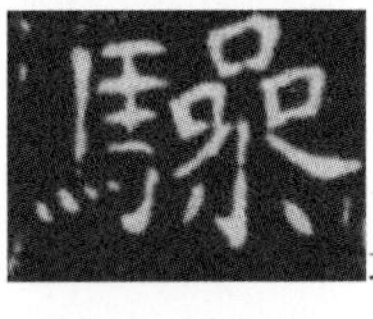
北齊・崔頠誌

○朝驂遽日

北齊・崔芬誌

○朱驂荇竹

【駟】

《説文》：駟，一乘也。从馬四聲。

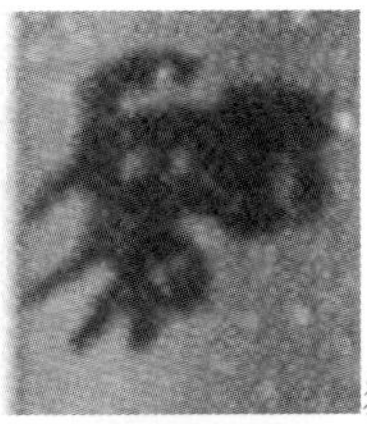
嶽・數 140

馬壹 84_105

張・戶律 314

銀貳 1558

金關 T26:031

秦代印風

○駟扶

漢印文字徵

北魏・元誘誌

北魏・李端誌

【駙】

《説文》：駙，副馬也。从馬付聲。一曰近也。一曰疾也。

廿世紀璽印四-GY

○駙馬都尉

廿世紀璽印三-GY

○駙馬都尉

漢晉南北朝印風

○駙馬都尉

漢印文字徵

○駙馬都尉

漢印文字徵

○駙馬都尉

漢印文字徵

○駙明

柿葉齋兩漢印萃

○駙馬都尉

漢代官印選

○駙馬都尉

漢晉南北朝印風

○駙馬都尉

漢晉南北朝印風

○駙馬都尉

北魏・元顯魏誌

北魏・馮季華誌

北魏・穆亮誌

東魏・王僓誌

北周・寇嶠妻誌

【騺】

《説文》：騺，馬和也。从馬皆聲。

【騀】

《説文》：騀，馬搖頭也。从馬我聲。

北壹・倉頡篇 15

○狤騺騀警

【駊】

《説文》：駊，駊騀也。从馬皮聲。

【駋】

《説文》：駋，馬行皃。从馬舀聲。

【篤】

《説文》：篤，馬行頓遲。从馬竹聲。

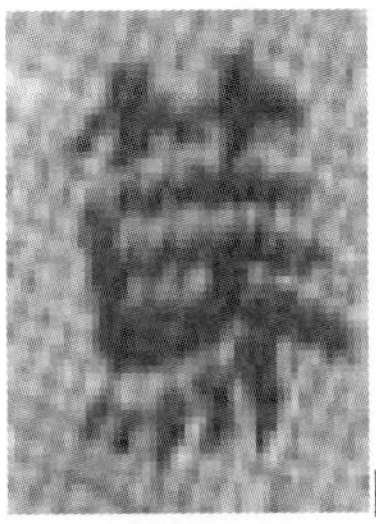
關・日書 191

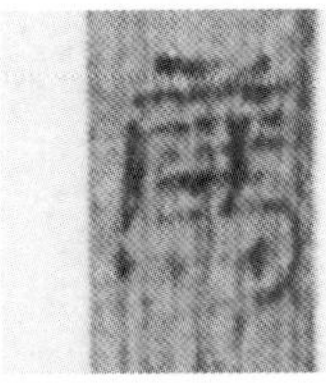
敦煌簡 0230A

○母病篤

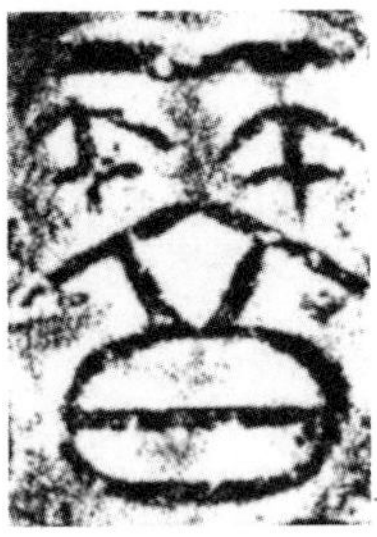
廿世紀璽印二-GP

○篤

漢印文字徵

○孔篤印信

漢印文字徵

廿世紀璽印四-GY

○通篤將軍章

東漢・譙敏碑

東漢・建寧三年殘碑

○敦誠篤信

東漢・夏承碑

○允道篤愛

北魏・宋虎誌

○外施篤信

北魏・元譚誌

○雖石侯篤慎

北齊・暴誕誌

【騤】

《説文》：騤，馬行威儀也。从馬癸聲。《詩》曰："四牡騤騤。"

西晉・臨辟雍碑

西晉・臨辟雍碑

【鷽】

《説文》：鷽，馬行徐而疾也。从馬，學省聲。

【駸】

《説文》：駸，馬行疾也。从馬，侵省聲。《詩》曰："載驟駸駸。"

北魏・元爽誌

北魏・元悛誌

北魏・元悛誌

【馺】

《説文》：𩢍，馬行相及也。从馬从及。讀若《爾雅》“小山馺，大山峘”。

北壹・倉頡篇 61

○阬阿尉馺瑣漆

【馮】

《説文》：𩡨，馬行疾也。从馬冫聲。

漢銘・萬年縣官斗

漢銘・馮久鐖

漢銘・臨虞宮高鐙一

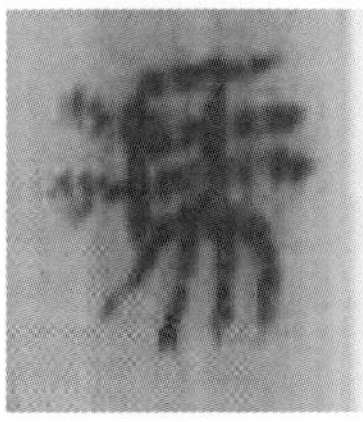
嶽・學為偽書案 211

馬壹 7_46 上

銀貳 1698

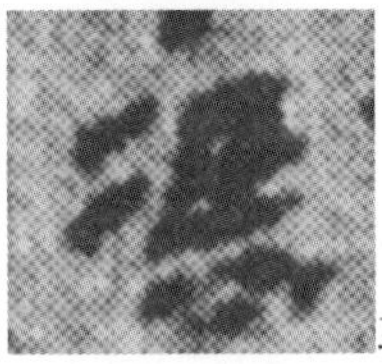
敦煌簡 1974

金關 T10:249

金關 T07:134

北壹・倉頡篇 2

○勳向尚馮奕青

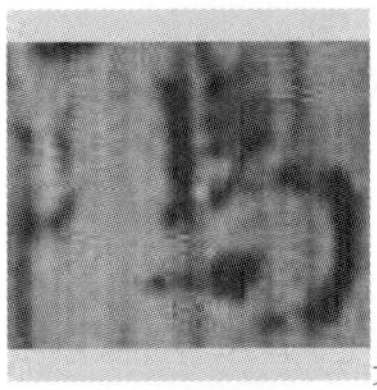
吳簡嘉禾・五・四九九

吳簡嘉禾・五・五九〇

○男子馮漢佃田六町

廿世紀璽印二-SY

秦代印風

○徐馮

秦代印風

秦代印風

漢晉南北朝印風

廿世紀璽印三-SY

○馮常

廿世紀璽印三-SY

歷代印匋封泥

○馮常私印信

漢代官印選

○左馮翊印

漢印文字徵

○馮欣之印

漢印文字徵

○馮喜

漢印文字徵

○生馮私印

柿葉齋兩漢印萃

○馮延印信

柿葉齋兩漢印萃

○馮海私印

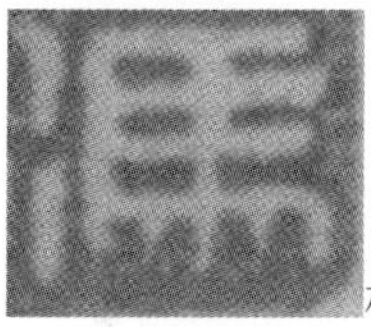
柿葉齋兩漢印萃

○王馮私印

漢印文字徵

○馮泰

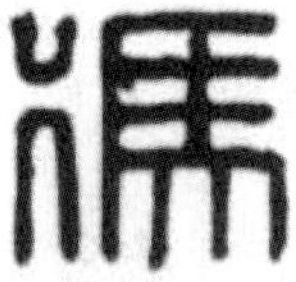
漢印文字徵

○馮洛私印

漢印文字徵

○張馮私印

漢印文字徵

○左馮翊丞

漢印文字徵

○馮尉

柿葉齋兩漢印萃

○馮□私印

漢晉南北朝印風

○馮霸私印

漢晉南北朝印風

○馮武

漢晉南北朝印風

漢晉南北朝印風

漢晉南北朝印風

○馮常

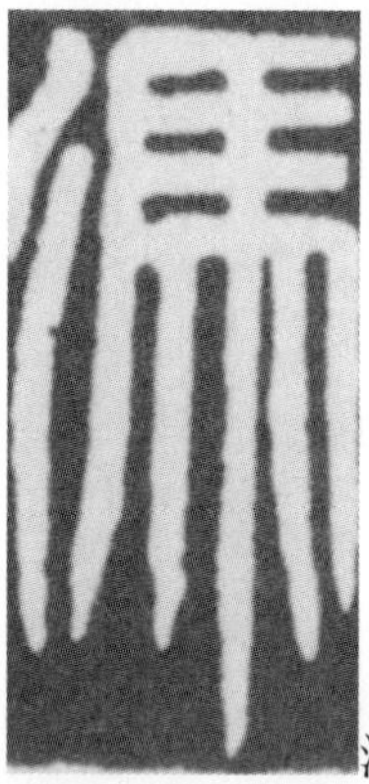
漢晉南北朝印風

○馮泰

漢晉南北朝印風

○馮高

新莽・馮孺人題記

○鬱平大尹馮君孺人中大門

東漢・從事馮君碑

○冀（兾）州從（従）事馮君碑

北魏・馮會誌

北魏・寇憑誌

○秦州刺史馮翊哀公之曾孫

【䭾】

《説文》：䭾，馬步疾也。从馬耴聲。

【騃】

《説文》：騃，馬行仡仡也。从馬矣聲。

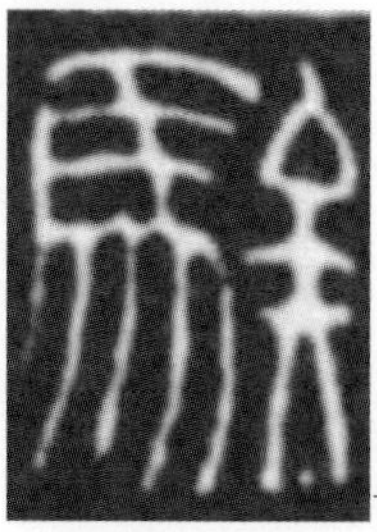
廿世紀璽印三-SY

○王騃

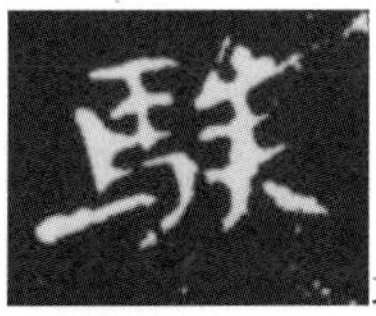
北周・曇樂造像

○呂駷胡

【驟】

《説文》：𩥛，馬疾步也。从馬聚聲。

北魏・元顥誌

北魏・元宥誌

北魏・尉氏誌

北魏・元廣誌

東魏・呂覎誌

【駒】

《説文》：𩡩，馬疾走也。从馬匂聲。

【颿】

《説文》：𩙺，馬疾步也。从馬風聲。

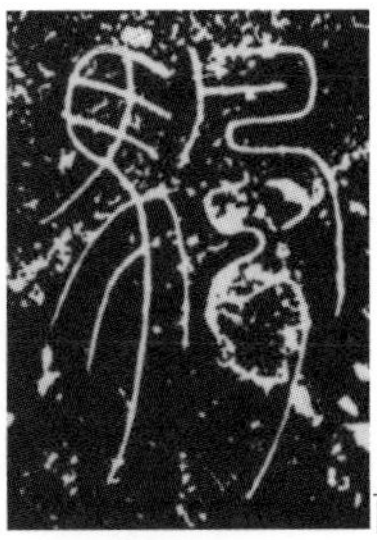
南朝宋・石颿銘

○石颿銘

【驅】

《説文》：𩣺，馬馳也。从馬區聲。

【敺】

《説文》：敺，古文驅从攴。

馬壹 16_16 下\109 下

○駝（馳）驅故曰

敦煌簡 0981

○驅驢士五十人

睡・日甲《馬禖》157

○詷馬敺其

張・賊律 39

○父母敺(毆）笞

張・賊律 32

○而夫毆(毆)笞

銀貳 1060

○相爲毆(驅)

北貳・老子 150

○目盳（盲）毆（驅）

漢代官印選

○驅馬校尉

廿世紀璽印二-GP

○王毆

東漢・司馬芳殘碑額

○馬長駈（驅）至

東漢・譙敏碑

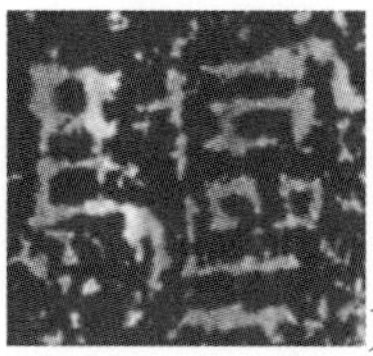
東漢・元嘉元年畫像石墓題記一

北魏・長孫盛誌

○駈（驅）車九折

北魏・長孫盛誌

○長駈（驅）秦雍

北魏・楊舒誌

○長駈（驅）淮滸

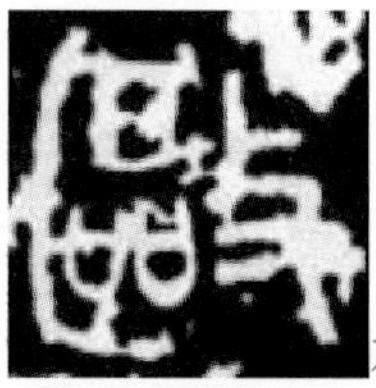
石鼓・車工

○避毆其特

【馳】

《説文》：馳，大驅也。从馬也聲。

馬壹 87_169

○而馳

馬貳 32_15 上

○壹起馳千里

銀壹 244

○車西馳粱(梁)

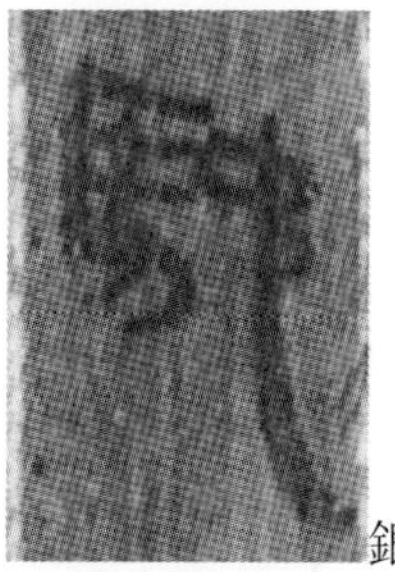
銀貳 1537

○車毋馳徒人毋騶

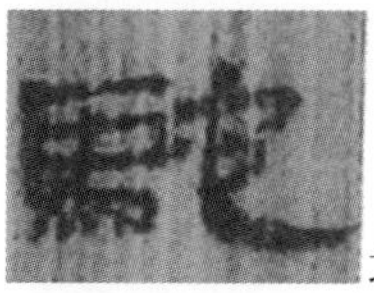
北貳・老子 19

○馳騁於天下

敦煌簡 0042

○槖佗馳告之

金關 T10:319

○騎置馳行

武・王杖 5

秦代印風

○馳

漢印文字徵

○馳

東漢・元嘉元年畫像石墓題記一

○驅馳相隨到都亭

東漢・楊著碑額

東漢・仙人唐公房碑陽

○馳周邵之風

北魏・元子直誌

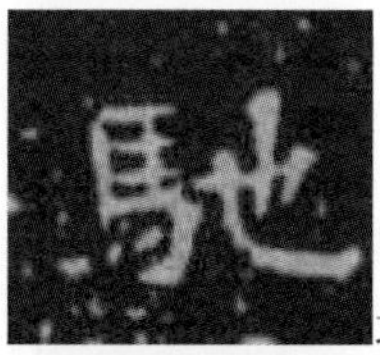
北魏・李榘蘭誌

北魏・封魔奴誌

北魏・元靈曜誌

北魏・封魔奴誌

【騖】

《説文》：騖，亂馳也。从馬敄聲。

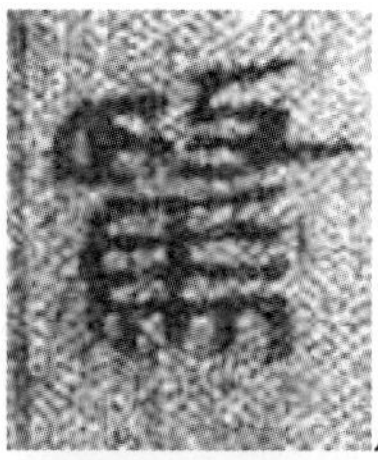
馬貳 36_45 上

北魏・元譿誌

〇昂昂獨騖

東魏・劉懿誌

【⿱𠛱馬】

《説文》：⿱𠛱馬，次弟馳也。从馬𠛱聲。

【騁】

《説文》：騁，直馳也。从馬甹聲。

馬壹 147_52/226 下

〇馳騁田臘（獵）

北貳・老子 150

〇驅騁田獵

北壹・倉頡篇 12

〇□閒悝騁虧刻

秦代印風

〇李騁

漢印文字徵

〇李騁

漢印文字徵

○徐騁

北魏・爾朱紹誌

○斂翼待騁

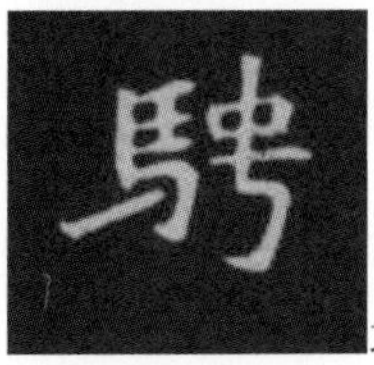
北魏・元斑誌

○才華騁騎

北魏・元朗誌

○雲途未騁

北魏・元秀誌

北齊・司馬遵業誌

○高鳴欲騁

【駾】

《說文》：駾，馬行疾來皃。从馬兊聲。《詩》曰："昆夷駾矣。"

【駯】

《說文》：駯，馬有疾足。从馬失聲。

【騂】

《說文》：騂，馬突也。从馬旱聲。

【駧】

《說文》：駧，馳馬洞去也。从馬同聲。

【驚】

《說文》：驚，馬駭也。从馬敬聲。

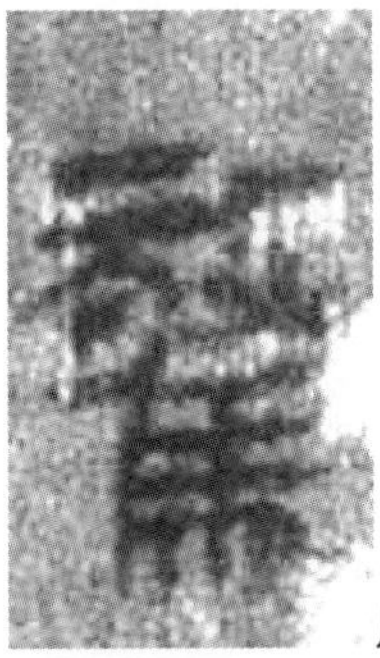
馬壹 133_25 下\102 下

馬壹 100_113

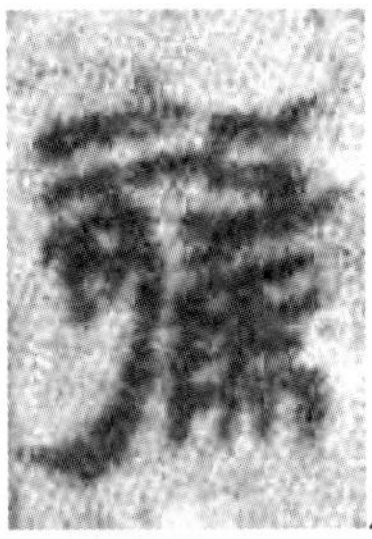
馬壹 147_53/227 下

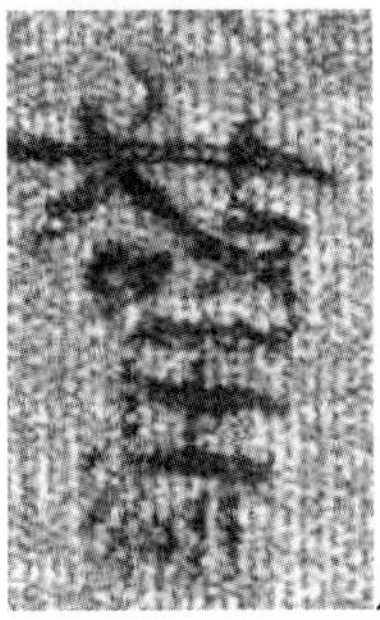
馬貳 70_50/50

張・奏讞書 133

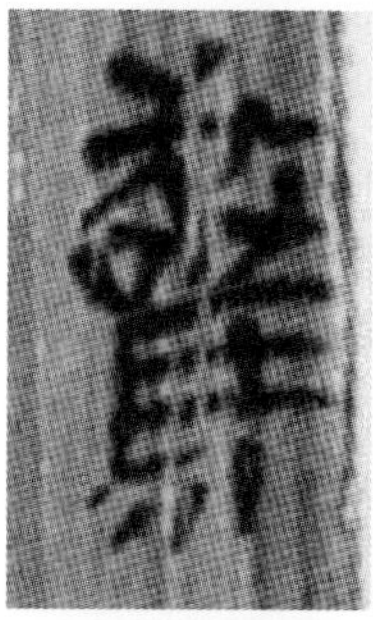
張・脈書 24

銀貳 1851

北貳・老子 153

○寵辱若驚

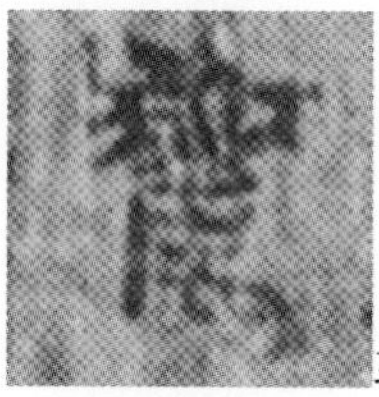
敦煌簡 1162B

○其驚逢火謹候

金關 T04:002

東牌樓 012

北壹・倉頡篇 68

○邁徙覺驚狃

吳簡嘉禾・五・四二四

秦代印風

○輔驚

秦代印風

○王驚

漢印文字徵

○郝驚

漢印文字徵

○郭驚

漢印文字徵

○周驚

東漢・開母廟石闕銘

○下民震驚

東漢・北海相景君碑陽

北魏・李端誌

北魏・元尚之誌

北魏・元寧誌

東魏・元悰誌

北周・尉遲將男誌

【駭】

《説文》：駭，驚也。从馬亥聲。

秦代印風

○淳於駭

漢印文字徵

○淳于駭

東漢・馮緄碑

東漢・尚博殘碑

北魏・元顥誌

北魏・爾朱襲誌

【駍】

《説文》：駍，馬奔也。从馬亢聲。

【騫】

《説文》：騫，馬腹縶也。从馬，寒省聲。

敦煌簡 0639B

○露騫彭績秦参涉

金關 T24:751

○卒王騫

魏晉殘紙

○騫心東望

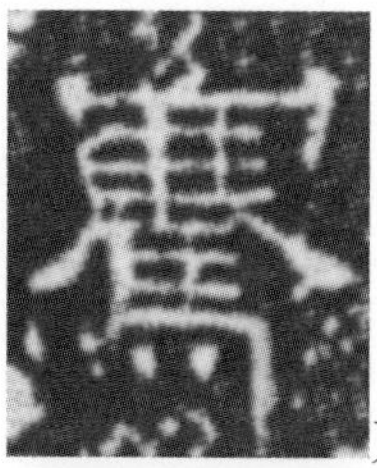
東漢・張遷碑陽

北魏・長孫盛誌

北魏・元朗誌

【駐】

《説文》：駐，馬立也。从馬主聲。

敦煌簡 2396B

東漢・西狹頌

西晉・石尠誌

北魏・温泉頌

【馴】

《説文》：，馬順也。从馬川聲。

馬貳 3_6

○南以馴(順)行

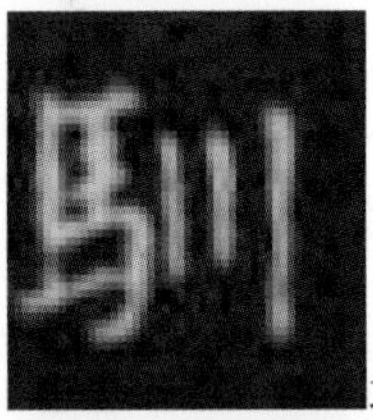
北魏・元延明誌

北魏・李媛華誌

北齊・西門豹祠堂碑

【駗】

《説文》：，馬載重難也。从馬㐱聲。

【驙】

《説文》：，駗驙也。从馬亶聲。《易》曰："乘馬驙如。"

【驇】

《説文》：，馬重皃。从馬執聲。

【驧】

《説文》：，馬曲脊也。从馬鞠聲。

【騬】

《説文》：，犗馬也。从馬乘聲。

【馻】

《説文》：，系馬尾也。从馬介聲。

【騷】

《説文》：，擾也。一曰摩馬。从馬蚤聲。

睡・法律答問 179

○不治騷馬

里・第八層 894

○吳騷爲人黄皙色

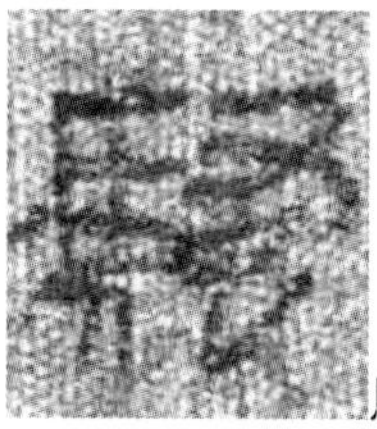
馬貳 73_104/104

○敝帚騷（掃）尤

張・脈書 15

○出爲騷(瘙）

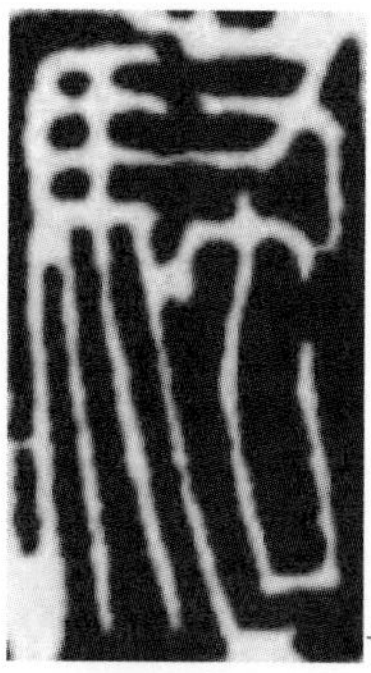
廿世紀璽印三-SY

○王騷

秦代印風

○騷濁

秦代印風

○趙騷

漢印文字徵

○苒騷

漢印文字徵

○賈騷

東漢・曹全碑陽

○萬民騷擾

晉・大中正殘石

○騷擾河曲郡

北魏・乞伏寶誌

○百姓以此騷然

北魏・赫連悅誌

北魏・元弼誌

○騷騷墟壟

【䭾】

《説文》：䭾，絆馬也。从馬，囗其足。《春秋傳》曰："韓厥執䭾前。"讀若輒。

【縶】

《説文》：縶，䭾或从糸執聲。

北魏・元爽誌

○仍見維縶

北魏・元延明誌

○仍被縶維

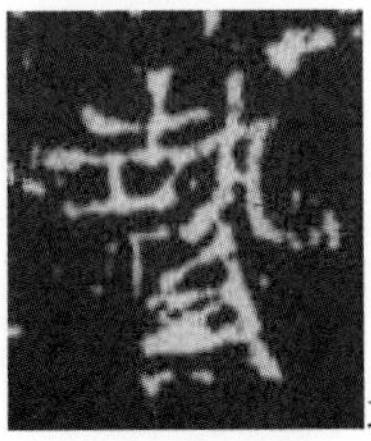
北魏・元馗誌

○維縶不已

【駘】

《説文》：駘，馬銜脱也。从馬台聲。

漢銘・駘蕩宫高鐙

漢銘・駘蕩宫高行鐙

漢銘・駘蕩宫高行鐙

漢銘・駘蕩宫壺

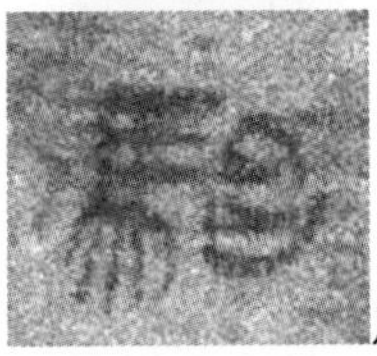
馬貳 110_32/32

○黄蜂駘廿置一杯

銀貳 1573

○其駘(怠）攻

秦代印風

○駘

秦代印風

○李駘

廿世紀璽印三-SY

○畢弘駘

漢印文字徵

○李駘

漢印文字徵

○莊駘之印

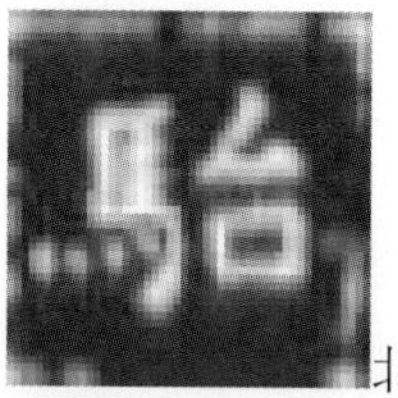
北齊・高潤誌

【駔】

《説文》：䮓，牡馬也。从馬且聲。一曰馬蹲駔也。

戰晚・四十八年上郡假守鼂戈

里・第八層 76

銀壹 408

○遠草駔(苴）沙

廿世紀璽印二-SP

○咸鄜里駔

歷代印匋封泥

○咸鄜里駔

漢印文字徵

○王駔

漢印文字徵

○原駔

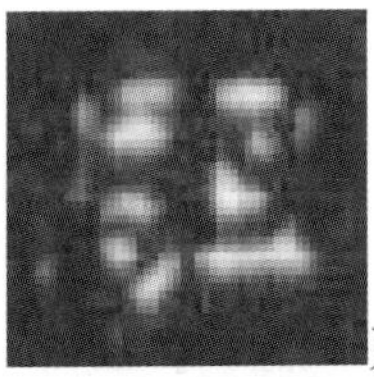
東魏・李希宗誌

○相王舍繁騶而行哭

【騶】

《說文》：，廄御也。从馬芻聲。

睡・秦律雜抄 3

○駕騶除四歲不能

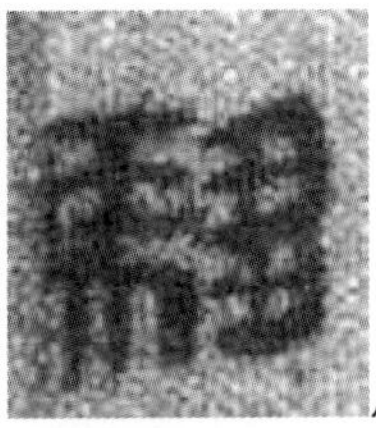
馬壹 46_64 下

○不能隃（逾）騶（鄒）魯

銀貳 2145

○大禽騶長三

金關 T05:019

○大夫騶明年

廿世紀璽印三-GP

○騶

廿世紀璽印三-GP

○騶北鄉

漢印文字徵

○騶之右尉

漢印文字徵

○騶延

漢印文字徵

○騶忘之印

漢晉南北朝印風

○騶郚私印

東漢・張遷碑陰

○故吏騶（驆）叔（朴）義

東漢・禮器碑陰

○騶韋仲卿二百

西晉・臨辟雍碑

○用肆夏歌騶虞

北魏・元昭誌

○鳴騶天府

北魏・元順誌

○彤騶是導

【驛】

《説文》：驛，置騎也。从馬睪聲。

敦煌簡 1329A

○平堅驛子文使爲御

金關 T21:001

○界亭驛小史安以來

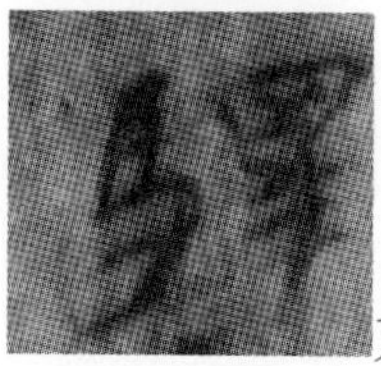
東牌樓 007

○坂驛卒番鍾隨踵

東漢・成陽靈臺碑

東漢・肥致碑

○即驛馬問郡

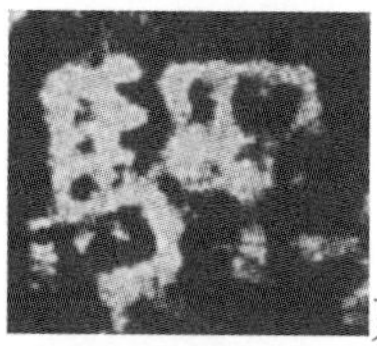
東漢・相張壽殘碑

○駱驛要請

東漢・開通褒斜道摩崖刻石

○郵亭驛置徒司空

北魏・元朗誌

東魏・馮令華誌

【馹】

《説文》：馹，驛傳也。从馬日聲。

北魏・長孫盛誌

北齊・赫連子悅誌

【騰】

《説文》：，傳也。从馬朕聲。一曰騰，犗馬也。

睡・語書 4

睡・封診式 14

嶽・質日 3419

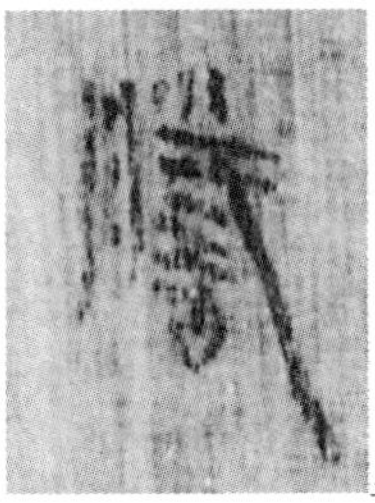
里・第八層 1564

○留日毋騰

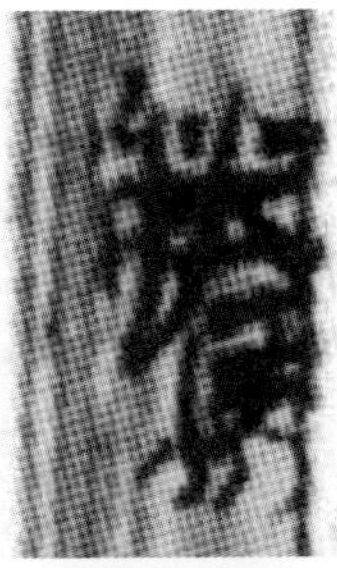
張・奏讞書 113

敦煌簡 1009

○射大騰

武・甲《燕禮》17

○再拜騰（媵）爵

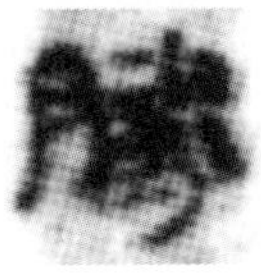
武・甲《泰射》25

○拜騰（媵）爵

漢印文字徵

○衡騰

漢印文字徵

○張騰

漢印文字徵

○蓋騰

漢印文字徵

○垣騰之印信

漢晉南北朝印風

○王騰

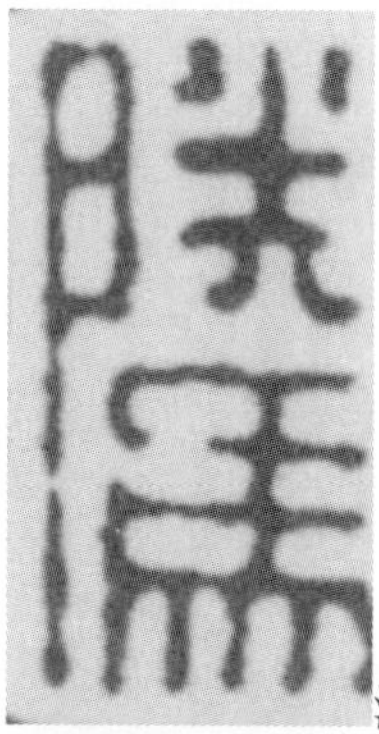
漢晉南北朝印風

○張騰

東漢・北海相景君碑陰

○故午營陵縛良字世騰

東漢・北海相景君碑陰

○故門下督盜賊劇騰頌字叔遠

北魏・寇憑誌

北魏・崔承宗造像

北魏・元彬誌

北魏・解伯都等造像

北魏・李槼蘭誌

北魏・元恭誌

北魏・山暉誌

東魏・王偃誌

東魏・王偃誌

【䮝】

《説文》：䮝，苑名。一曰馬白頟。从馬雈聲。

秦代印風

○王䮝

【駉】

《説文》：駉，牧馬苑也。从馬冋聲。《詩》曰："在駉之野。"

【駪】

《説文》：駪，馬衆多皃。从馬先聲。

【駮】

《説文》：駮，獸，如馬，倨牙，食虎豹。从馬交聲。

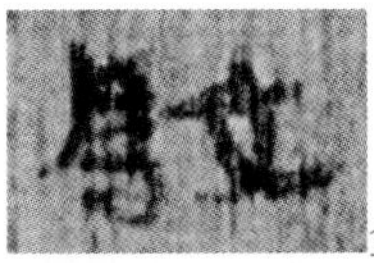
金關 T10:262

○騧駮

金關 T10:261

○騩駮牡馬一匹

金關 T04:054

○匹騂駮齒四歲高五

東漢・石門頌

北齊・徐之才誌

○當塗駮雜

【駃】

《説文》：駃，駃騠，馬父贏子也。从馬夬聲。

秦文字編 1532

【騠】

《説文》：騠，駃騠也。从馬是聲。

睡·秦律雜抄 27

○課駃騠卒歲

【驘】

《説文》：驘，驢父馬母。从馬𦝠聲。

【騾】

《説文》：騾，或从𦝠。

【驢】

《説文》：驢，似馬，長耳。从馬盧聲。

敦煌簡 1124

○大際驢一匹

秦代印風

○王驢

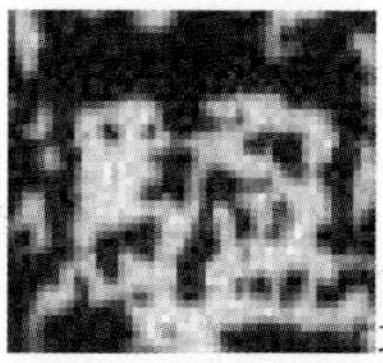
北齊·柴季蘭造像

○邑子柴洪驢

【㺈】

《説文》：𩣡，驢子也。从馬冢聲。

【驒】

《説文》：驒，驒騱，野馬也。从馬單聲。一曰青驪白鱗，文如鼉魚。

【騱】

《説文》：騱，驒騱馬也。从馬奚聲。

【騊】

《説文》：騊，騊駼，北野之良馬。从馬匋聲。

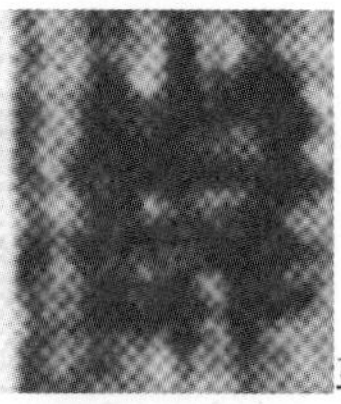
敦煌簡 2327

○行騊一兩

【駼】

《説文》：駼，騊駼也。从馬余聲。

【驫】

《説文》：驫，眾馬也。从三馬。

【駛】

《説文》：駛，疾也。从馬吏聲。

【駥】

《説文》：駥，馬高八尺。从馬戎聲。

【騣】

《説文》：騣，馬鬣也。从馬㚇聲。

【馱】

《説文》：馱，負物也。从馬大聲。此俗語也。

【騂】

《説文》：騂，馬赤色也。从馬，觲省聲。

〖馬卜〗

漢印文字徵

○兼馬卜廏丞

〖馮〗

石鼓・田車

○鑾勒馮馮

〖駘〗

北魏・于景誌

○駘馬收威

〖鴦〗

漢印文字徵

○鴦懇印

〖駛〗

東魏・元延明妃馮氏誌

北周・獨孤渾貞誌

〖駠〗

北魏・高猛誌

〖駝〗

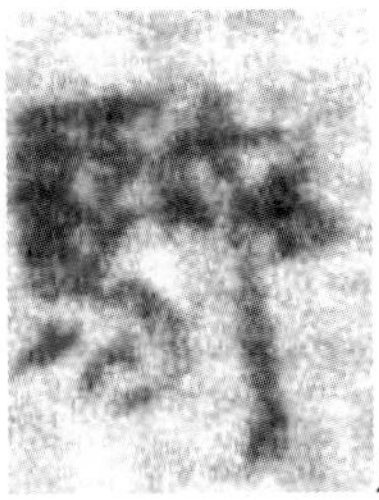
馬壹 114_22\425

○車馬駝（馳）騋

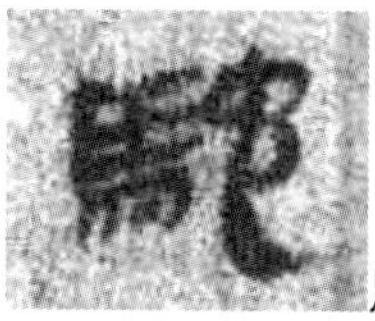
馬壹 16_16 下\109 下

○猷（猶）駝（馳）驅故

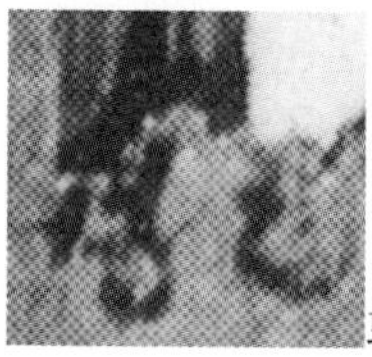
敦煌簡 1057A

○駝一匹

廿世紀璽印三-SP

○駝

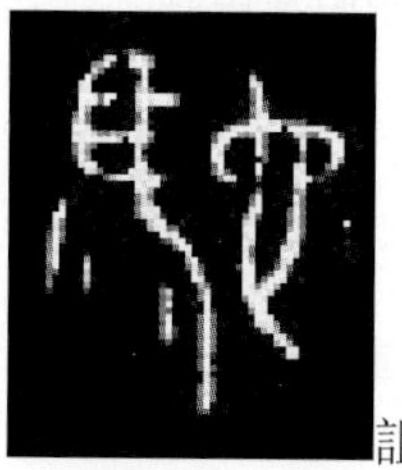
詛楚文・亞駝

○大神亞駝以底楚王

北魏・元徽誌

○銅駝興步出之歎

〖駑〗

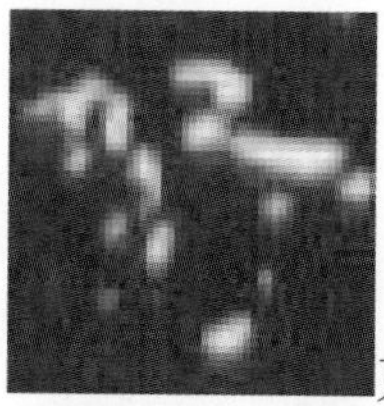
東魏・李希宗誌

○顧盼定其駑駔

〖駋〗

里・第八層 1450

○就曰駋廿五年二月

〖駣〗

金關 T21:209

○駣□牡齒八歲

〖騂〗

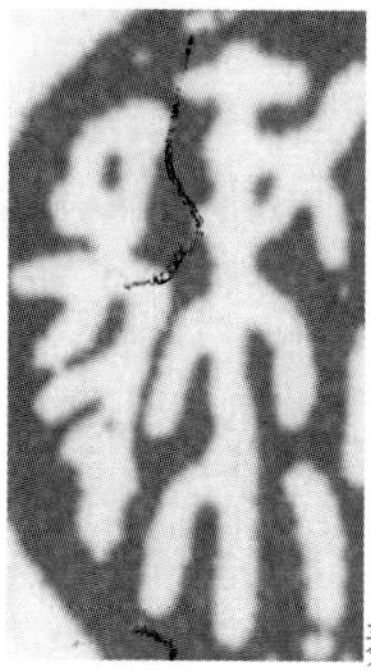
秦代印風

○瘫騂

〖騔〗

漢印文字徵

○騔令之印

〖騋〗

馬壹 114_22\425

○馬駝（馳）騋（驟）也獵

〖騂〗

敦煌簡 1906

○騂牡兩抾

金關 T27:044A

廿世紀璽印三-SP

○咸亭陽里騂器

北魏・韋彧誌

○賜騂騮上駟

〖駿〗

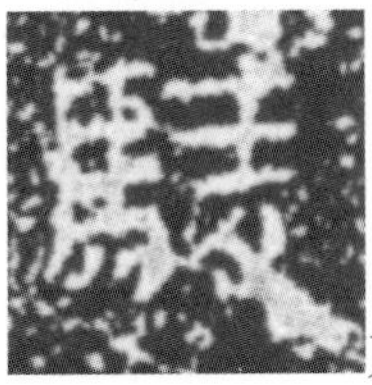
東漢・北海相景君碑陰

○都昌張駿

〖騴〗

秦代印風

○李騴

漢印文字徵

○李騴

〖騄〗

北魏・爾朱襲誌

○跨玆驥騄

東魏・廣陽元湛誌

○驥騄初騁

東魏・元仲英誌

○齊蹤驥騄

〖騝〗

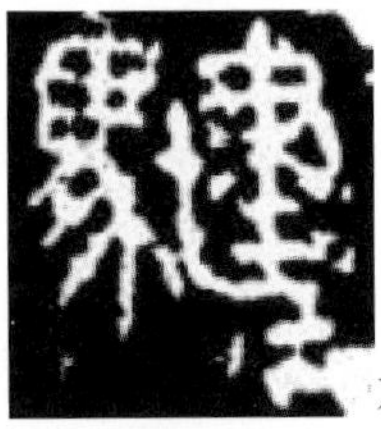
石鼓・田車

○右驂騝騝

〖騪〗

漢代官印選

〇騪粟都尉

〖騟〗

石鼓・吾水

〇左驂騟騟

〖騙〗

廿世紀璽印四-GY

〇騙將軍印章

〖驊〗

漢印文字徵

〇驊騮别丞

漢晉南北朝印風

〇驊騮别丞

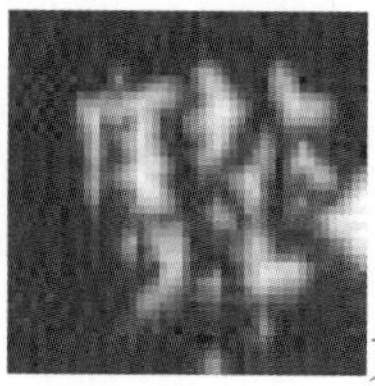
東魏・公孫略誌

〇監驊騮令

〖驛〗

秦代・大騩銅權

〖驥〗

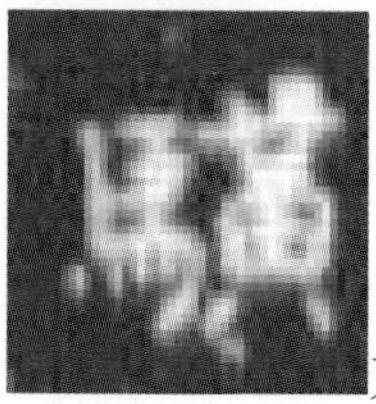
東魏・公孫略誌

〇復爲直閣將軍領乘驥令

〖驉〗

北齊・石佛寺迦葉經碑

〇驉(驅)破齋者

〖驟〗

北魏・高伏德造像

〖驝〗

北魏・元鑽遠誌

〖驎〗

漢印文字徵

○公孫驎印

北魏・元恩誌

北魏・元譿誌

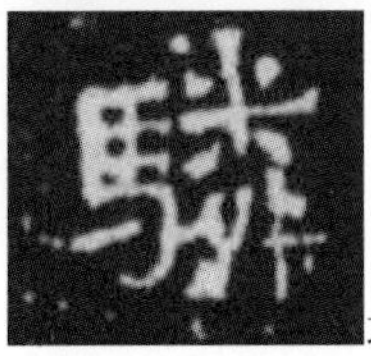
北魏・皇甫驎誌

北齊・雲榮誌

〖驓〗

北魏・郭顯誌

○四牡驓(騤)驓(騤)

北魏・郭顯誌

○四牡驓(騤)驓(騤)

〖𩧢〗

秦文字編 1529

漢印文字徵

○宋𩧢

〖䮺〗

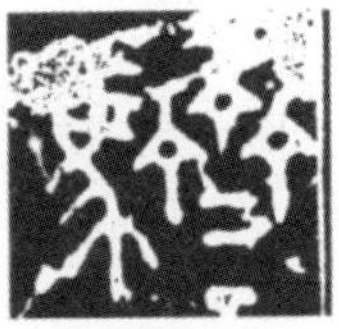
秦文字編 1533

石鼓・馬薦

○䮺=馬蘆

〖騰〗

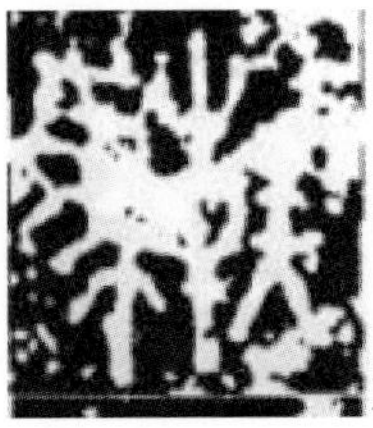
石鼓・吾水

○右（驂）驊驊

〖驡〗

漢印文字徵

○河南郭驡

漢印文字徵

○管驡

北魏・檀賓誌王神虎造

北魏・元秀誌

北魏・司馬昞誌

北魏・寇憑誌

北魏・元侔誌

北魏・寇臻誌

北魏・張整誌

北魏・李遵誌

北魏・元煥誌蓋

北魏・檀賓誌

○驡驤將軍

北魏・堯遵誌

○驡驤府史

廌部

【廌】

《説文》：𢊁，解廌，獸也，似山牛，一角。古者決訟，令觸不直。象形，从豸省。凡廌之屬皆从廌。

北魏・元彧誌

○日廌（薦）雙鯉

北魏・元彝誌

北齊・婁黑女誌

〇陰靈廌（薦）祉

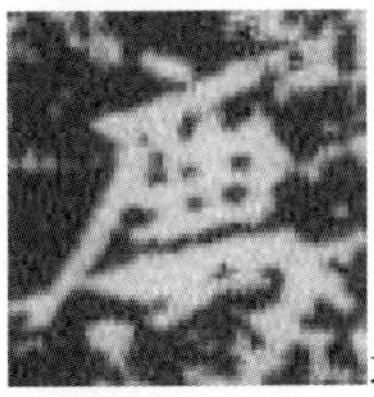
北齊・報德像碑

〇傳蘭廌菊之財

北齊・元華誌

〇廌亦蘩蘋

【𢊁】

《説文》：，解廌屬。从廌孝聲。闕。

【薦】

《説文》：，獸之所食艸。从廌从艸。古者神人以廌遺黄帝。帝曰：“何食？何處？”曰：“食薦；夏處水澤，冬處松柏。”

睡・秦律十八種 10

睡・秦律十八種 10

睡・法律答問 151

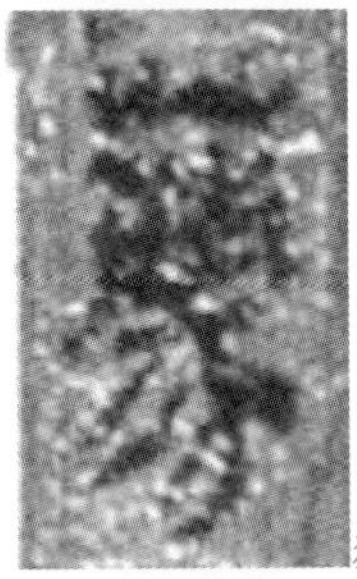
嶽・為吏 13

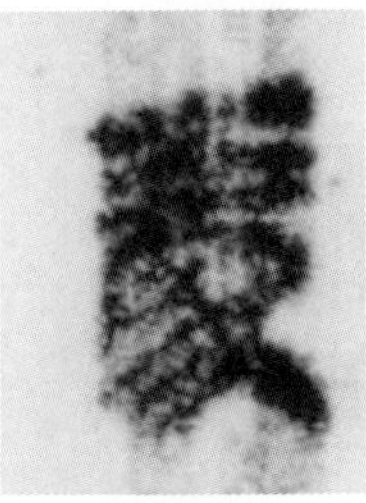
銀壹 565

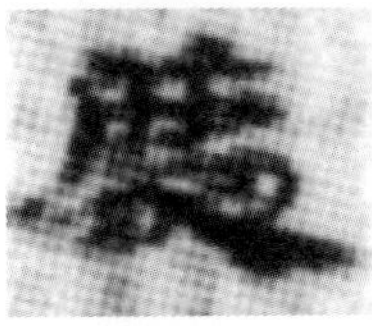
武・甲《特牲》51

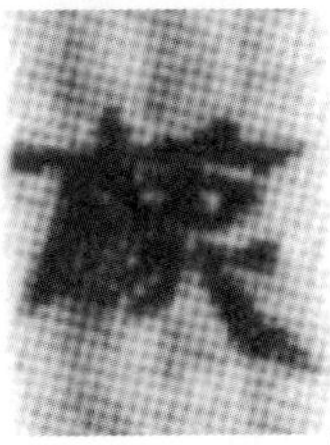
武・甲《有司》20

〇主婦薦韭菹

武·甲《燕禮》19

○于薦南北上降作

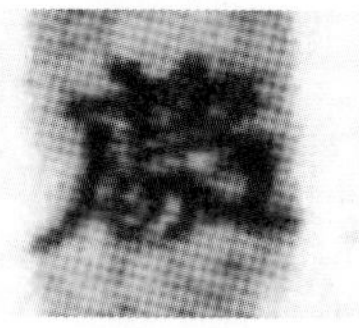
武·甲《泰射》34

廿世紀璽印三-SP

○薦

漢印文字徵

○薦顫

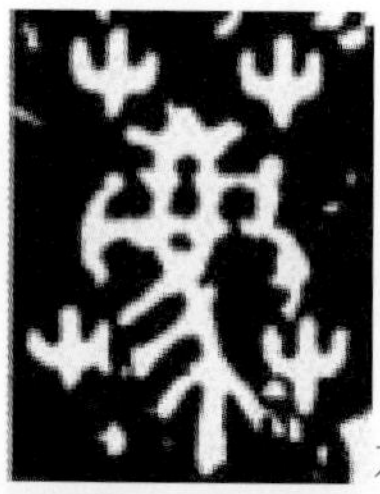
石鼓·馬薦

東漢·營陵置社碑

東漢·成陽靈臺碑

○先薦毛血

【灋】

《説文》：，刑也。平之如水，从水；廌，所以觸不直者；去之，从去。

【法】

《説文》：，今文省。

【佱】

《説文》：，古文。

戰中·商鞅量

秦代·始皇詔銅權十

秦代·始皇十六斤銅權一

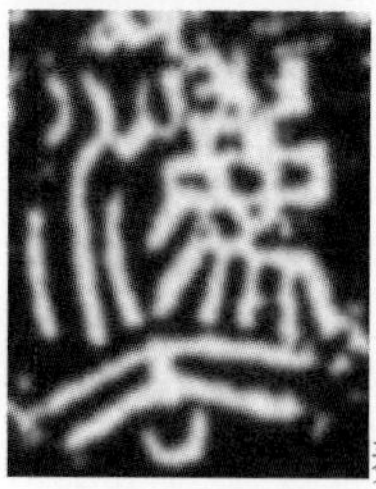
秦代·始皇十六斤銅權三

秦代・大騩銅權

秦代・北私府銅橢量

秦代・兩詔銅橢量一

秦代・兩詔銅權三

秦代・美陽銅權

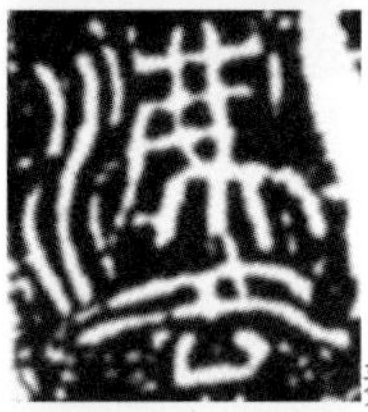
秦代・始皇詔銅權三

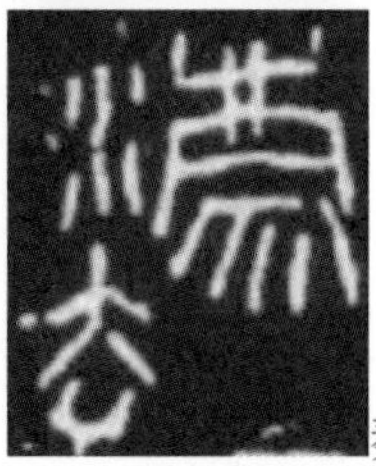
秦代・始皇詔銅橢量二

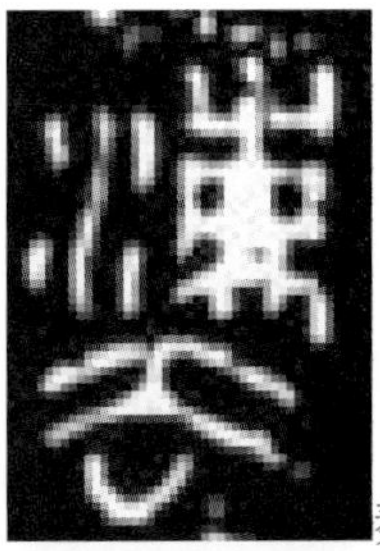
秦代・元年詔版二

秦代・始皇詔版一

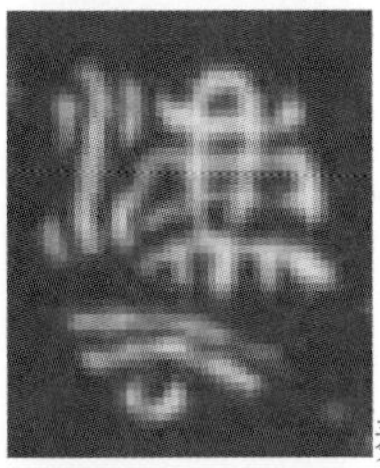
秦代・元年詔版三

秦代・始皇十六斤銅權四

秦代・始皇詔銅橢量四

睡・法律答問 32

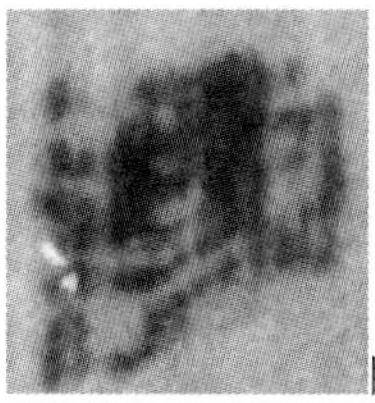
睡・日書甲種《啻》98

○四瀍甲乙

嶽・癸瑣案 15

○吏貲瀍（法）戍

里・第八層 746

張・奏讞書 94

北貳・老子 189

北壹・倉頡篇 9

○飭端脩瀍變大

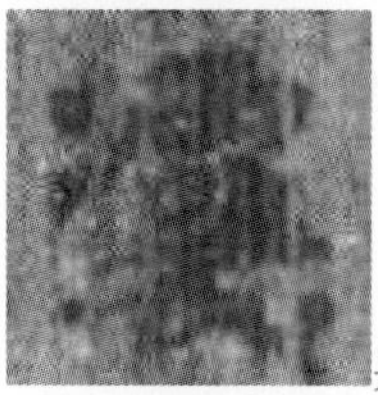
吳簡嘉禾・四

○小女瀍年三歲

嶽・為吏 83

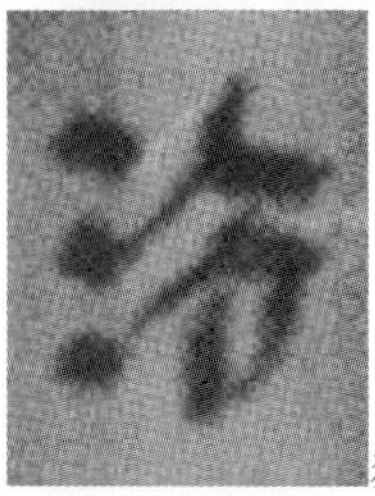
嶽・數 161

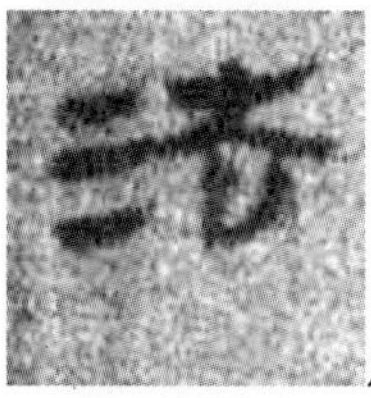
馬壹 129_74 下

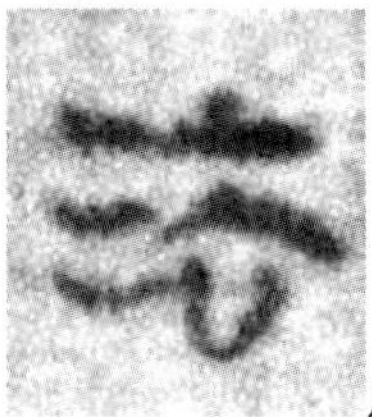
馬壹 111_11\362

張・算數書 128

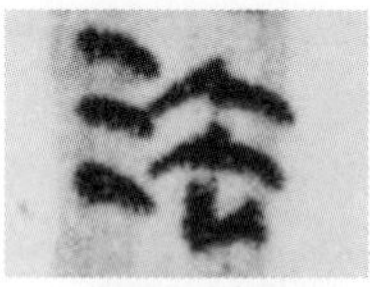
銀壹 912

銀貳 1289

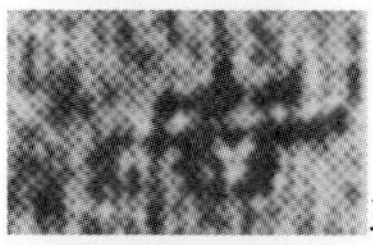
敦煌簡 2057

金關 T23:244

金關 T30:016

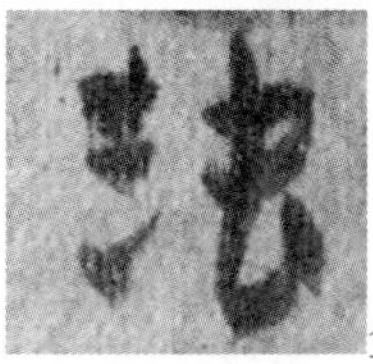
金關 T23:731A

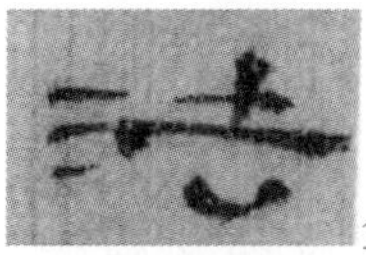
金關 T14:042

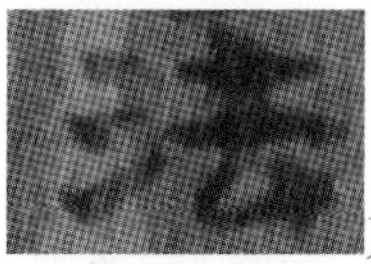
東牌樓 012

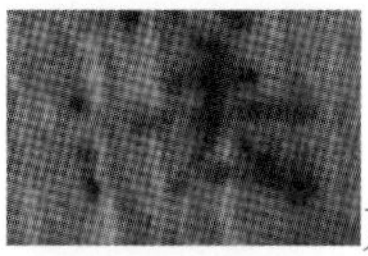
東牌樓 005

秦代印風

○法丘左尉

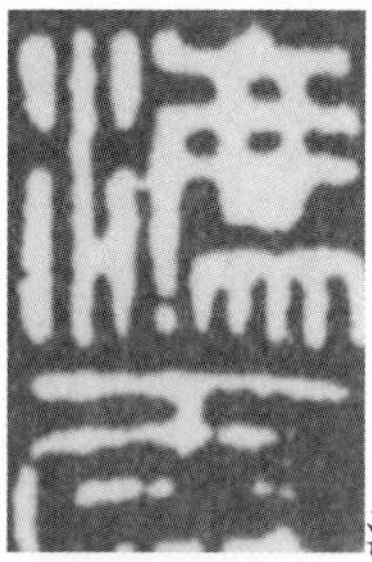
漢晉南北朝印風

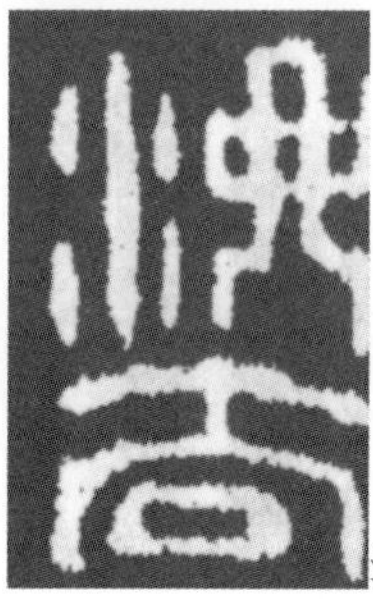
漢代官印選

○御史中執法印

漢印文字徵

漢印文字徵

○法惟印

漢印文字徵

○執灋直二十二

漢印文字徵

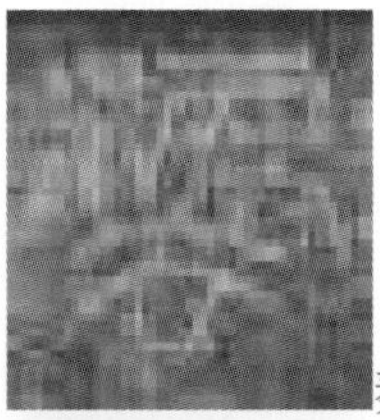
秦駰玉版

詛楚文・巫咸

○姓求蔑瀍

三國魏・曹真殘碑

北齊・唐邕刻經記

東漢・封龍山頌

東漢・曹全碑陰

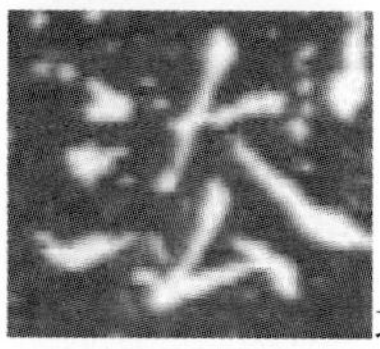
北魏・崔隆誌

○有家法

北魏・慈慶誌

北魏・慈慶誌

北魏・崔隆誌

北齊・宋始興造像

○法□相好

鹿部

【鹿】

《説文》：䕣，獸也。象頭角四足之形。鳥鹿足相似，从匕。凡鹿之屬皆从鹿。

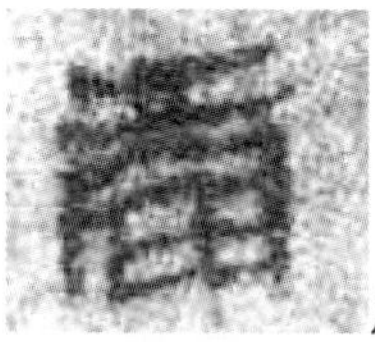
馬壹 6_27 下

○三即鹿毋華

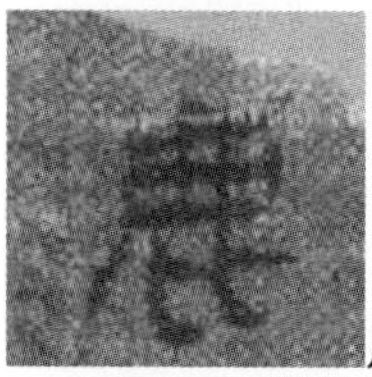
馬貳 111_53/53

馬貳 222_14

○叔（菽）鹿劦（脅）

馬貳 262_55/75

○鹿肉

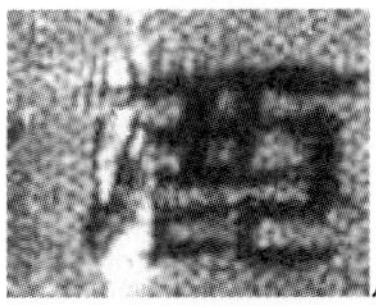
馬貳 32_4 上

○逮鹿二寸

張・引書 25

○復鹿者撟兩手負

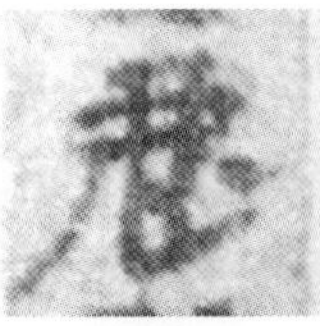
敦煌簡 2396B

金關 T24:902

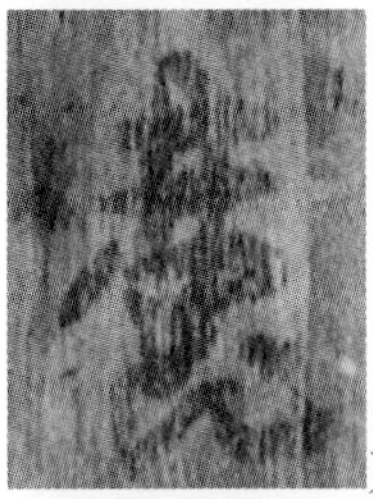
東牌樓 149 背

吳簡嘉禾・五・二七六

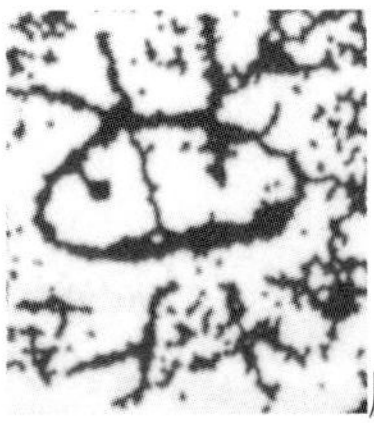
歷代印匋封泥

○□鹿□東里

廿世紀璽印三-SY

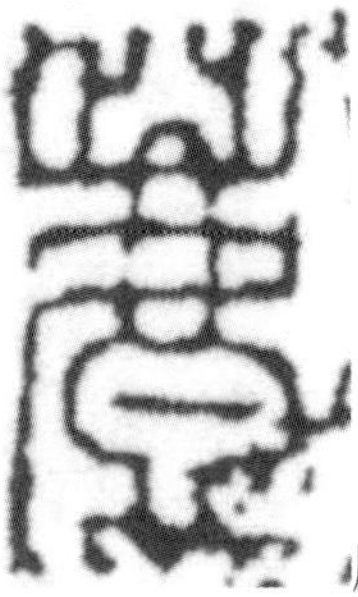
歷代印匋封泥

○鉅鹿大尹章

漢印文字徵

○鹿辰孟

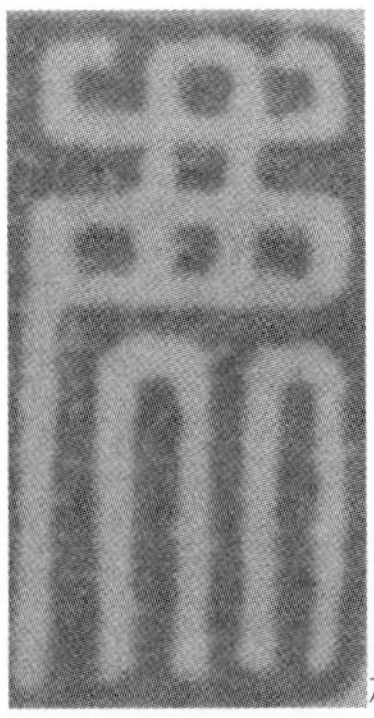
柿葉齋兩漢印萃

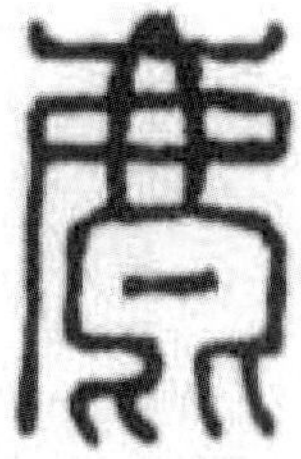
漢印文字徵

漢印文字徵

漢印文字徵

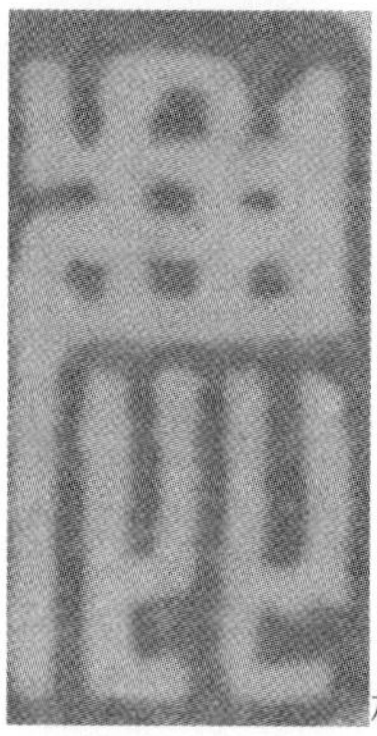
柿葉齋兩漢印萃

〇鹿忠

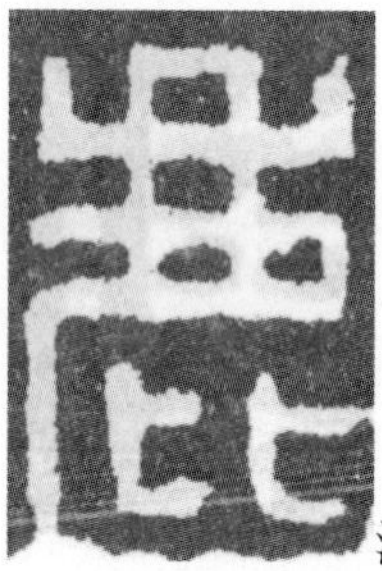
漢代官印選

漢晋南北朝印風

〇鹿護

漢晋南北朝印風

〇鹿蒼

石鼓・吳人

東漢・成陽靈臺碑

〇遷鉅鹿大守

東漢・尚博殘碑

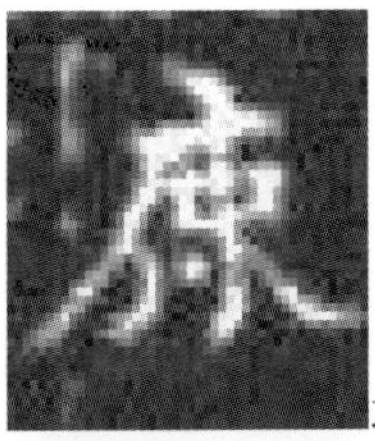
北魏・席盛誌

北魏・元譚妻司馬氏誌

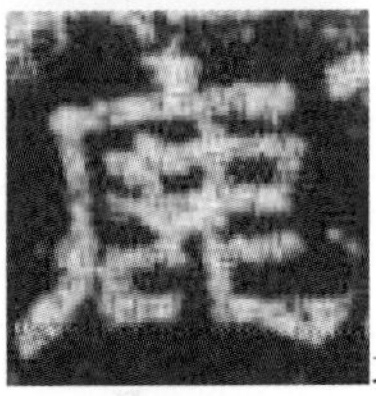
北齊・高肅碑

【麚】

《説文》：麚，牡鹿。从鹿叚聲。以夏至解角。

【麟】

《説文》：麟，大牝鹿也。从鹿粦聲。

銀貳 1698

○犯獸麟生

東漢・北海相景君碑陰

○故騎吏劇晷麟字敬石

北魏・元頊誌

北魏・元願平妻王氏誌

北魏・韓顯宗誌

【麌】

《説文》：麌，鹿麛也。从鹿耎聲。讀若偄弱之偄。

【麜】

《説文》：麜，鹿迹也。从鹿速聲。

【麛】

《説文》：麛，鹿子也。从鹿弭聲。

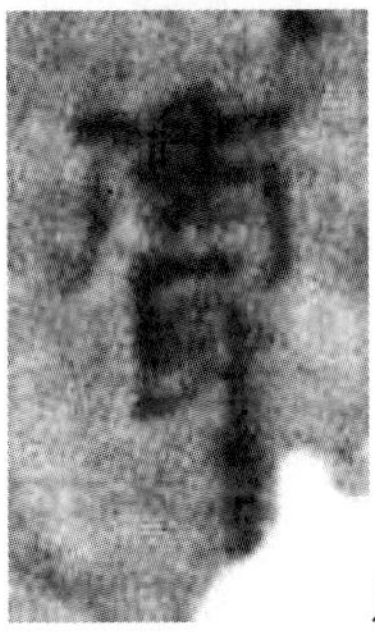
馬壹 93_318

○子之後麛皮歸復

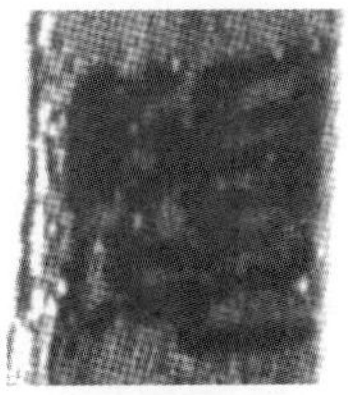
銀貳 1699

○人不麛不卵

北齊・柴季蘭造像

○柴麐祇

【麉】

《説文》：麉，鹿之絕有力者。从鹿幵聲。

【麒】

《説文》：麒，仁獸也。麋身牛尾，一角。从鹿其聲。

【麐】

《説文》：麐，牝麒也。从鹿吝聲。

【麋】

《説文》：麋，鹿屬。从鹿米聲。麋冬至解其角。

漢銘・陶陵鼎一

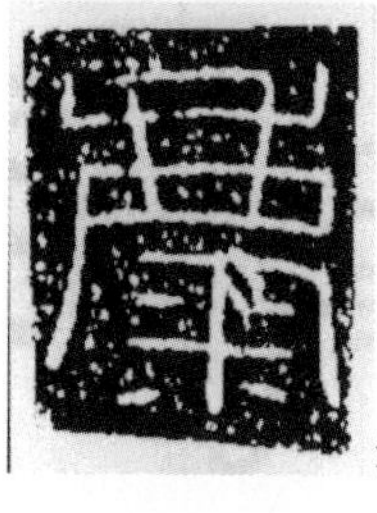
漢銘・陶陵鼎一

漢銘・陶陵鼎二

睡・封診式 52

○病疕麋（眉）突

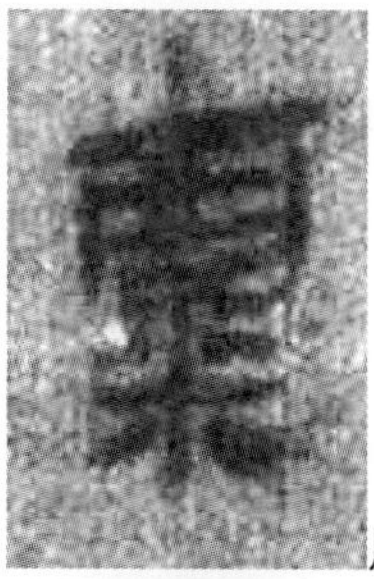
馬壹 139_5 下/147 下

馬壹 89_228

馬壹 86_161

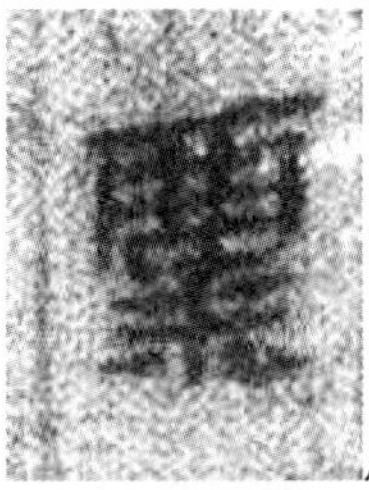
馬貳 35_23 下

張・脈書 15

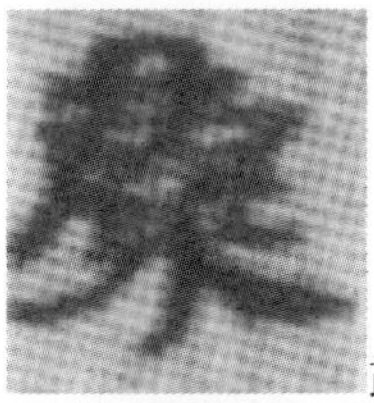
武・儀禮甲《服傳》4

北壹・倉頡篇 64

○葉莠英麇熊羆

歷代印匋封泥

○麇□

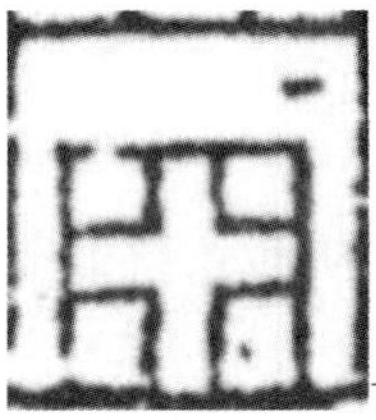
廿世紀璽印三-SY

○州麇小孝

漢印文字徵

○麇壽王

柿葉齋兩漢印萃

漢印文字徵

○隃麇侯相

漢印文字徵

廿世紀璽印四-GY

石鼓・田車

東漢・曹全碑陽

東漢・北海相景君碑陽

○不永麋（眉）壽

北齊・王馬造像

【麎】

《説文》：麎，牝麇也。从鹿辰聲。

【麐】

《説文》：麐，大麇也。狗足。从鹿旨聲。

【麂】

《説文》：麂，或从几。

北壹・倉頡篇 56

○麢麑麐麠

吳簡嘉禾・八二九七

○吳有麐(麂)皮五枚

吳簡嘉禾・八三二七

○鄉調麐(麂)皮一鹿皮

【麇】

《説文》：麇，麞也。从鹿，囷省聲。

【麕】

《説文》：麕，籀文不省。

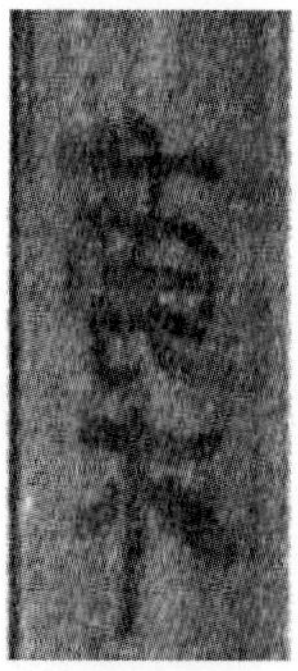
馬貳 208_57

○上自麋榣水溜（流）

【麞】

《説文》：麞，麋屬。从鹿章聲。

【麔】

《説文》：麔，麋牝者。从鹿咎聲。

【麠】

《説文》：麠，大鹿也。牛尾一角。

从鹿畺聲。

【麠】

《説文》：，或从京。

北壹・倉頡篇 56

○□麢麠鳿鴰

【麃】

《説文》：，麠屬。从鹿，㶣省聲。

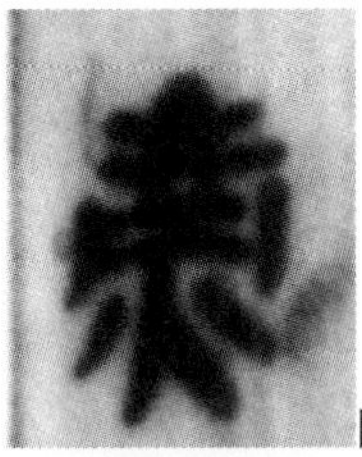
睡・語書 12

○醜言麃（僄）斫

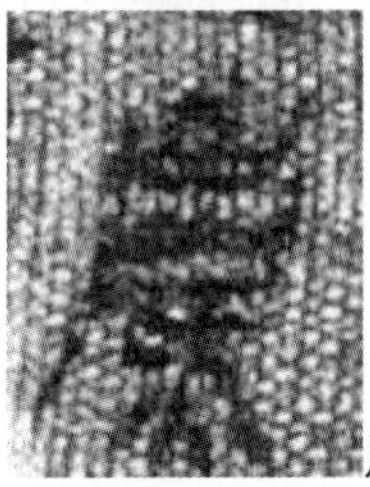
馬貳 79_223/210

○狐麃三

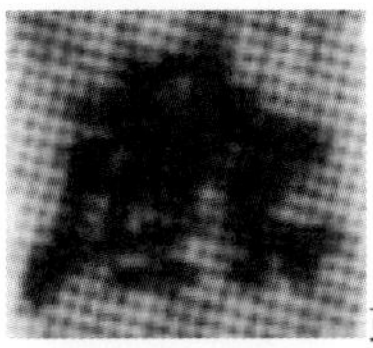
武・儀禮甲《士相見之禮》9

○頭麃（靡）執

北壹・倉頡篇 38

○貘麢麃欻

漢印文字徵

○麃剛私印

漢印文字徵

○麃鳳私印

西漢・麃孝禹碑

○平邑侯里麃孝禹

東漢・禮器碑

○故涿郡大守魯麃次公五千

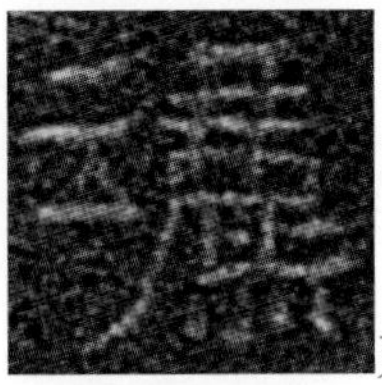
東漢・公乘田魴畫像石墓題記

○魂麃搖而东西

【麈】

《説文》：，麋屬。从鹿主聲。

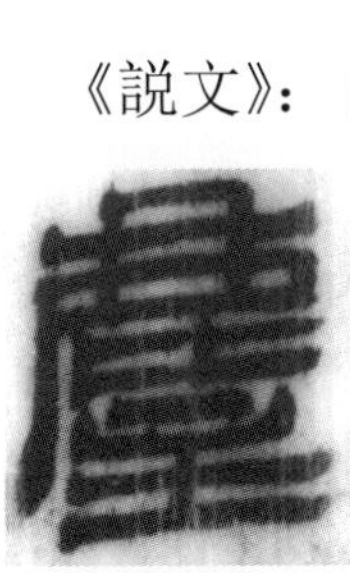
北壹・倉頡篇 56

○狼貙貍麈豻麢

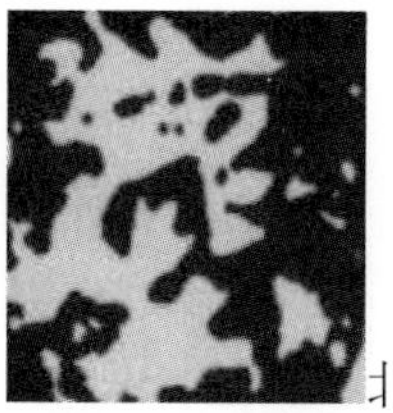
北魏・韓貞造象

〇且表微麈之心

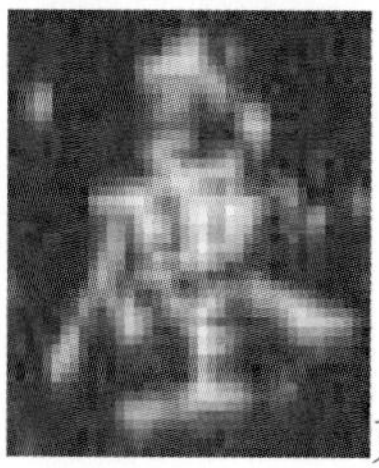
東魏・昌樂王元誕誌

【麑】

《説文》：麑，狻麑，獸也。从鹿兒聲。

【麙】

《説文》：麙，山羊而大者，細角。从鹿咸聲。

【麢】

《説文》：麢，大羊而細角。从鹿霝聲。

北壹・倉頡篇 56

〇貍麈豻麢奧

【麈】

《説文》：麈，鹿屬。从鹿圭聲。

【麝】

《説文》：麝，如小麋，臍有香。从鹿䠶聲。

北魏・元瞻誌

【䴢】

《説文》：䴢，似鹿而大也。从鹿與聲。

北壹・倉頡篇 38

〇貘䴢麃歀朖羊

【麗】

《説文》：麗，旅行也。鹿之性，見食急則必旅行。从鹿丽聲。《禮》：麗皮納聘。蓋鹿皮也。

【丽】

《説文》：丽，古文。

【𠆣】

《説文》：𠆣，篆文麗字。

秦代・麗山園鐘

睡・法律答問 179

睡・日甲《詰》25

嶽・質日 3522

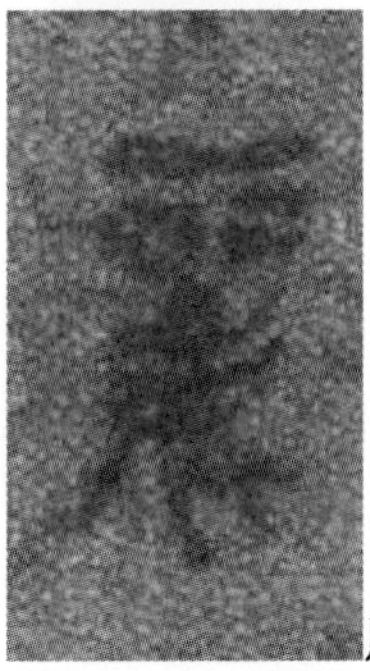
馬貳 113_79/79

○布麗之已（巳）

張・奏讞書 168

金關 T01:001

歷代印匋封泥

○麗山飤官

廿世紀璽印三-GP

○麗山飤官

廿世紀璽印三-GP

○麗亭

漢晉南北朝印風

○麗茲則宰印

漢印文字徵

漢印文字徵

○麗茲則宰印

東漢・熹平殘石

東漢・封龍山頌

北魏・元斑誌

北齊・馬天祥造像

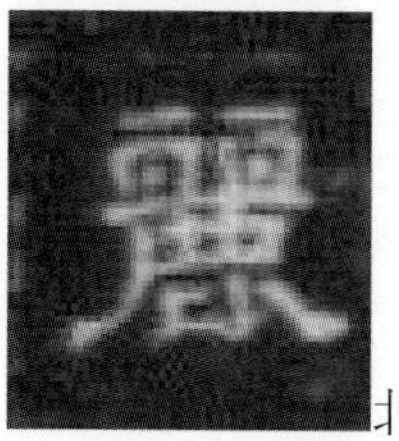
北周・王榮及妻誌

【麀】

《説文》：，牝鹿也。从鹿，从牝省。

【𪊨】

《説文》：，或从幽聲。

北壹・倉頡篇 17

○娴嫷范麀帔幭

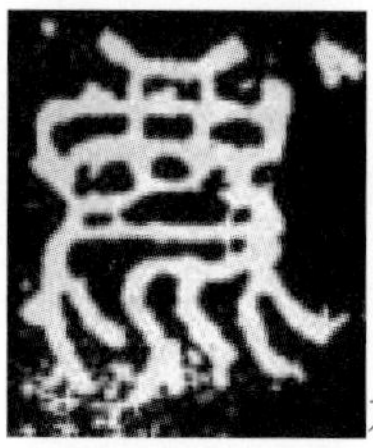
石鼓・田車

○麀鹿雉兔

〖麋〗

漢印文字徵

○麋都

〖鏖〗

漢銘・陽信家甗

漢銘・平陽甗

〖麞〗

張・田律 249

○取産麞（麛）卵鷇

〖麢〗

北壹・倉頡篇 66

○狗獳麢䴥媥䴉娺

〖麔〗

馬貳 276_202/222

○麔膾一器

麤部

【麤】

《説文》：麤，行超遠也。从三鹿。凡麤之屬皆从麤。

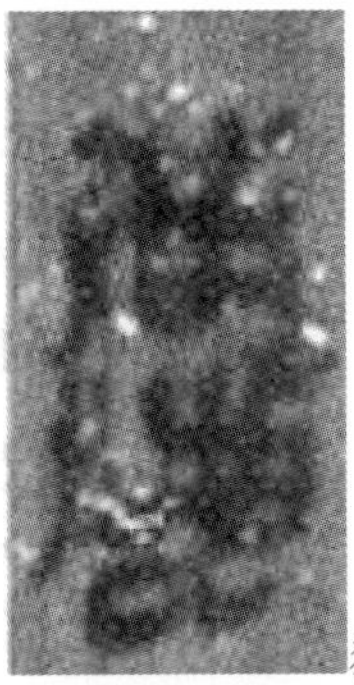
嶽・為吏 15

○履絜（紂）麤支（屐）

馬貳 244_263

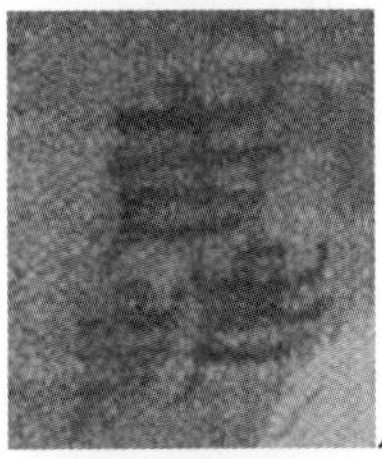
馬貳 111_49/49

○勿令麤節（即）用

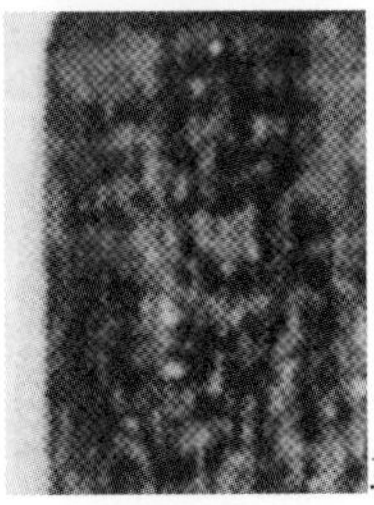
敦煌簡 1189

○載米麤

北魏・于景誌

○君以麤斬在躬

【□】

《説文》：〔篆〕，鹿行揚土也。从麤从土。

【𪋻】

《説文》：〔籀〕，籀文。

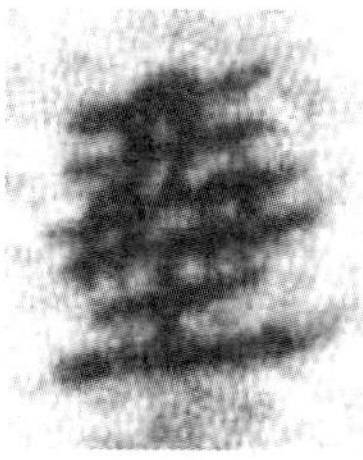

馬壹 144_18/192 上

〇亓（其）𪋻(塵)矬（挫）

北壹・倉頡篇 16

〇塵埃票風

北魏・元誘誌

北魏・元仙誌

北魏・馮邕妻元氏誌

北魏・元濬嬪耿氏誌

北魏・韓氏誌

〇□傳□昆共味清塵

北魏・劉璿等造像

北魏・給事君妻韓氏誌

北魏・元英誌

東魏・廣陽元湛誌

東魏・元悰誌

北齊・朱曇思等造塔記

○斜塵煙際

北齊・優婆姨等造像

○且六塵之□易過

㲋部

【㲋】

《説文》：㲋，獸也。似兔，青色而大。象形。頭與兔同，足與鹿同。凡㲋之屬皆从㲋。

【㲋】

《説文》：，篆文。

【毚】

《説文》：毚，狡兔也，兔之駿者。从㲋、兔。

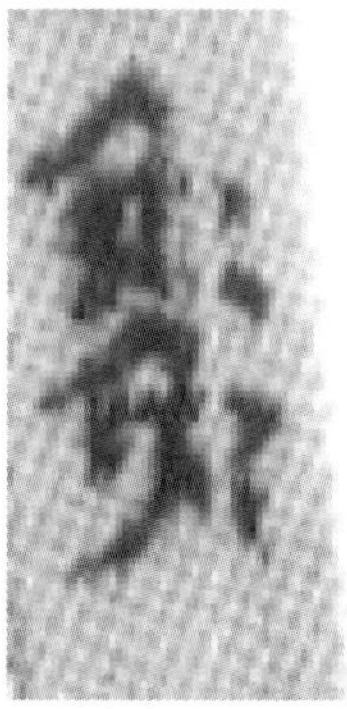
關・病方 369

○以日毚（纔）始

馬壹 39_8 下

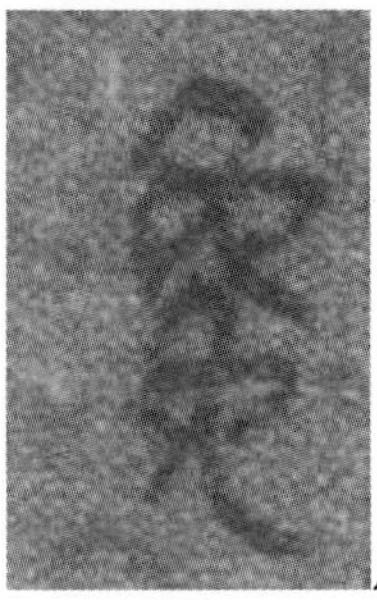
馬貳 113_77/77

○取雞毚（纔）能卷

銀壹 687

○是胃（謂）毚文亡國之聲

北魏・李媛華誌

○且馴毚兔

【䶂】

《説文》：䶂，獸名。从㲋吾聲。讀若寫。

【𩲍】

《説文》：𩲍，獸也。似牲牲。从㲋夬聲。

北壹・倉頡篇 56

○麀豻麤㲋□

石鼓・汧殹

○䜌之㲋=

兔部

【兔】

《説文》：，獸名。象踞，後其尾形。兔頭與㲋頭同。凡兔之屬皆从兔。

睡・日甲《盜者》72

里・第八層 660

馬貳 271_154/173

○熬兔一笥

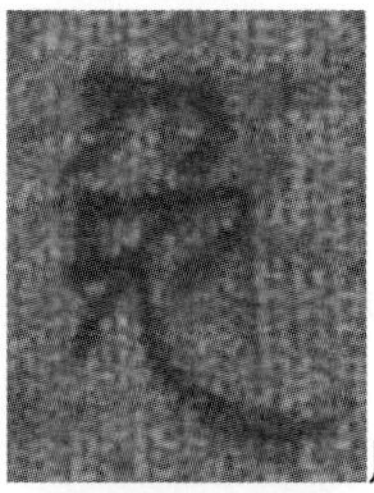
馬貳 84_320/310

馬貳 72_94/94

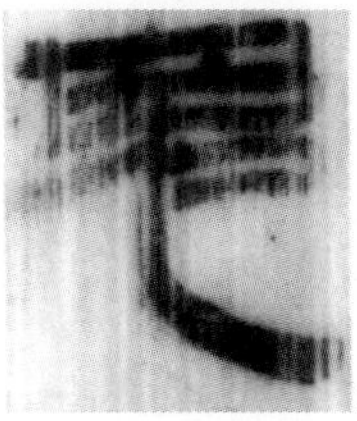
北壹・倉頡篇 28

○帛雉兔鳥烏

漢印文字徵

○孟兔之印

漢印文字徵

○董兔印

漢印文字徵

○玄兔太守章

石鼓・田車

北魏・楊熙僊誌

北魏・張正子父母鎮石

○豺狼狐兔

北齊・常文貴誌

○不那烏兔遞遷

【逸】

《説文》：逸，失也。从辵、兔。兔謾訑善逃也。

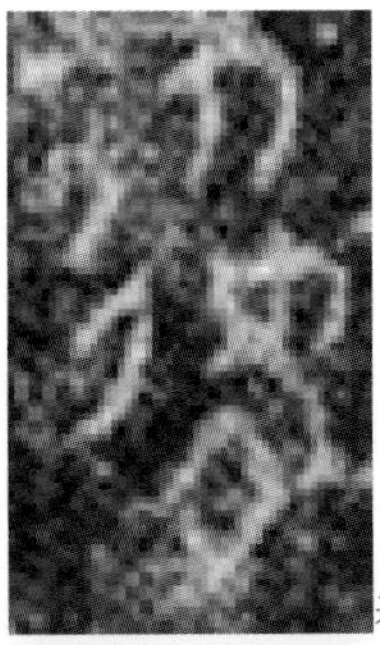
春早・秦政伯喪戈之一

春早・秦子矛

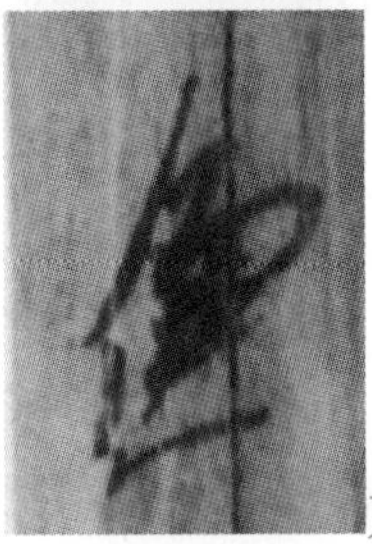
東牌樓 035 背

○子習逸幺惶恐頓首

漢印文字徵

○李逸印信

漢晉南北朝印風

○李逸印信

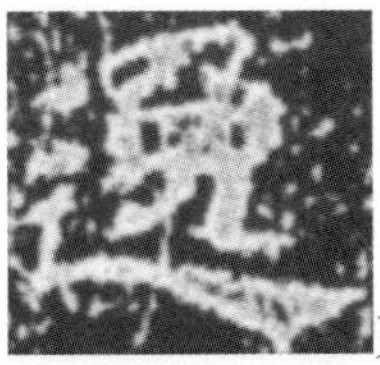
東漢・北海相景君碑陰

○故吏營陵薛逸

三國魏·三體石經尚書·古文

○于逸于游

三國魏·三體石經尚書·篆文

○于□于遊于田以萬

北魏·寇憑誌

○秀逸超世

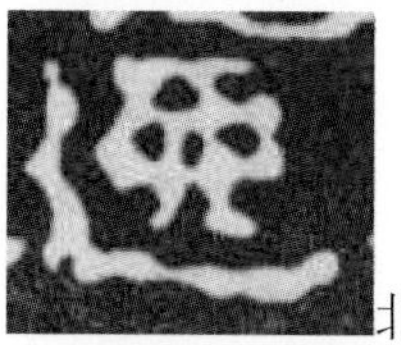
北魏·邸元明碑

○慝逸影於千里

北魏·山暉誌

○永申逸翮

北魏·元秀誌

北魏·元瑍誌

○君體局聰逸

北魏·元悛誌

○父諱逸字仲俊

北魏·元略誌

○貂璋曜逸

北魏·元彝誌

○逸韻寂寥

北魏·李蕤誌

○逸轡方騁

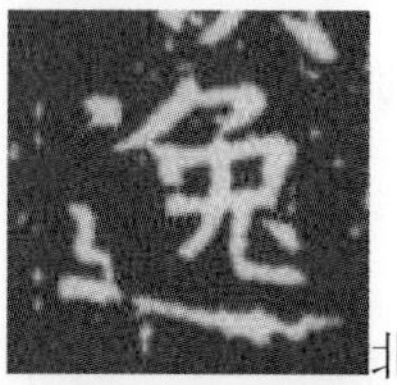
北齊·高湝誌

北齊·高百年誌

【冤】

《説文》：冤，屈也。从兔从冂。兔在冂下，不得走，益屈折也。

馬貳 115_106/105

○取冤陰乾冶之

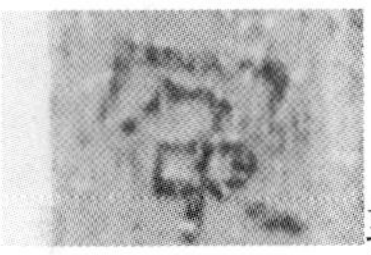
敦煌簡 0769

○司馬冤等承書從事

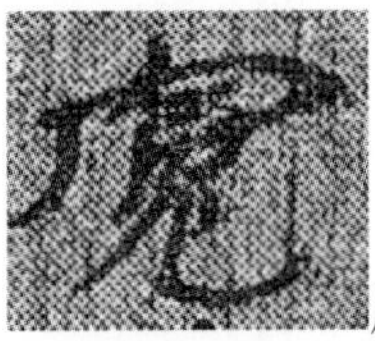
居・ESC. 46

居・ESC. 33

○給常冤

金關 T21:269

○陰郡冤句庠復里□

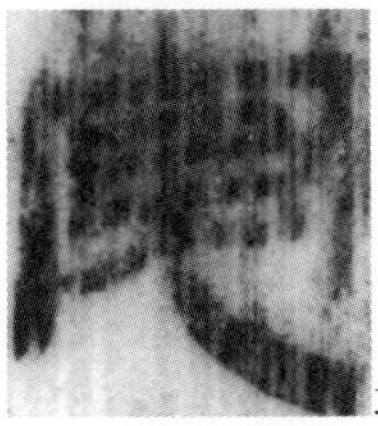
北壹・倉頡篇 21

○冤晷暖通

漢印文字徵

○史冤之印

東漢・夏承碑

○中遭冤夭

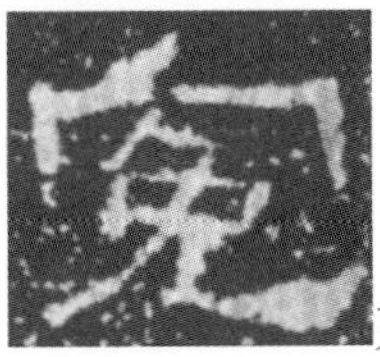
東漢・元嘉元年畫像石墓題記一

○平梩冤廚

晉・黄庭内景經

○寅心寂悶勿煩冤

北魏・元子永誌

○積善何冤

北魏・李超誌

○兹冤易削

北魏·薛伯徽誌

○夫人痛殲良之深冤

北魏·元誘誌

○冤申寵洽

北魏·元誘誌

○雖復冤耻尋申

【娩】

《説文》：，兔子也。娩，疾也。从女、兔。

【㲜】

《説文》：，疾也。从三兔。闕。

【㕙】

《説文》：，狡兔也。从兔夋聲。

萈部

【萈】

《説文》：，山羊細角者。从兔足，苜聲。凡萈之屬皆从萈。讀若丸。寬字从此。

犬部

【犬】

《説文》：，狗之有縣蹏者也。象形。孔子曰：“視犬之字如畫狗也。”凡犬之屬皆从犬。

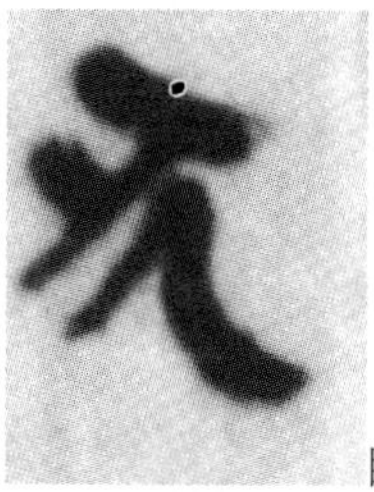
睡·秦律十八種 7

睡·日甲《詰》30

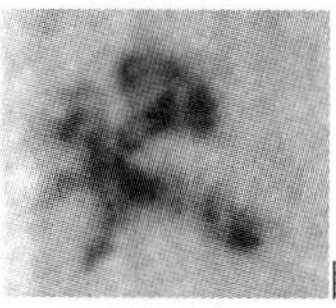
睡·日甲《病》74

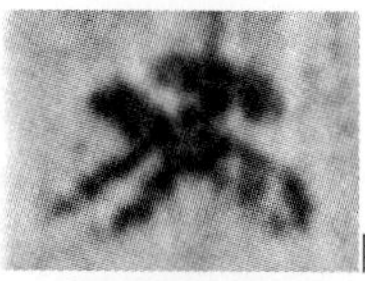
睡·日甲《詰》27

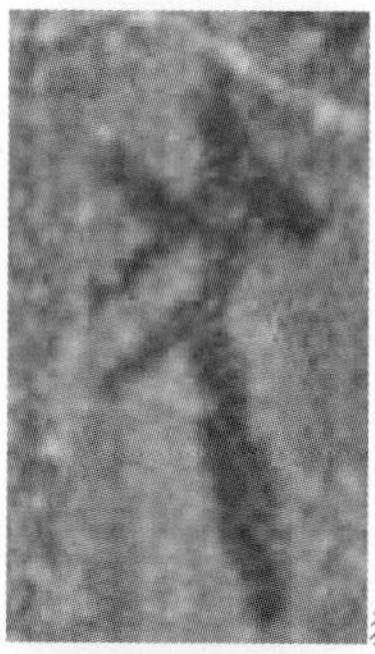
嶽·占夢書 42

里·第八層 950

馬壹 144_31/205 上

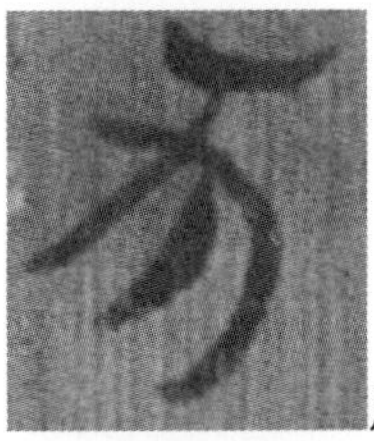
馬貳 275_193/213

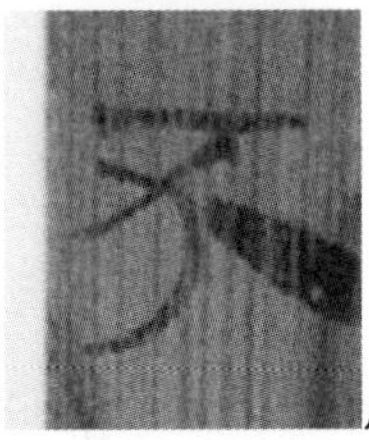
馬貳 260_26/16

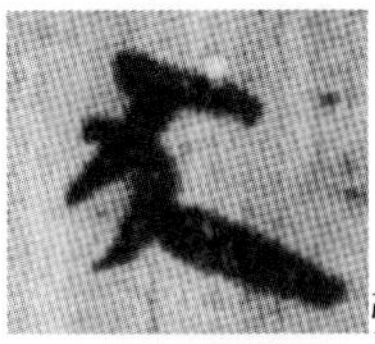
張・算數書 34

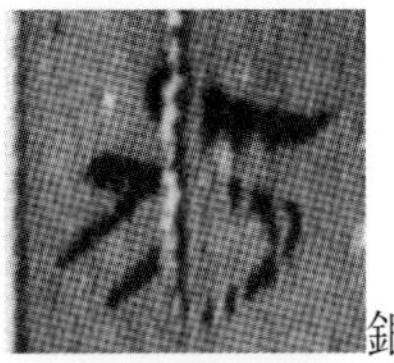
銀貳 1657

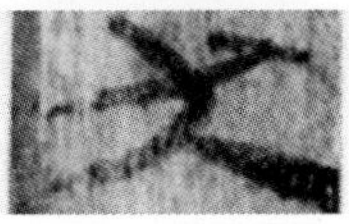
金關 T26:182

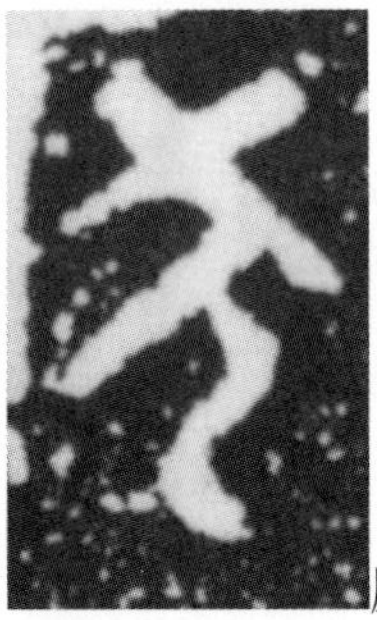
歷代印匋封泥

○匋□鼂（鄉）大匋里犬

廿世紀璽印三-GP

○尚犬

秦代印風

○牛犬

漢印文字徵

○田犬

漢印文字徵

○王犬私印

東漢・武氏左石室畫像題字

北魏・元子直誌

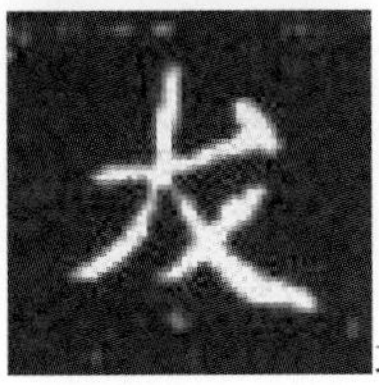
北魏・元愨誌

〇犬戎星亂

【狗】

《說文》：狗，孔子曰：“狗，叩也。叩气吠以守。”从犬句聲。

睡・日甲《詰》48

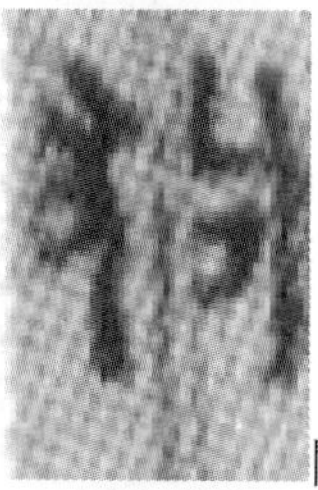
關・病方 314

嶽・識劫案 125

里・第八層 247

里・第八層背 1497

馬壹 97_65

馬壹 89_231

馬貳 264_70/90

馬貳 263_63/83

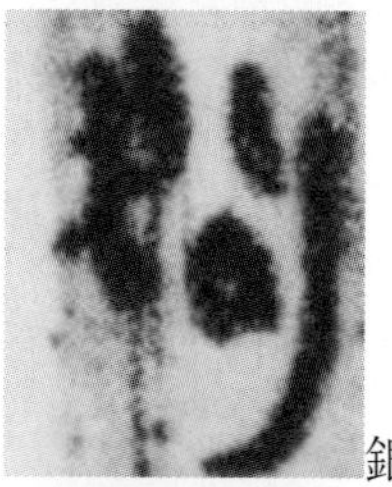
銀壹 911

銀貳 2150

北貳・老子 136

敦煌簡 1985

〇及守狗當廩者人名

金關 T07:109

○千石狗壽

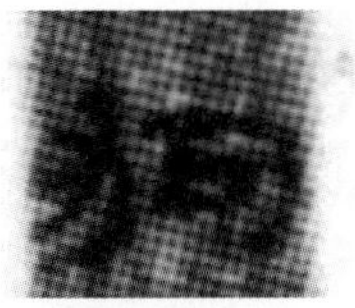
武・甲《燕禮》48

○其生(牲）狗也

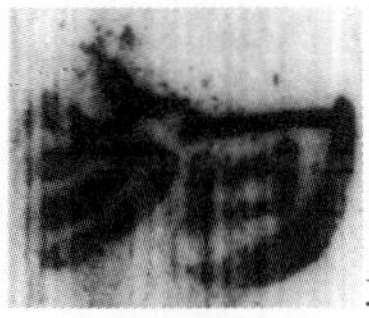
北壹・倉頡篇 66

○狗獳麢鼦㛹鷬媛

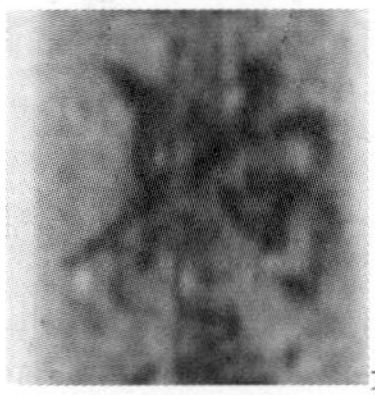
吳簡嘉禾・二五九八

○李狗年六十六

吳簡嘉禾・五・四九一

廿世紀璽印三-GY

秦代印風

漢印文字徵

漢印文字徵

○張厭狗

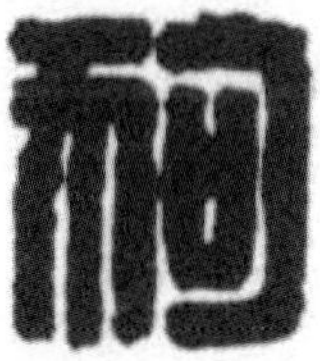
漢印文字徵

漢晉南北朝印風

○張厭狗

北齊・韓裔誌

○鬭雞走狗

【㹻】

《説文》：，南趙名犬獿㹻。从犬安聲。

【尨】

《説文》：，犬之多毛者。从犬从彡。《詩》曰："無使尨也吠。"

【狡】

《説文》：㹢，少狗也。从犬交聲。匈奴地有狡犬，巨口而黑身。

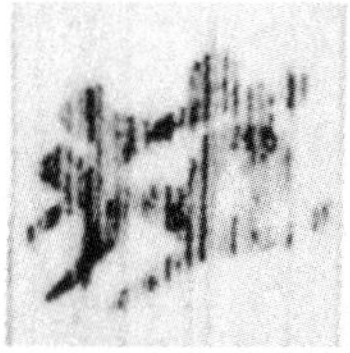
睡・法律答問 189

銀貳 1201

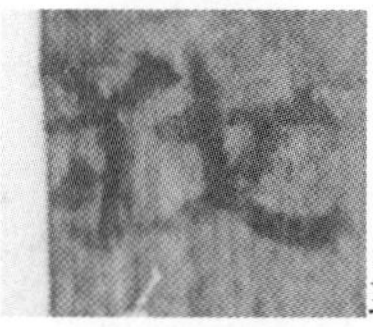
敦煌簡 0104

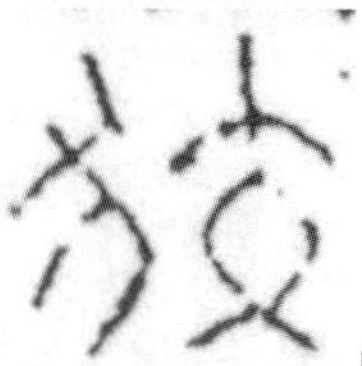
歷代印匋封泥

○狡士之印

漢印文字徵

○攺狡

漢印文字徵

○狡

漢印文字徵

○狡穉孺

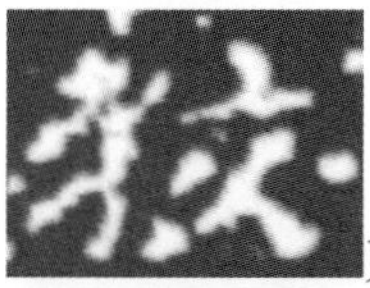
東漢・樊敏碑

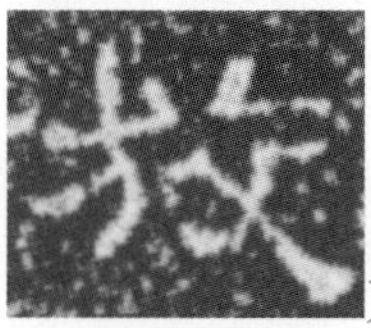
東漢・趙寬碑

○馘滅狂狡

東漢・鮮於璜碑陽

北魏・元彬誌

○胡狡歸仁

北齊・赫連子悅誌

【獪】

《説文》：獪，狡獪也。从犬會聲。

【獳】

《説文》：獳，犬惡毛也。从犬農聲。

【猲】

《説文》：猲，短喙犬也。从犬曷聲。《詩》曰："載獫猲獢。"《爾雅》曰："短喙犬謂之猲獢。"

張・盜律 65

○書恐猲（吓）人

張・奏讞書 220

○磔恐猲（吓）欲

【獢】

《説文》：獢，猲獢也。从犬喬聲。

廿世紀璽印二-SY

○李獢

漢印文字徵

○笵獢印

【獫】

《説文》：獫，長喙犬。一曰黑犬黄頭。从犬僉聲。

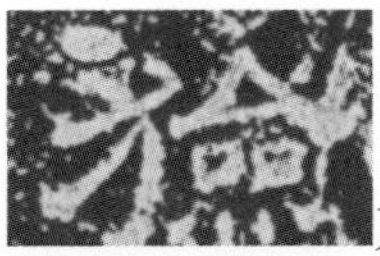
東漢・尹宙碑

北魏・元朗誌

【狌】

《説文》：狌，黄犬黑頭。从犬主聲。讀若注。

【猈】

《説文》：猈，短脛狗。从犬卑聲。

【猗】

《説文》：猗，犗犬也。从犬奇聲。

秦代印風

○姚猗

東漢・趙菿殘碑

○嘆曰猗台哉

東漢・趙寬碑

〇猗余烈考

西晉・華芳誌

〇父諱猗字子課

北魏・檀賓誌

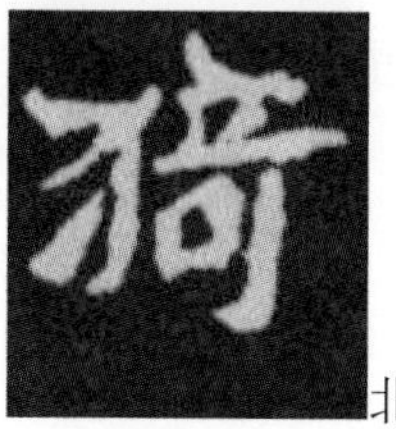
北魏・元榮宗誌

【狊】

《説文》：，犬視皃。从犬、目。

【猎】

《説文》：，竇中犬聲。从犬从音，音亦聲。

【默】

《説文》：，犬暫逐人也。从犬黑聲。讀若墨。

東牌樓 006

秦代印風

〇費默

北魏・元頊誌

北魏・郭顯誌

北魏・奚真誌

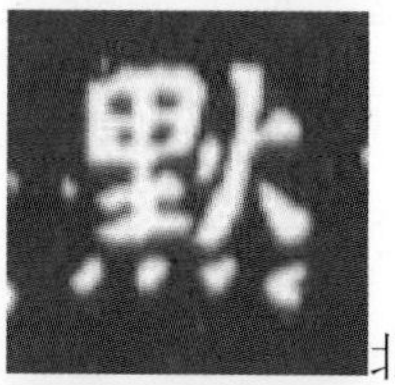
北魏・李慶容誌

東魏・王僧誌

〇魂兮潛默

北周・崔宣默誌蓋

〇崔宣默墓誌之銘

【猝】

《說文》：猝，犬从艸暴出逐人也。从犬卒聲。

【猩】

《說文》：猩，猩猩，犬吠聲。从犬星聲。

嶽・猩敞案 53

【㺌】

《說文》：㺌，犬吠不止也。从犬兼聲。讀若檻。一曰兩犬爭也。

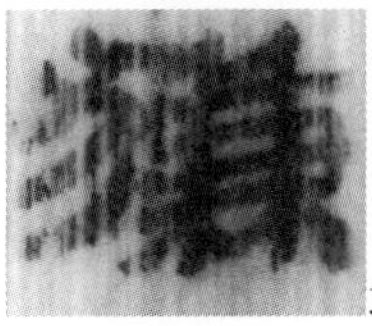
北壹・倉頡篇 19

○葬墳鬣㺌

【𤢪】

《說文》：𤢪，小犬吠。从犬敢聲。南陽新亭有𤢪鄉。

【猥】

《說文》：猥，犬吠聲。从犬畏聲。

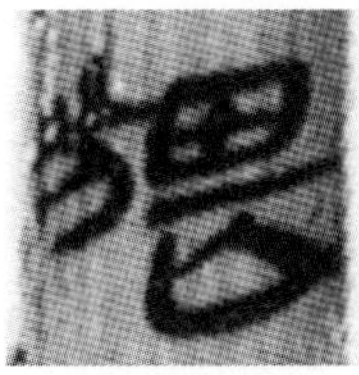
銀貳 1460

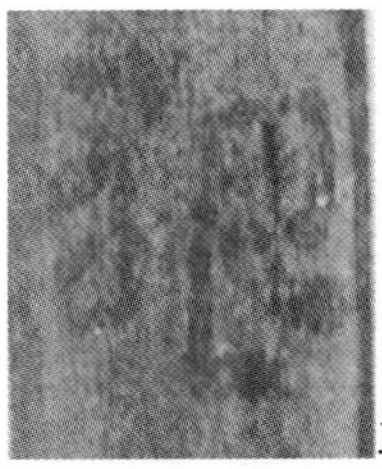
敦煌簡 0976

金關 T08:026A

○口猥劾

廿世紀璽印三-GY

○章威猥千人

漢晉南北朝印風

○建威猥千人

漢晉南北朝印風

○破奸猥千人

漢印文字徵

○軍猥司馬

漢印文字徵

○猥司馬之印

漢印文字徵

○折衝猥千人

漢晋南北朝印風

○猥司馬之印

北魏・丘哲誌

【玃】

《説文》：，玃狃也。从犬、夒。

秦文字編 1542

【㹻】

《説文》：，犬玃玃咳吠也。从犬翏聲。

【獑】

《説文》：，犬容頭進也。从犬參聲。一曰賊疾也。

【獎】

《説文》：，嗾犬厲之也。从犬，將省聲。

里・第八層 1069

秦代印風

○杜獎

【㹝】

《説文》：，齧也。从犬戔聲。

【狦】

《説文》：，惡健犬也。从犬，删省聲。

【狠】

《説文》：狠，吠鬭聲。从犬艮聲。

廿世紀璽印二-SY

○秦狠

【⿰犭番】

《説文》：⿰犭番，犬鬭聲。从犬番聲。

【狋】

《説文》：狋，犬怒皃。从犬示聲。一曰犬難得。代郡有狋氏縣。讀又若銀。

【⿰犭斤】

《説文》：⿰犭斤，犬吠聲。从犬斤聲。

【獡】

《説文》：獡，犬獡獡不附人也。从犬舄聲。南楚謂相驚曰獡。讀若愬。

【獷】

《説文》：獷，犬獷獷不可附也。从犬廣聲。漁陽有獷平縣。

北魏・楊順誌

【狀】

《説文》：狀，犬形也。从犬爿聲。

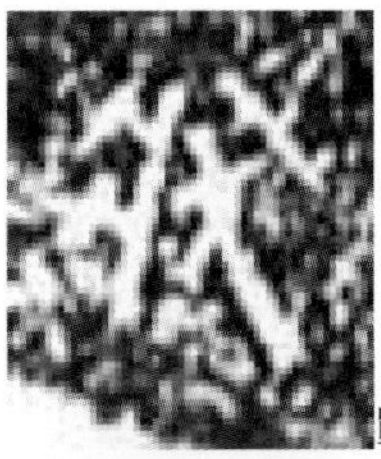
戰晚・左樂兩詔鈞權

戰中・商鞅量

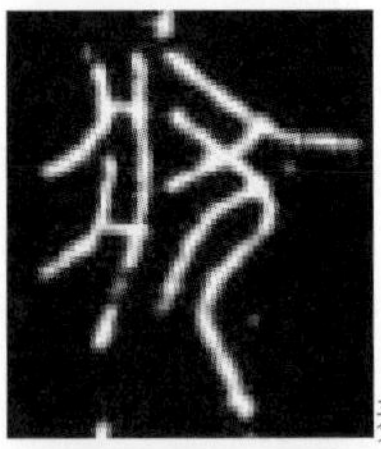
秦代・始皇詔版一

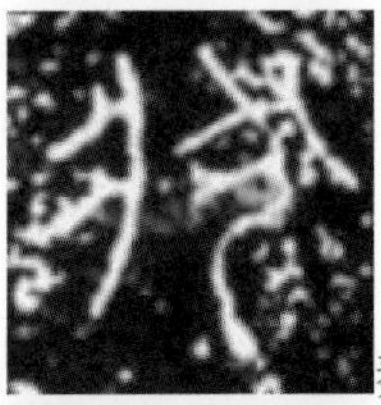
秦代・兩詔銅權三

秦代・始皇詔銅方升一

秦代・始皇詔銅橢量四

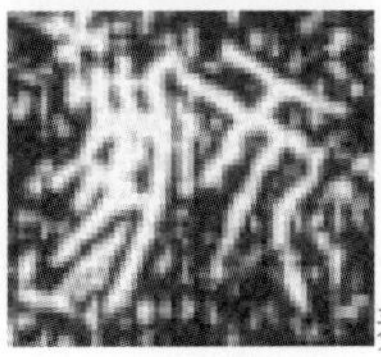
秦代・北私府銅橢量

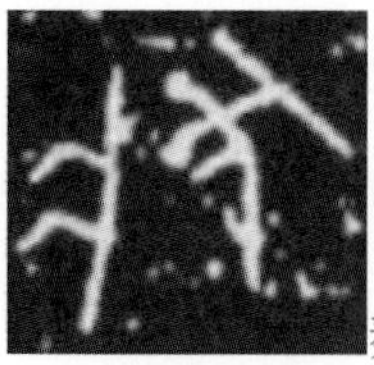
秦代・始皇詔銅橢量二

睡・秦律十八種 87

睡・封診式 83

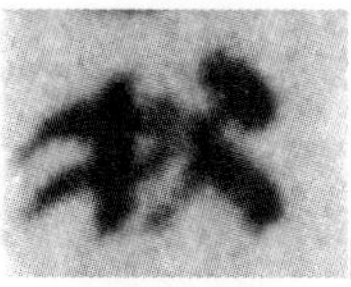
睡・日甲《詰》36

嶽・芮盜案 64

里・第八層 1564

里・第八層背 654

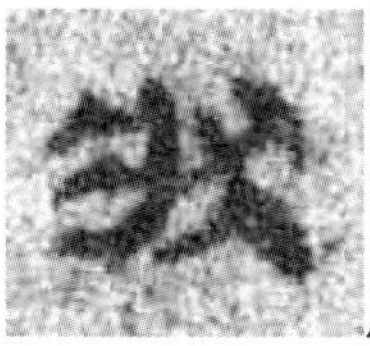
馬壹 16_8 下\101 下

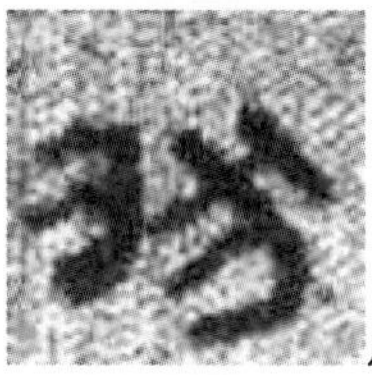
馬貳 32_3 上

張・奏讞書 211

張・脈書 8

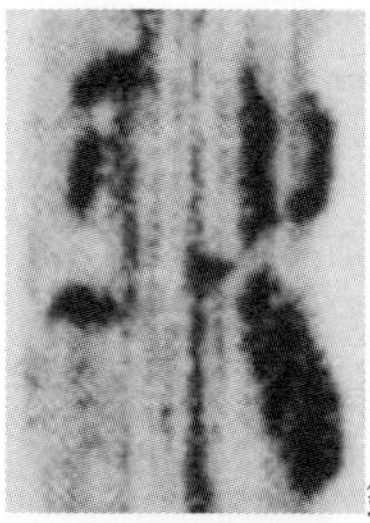
銀壹 949

北貳・老子 157

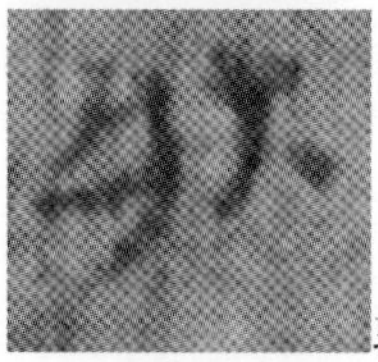
敦煌簡 1110A

○多毋狀□者

金關 T04:121

○卿毋狀可

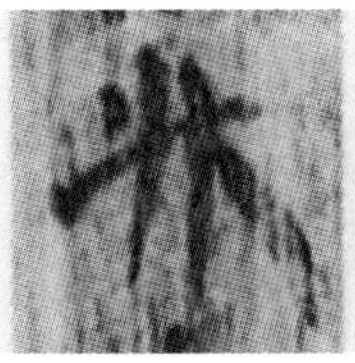
東牌樓 117 正

○爲無狀家富

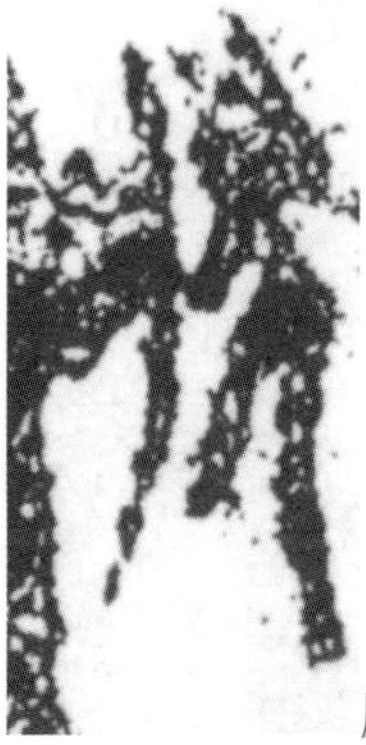
歷代印匋封泥

○漆狀

秦代印風

○殷狀

秦代印風

○楊狀

秦代印風

秦代印風

漢印文字徵

○狀印不侵

漢印文字徵

東漢・乙瑛碑

○除龢補名狀如牒

北魏・青州元湛誌

○狀若仙客

北魏・元新成妃李氏誌

○狀驪淵而獨邃

北魏・常岳等造像

○鎸金寫狀

東魏・王僧誌

○狀之冬日

北齊・暢洛生造像

〇誤斯應狀

【奘】

《説文》：奘，妄彊犬也。从犬从壯，壯亦聲。

【獒】

《説文》：獒，犬如人心可使者。从犬敖聲。《春秋傳》曰："公嗾夫獒。"

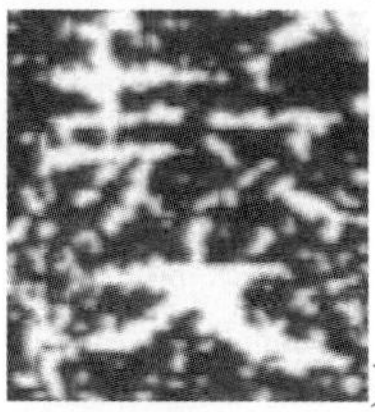
東漢・武氏左石室畫像題字

【獳】

《説文》：獳，怒犬皃。从犬需聲。讀若槈。

北壹・倉頡篇 66

〇狗獳鷈䟽媥𪏭婅

【狧】

《説文》：狧，犬食也。从犬从舌。讀若比目魚鰈之鰈。

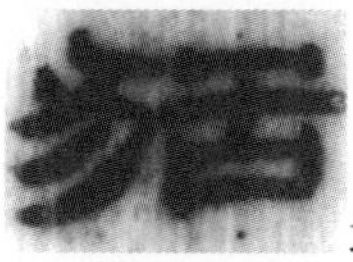
北壹・倉頡篇 15

〇狧鶩駷謷

【狎】

《説文》：狎，犬可習也。从犬甲聲。

北魏・元舉誌

北齊・司馬遵業誌

【狃】

《説文》：狃，犬性驕也。从犬丑聲。

【犯】

《説文》：犯，侵也。从犬巳（段註改為㔾）聲。

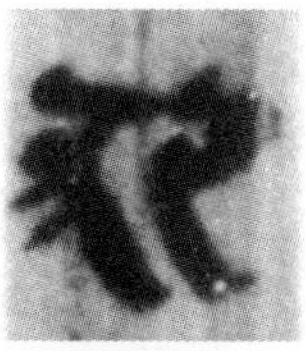
睡・語書 5

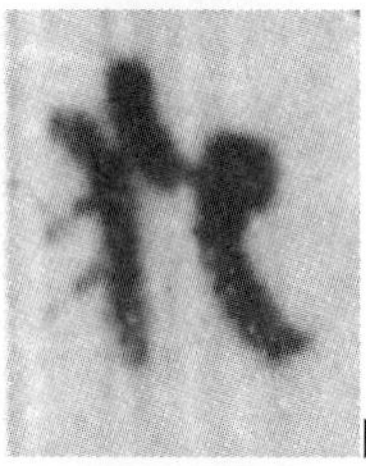
睡・秦律十八種 191

睡・秦律雜抄 26

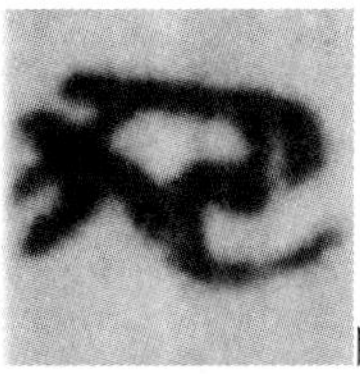
睡・法律答問 144

嶽・暨過案 105

里・第八層 746

里・第八層背 138

馬壹 178_66 下

馬壹 177_64 上

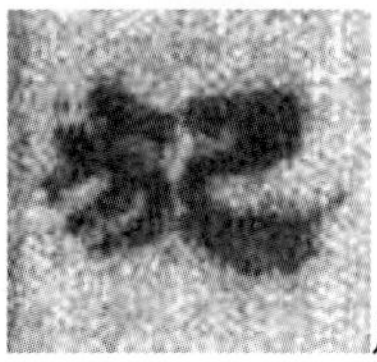
馬壹 127_57 下

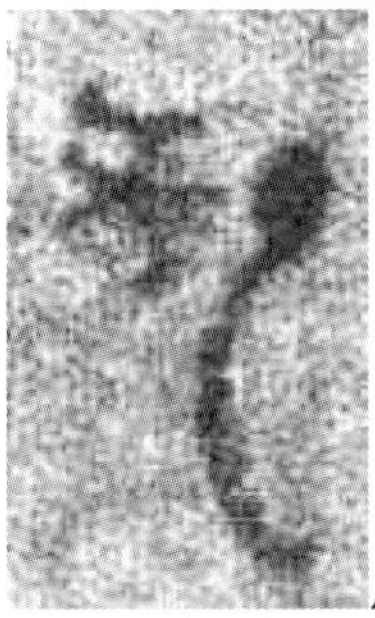
馬貳 20_20 上

張・津關令 492

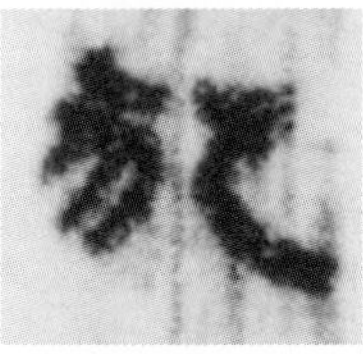
銀壹 574

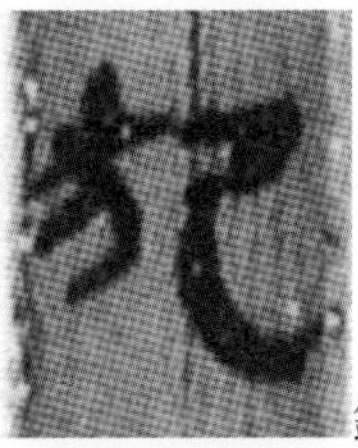
銀貳 1503

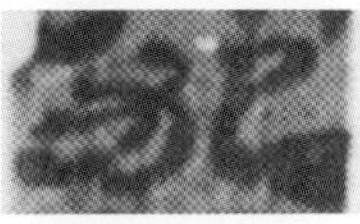
敦煌簡 0782

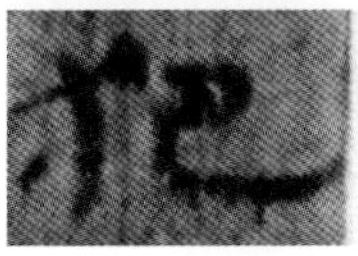
金關 T03:055

武・王杖 2

東牌樓 117 正

廿世紀璽印三-SY

○冢犯之印

漢印文字徵

○成犯

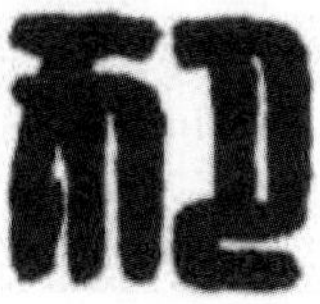
漢印文字徵

○冢犯之印

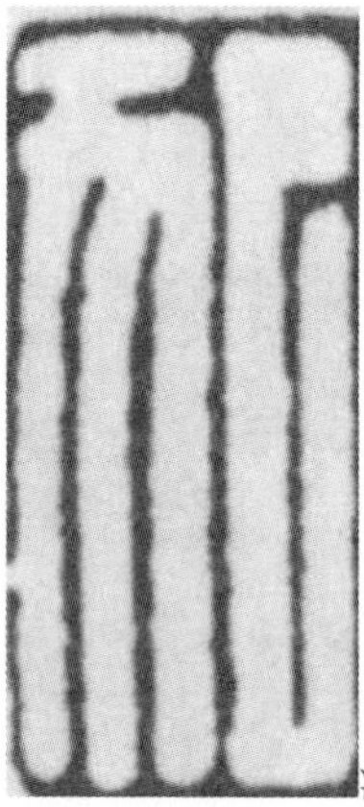
漢晉南北朝印風

○和犯

詛楚文・亞駝

○之倍盟犯詛箸者石

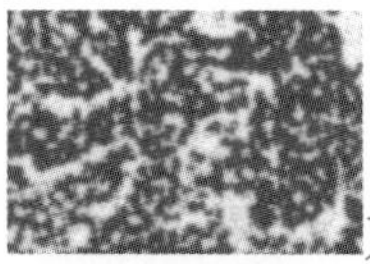
東漢・郎中鄭固碑

○犯顔謇愕

北魏・公孫猗誌

○儼然難犯

東魏・廣陽元湛誌

○行人解旅而莫犯

北齊・峻山摩崖

○無犯無福

【猜】

《説文》：猜，恨賊也。从犬青聲。

銀貳 1684

○昭猜謂

金關 T25:091

○宋猜年廿四

北壹・倉頡篇 16

○猜常衺土

漢印文字徵
〇呂少猜印

漢印文字徵
〇原猜

漢印文字徵
〇張印長猜

漢印文字徵
〇王高之印字爲□猜

漢印文字徵
〇王史長猜

漢印文字徵
〇張猜私印

柿葉齋兩漢印萃
〇蘇猜決

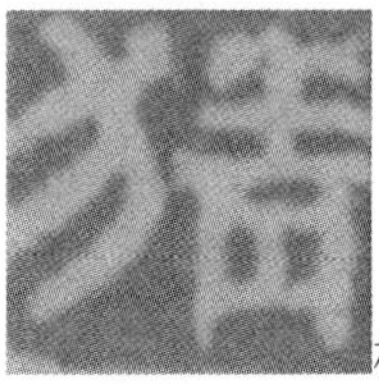
柿葉齋兩漢印萃
〇張長猜印

漢晉南北朝印風
〇董猜

漢晉南北朝印風
〇黄長猜印

漢晉南北朝印風

○戎猜之印

北魏・元延明誌

【猛】

《説文》：猛，健犬也。从犬孟聲。

漢銘・元初二年鐖

馬壹 96_36

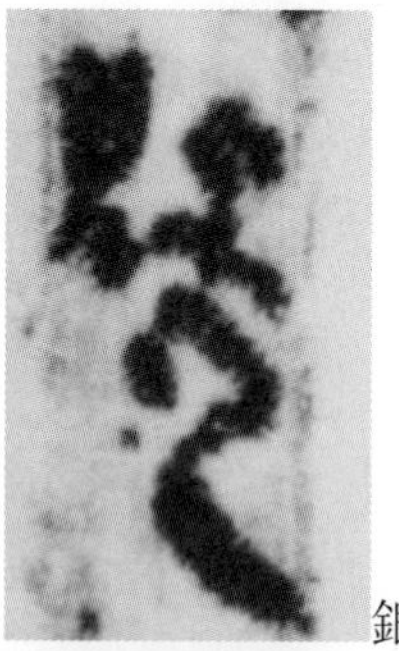
銀壹 677

北貳・老子 48

敦煌簡 2394B

金關 T31:185

金關 T09:034A

○猛伏地

北壹・倉頡篇 4

○若思勇猛剛毅

秦文字編 1545

廿世紀璽印三-GY

廿世紀璽印四-GY

○武猛都尉

漢晉南北朝印風

○武猛都尉

漢印文字徵

○武猛都尉

漢印文字徵

○王猛

漢印文字徵

○柔猛信印

漢印文字徵

○武猛教尉

柿葉齋兩漢印萃

漢印文字徵

○李猛士

漢印文字徵

○崔猛私印

漢印文字徵

○吴猛

漢晉南北朝印風

○武猛校尉

廿世紀璽印四-GY

○武猛校尉

漢晉南北朝印風

○武猛都尉

漢晉南北朝印風

○武猛都尉

漢晉南北朝印風

○董猛

漢晉南北朝印風

漢晉南北朝印風

○孫猛

漢晉南北朝印風

○張猛

漢晉南北朝印風

東漢・景君碑

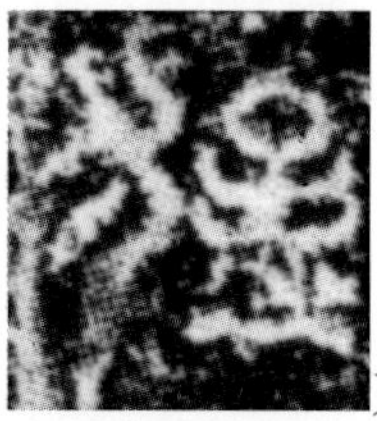
東漢・少室石闕銘

○向猛，趙始

北魏・甯懋誌

○威而不猛

北魏・慧靜誌

北魏・元彥誌

○策猛張韓

北魏・元悅修治古塔碑銘

○立誠猛(猛)已

【犺】

《説文》：犺，健犬也。从犬亢聲。

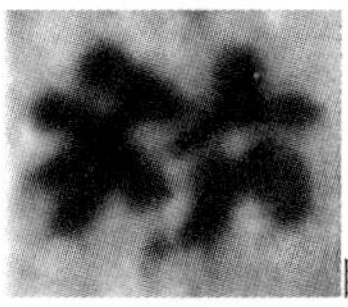
睡・日甲《玄戈》55

○角犺（亢）大

嶽・魏盜案 166

○人材犺(伉）端

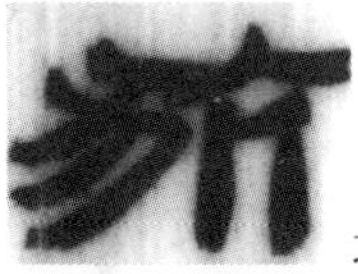
北壹・倉頡篇 69

○□頪犺播耕

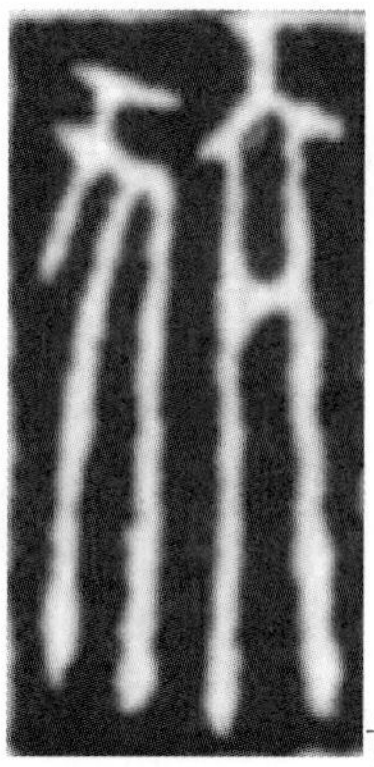
廿世紀璽印三-SY

○江犺

【㹤】

《説文》：㹤，多畏也。从犬去聲。

【怯】

《説文》：怯，杜林說：㹤从心。

金關 T24:112A

○右尉怯敢言二

【獜】

《説文》：獜，健也。从犬粦聲。《詩》曰："盧獜獜。"

【獧】

《説文》：獧，疾跳也。一曰急也。从犬睘聲。

【倏】

《説文》：倏，走也。从犬攸聲。讀若叔。

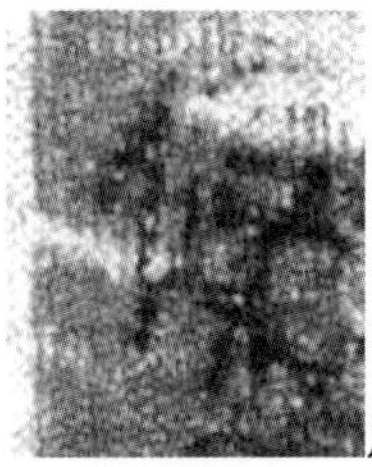
馬貳 82_289/276

○筋者倏=翟=

【狟】

《説文》：狟，犬行也。从犬亘聲。《周禮》曰："尚狟狟。"

【犻】

《説文》：犻，過弗取也。从犬市聲。讀若孛。

【㺯】

《説文》：㺯，犬張耳皃。从犬易聲。

【猍】

《説文》：猍，犬張齗怒也。从犬來聲。讀又若銀。

【犮】

《説文》：犮，走犬皃。从犬而丿之。曳其足，則剌犮也。

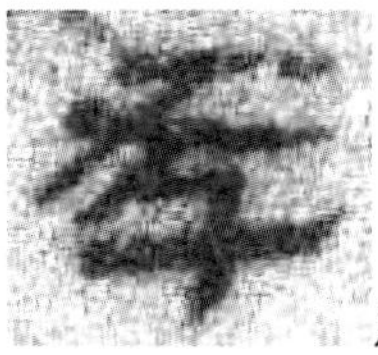
馬壹 3_2 上

○初六犮（拔）茅茹

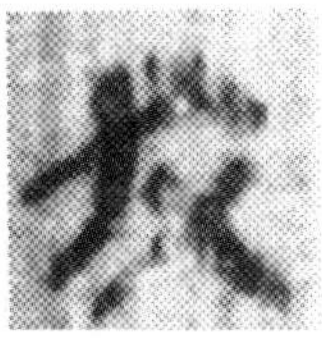
秦文字編 1545

【戾】

《説文》：戾，曲也。从犬出戶下。戾者，身曲戾也。

睡・為吏 3

馬壹 85_135

馬壹 5_30 上

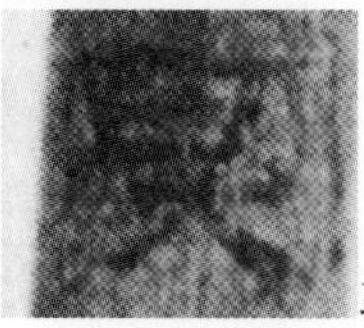
敦煌簡 1374

○露關戾邊兵重兵

北壹・倉頡篇 43

○椅姘觟戾弇焉

漢印文字徵

○韓戾

東漢・鮮於璜碑陽

○狂狡畔戾

北魏・元恭誌

○翰飛戾天

北魏・秦洪誌

北魏・劉華仁誌

○寵賞無愆之戾

北魏・王僧男誌

○由斯尤戾

北魏・員標誌

○華景盡戾

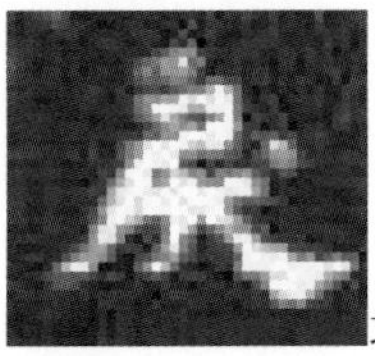北齊・高叡修定國寺碑

○和合戾止

北周・獨孤信誌

○河内戾公墓誌

【獨】

《説文》：，犬相得而鬬也。从犬蜀聲。羊爲羣，犬爲獨也。一曰北嚻山有獨狢獸，如虎，白身，豕鬣，尾如馬。

睡・語書 9

睡・秦律十八種 123

睡・為吏 3

睡・為吏 8

睡・日甲《詰》58

睡・日甲《詰》49

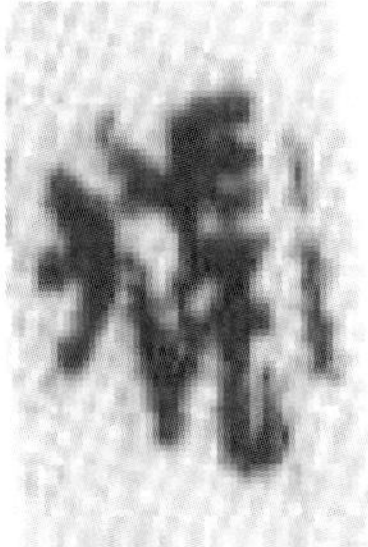關・病方 347

嶽・為吏 64

嶽・猩敞案 54

里・第八層 141

馬壹 140_3 上/170 上

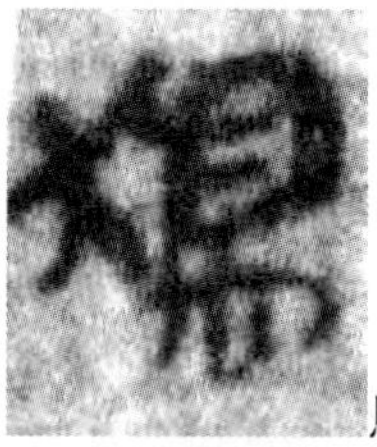
馬壹 113_6\409

○賢君獨積焉

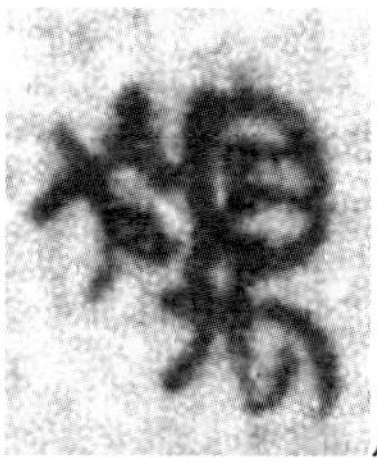
馬壹 107_102\271

○獨不色然於君子道

馬壹 85_131

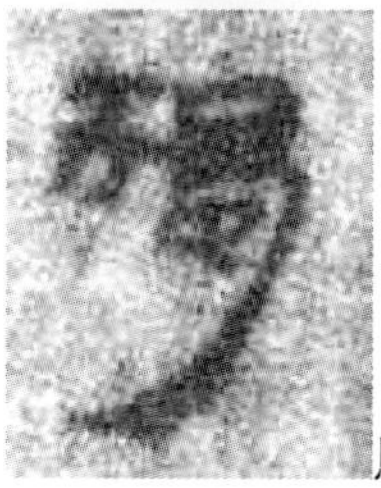
馬壹 10_53 下

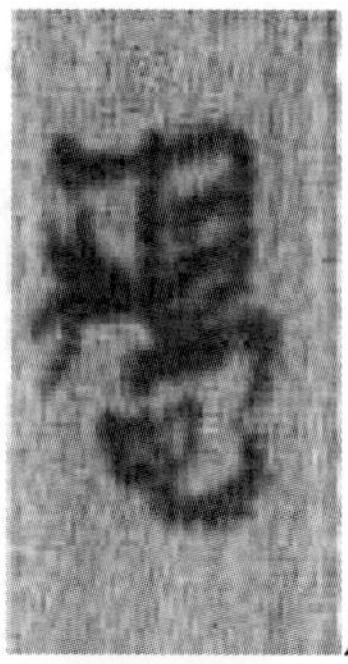
馬貳 216_3/14

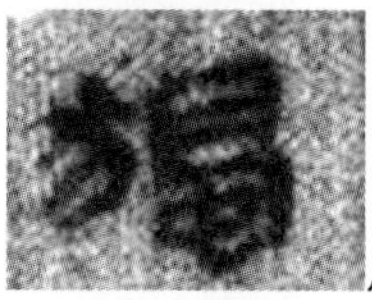
馬貳 32_21 上

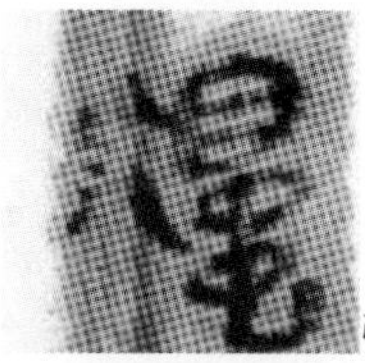
張・具律 105

張・奏讞書 116

張・脈書 24

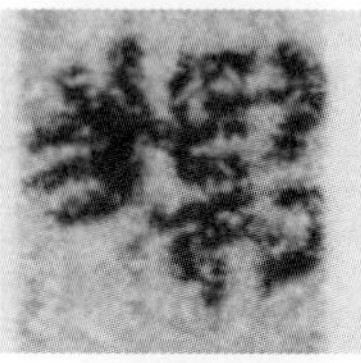
銀壹 305

銀貳 1121

北貳・老子 187

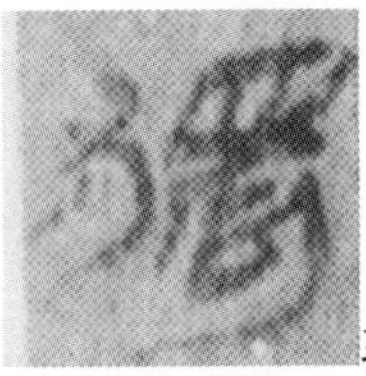
敦煌簡 0396A

金關 T23:238

○開閉獨瘦索人力不

金關 T23:708A

東牌樓 050 正

秦代印風

○楊獨利

漢晉南北朝印風

○獨孤信白書

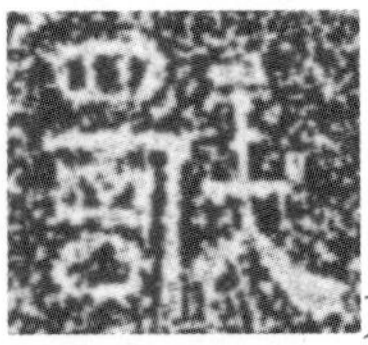
東漢・郎中鄭固碑

○獸（獨）曷敢忘

北魏・尉氏誌

北魏・寇憑誌

○皦然獨傑

北魏・元新成妃李氏誌

北魏・元演誌

○英殞獨秀

北魏・李伯欽誌

北齊・道明誌

○志在閑獨之境

【㹼】

《說文》：㹼，獨㹼，獸也。从犬谷聲。

【獮】

《說文》：𤣗，秋田也。从犬璽聲。

【禰】

《說文》：禰，獮或从豕。宗廟之田也，故从豕、示。

秦代印風

○獮

【獵】

《說文》：獵，放獵逐禽也。从犬巤聲。

睡・秦律雜抄 27

○獵律傷乘輿馬

嶽・猩敞案 51

○獵漁不利負責

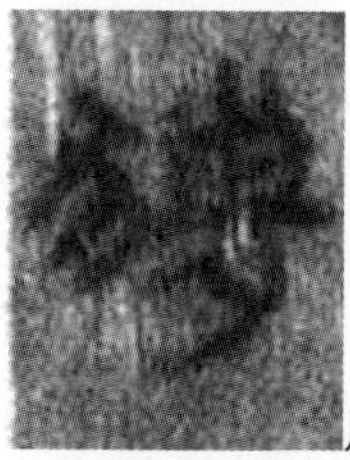
馬壹 123_31 下

○騁馳獵則禽芒（荒）

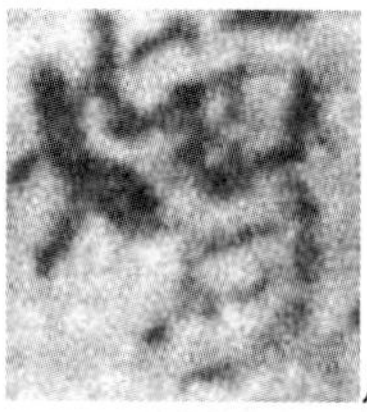
馬壹 114_22\425

○獵射雉（雉）

北貳・老子 150

○馳騁田獵

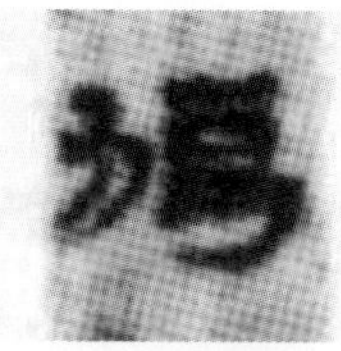
武・甲《泰射》50

○毋射獲毋獵獲

東晉・高句麗好太王碑

○王備獵

北魏・昭玄法師誌

○涉獵群品

北魏・元誨誌

○涉獵油素

北魏・元徽誌

○德無殞獵

北魏・元茂誌

○獵情理

【獠】

《説文》：獠，獵也。从犬尞聲。

【狩】

《説文》：狩，犬田也。从犬守聲。《易》曰："明夷于南狩。"

金關 T07:094

○衆多狩禁恐毋已方

漢印文字徵

○狩定私印

漢晉南北朝印風

○狩定私印

東漢・西岳華山廟碑陽

三國魏・三體石經春秋・隸書

北魏・塔基石函銘刻

【臭】

《説文》：臭，禽走，臭而知其迹者，犬也。从犬从自。

馬貳 214_28/129

○而臭如燔骨

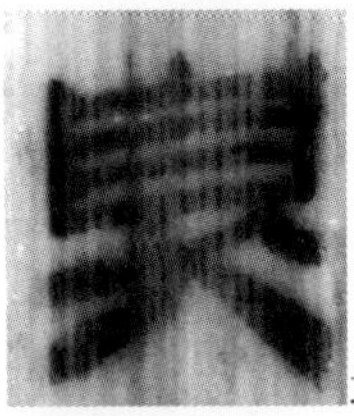

北壹・倉頡篇 30

○敗蠹臭腐

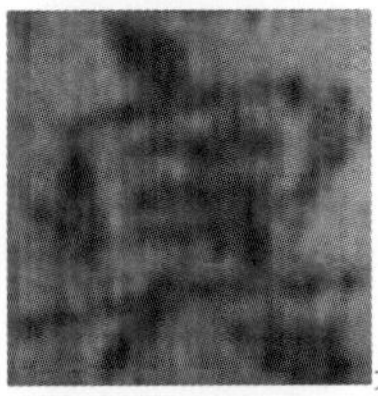

吳簡嘉禾・五・四〇六正背

○石臭佃田三町

北魏・辛穆誌

【獲】

《説文》：獲，獵所獲也。从犬蒦聲。

漢銘・居攝鍾

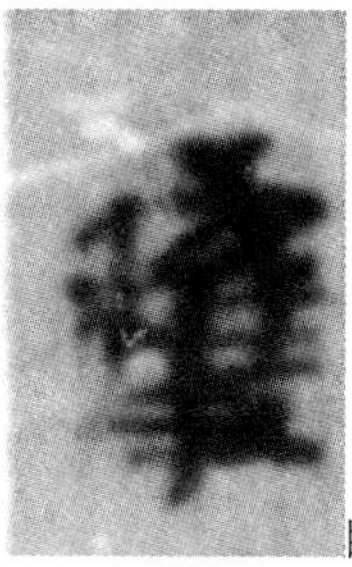
睡・秦律十八種 35

睡・日甲《盜者》75

睡・日甲《毀弃》118

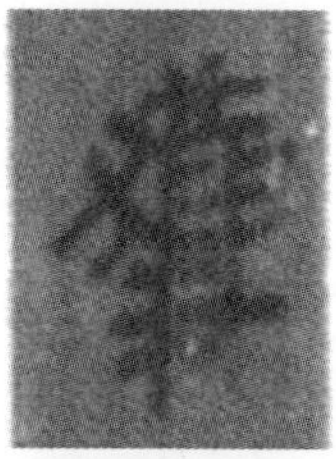
嶽・質日 3463

嶽・癸瑣案 30

里・第八層 1558

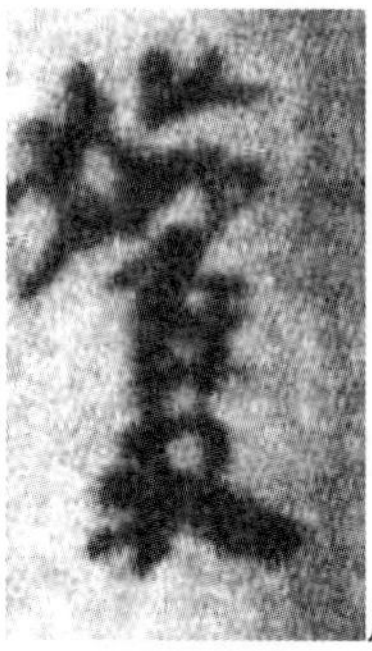
馬壹 113_45\396

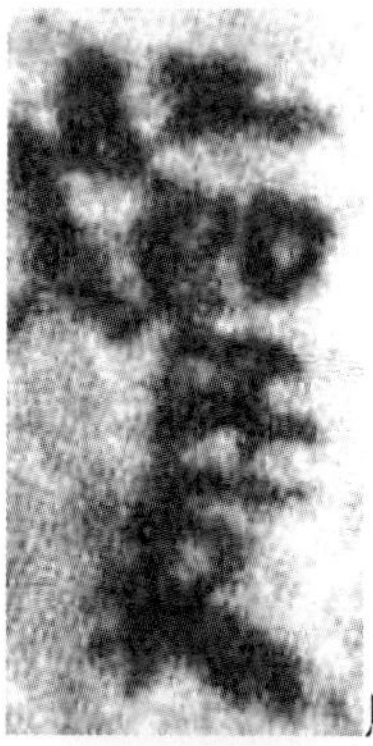
馬壹 113_44\395

馬壹 7_39 上

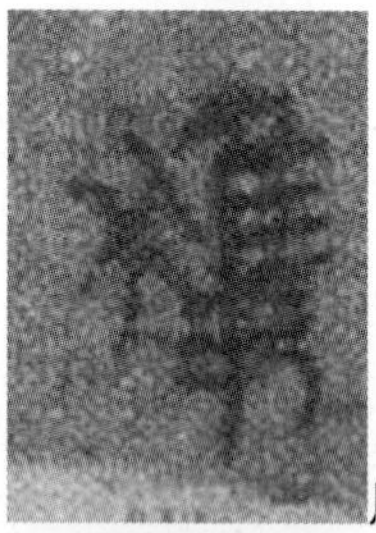
馬貳 111_50/50

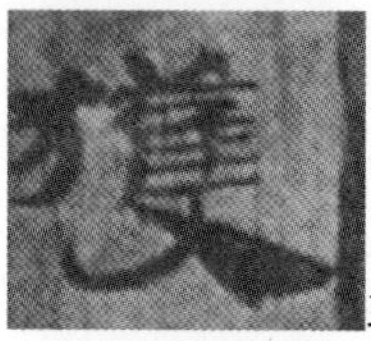
敦煌簡 0177

武・甲《泰射》50

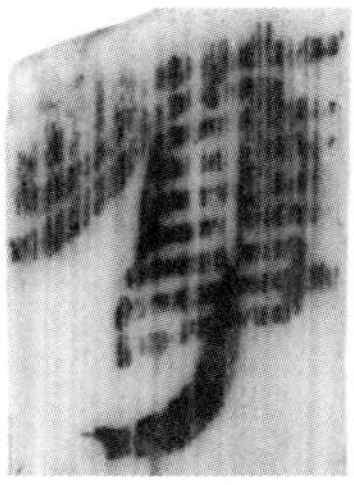
北壹・倉頡篇 1

○寂肆宜獲得

廿世紀璽印二-SP

○降獲

秦代印風

○任獲

秦代印風

○嬰獲

秦代印風

○橋獲

廿世紀璽印三-SP

○臣獲

廿世紀璽印三-SY

○獲保福禄

漢印文字徵

○王獲

漢印文字徵

○皮獲宗印

漢印文字徵

○史獲私印

漢印文字徵

○趙獲印信

漢印文字徵

○獲

漢印文字徵

○王獲私印

漢晉南北朝印風

漢晉南北朝印風

漢晉南北朝印風

○王獲私印

東漢・成陽靈臺碑

東漢・曹全碑陽

東漢・熹平殘石

○當獲自天之祥

北魏・元朗誌

東魏・程哲碑

東魏・朱舍捨宅造寺記

○但以緣奪未獲營立

東魏・王僧誌

【獘】

《説文》：獘，頓仆也。从犬敝聲。

《春秋傳》曰："與犬，犬獘。"

【斃】

《説文》：斃，獘或从死。

北魏・元誕業誌

北魏・元暐誌

北魏・元靈曜誌

【獻】

《説文》：獻，宗廟犬名羹獻。犬肥者以獻之。从犬鬳聲。

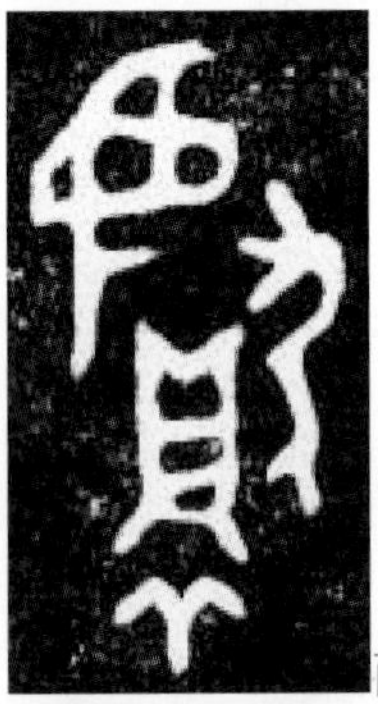
西晚・不其簋

戰晚・上造但車軎

漢銘・御銅金雝甗

漢銘・御銅金雝甗

睡・秦律十八種 64

睡・秦律雜抄 19

睡・日甲《歲》64

關・病方 327

里・第八層 1022

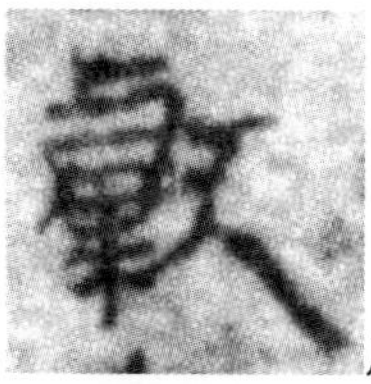
馬壹 84_110

馬壹 82_55

馬壹 81_41

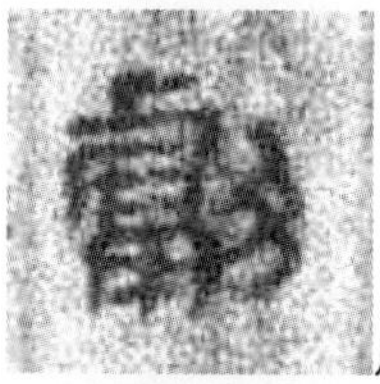
馬壹 48_6 下

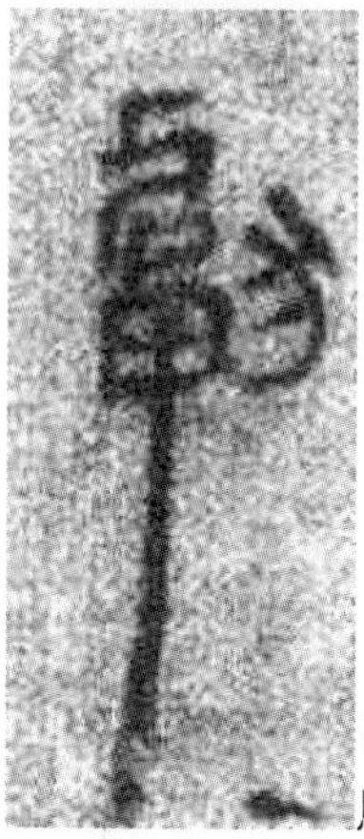
馬貳 33_21 下

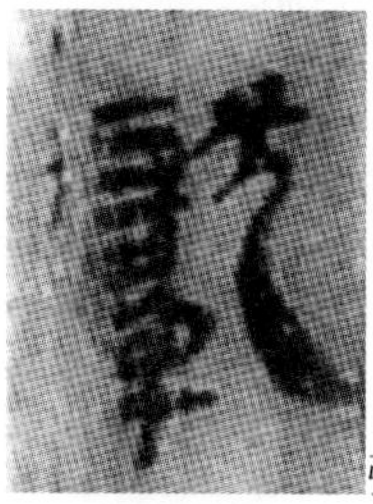
張・津關令 509

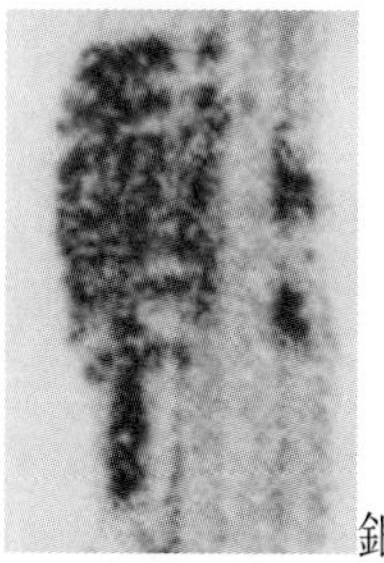
銀壹 566

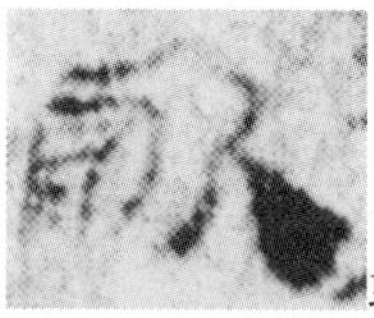
敦煌簡 1906

○復嚾獻驢一匹

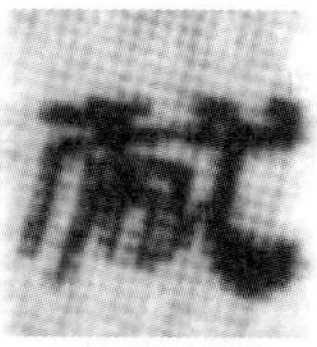
武・甲《特牲》30

武・甲《少牢》34

○主人獻祝

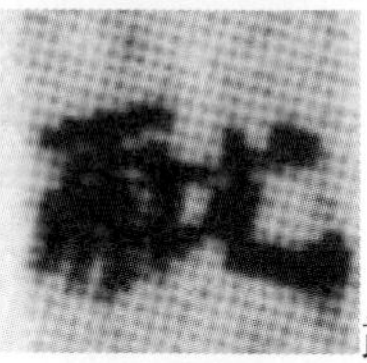
武・甲本《有司》39

○升酌獻尸

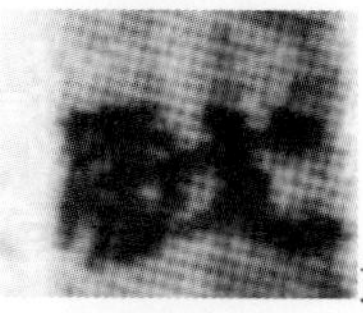
武・甲《泰射》33

○洗升獻大

東牌樓 089

○獻曹掾趙陽

北壹・倉頡篇 27

○幣帛羞獻請謁

秦代印風

○張獻

歷代印匋封泥

○獻恥里附城

漢代官印選

漢印文字徵

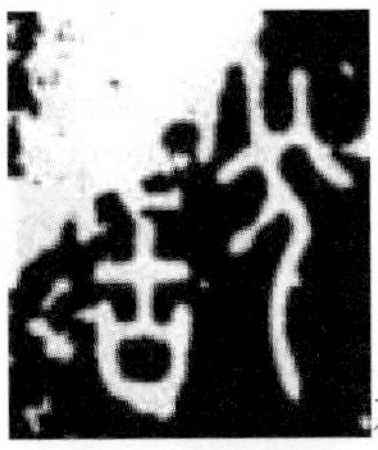
石鼓・吳人

東漢・朝侯小子殘碑

○孟獻加等

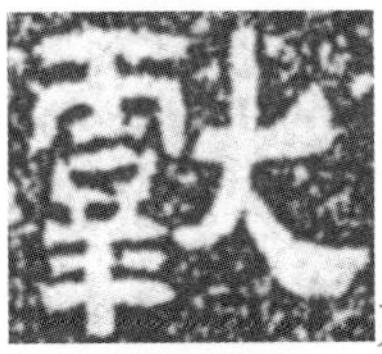
東漢・從事馮君碑

○獻善絀惡

北魏・元纂誌

北魏・元羽誌

北魏・慈慶誌

北魏・元弘嬪侯氏誌

東魏・廣陽元湛誌蓋

○魏故假黄鉞廣陽文獻王之銘

北齊・高湝誌

【犿】

《說文》：犿，獟犬也。从犬开聲。一曰逐虎犬也。

北壹・倉頡篇 68

○徙覺驚犿□

【獟】

《說文》：獟，犿犬也。从犬堯聲。

【狾】

《說文》：狾，狂犬也。从犬折聲。《春秋傳》曰："狾犬入華臣氏之門。"

【狂】

《說文》：狂，狾犬也。从犬㞷聲。

【忹】

《說文》：忹，古文从心。

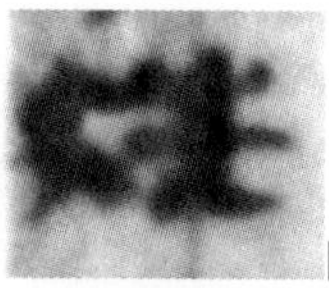
睡・日甲《毀弃》119

睡・日甲《詰》47

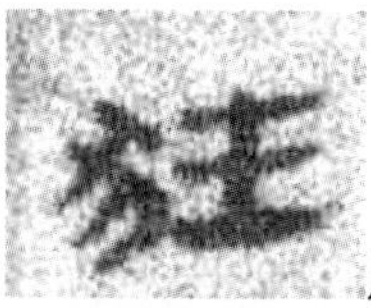
馬壹 124_45 上

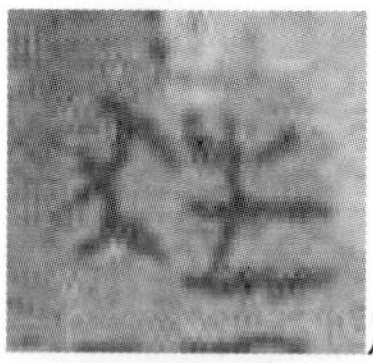
馬貳 144_1

張・奏讞書 52

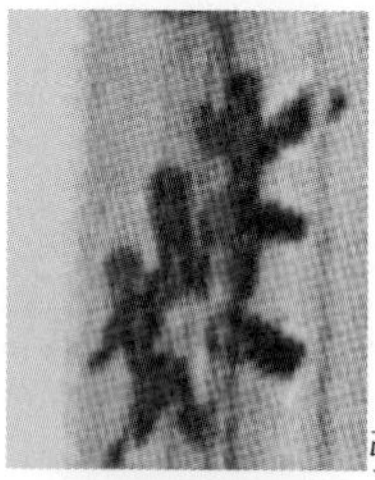
張・蓋廬 48

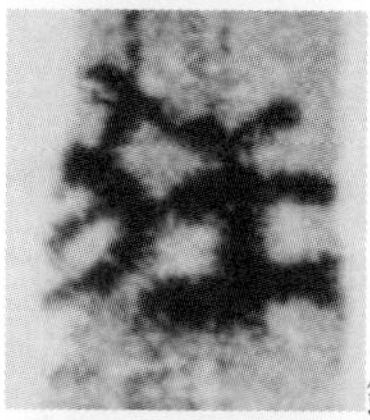
銀壹 472

銀貳 1581

北貳・老子 150

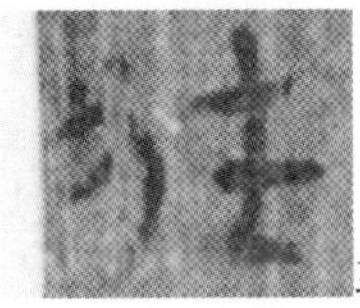
敦煌簡 0072

○桀黠狂狡

敦煌簡 2098

○走病狂疵疕

北壹・倉頡篇 50

○趨走㾏狂疵疕

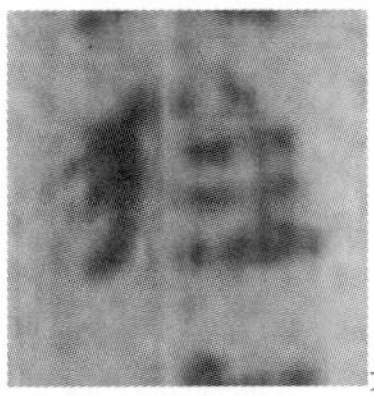
吴簡嘉禾・五五三七

○苦狂病

東漢・鮮於璜碑陽

○狂狡畔戾

東漢・趙寬碑

北魏・穆纂誌

北齊・赫連子悅誌

【類】

《說文》：類，種類相似，唯犬爲甚。从犬頪聲。

嶽・占夢書 3

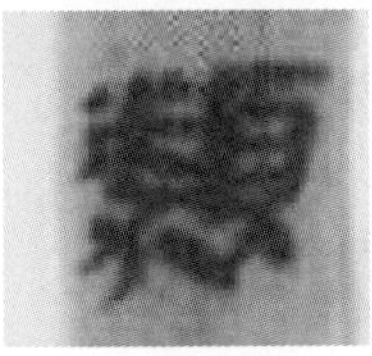
嶽・魏盜案 152

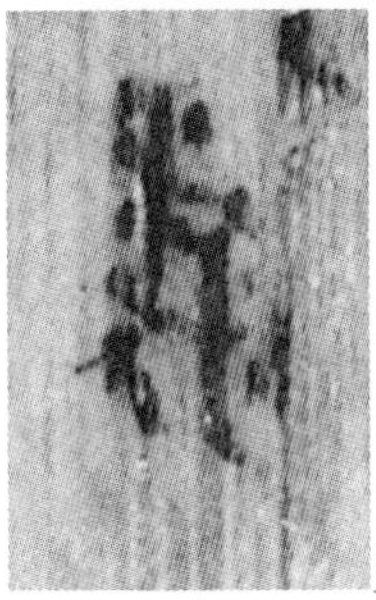
里・第八層 1584

馬壹 171_12 上

馬壹 36_44 上

○取類也

馬貳 32_3 上

張・奏讞書 217

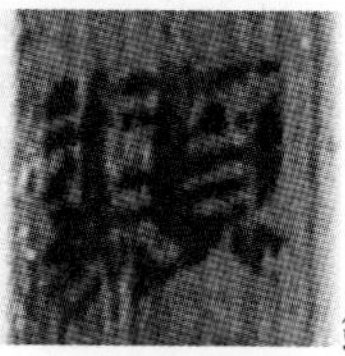
銀貳 1686

北壹・倉頡篇 8

○嶕類菹醢

秦代印風

○秦類

秦代印風

○胡類

漢印文字徵

○蒲類子羽

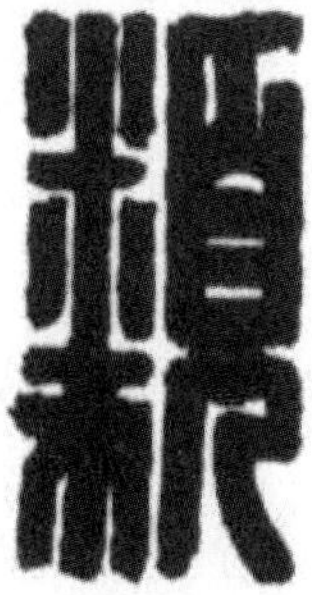
漢印文字徵

○類廣

漢印文字徵

○陳類

漢代官印選

○蒲類將軍

漢印文字徵

○孟類非

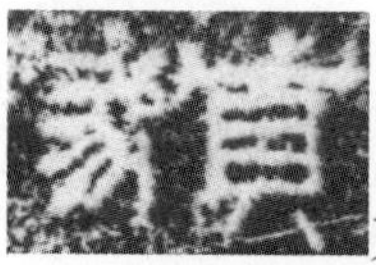
東漢・楊叔恭殘碑

○殄威醜類

東漢・履和純等字殘碑

○思士不出類

西晉・臨辟雍碑

○德感庶類

西晉・成晃碑

○及其疇類

北魏・元澄妃誌

○有類含液

北魏・元彝誌

○比物連類

北魏・王神虎造像

○一切有形之類

北魏・元鑒誌

○戚類分陜

北魏・馮邕妻元氏誌

○同類相求

北魏・元仙誌

○温明類玉

北魏・元廞誌

○莫類斯慕

北魏・元略誌

○辯碑之類

東魏・高歸彥造像

○內外與諸品類

東魏・杜文雅造像

○類芥投針

北齊・是連公妻誌

〇欲知比類

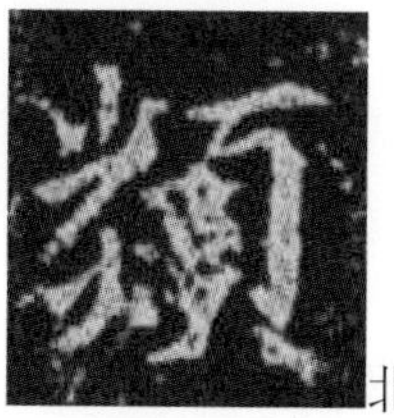
北齊・朱曇思等造塔記

〇品類同昏

北齊・姚景等造像

〇同類相天

北齊・徐顯秀誌

〇始類辭家

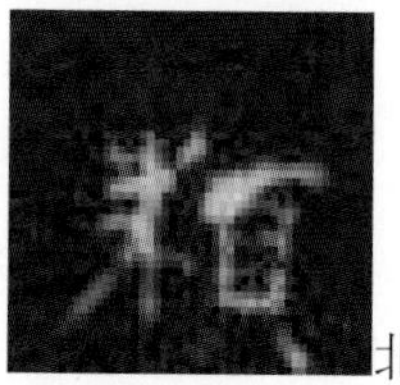
北齊・潘景暉造像

〇萬類之表

北周・華岳廟碑

北周・張子開造像

〇隨類斯解

【狄】

《説文》：狄，赤狄，本犬種。狄之爲言淫辟也。从犬，亦省聲。

嶽・為吏 78

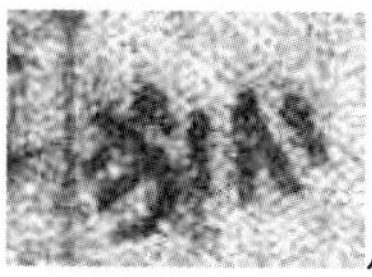
馬貳 35_38 下

張・脈書 24

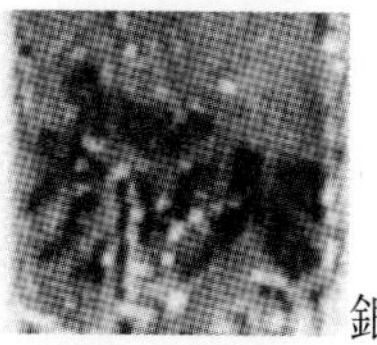
銀貳 1881

金關 T24:636A

金關 T31:033

北壹・倉頡篇 14

廿世紀璽印三-GP

〇狄丞

漢晉南北朝印風

〇平狄中司馬

漢印文字徵

〇狄宣印信

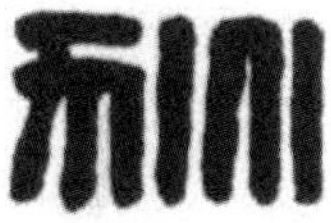
漢印文字徵

〇狄齎之印

漢印文字徵

〇狄安國印

漢印文字徵

〇狄農之印

漢印文字徵

漢印文字徵

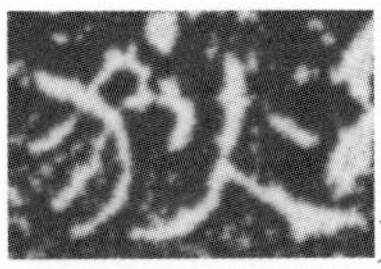
東漢・張遷碑陽

東漢・司馬長元石門題記

〇西狄道司馬長元石門

東漢・劉平國崖刻石下

〇狄虎賁

東漢・鮮於璜碑陽

〇慰綏朔狄

三國魏・三體石經春秋・古文

〇夏狄

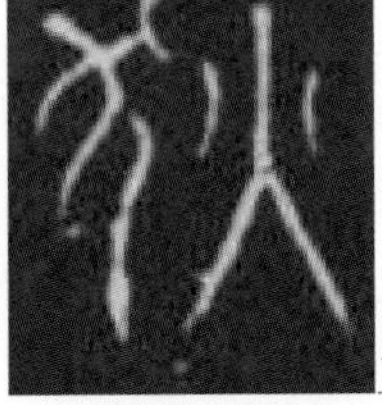
三國魏・三體石經春秋・篆文

北魏・李蕤誌

○狄道縣

東魏・李祈年誌

北齊・狄湛誌蓋

【狻】

《說文》：，狻麑，如虦貓，食虎豹者。从犬夋聲。見《爾雅》。

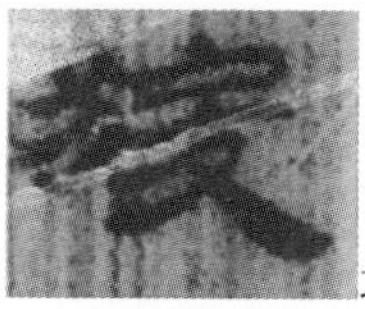
北貳・老子 49

○未知牝牡之合而狻（朘）怒

【玃】

《說文》：，母猴也。从犬矍聲。《爾雅》云："玃父善顧。"攫持人也。

【猶】

《說文》：，玃屬。从犬酋聲。一曰隴西謂犬子爲猷。

馬壹 83_73

○猶賁不知變

張・引書 111

○相求猶槖籥也

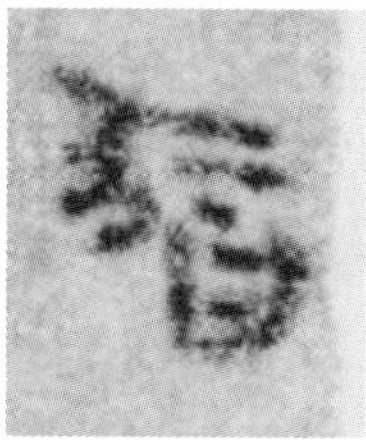
銀壹 369

○猶不中昭

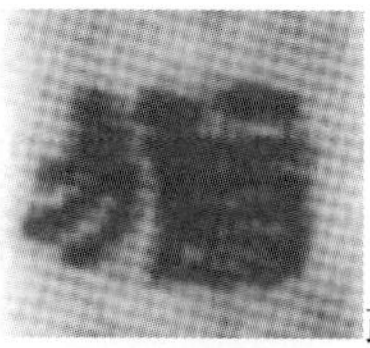
武・儀禮甲《服傳》23

○斬者猶曰不貳天也

東牌樓 029 正

○猶再拜還遣賜

廿世紀璽印三-GP

○叴猷丞印

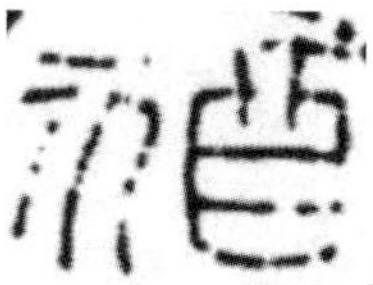
廿世紀璽印三-GP

○猶鄉

漢印文字徵

○猶湯私印

漢印文字徵

〇猶鄉

歷代印匋封泥

〇猶鄉

東漢·張遷碑陽

〇雖遠猶近

晉·洛神十三行

〇悵猶豫而狐疑

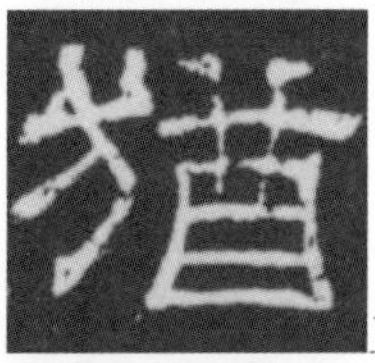
三國魏·張君殘碑

三國魏·三體石經春秋·篆文

〇免牲猶三望秋

北魏·爾朱襲誌

北魏·元誘誌

北齊·皇甫豔誌

北齊·劉悅誌

北齊·報德像碑

北齊·斛律氏誌

【狙】

《説文》：狙，玃屬。从犬且聲。一曰狙，犬也，暫齧人者。一曰犬不齧人也。

漢晉南北朝印風

〇段可狙印

北齊·司馬遵業誌

〇折狙丘之誕說

【猴】

《説文》：猴，夒也。从犬矦聲。

【㺉】

《説文》：㺉，犬屬。䐽已上黄，䐽已下黑，食母猴。从犬𣪊聲。讀若構。或曰㺉似牂羊，出蜀北囂山中，犬首而馬尾。

北壹・倉頡篇 28

○獺鄃㺉貖鼩

【狼】

《説文》：狼，似犬，鋭頭，白頰，高前，廣後。从犬良聲。

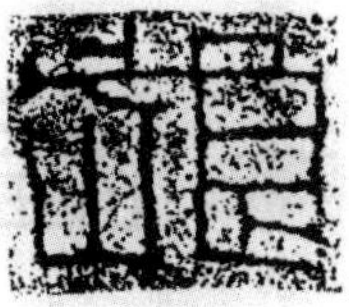
漢銘・元和四年洗

漢銘・延平元年堂狼造作鑒

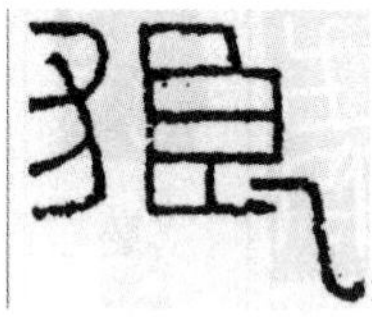
漢銘・永和六年洗

漢銘・建初八年洗

漢銘・永興二年洗

漢銘・漢安元年洗

漢銘・章和二年堂狼造作洗

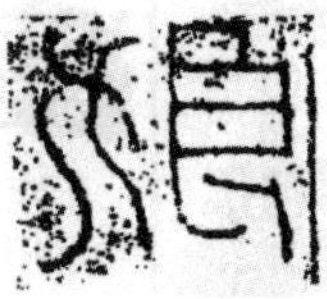
漢銘・元和三年洗

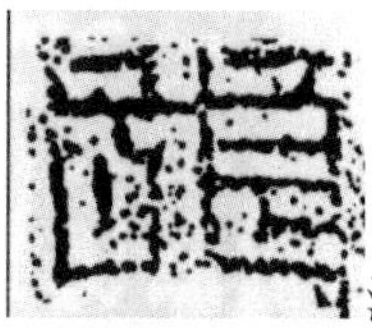
漢銘・永元二年堂狼造洗

睡・日甲《詰》33

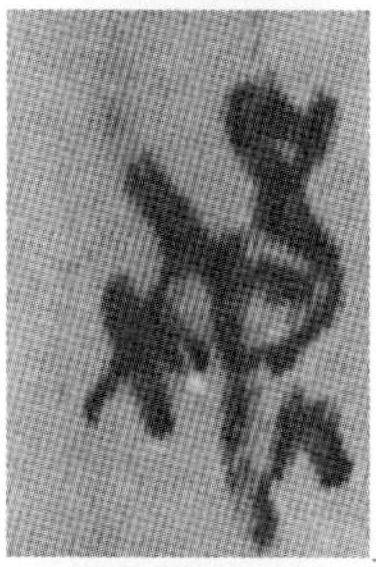
里・第八層 135

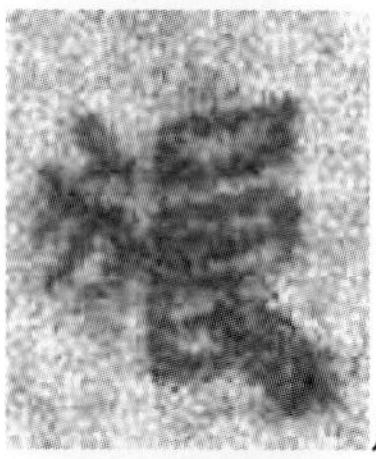
馬壹 138_13 上/155 上

馬貳 88_399/389

○時取狼牙根

張・蓋盧 51

敦煌簡 0072

○貪狼桀黠狂狡

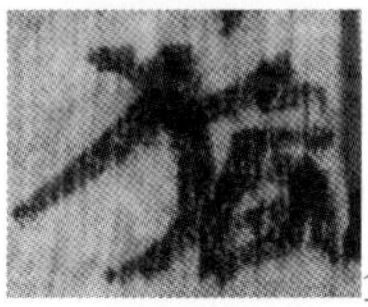
金關 T27:058A

○月中狼食小犢一

北壹・倉頡篇 56

○豺狼貙貍

廿世紀璽印三-GP

漢晉南北朝印風

漢印文字徵

漢印文字徵

漢印文字徵

漢印文字徵

漢印文字徵

漢印文字徵

漢印文字徵

東漢・禮器碑側

北魏・張正子父母鎮石

北魏・侯剛誌

【狛】

《説文》：，如狼，善驅羊。从犬白聲。讀若蘗。甯嚴讀之若淺泊。

北壹・倉頡篇 43

○箑埒畦狛䮴溓

北魏・元液誌

○雪居鬣首之狛

【獌】

《説文》：，狼屬。从犬曼聲。《爾雅》曰："貙獌，似貍。"

【狐】

《説文》：，祆獸也。鬼所乘之。有三德：其色中和，小前大後，死則丘首。从犬瓜聲。

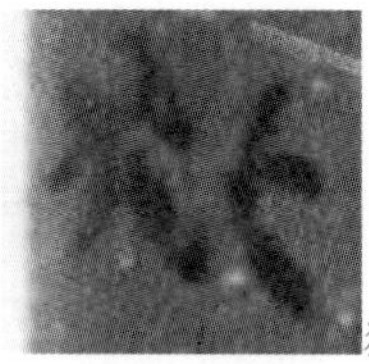
嶽・占夢書 16

○豲豚狐生(腥)

里・第六層 4

○丞敦狐告船官

里・第八層 406

○丞敦狐

馬壹 11_77 上

○亨小狐（狐）气（汔）涉濡

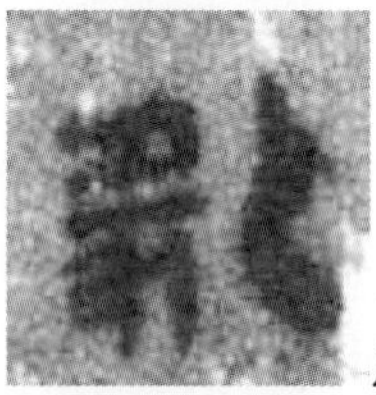
馬壹 7_39 上

○獲三狐（狐）得

馬貳 79_217/204

○某狐父非其處所

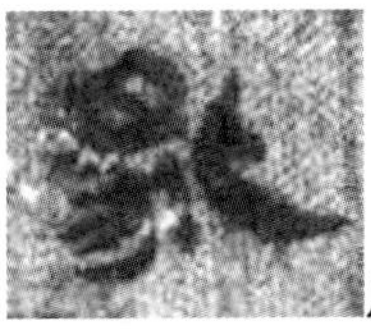
馬貳 33_4 下

○狐（狐）鳥與魚

張・算數書 34

○狐出關狐貍

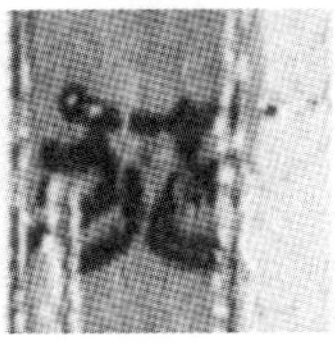
銀貳 1508

○非一狐之白也

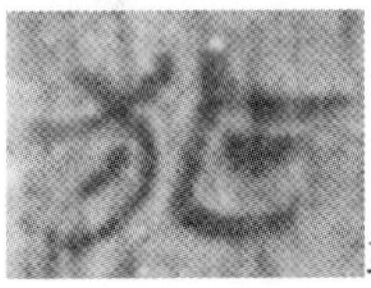
敦煌簡 0838A

○敢卒狐賣練一匹

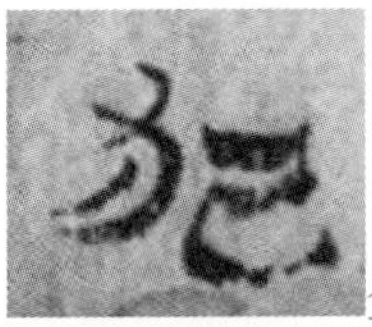
金關 T11:015

○貰賣狐

北壹・倉頡篇 28

○貉駒貂狐

秦代印風

○令狐皋

秦代印風

秦代印風

○狐瞱

秦代印風

○令狐寅

秦代印風

漢印文字徵

○狐茅印

漢印文字徵

○上官敦狐

漢印文字徵
○令狐長印

漢印文字徵
○狐舍

漢印文字徵
○狐冬古

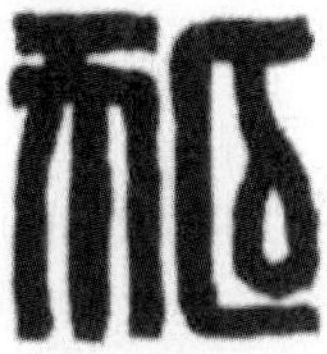
漢印文字徵
○令狐昌印

漢印文字徵
○令狐舜印

漢印文字徵
○浩狐近孺

漢晉南北朝印風

漢晉南北朝印風

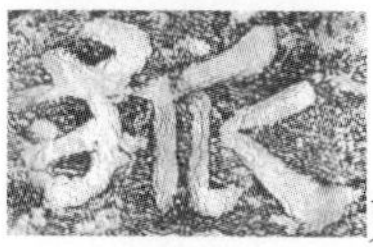
東漢 •成都中平四年墓門題記
○梁離狐茂陵任君元升神門

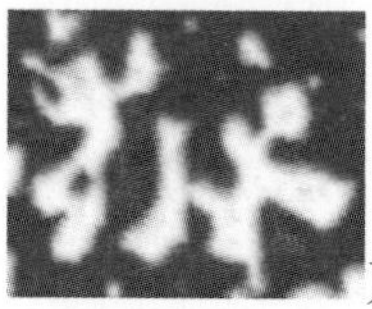
東漢・樊敏碑
○雄狐綏綏

北魏・張正子父母鎮石
○豺狼狐兔

北魏・元維誌
○狐埸町畽

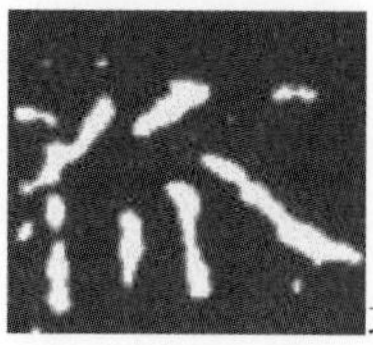
北齊・令狐氏等造像

〇令狐氏等

【獺】

《説文》：獺，如小狗也。水居食魚。从犬賴聲。

北壹·倉頡篇 28

〇貔獺

【猵】

《説文》：猵，獺屬。从犬扁聲。

【獱】

《説文》：獱，或从賓。

【猋】

《説文》：猋，犬走皃。从三犬。

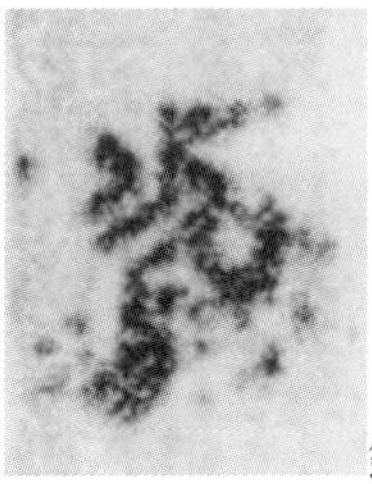
銀壹 412

〇趮也猋（飆）凡

廿世紀璽印三-SY

〇王猋

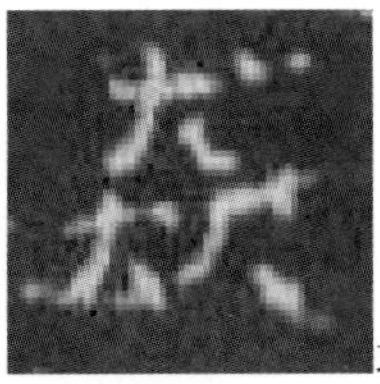
北齊·徐之才誌

〇風猋自逸

【狘】

《説文》：狘，獸走皃。从犬戉聲。

【獋】

《説文》：獋，獸名。从犬軍聲。

【狷】

《説文》：狷，褊急也。从犬肙聲。

【猰】

《説文》：猰，猰貐，獸名。从犬契聲。

〖犴〗

里·第八層 890

〇史犴二甲

〖犯〗

漢印文字徵

○解犯

〖犺〗

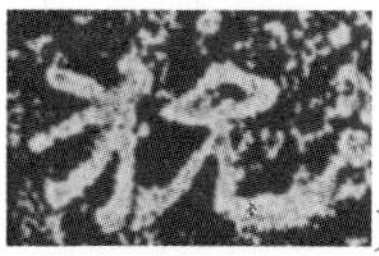
東漢・尹宙碑

北魏・元朗誌

〖狑〗

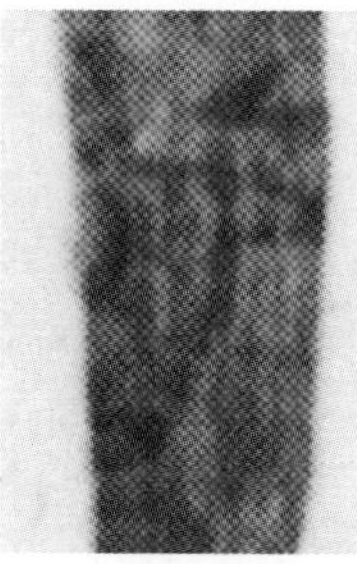
敦煌簡 0872

○它爲狑□

〖狷〗

秦代印風

○任狷

〖狋〗

秦代印風

○楊狋

〖狹〗

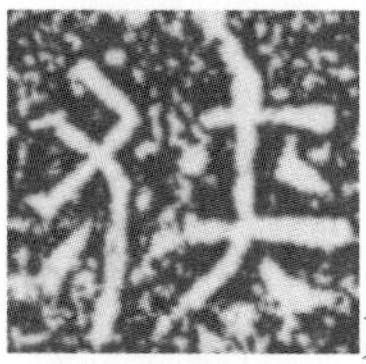
東漢・西狹頌

東漢・桐柏淮源廟碑

北齊・報德像碑

北周・叱羅協誌

〖狽〗

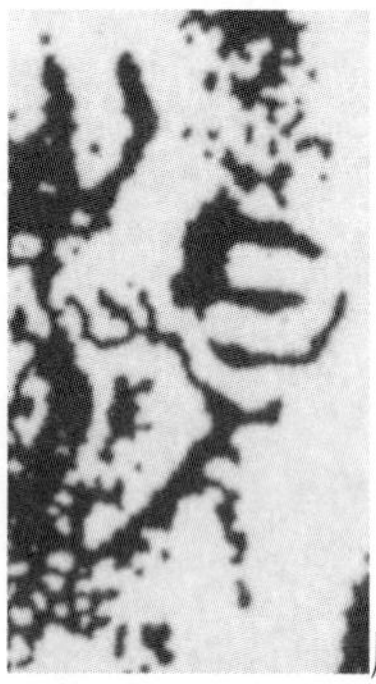
歷代印匋封泥

○蒦（濾）陽鰌里人狽

〖狸〗

金關 T05:096B

○狠狸狠

北魏・元彧誌

○始若狐狸

〖閺〗

廿世紀璽印三-GP

○閺原禁丞

〖狶〗

北魏・元馗誌

○載驅狶陌

〖狻〗

北貳・老子187

○獨立而不狻（改）

〖狭〗

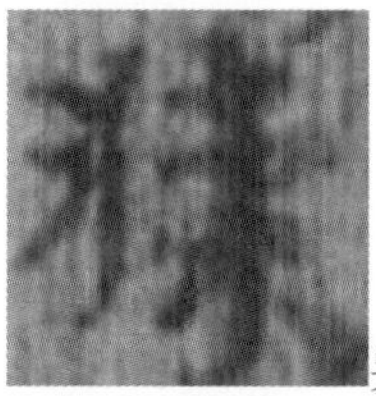
吳簡嘉禾・五・三五五

○男子何狭

〖猇〗

北齊・劉悅誌

○滅猇

〖猑〗

北魏・元恭誌

〖猾〗

北魏・弔比干文

〖貊〗

漢印文字徵

○晉率善貊佰長

〖猲〗

漢印文字徵

○異媿

〖猾〗

東漢・孔宙碑陽

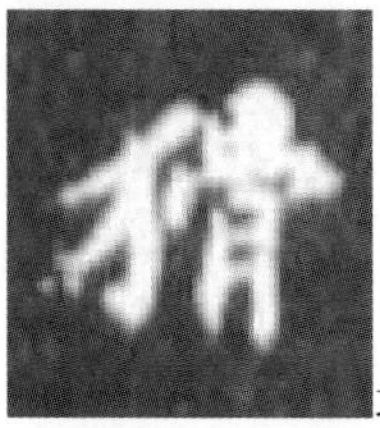
北魏・尹祥誌

南朝宋・明曇憘誌

〖猣〗

漢印文字徵

○趙猣

〖猿〗

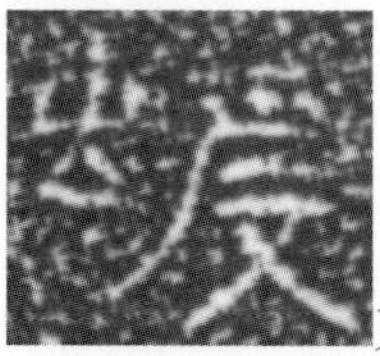
東漢・許安國墓祠題記

○玄猿（猨）登高

北魏・元誕業誌

○斃日墜猿之能

北齊・法懃塔銘

○猿啼逗谷

北周・須蜜多誌

○月狹猿啼

〖獂〗

秦代印風

○王獂

〖猷〗

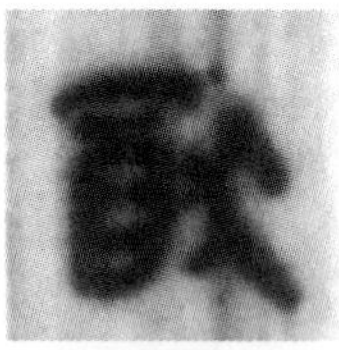
睡・語書 12

○而上猷(猶)智之毆

馬壹 146_48/222 上

○亓（其）猷（猶）橐籥

馬壹 104_35\104

○言也猷（猶）賀大

銀壹 261

○猷（猶）問用之

銀壹 366

○後適猷（猶）不

漢印文字徵

○皋猶左尉

石鼓・作原

○□□□猷

東漢・鮮於璜碑陽

○猷風之中

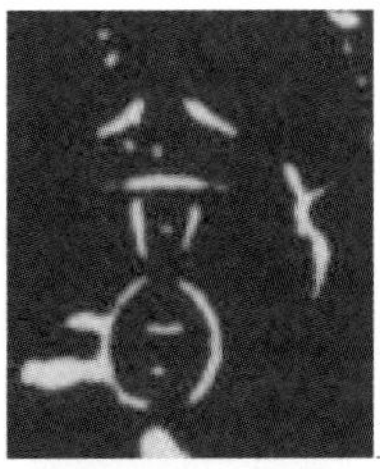
三國魏・三體石經春秋・古文

○免牲猷三望秋

十六國北涼・沮渠安周造像

○恢恢大猷

北魏・元悌誌

北魏・鄭長猷造像

○鄭長猷

北魏・穆亮誌

北魏・元詮誌

北魏・李謀誌

北魏・宋虎誌

北魏・元顥誌

北魏・封魔奴誌

北周・華岳廟碑

〖獗〗

東漢・樊敏碑

〖獯〗

北魏・元顥誌

○獯獫横行

〖獷〗

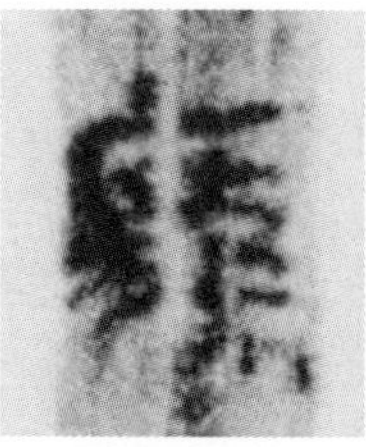
銀壹 476

○之獷（壓）

〖獿〗

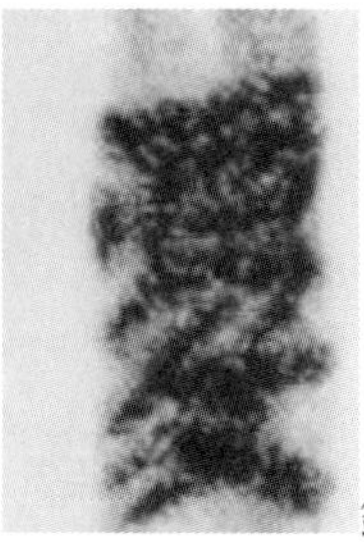
銀壹 99

○軍獿（擾）者

〖玁〗

秦代印風

○玁

〖獾〗

嶽・善等案 209

○良獾去作

馬壹 7_40 上

○之上獾（獲）

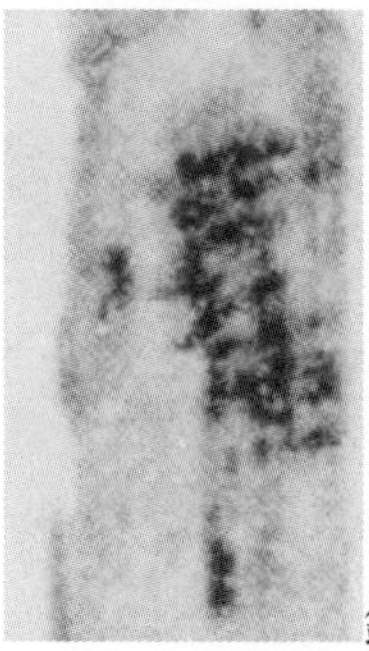
銀壹 164

○獾（獲）其將

〖玃〗

睡・日書甲種《盜者》73

○多玃不圖射

〖㹜〗

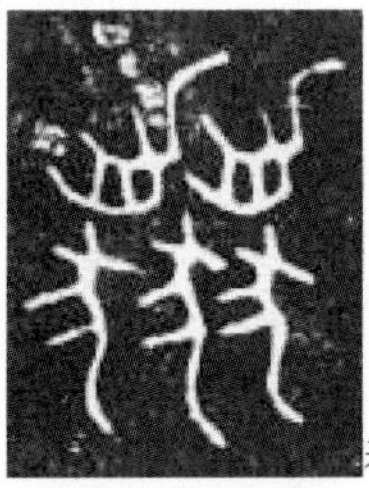
春早・秦公鎛

○㹜(協)朕

春早・秦公鎛

○㹜(協)朕

春晚・秦公鎛

○㹜(協)朕

㹜部

【狱】

《説文》：㹜，兩犬相齧也。从二犬。凡㹜之屬皆从㹜。

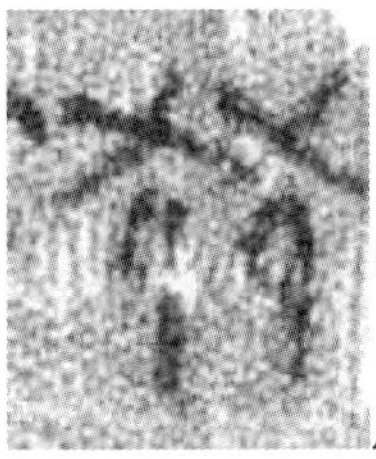
馬壹 256_3 上

○出門狱言必（疑）

北魏・李伯欽誌

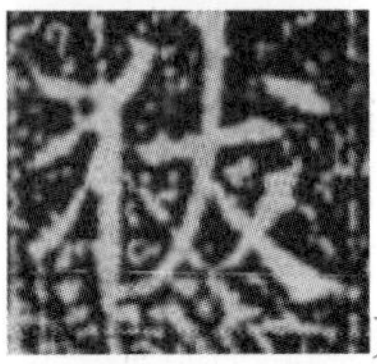
東魏・王偃誌

○敗狱之勳

北齊・吳遷誌

○夷狱交侵

北齊・劉悦誌

○青羌赤狱

北齊・斛律昭男誌

○伉儷庫狱

北齊・庫狱迴洛誌蓋

○太尉公庫狱

北齊・斛律昭男誌蓋

〇齊故庫狄氏武始郡君

【𤞞】

《説文》：𤞞，司空也。从㹜臣聲。復説獄司空。

【獄】

《説文》：獄，确也。从㹜从言。二犬，所以守也。

睡・法律答問 35

睡・為吏 44

關・日書 231

嶽・猩敞案 47

里・第五層 22

里・第六層 28

里・第八層 164

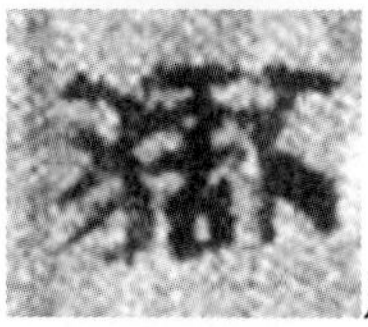
馬壹 174_21 下

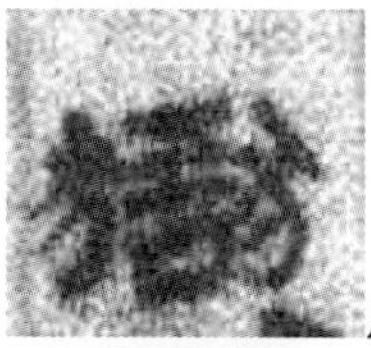
馬壹 46_61 下

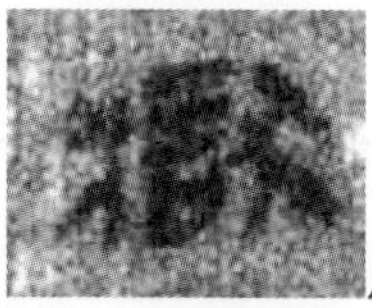
馬壹 11_79 上

馬貳 12_4

張・具律 115

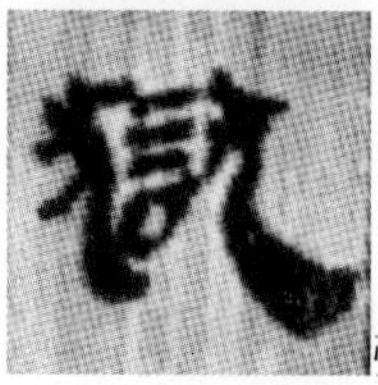
張・奏讞書 163

敦煌簡 2276A

○獄椽

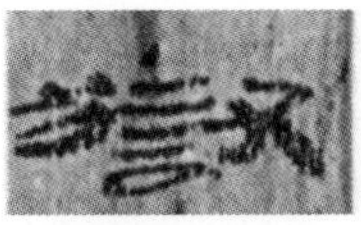
金關 T04:080

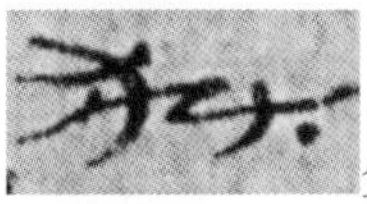
金關 T10:120A

○官獄徵事當得傳

東牌樓 029 背

○在案獄門下通□道

北壹・倉頡篇 52

○盜殺捕獄問諒

廿世紀璽印三-GP

○長安獄丞

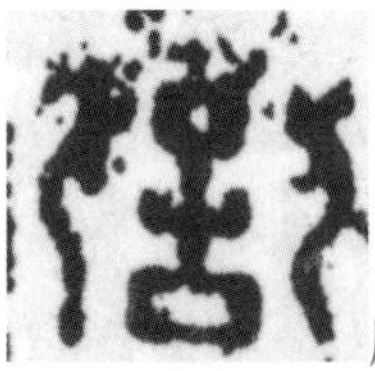
歷代印匋封泥

○長安獄丞

漢印文字徵

○有秩獄史富納

漢印文字徵

○長安獄丞

三國魏・受禪表

西晉・石尠誌

北周・韋彪誌

鼠部

【鼠】

《説文》：，穴蟲之總名也。象形。凡鼠之屬皆从鼠。

漢銘・鼦偏鼎

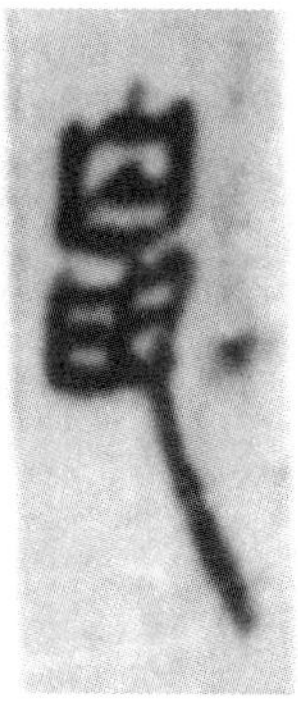
睡・秦律十八種 42

睡・法律答問 140

睡・日甲《盜者》69

睡・日甲《詰》26

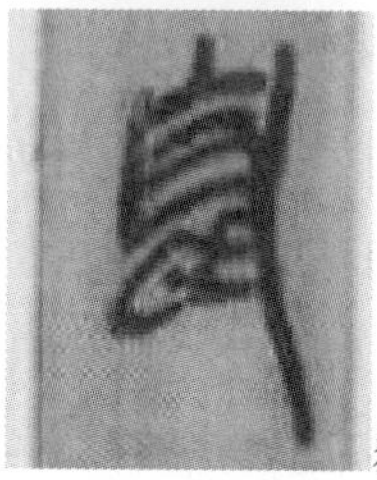
嶽・芮盜案 66

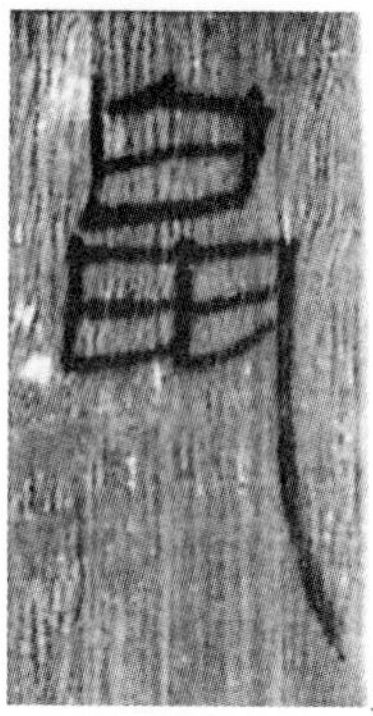
里・第八層 1242

馬壹 12_71 下

馬壹 260_4 下

〇□多鼠

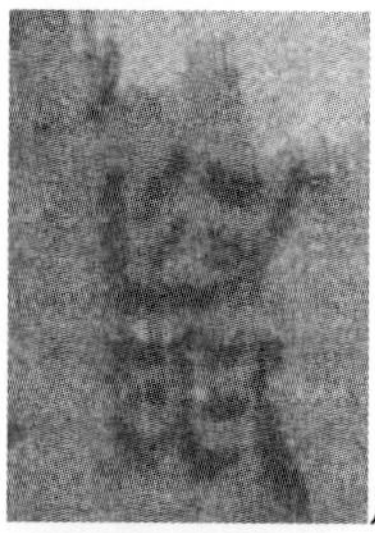
馬貳 120_216

敦煌簡 1462

吳簡嘉禾・五・六〇九

〇李鼠佃田七町凡

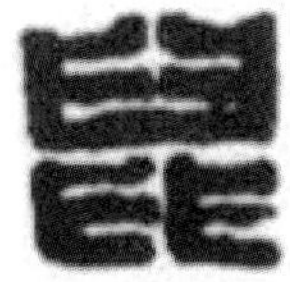
漢印文字徵

○楊印鼠子

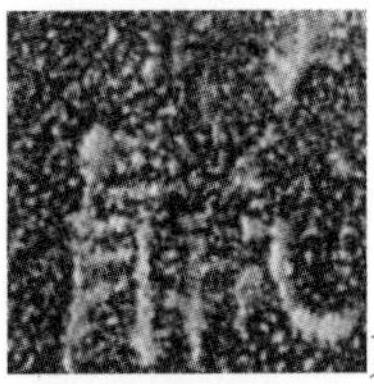
東漢・簿書殘碑

○□奴鼠

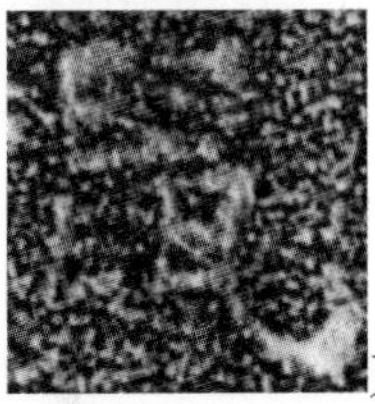
東漢・簿書殘碑

○白奴鼠

東魏・李挺誌

○妙探蟬鼠

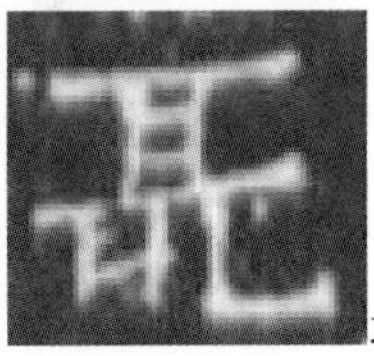
北周・若干雲誌

○守雀鼠谷

【鐇】

《說文》：鐇，鼠也。从鼠番聲。讀若樊。或曰鼠婦。

【鼠各】

《說文》：鼠各，鼠，出胡地，皮可作裘。从鼠各聲。

【鼢】

《說文》：鼢，地行鼠，伯勞所作也。一曰偃鼠。从鼠分聲。

【蚡】

《說文》：蚡，或从虫、分。

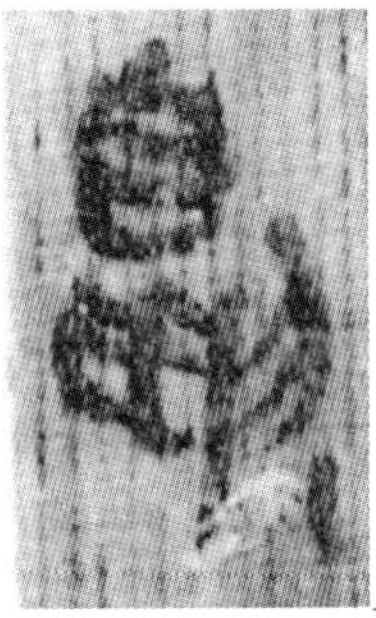
里・第八層 1057

○取鼢鼠乾

馬貳 69_23/23

○取鼢鼠乾而冶

【鼣】

《說文》：鼣，鼣令鼠。从鼠平聲。

北壹・倉頡篇 66

○狗獳麢鼣蝙蝠㜸

【䶅】

《說文》：䶅，鼠也。从鼠虒聲。

【鼶】

《説文》：鼪，竹鼠也。如犬。从鼠，畱省聲。

【鼫】

《説文》：鼫，五技鼠也。能飛，不能過屋；能緣，不能窮木；能游，不能渡谷；能穴，不能掩身；能走，不能先人。从鼠石聲。

【鼨】

《説文》：鼨，豹文鼠也。从鼠冬聲。

【鼢】

《説文》：鼢，籒文省。

【䶊】

《説文》：䶊，鼠屬。从鼠益聲。

【貖】

《説文》：貖，或从豸。

北壹・倉頡篇 28

○貖鼩鼦狐

【鼷】

《説文》：鼷，小鼠也。从鼠奚聲。

睡・法律答問 152

○鼷穴三當一鼠穴

睡・日甲《盜者》69

【鼩】

《説文》：鼩，精鼩鼠也。从鼠句聲。

北壹・倉頡篇 28

○貖鼩鼦狐

【鼸】

《説文》：鼸，䶄也。从鼠兼聲。

【䶄】

《説文》：䶄，鼠屬。从鼠今聲。讀若含。

【鼬】

《説文》：鼬，如鼠，赤黄而大，食鼠者。从鼠由聲。

【鼩】

《説文》：鼩，胡地風鼠。从鼠勺聲。

【鼤】

《説文》：鼤，鼠屬。从鼠宂聲。

【鼒】

《説文》：鼒，鼠，似雞，鼠尾。从鼠此聲。

【鼲】

《説文》：鼲，鼠。出丁零胡，皮可作裘。从鼠軍聲。

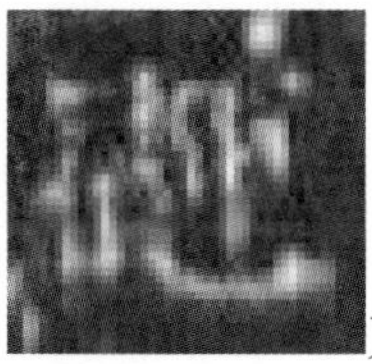
東魏・昌樂王元誕誌

○豐鼲有蔚

【鼬】

《説文》：鼬，斬鼬鼠。黑身，白腰若帶；手有長白毛，似握版之狀；類蝯蜼之屬。从鼠胡聲。

〖鼩〗

北壹・倉頡篇 28

○菹貔獺鼩穀

〖鼦〗

北壹・倉頡篇 28

○貈豹鼦狐

能部

【能】

《説文》：能，熊屬。足似鹿。从肉㠯聲。能獸堅中，故稱賢能；而彊壯，稱能傑也。凡能之屬皆从能。

睡・語書 9

睡・秦律十八種 50

睡・秦律雜抄 3

睡・法律答問 125

睡・為吏 46

睡・日甲《馬禖》158

關・病方 350

嶽・為吏 2

嶽・芮盜案 66

里・第八層 60

里・第八層 1517

馬壹 87_174

馬壹 8_33 下

馬壹 141_5 下/172 下

馬貳 204_19

馬貳 212_3/104

馬貳 34_32 上

張・捕律 141

張・田律 251

張・奏讞書 177

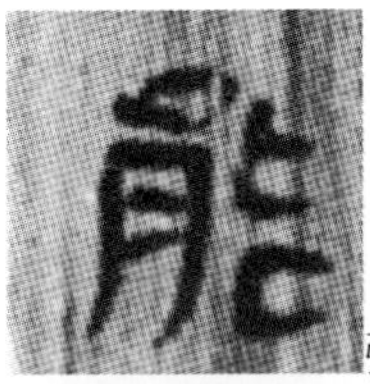
張・脈書 5

張・引書 40

銀壹 11

銀壹 914

銀貳 1279

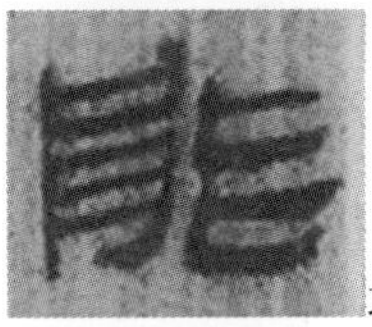
北貳・老子 145

敦煌簡 0808

金關 T23:731B

金關 T31:047

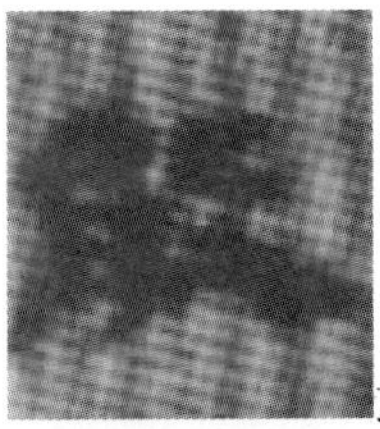
武・儀禮甲《服傳》3

東牌樓 065 背

魏晉殘紙

魏晉殘紙

秦代印風

漢印文字徵

漢印文字徵

漢印文字徵

○王能

秦駰玉版

東漢・肥致碑

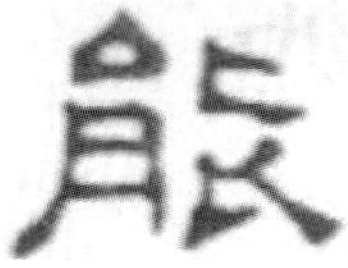
東漢・譙敏碑

東漢・譙敏碑

三國魏・曹真殘碑

北魏・元液誌

北魏・穆亮誌

北魏・于纂誌

北魏・王悅及妻郭氏誌

北魏・馮邕妻元氏誌

北齊・魯思明造像

北齊・是連公妻誌

北齊・石信誌

北齊・韓山剛造像

北齊・傅華誌

熊部

【熊】

《説文》：𤉭，獸似豕。山居，冬蟄。从能，炎省聲。凡熊之屬皆从熊。

張・引書 101

北壹・倉頡篇 64

○萮英麇熊羆

廿世紀璽印三-SY

○熊相勝胡

廿世紀璽印三-SY

○熊子見印

漢印文字徵

○熊樂私印

漢印文字徵

○熊祿私印

漢印文字徵

○王熊

漢印文字徵

○熊淚將印

漢印文字徵

○臣熊

漢印文字徵

漢印文字徵

○熊子兒印

漢晉南北朝印風

〇熊渠將印

漢晉南北朝印風

〇王熊

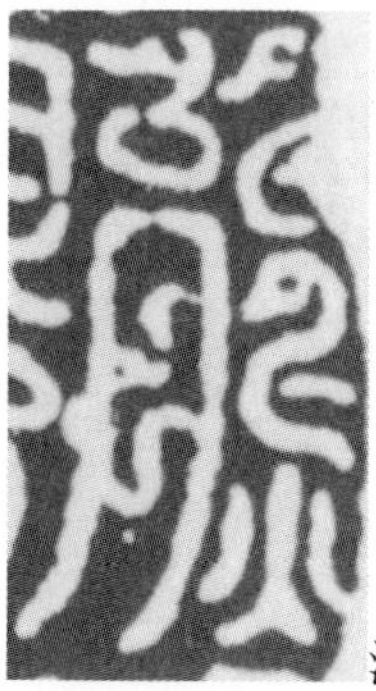
漢晉南北朝印風

〇熊得

詛楚文・亞駝

〇底楚王熊相之多辠

東漢・禮器碑陰

東漢・許安國墓祠題記

〇師熊嘷戲

東漢・景君碑

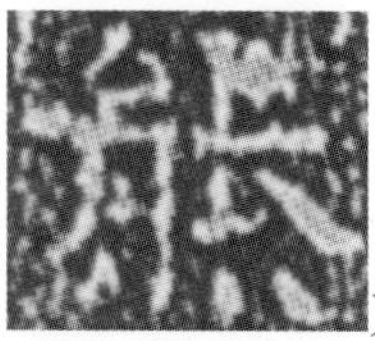
東漢・白石神君碑

東漢・行事渡君碑

北魏・郭顯誌

北魏・元壽安誌

北魏・元繼誌

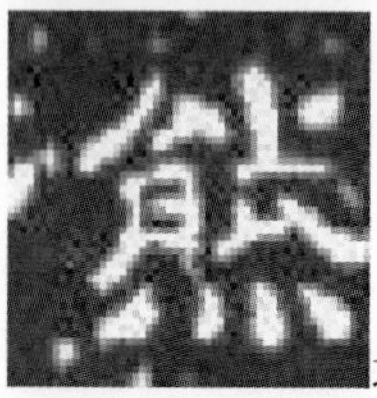
北齊・韓裔誌

北齊・赫連子悅誌

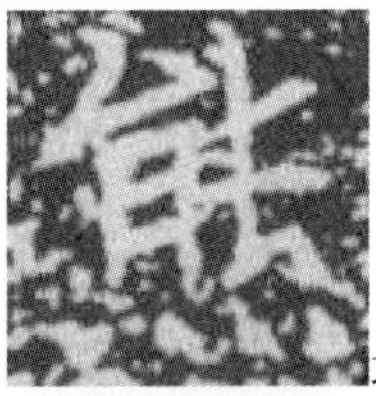
北齊・爾朱元靜誌

南朝宋・□熊造像

○□熊造一□

【羆】

《説文》：，如熊，黄白文。从熊，罷省聲。

【𥷼】

《説文》：，古文从皮。

北壹・倉頡篇 64

○英麋熊羆

北魏・郭顯誌

○熊羆是肅

火部

【火】

《説文》：，燬也。南方之行，炎而上。象形。凡火之屬皆从火。

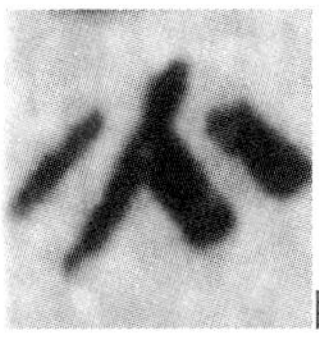
睡・法律答問 159

睡・日乙 82

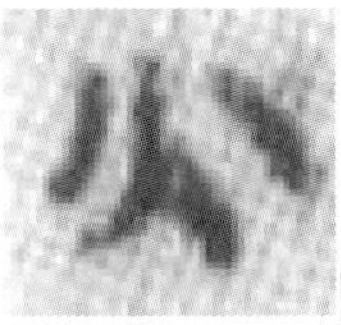
關・病方 363

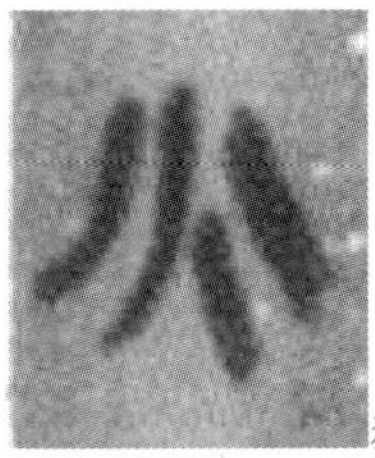
嶽・為吏 2

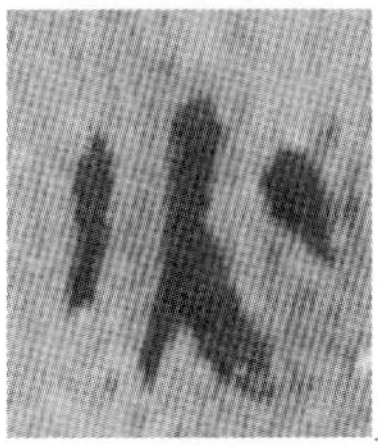
里・第八層 454

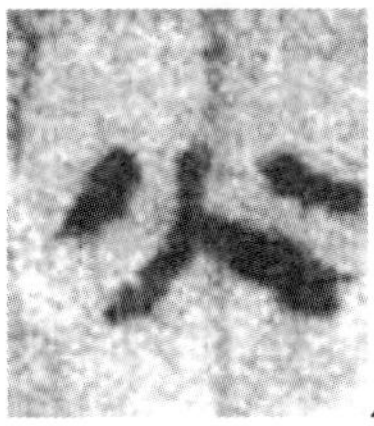
馬壹 173_23 上

張・蓋盧 21

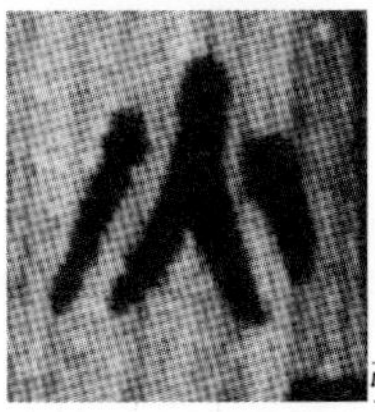
張・脈書 5

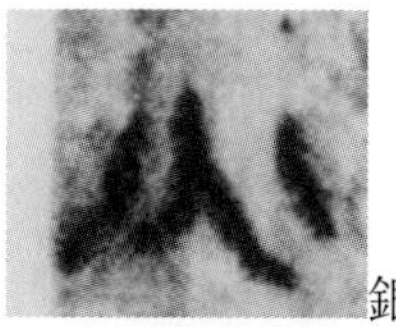
銀壹 135

敦煌簡 1569

○時苣火一通從東方

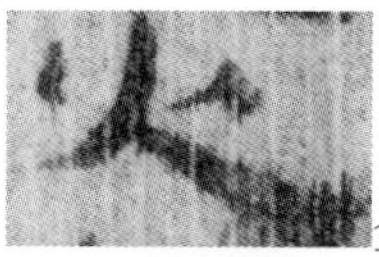
金關 T24:533A

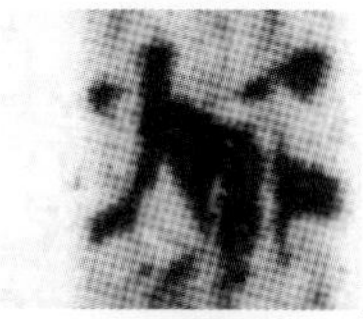
武·日忌木簡丙 6

○必見火光

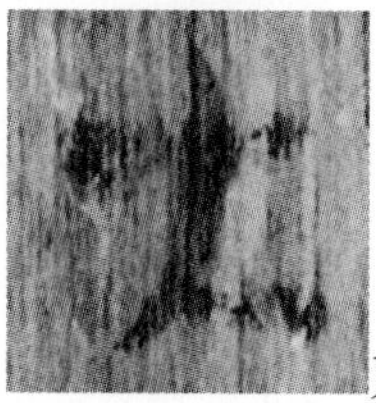
東牌樓 064 正

○□及火興求次

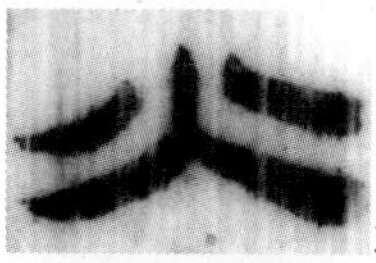
北壹·倉頡篇 72

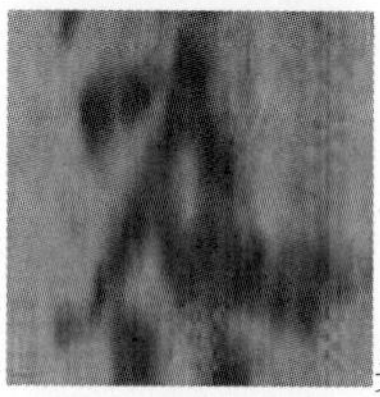
吴簡嘉禾·四·二〇一

○拾火種

廿世紀璽印三-GP

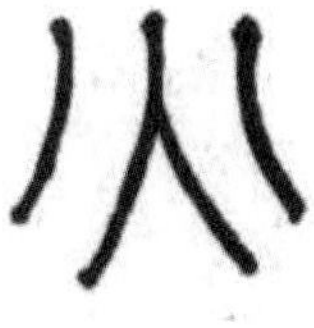
漢印文字徵

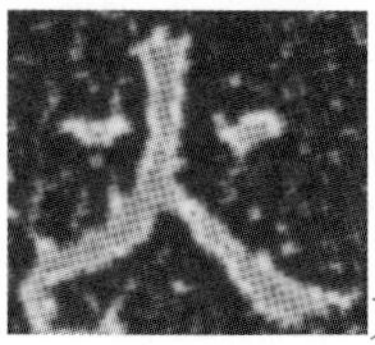
東漢·白石神君碑

【炟】

《説文》：炟，上諱。

【焜】

《説文》：焜，火也。从火尾聲。《詩》曰："王室如焜。"

【燬】

《説文》：燬，火也。从火毀聲。《春秋傳》曰："衛侯燬。"

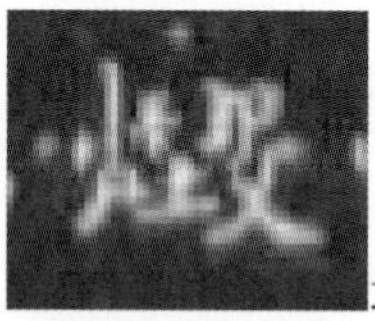
北魏·元邵誌

【燹】

《説文》：燹，火也。从火豩聲。

【焌】

《説文》：焌，然火也。从火夋聲。《周禮》曰："遂龡其焌。"焌火在前，以焞焯龜。

【尞】

《説文》：尞，柴祭天也。从火从昚。

昚，古文慎字。祭天所以慎也。

【然】

《說文》：，燒也。从火肰聲。

【𧅬】

《說文》：，或从艸、難。

漢銘・御當戶錠

睡・秦律十八種 101

睡・效律 54

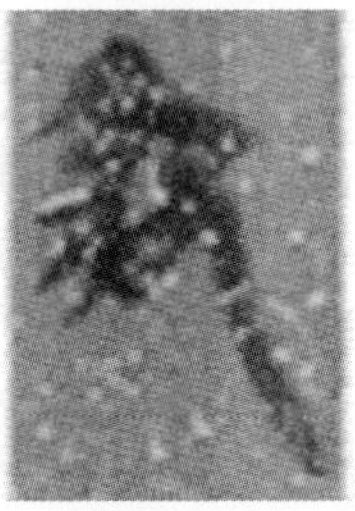
嶽・數 133

里・第八層 883

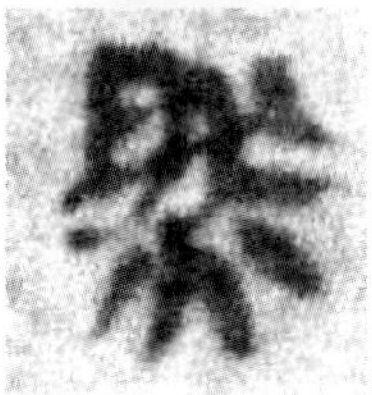
馬壹 105_55\224

馬壹 82_51

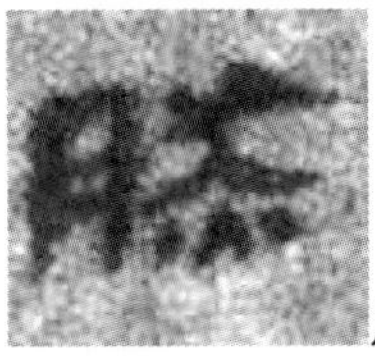
馬壹 11_69 上

○然敬之无咎

馬貳 266_93/110

張・脈書 12

銀壹 376

銀貳 1074

北貳・老子 38

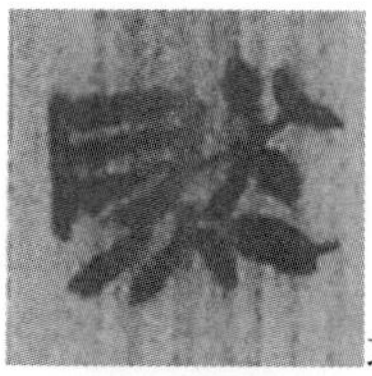
北貳・老子 167

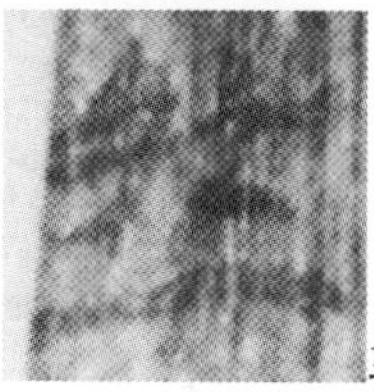
敦煌簡 0147

○諸國然後謂

金關 T21:299

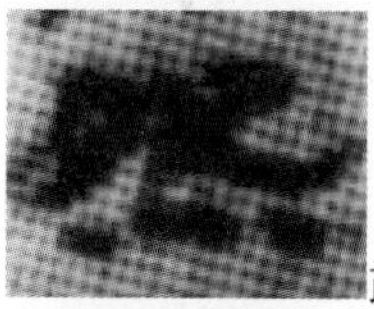
武・儀禮甲《士相見之禮》13

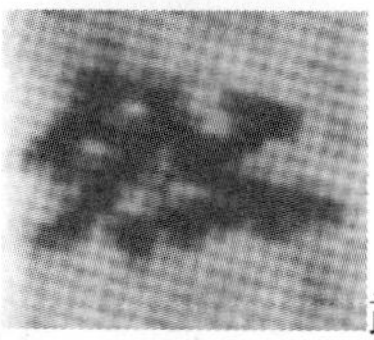
武・儀禮甲《服傳》24

○同居然后(後)

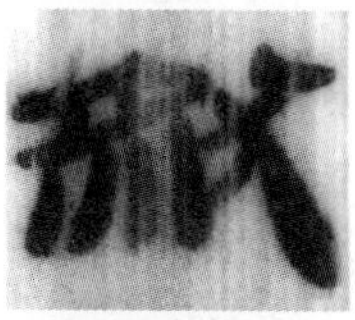
北壹・倉頡篇 20

○飫猒然稀

魏晉殘紙

○忝然

魏晉殘紙

○俱然

廿世紀璽印二-SP

○宮然

漢印文字徵

漢代官印選

漢印文字徵

○綦母然

漢印文字徵

○胡子然印

漢晉南北朝印風

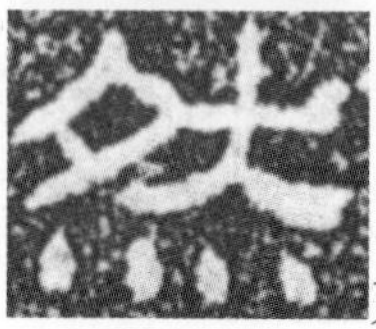
東漢・從事馮君碑

東漢・尚博殘碑

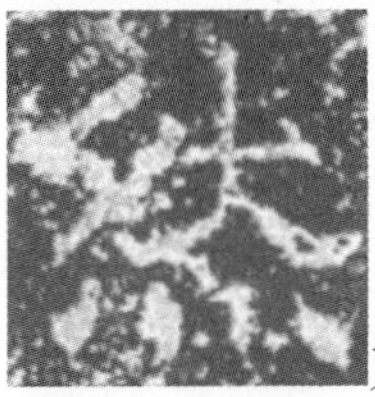
東漢・孟孝琚碑

東漢・肥致碑

東漢・肥致碑

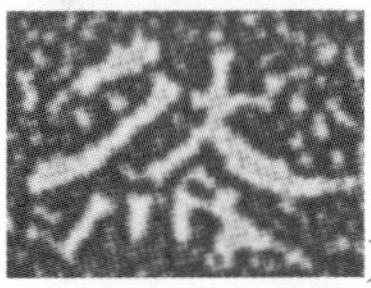
東漢・白石神君碑

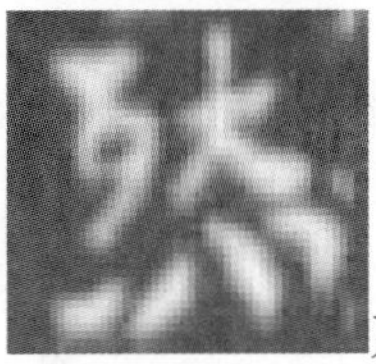
東漢・司馬芳殘碑額

○字子然

東晉・高句麗好太王碑

北魏・元肅誌

○峨然獨秀

北魏・元弼誌

北魏・元弘嬪侯氏誌

北魏・元彥誌

北魏・封魔奴誌

北魏・楊氏誌

○天然能使

北魏・王基誌

北魏・元譚妻司馬氏誌

北魏・公孫猗誌

北魏・青州元湛誌

○望之儼然

北魏・陳天寶造像

東魏・馬都愛造像

○夫至極湛然

西魏・朱龍妻任氏誌

○然長子亮

北齊・邑義七十人造像

【爇】

《説文》：爇，燒也。从火蓺聲。《春秋傳》曰："爇僖負羈。"

【燔】

《説文》：燔，爇也。从火番聲。

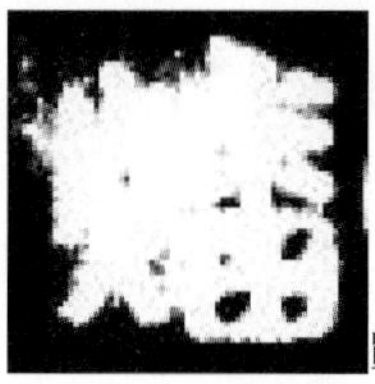
戰晚・新郪虎符

睡・法律答問 159

睡・日甲 1

關・病方 354

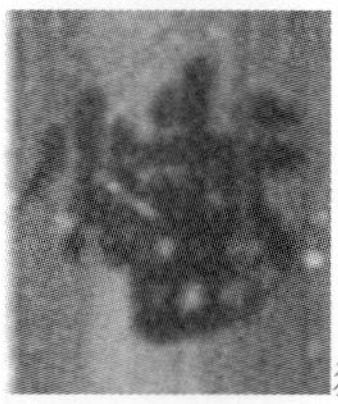
嶽・占夢書 6

里・第八層 1620

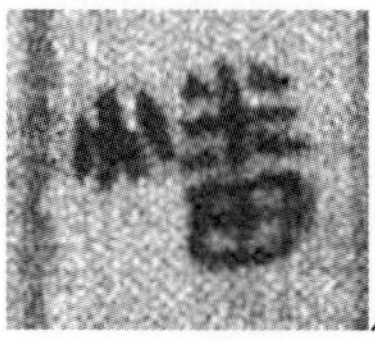
馬壹 129_72 下

馬貳 214_28/129

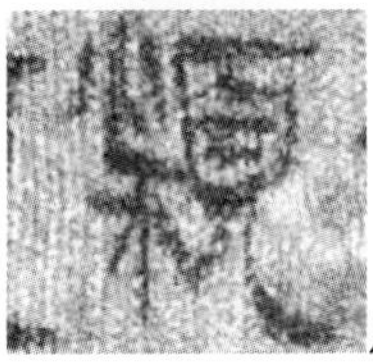
馬貳 68_10/10

○刃傷燔羊矢傅之

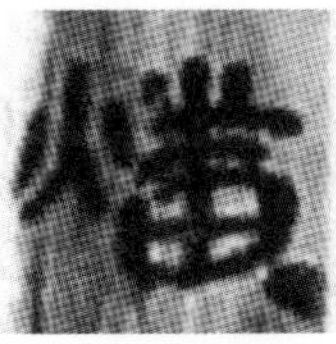
張・興律 405

銀貳 1751

敦煌簡 1676

金關 T24:955

武・甲《特牲》27

武・甲《有司》38

北壹・倉頡篇 15

○感甄殼燔窯秏

漢印文字徵

○燔慶

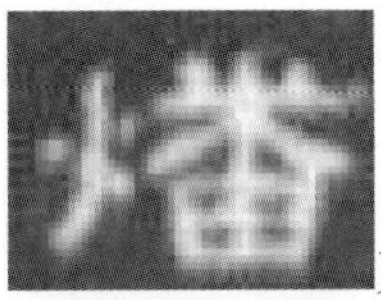
東漢・營陵置社碑

東漢・曹全碑陽

東漢・曹全碑陽

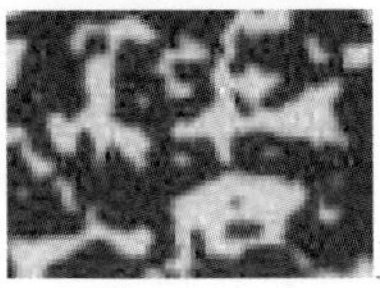
三國魏・受禪表

【燒】

《說文》：燒，爇也。从火堯聲。

馬貳 78_191/178

銀貳 1218

東漢・張遷碑陽

東漢・曹全碑陽

東漢・西狹頌

北魏・楊舒誌

北齊・徐顯秀誌

北齊・石佛寺迦葉經碑

【烈】

《説文》：𤉈，火猛也。从火𠛱聲。

東牌樓 120

○悵王烈

秦文字編 1557

漢印文字徵

○祝烈印信

東漢・三老諱字忌日刻石

東漢・桐柏淮源廟碑

東漢・曹全碑陽

北魏・張盧誌

北魏・元楨誌

北魏・元顯俊誌

北魏・給事君妻韓氏誌

北魏・元演誌

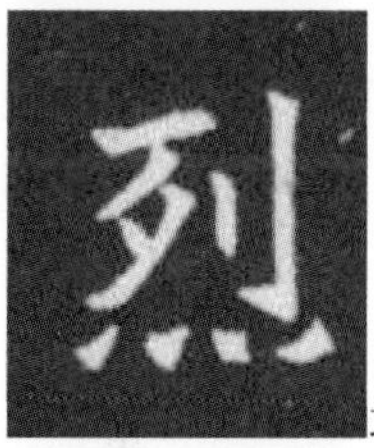
北魏・元謐誌

○刊茲休烈其詞曰

北魏・元子直誌

北魏・元則誌

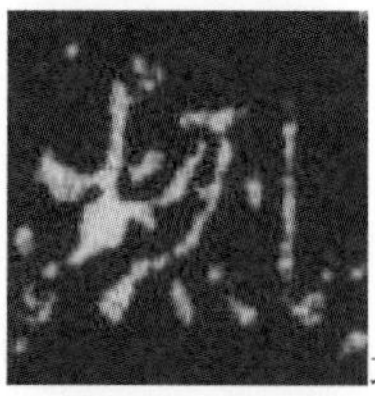
北魏・元馗誌

○救垂炭於猛烈

北魏・元珍誌

北齊・崔芬誌

○魏威烈將軍

北齊・暴誕誌

○永貽芳烈之盛

北齊・徐顯秀誌

【炪】

《説文》：炪，火光也。从火出聲。《商書》曰：“予亦炪謀。”讀若巧拙之拙。

【熚】

《説文》：熚，熚𤏲，火皃。从火畢聲。

【𤏲】

《説文》：𤏲，熚𤏲也。从火𩰲聲。𩰲，籒文悖字。

【烝】

《説文》：烝，火气上行也。从火丞聲。

馬貳 232_127

○右方烝（蒸）煎

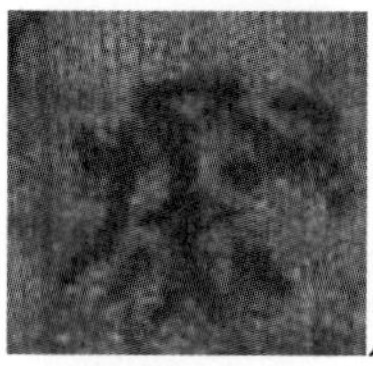馬貳 134_22/77

○以醯烝（蒸）以尉

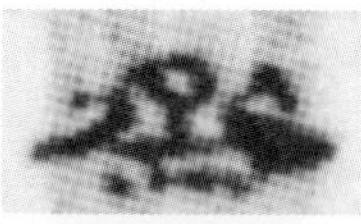武・甲《特牲》48

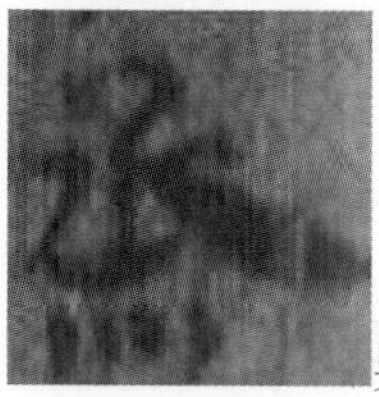吳簡嘉禾・五・九一

○男子烝金

吳簡嘉禾・五・五七一

○男子烝金

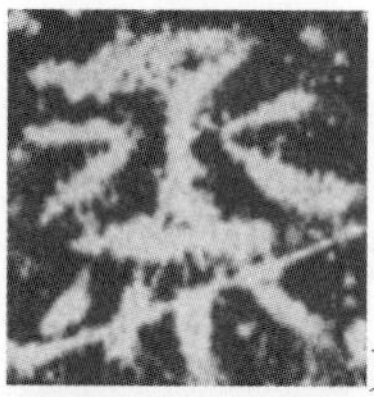東漢・封龍山頌

東漢・鮮於璜碑陰

○烝烝慄慄

東漢・楊著碑額

東漢・石門頌

東漢・肥致碑

東漢・朝侯小子殘碑

北魏・元恪嬪李氏誌

○執虔烝嘗

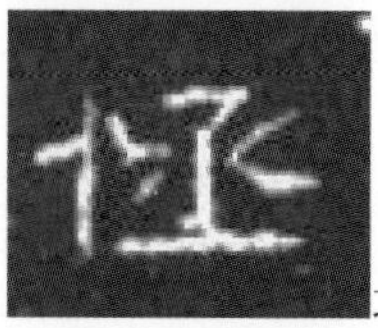北魏・元愍誌

○孝性烝烝

北魏・元恪嬪李氏誌

○執虔烝祀

北魏・陸孟暉誌

○恭虔烝嘗

北魏・賈瑾誌

○烝嘗肅恭

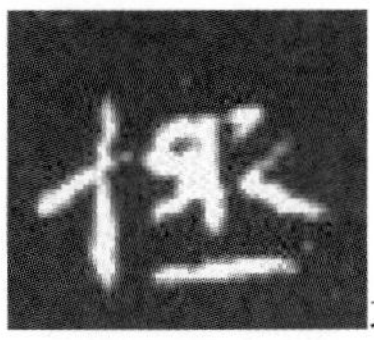
北魏・元懿誌

○孝性烝烝

【烰】

《説文》：烰，烝也。从火孚聲。《詩》曰：“烝之烰烰。”

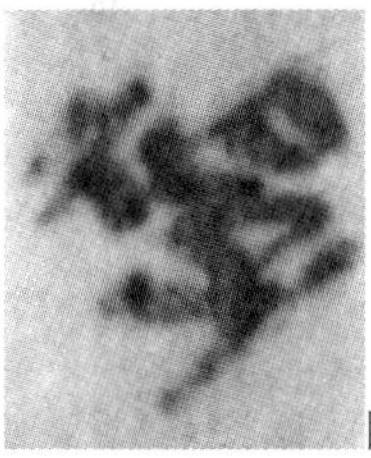
睡・日甲《詰》51

○牡棘烰（炮）室

【煦】

《説文》：煦，烝也。一曰赤皃。一曰溫潤也。从火昫聲。

北壹・倉頡篇 14

○鴡煦窅閣

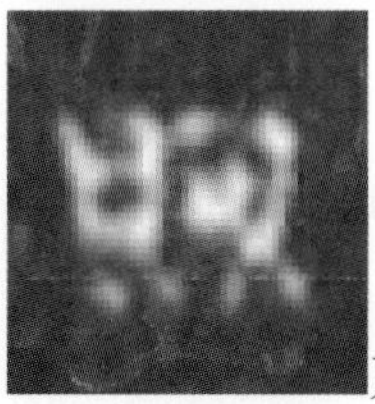
東魏・劉靜憐誌

○永唯煦育

西魏・鄧子詢誌

○二儀温煦

【熯】

《説文》：熯，乾皃。从火，漢省聲。《詩》曰：“我孔熯矣。”

【炥】

《説文》：炥，火皃。从火弗聲。

馬貳 203_6

○陽炥堅蹇不死飲

【熮】

《説文》：熮，火皃。从火翏聲。《逸周書》曰：“味辛而不熮。”

【炑】

《説文》：炑，火皃。从火，㒳省聲。讀若粦。

秦文字編 1557

【㶣】

《説文》：𤑕，火色也。从火雁聲。讀若鴈。

馬貳 90_449/439

東魏・廣陽元湛誌

【熲】

《説文》：熲，火光也。从火頃聲。

【爚】

《説文》：爚，火飛也。从火龠聲。一曰藃也。

【熛】

《説文》：熛，火飛也。从火㶾聲。讀若摽。

【熇】

《説文》：熇，火熱也。从火高聲。《詩》曰：“多將熇熇。”

【烄】

《説文》：烄，交木然也。从火交聲。

北壹・倉頡篇 71

〇戳烄熱構

【𤆍】

《説文》：𤆍，小熱也。从火干聲。《詩》曰：“憂心𤆍𤆍。”

【燋】

《説文》：燋，所以然持火也。从火焦聲。《周禮》曰：“以明火爇燋也。”

【炭】

《説文》：炭，燒木餘也。从火，岸省聲。

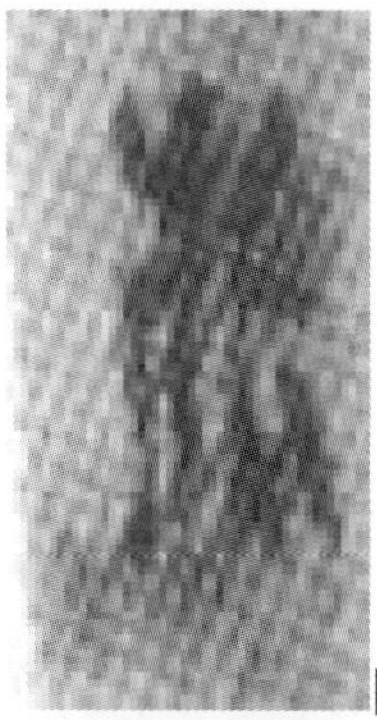
關・病方 317

嶽・數 158

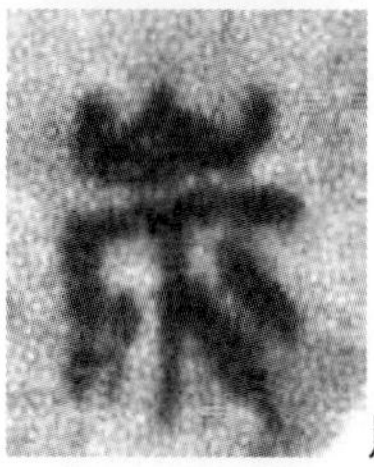
馬壹 109_141\310

張・奏讞書 165

西晉・趙氾表

北魏・元肅誌

北魏・曹天度造像

○延沉楚炭有形未亥

北魏・嵩高靈廟碑

北齊・報德像碑

北齊・韓裔誌

北齊・張海翼誌

【羑】

《説文》：，束炭也。从火，差省聲。讀若𦁊。

【敫】

《説文》：，交灼木也。从火，教省聲。讀若狡。

【炦】

《説文》：，火气也。从火犮聲。

【灰】

《説文》：，死火餘𤆎也。从火从又。又，手也。火既滅，可以執持。

漢銘・弘農宮銅方鑪

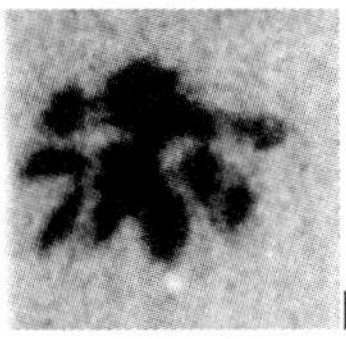
睡・日甲《詰》48

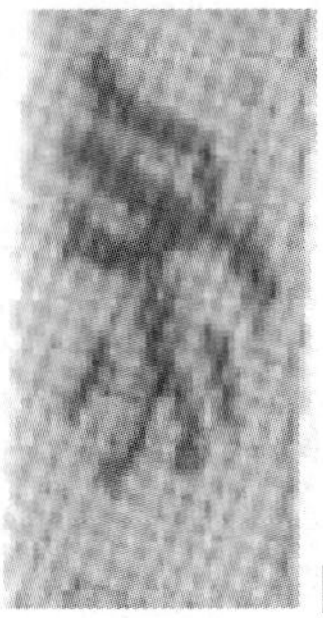
關・病方 375

馬貳 78_191/178

張・田律 249

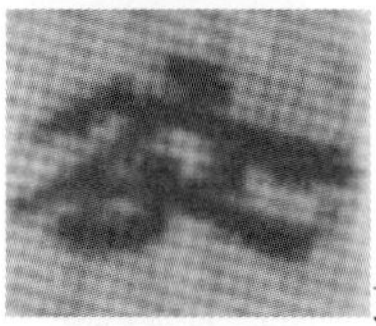
武・儀禮甲《服傳》4

○而勿灰衰三升菅屨

漢印文字徵

○灰

北魏・楊乾誌

北魏・元秀誌

東魏・范思彥記

○有灰，並有炭

【炱】

《説文》：炱，灰，炱煤也。从火台聲。

秦文字編 1566

石鼓・車工

○趩=炱=

【煨】

《説文》：煨，盆中火。从火畏聲。

【熄】

《説文》：熄，畜火也。从火息聲。亦曰滅火。

秦文字編 1558

【烓】

《説文》：烓，行竈也。从火圭聲。讀若冋。

【煁】

《説文》：煁，烓也。从火甚聲。

【燀】

《説文》：燀，炊也。从火單聲。《春秋傳》曰：“燀之以薪。”

【炊】

《説文》：炊，爨也。从火，吹省聲。

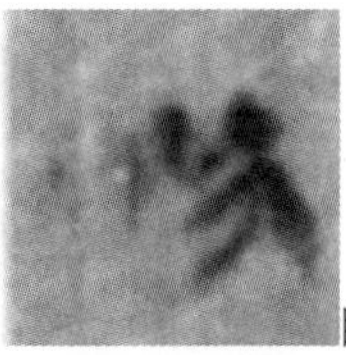
睡・秦律雜抄 28

○敢炊（箠）飭

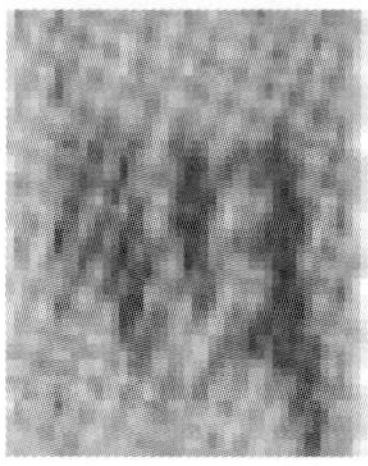
關・病方 321

○所恆炊（吹）者

馬壹 146_63/237 上

○以此炊者不立自視

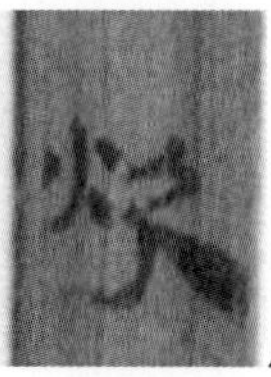
馬貳 261_34/50+408

張・行書律 267

張・引書 105

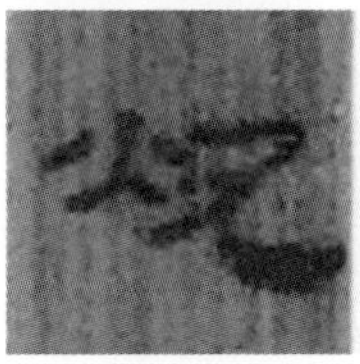
北貳・老子 185

敦煌簡 2034

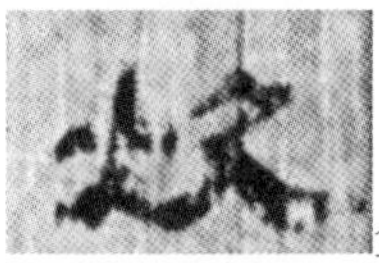
金關 T04:047A

北壹・倉頡篇 33

○嫘舞炊竽嬰

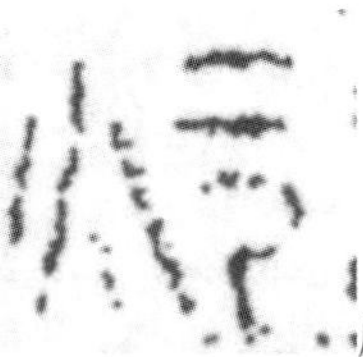
歷代印匋封泥

○吳炊之印

廿世紀璽印三-GP

○吳炊之印

秦代印風

漢印文字徵

○呂炊

漢印文字徵

○炊田

漢印文字徵

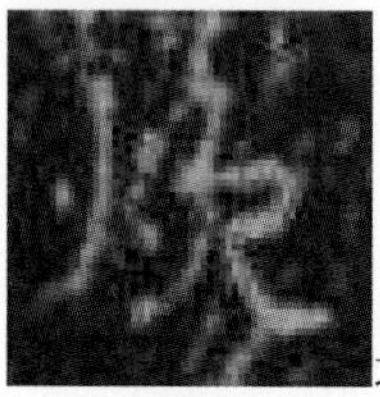
北齊・司馬遵業誌

○□□懸炊

【烘】

《説文》：烘，尞也。从火共聲。《詩》曰：“卬烘于煁。”

【齌】

《説文》：齌，炊餔疾也。从火齊聲。

漢印文字徵

○張嬰齌印

漢印文字徵

○戋齌

漢印文字徵

○齌就私印

漢印文字徵

○泪齌

漢印文字徵

○齋宗

漢印文字徵

○齋尊

【熹】

《説文》：熹，炙也。从火喜聲。

漢銘・熹平鍾

漢銘・延憙元年造作工洗

漢銘・延憙刀

漢銘・延憙鍾

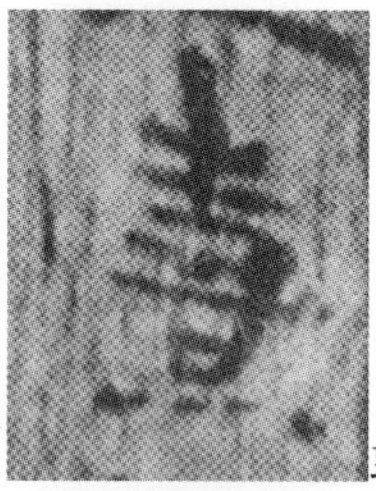
敦煌簡 0796

金關 T14:004

○男趙熹

武・雜占木簡 9

○有熹（喜）事

柿葉齋兩漢印萃

○□熹私印

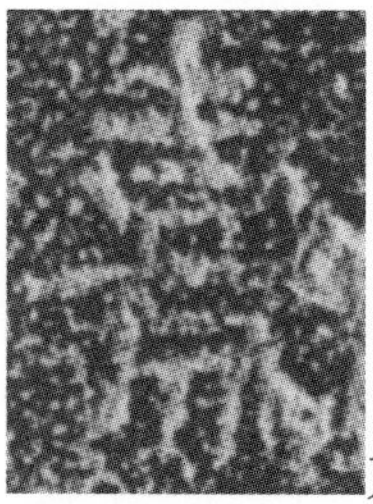
東漢・延熹畫像石墓門題記

東漢・嗚咽泉畫像石墓題記

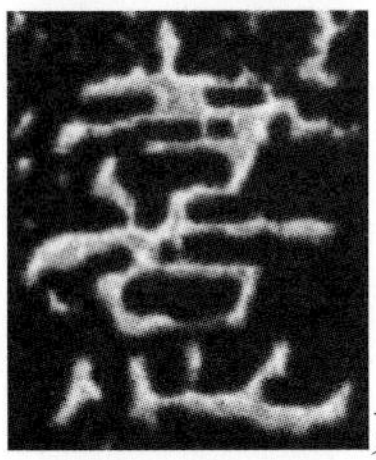
東漢・楊震碑

○楊熹佐命

東漢・行事渡君碑

東漢・江津延熹二年崖墓題記

○延熹二年二月廿七日謝王四

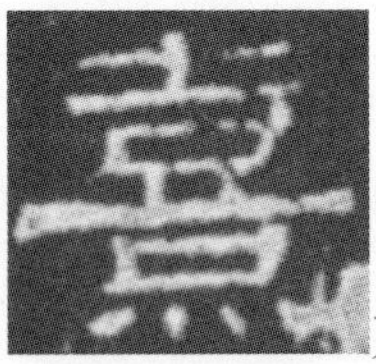
東漢・西岳華山廟碑陽

東漢・景君碑

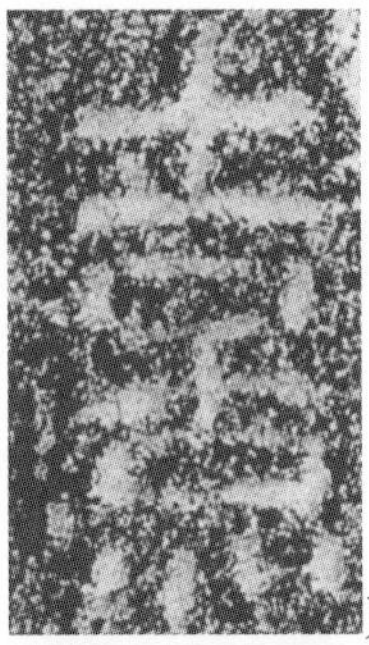
東漢・四神刻石

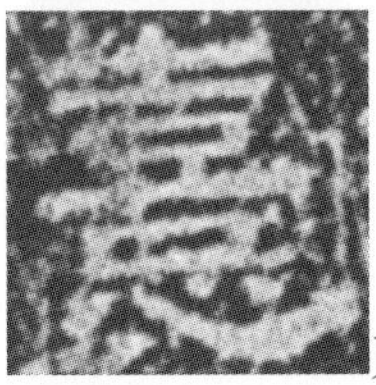
東漢・熹平石經殘石五

○有憙九五

東漢・孫仲隱墓刻石

東漢・佐孟機崖墓題記

○延熹二年三月

西晉・臨辟雍碑

西晉・臨辟雍碑

【煎】

《説文》：煎，熬也。从火前聲。

馬貳 232_126

張・遣策 29

敦煌簡 1741A

○謂大煎都候寫移書

敦煌簡 0283

北壹・倉頡篇 21

○況燎灼煎炮

北齊・董桃樹造像

北齊・張海翼誌

北齊・高淯誌

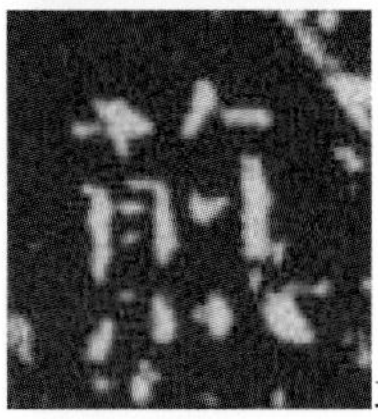
北齊・宋敬業造塔

○方欲寄煎三毒之苦

【熬】

《説文》：熬，乾煎也。从火敖聲。

【䵅】

《説文》：䵅，熬或从麥。

馬貳 269_123/140

馬貳 227_71

馬貳 204_15

馬貳 71_61/61

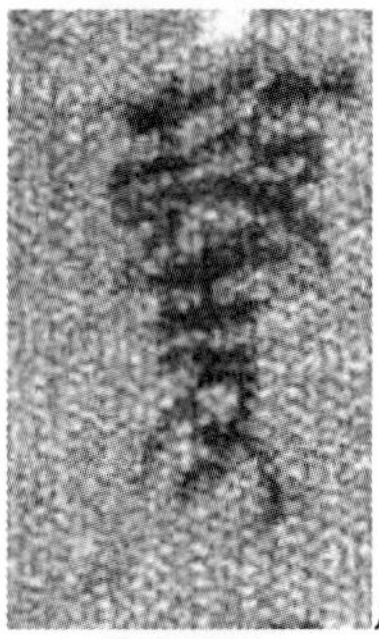
馬貳 83_307/293+300

秦文字編 855

【炮】

《説文》：炮，毛炙肉也。从火包聲。

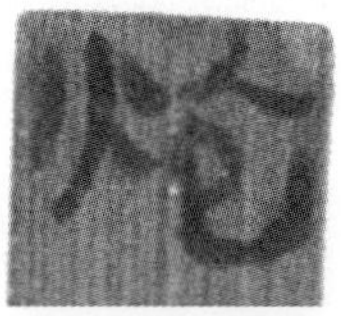
馬貳 277_215/235

北壹・倉頡篇 21

○燎灼煎炮

【㶲】

《説文》：㶲，炮肉，以微火溫肉也。从火衣聲。

【熷】

《説文》：熷，置魚筩中炙也。从火曾聲。

【煏】

《説文》：煏，以火乾肉。从火稫聲。

【𤐰】

《説文》：𤐰，籀文不省。

【爆】

《説文》：爆，灼也。从火暴聲。

【煬】

《説文》：煬，炙燥也。从火昜聲。

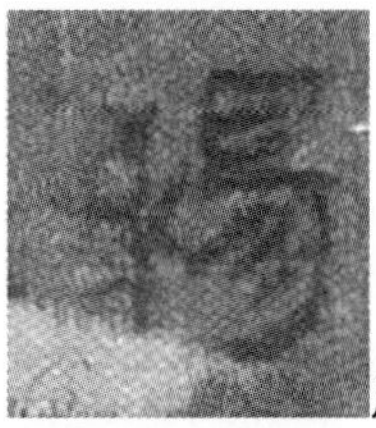
馬貳 116_129/128

○復漬煬如前

北魏・元誘妻馮氏誌

○煬龜誨吉

【㷀】

《説文》：㷀，灼也。从火隺聲。

【爤】

《説文》：爤，孰也。从火蘭聲。

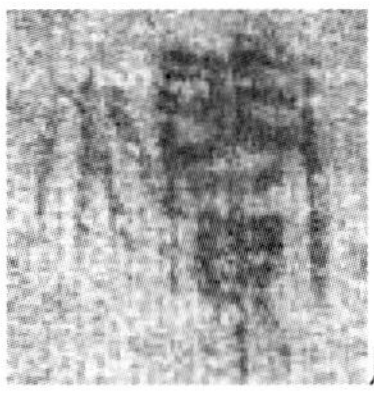
馬貳・83_298/284

北魏・元顥平妻王氏誌

北魏・韓氏誌

北魏・楊乾誌

東魏・李挺誌

北齊・石佛寺迦葉經碑

北齊・姜纂造像

【燗】

《説文》：燗，或从閒。

【爢】

《説文》：爢，爤也。从火靡聲。

【尉】

《説文》：㷉，从上案下也。从𡰥；又持火，以尉申繒也。

漢銘・臨虞宮高鐙三

漢銘・成山宮渠斗

漢銘・臨虞宮高鐙四

漢銘・萬歲宮高鐙

睡・秦律十八種 159

睡・效律 54

睡・秦律雜抄 39

里・第八層 1620

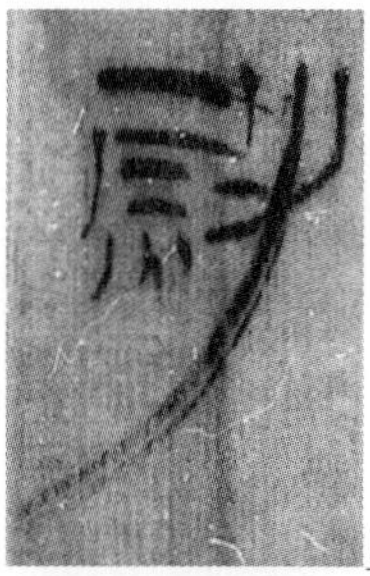
里・第八層背 699

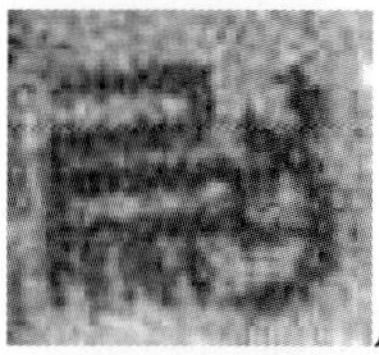
馬壹 36_42 上

馬貳 70_46/46

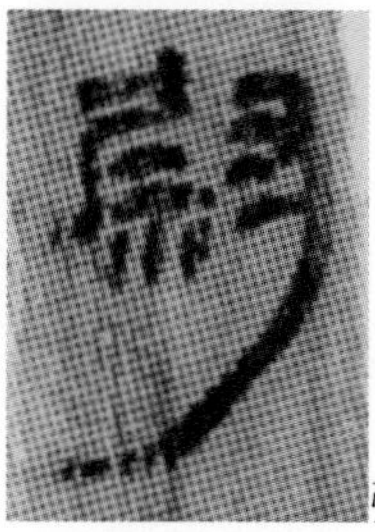
張・捕律 145

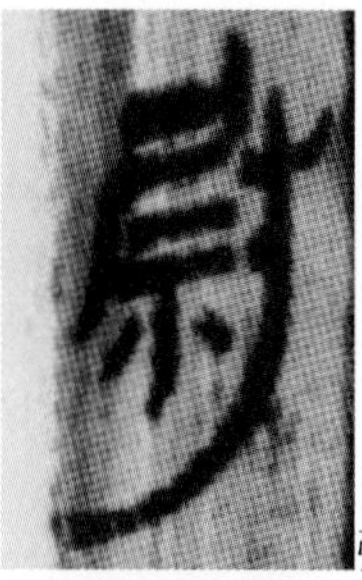
張・奏讞書 192

敦煌簡 0672B

〇門都尉丞事盡□

敦煌簡 1854

〇步廣尉曲平望塞有

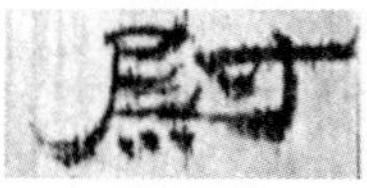
金關 T03:109

金關 T06:190

〇都尉誼丞

東牌樓 053 正

北壹・倉頡篇 61

〇尉駁瑣漆

廿世紀璽印三-GY

秦代印風

秦代印風

秦代印風

秦代印風

秦代印風

秦代印風

歷代印匋封泥

歷代印匋封泥

○廷尉之印

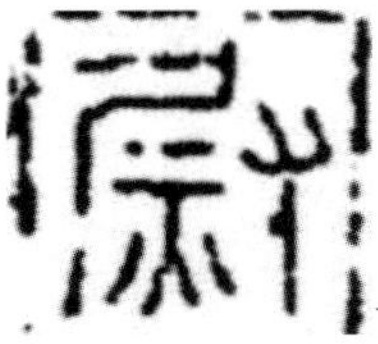
廿世紀璽印三-GP

○河間尉印

廿世紀璽印三-GY

漢晋南北朝印風

廿世紀璽印三-GY

廿世紀璽印三-GY

廿世紀璽印三-GY

漢晉南北朝印風

廿世紀璽印三-GP

○郿右尉印

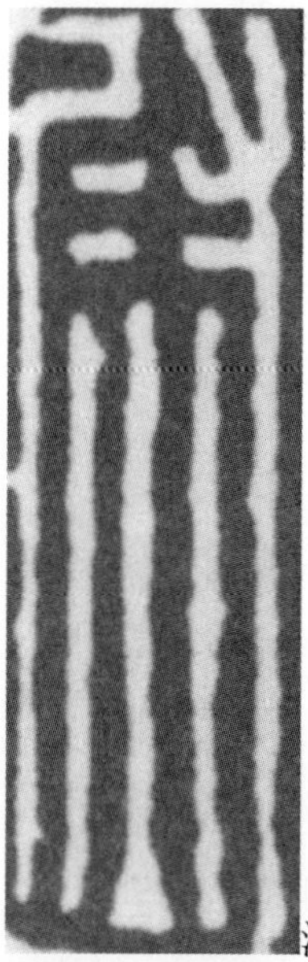
漢晉南北朝印風

廿世紀璽印三-GY

漢晉南北朝印風

廿世紀璽印四-GY

○索尉之印

廿世紀璽印三-GY

廿世紀璽印四-GY

○隋左尉印

廿世紀璽印四-GY

○漢壽左尉

廿世紀璽印四-GY

○駙馬都尉

漢晉南北朝印風

漢晉南北朝印風

漢晉南北朝印風

漢印文字徵

○曲尉左陽

歷代印匋封泥

漢代官印選

漢代官印選

漢代官印選

漢代官印選

漢代官印選

漢代官印選

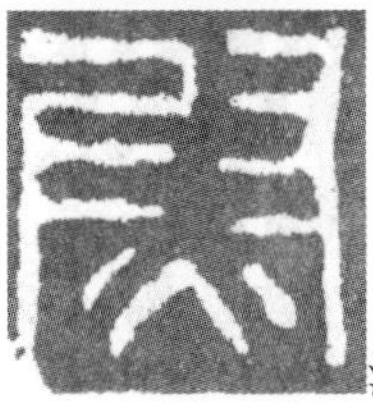
漢代官印選

歷代印匋封泥

漢代官印選

漢代官印選

歷代印匋封泥

漢代官印選

歷代印匋封泥

漢代官印選

漢代官印選

○京輔都尉

漢代官印選

漢代官印選

漢代官印選

漢代官印選

漢代官印選

漢印文字徵

○校尉之印

歷代印匋封泥

漢印文字徵

○桐過左尉

漢印文字徵

○灋右丘尉

漢印文字徵

○喪尉

歷代印匋封泥

柿葉齋兩漢印萃

柿葉齋兩漢印萃

○協律都尉

柿葉齋兩漢印萃

○駙馬都尉

歷代印匋封泥

廿世紀璽印四-GY

○折鋒校尉

廿世紀璽印四-GY

○武猛都尉

漢晉南北朝印風

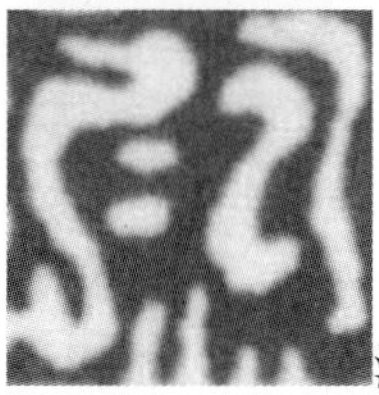
漢晉南北朝印風

○胡尉私印

東漢・楊著碑額

東漢・袁敞殘碑

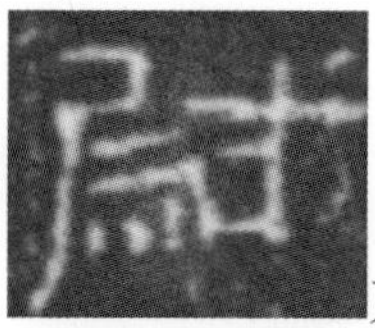
東漢・石祠堂石柱題記

東漢・楊淮表記

東漢・曹全碑陽

東漢・曹全碑陽

東漢・曹全碑陽

東漢・皇女殘碑

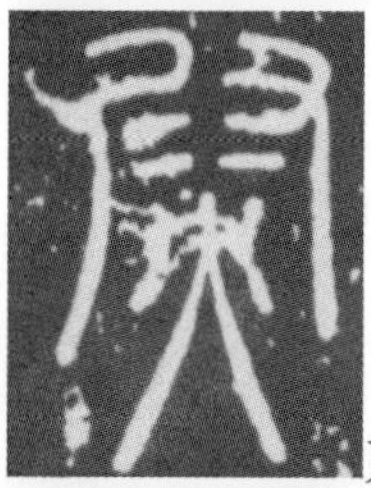
東漢・泰山都尉孔宙碑額

東漢・夏承碑

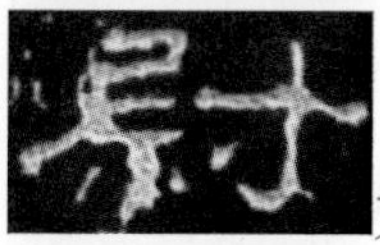
東漢・楊震碑

西晉・石定誌

西晉・魯銓表

○都尉魯銓纍立

東晉・張鎮誌

○郡太守奉車都尉

北魏・元悌誌蓋

○魏故侍中太尉公冀州刺史廣平王墓銘

北魏・程法珠誌

北魏・司馬紹誌

○太尉公

北魏・穆玉容誌蓋

○魏羽林監輕車將軍太尉府中兵參軍元斑字珍平妻穆夫人墓誌銘

東魏・劉懿誌

東魏・王偃誌

北齊・劉洪徽誌蓋

〇大齊太尉公平梁王劉君墓誌

北齊・高湝誌

北齊・徐顯秀誌

北齊・尉孃孃誌蓋

〇齊故郡君尉氏墓誌銘

【爑】

《説文》：，灼龜不兆也。从火从龜。《春秋傳》曰："龜爑不兆。"讀若焦。

【灸】

《説文》：，灼也。从火久聲。

馬貳 224_39

【灼】

《説文》：，炙也。从火勺聲。

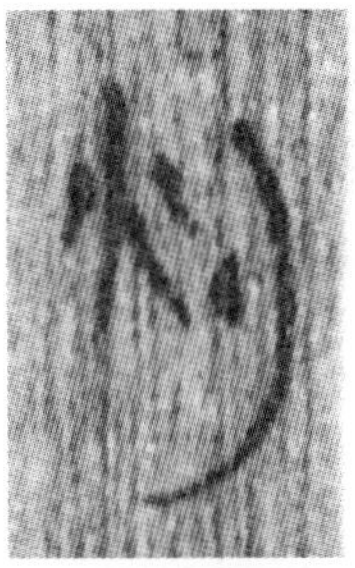
里・第八層 1221

北壹・倉頡篇 21

〇燎灼煎炮

東漢・白石神君碑

北魏・馮邕妻元氏誌

北魏・鄯乾誌

〇灼灼章服

北魏・鄐乾誌

○灼灼章服

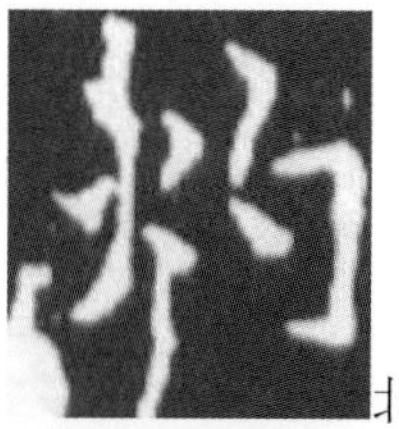
北魏・吳子璨妻秦氏誌

南朝宋・劉懷民誌

【煉】

《說文》：，鑠治金也。从火柬聲。

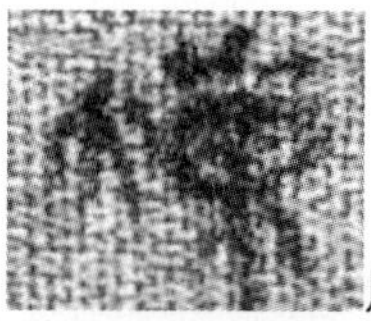
馬貳 66_2/85

○臧（臟）煉（爛）腸而主

北魏・暉福寺碑

○則陶真煉和

【燭】

《說文》：，庭燎，火燭也。从火蜀聲。

漢銘・土軍侯高燭豆

漢銘・曲成家行鐙

漢銘・汲□家行錠

漢銘・苦宮行燭定

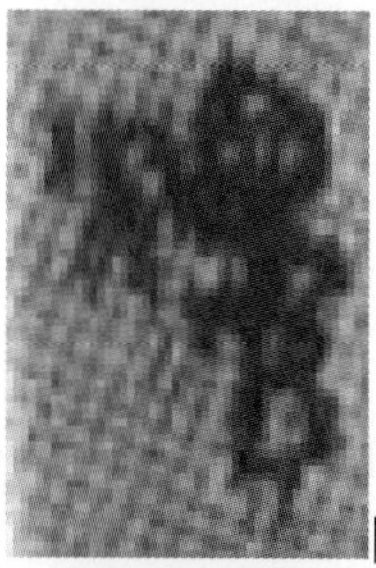
關・病方 329

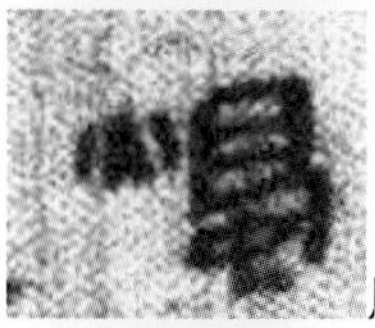
馬貳 33_8 下

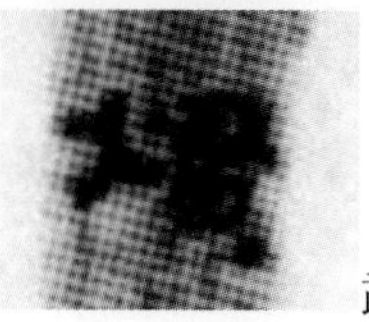
武・甲《燕禮》44

北壹・倉頡篇 72

〇爇火燭熒

漢印文字徵

〇燭寬印

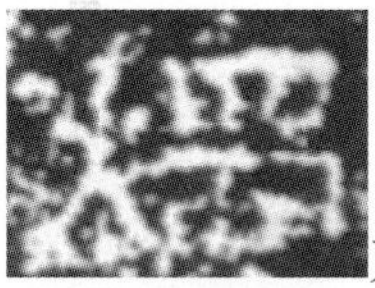
東漢・武氏左石室畫像題字

〇燃蒸白燭

東漢・封龍山頌

東晉・筆陣圖

北魏・長孫瑱誌

北魏・元譚妻司馬氏誌

北魏・東堪石室銘

東魏・元悰誌

〇玉燭非忒

東魏・元季聰誌

【熜】

《説文》：熜，然麻蒸也。从火悤聲。

【炧】

《説文》：炧，燭𤇾也。从火也聲。

秦文字編 1566

【𤇾】

《説文》：𤇾，火餘也。从火聿聲。一曰薪也。

【焠】

《説文》：焠，堅刀刃也。从火卒聲。

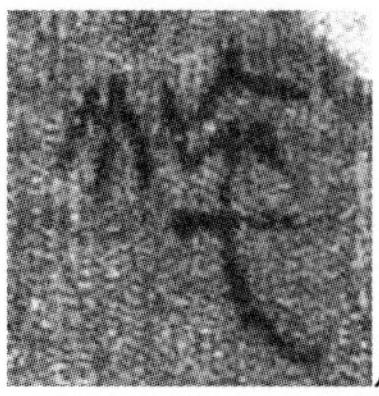
馬貳 77_172/159

【煣】

《説文》：煣，屈申木也。从火、柔，柔亦聲。

【焚】

《説文》：焚，燒田也。从火、棥，棥亦聲。

【熑】

《説文》：熑，火煣車網絕也。从火兼聲。《周禮》曰：“煣牙，外不熑。”

【燎】

《説文》：燎，放火也。从火尞聲。

北壹・倉頡篇 21

○闇堪況燎灼煎

北魏・元誨誌

北魏・元暐誌

【㶊（票）】

《説文》：㶊，火飛也。从火，纳與䙴同意。

睡・日甲《詰》64

睡・日甲《詰》57

敦煌簡 1108A

北壹・倉頡篇 16

○塵埃票風

漢晉南北朝印風

廿世紀璽印三-GY

○新保塞烏桓䙴犁邑率衆侯印

漢印文字徵
○新保塞烏桓贾犂邑率衆矦印

漢印文字徵
○李票

漢印文字徵
○票軍庫丞

【⿰火曹】

《説文》：⿰火曹，焦也。从火曹聲。

【⿱雥火】

《説文》：⿱雥火，火所傷也。从火雥聲。

【焦】

《説文》：焦，或省。

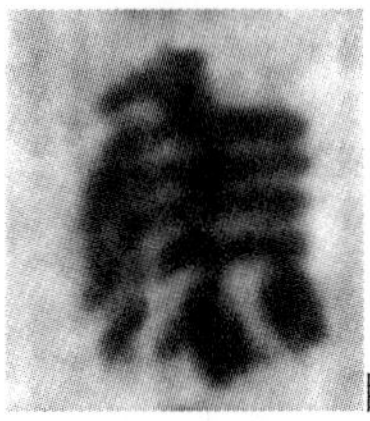
睡・日甲《玄戈》55

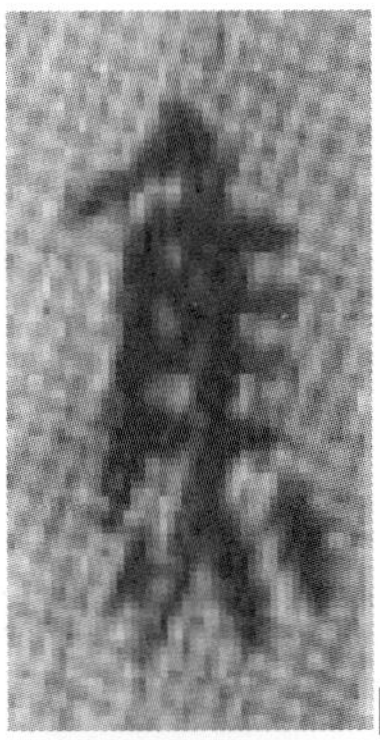
關・病方 317

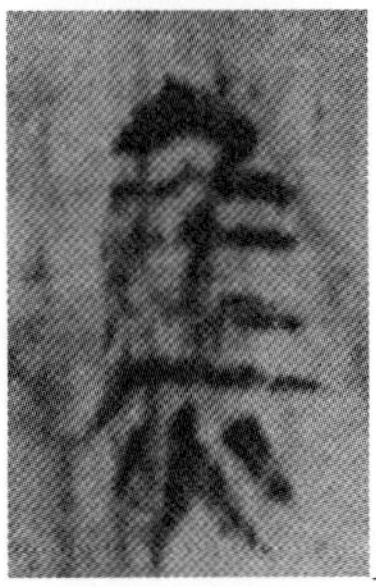
里・第五層 19

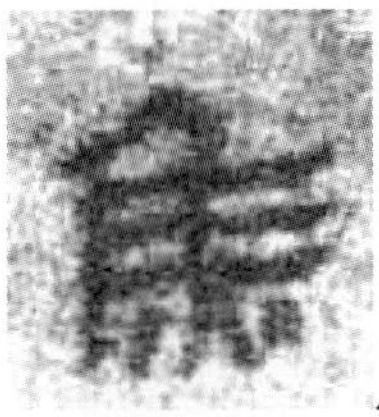
馬壹 140_2 上/169 上

馬貳 32_8 上

馬貳 130_46

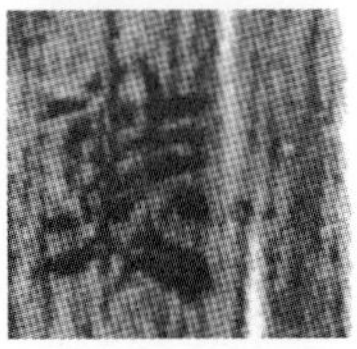
張・奏讞書 166

敦煌簡 0114

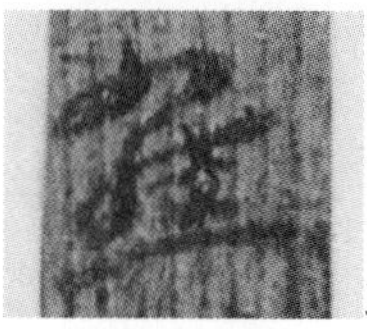
敦煌簡 0064

○馬及焦并還未聞西

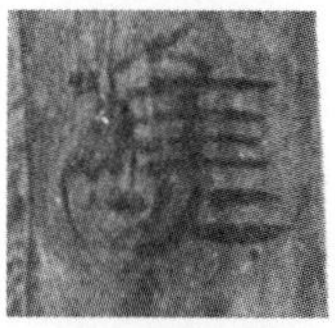
敦煌簡 0639A

金關 T24:411

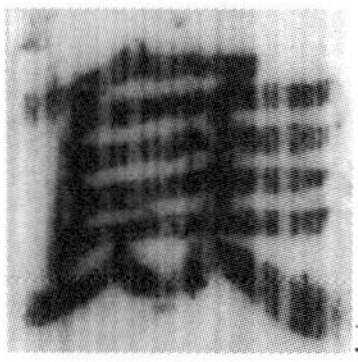
北壹・倉頡篇 17

○冉愁焦鯑

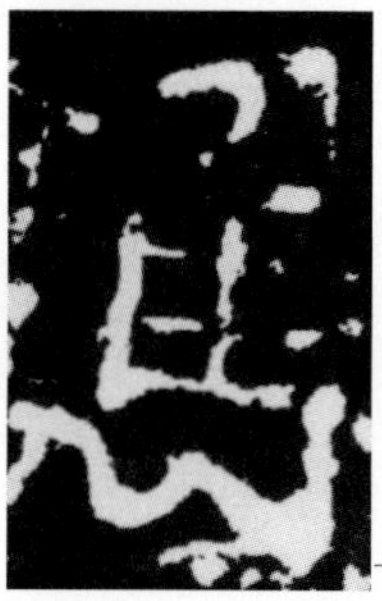
廿世紀璽印二-GP

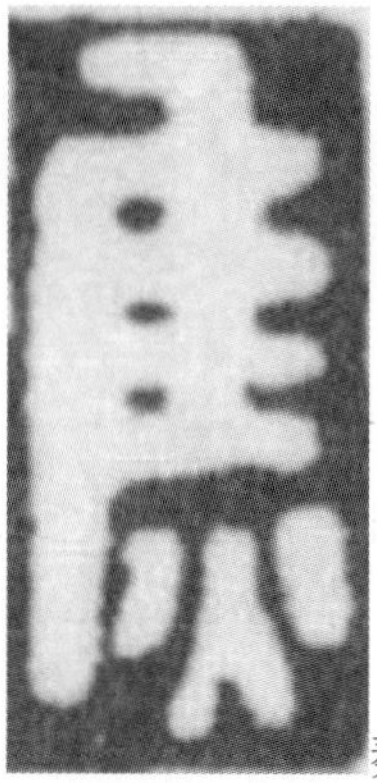
秦代印風

秦代印風

○焦得

秦代印風

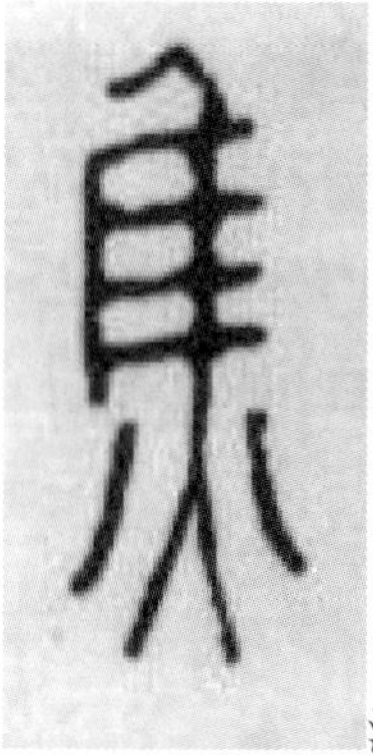
漢印文字徵

漢印文字徵

漢印文字徵

漢印文字徵

漢印文字徵

漢印文字徵

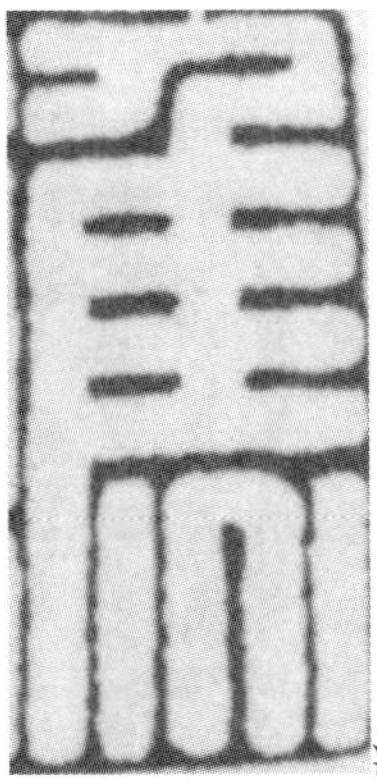
漢晉南北朝印風

漢晉南北朝印風

漢晉南北朝印風

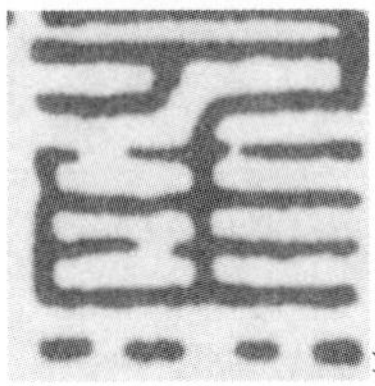
漢晉南北朝印風

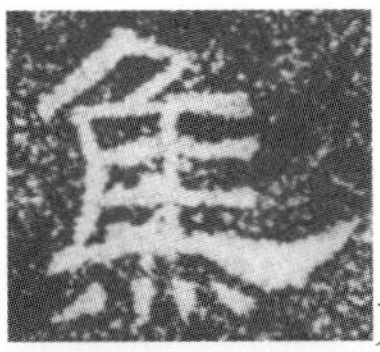
東漢・陽嘉殘碑陰

北魏・楊乾誌

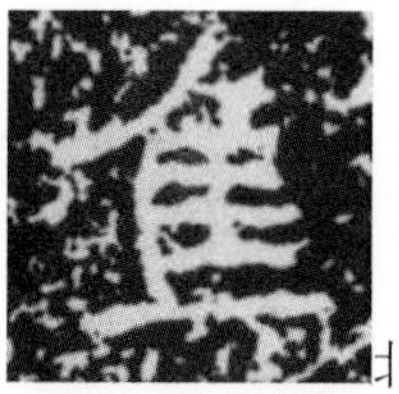
北魏・焦兒奴造像

北魏・王基誌

○崇稫焦（僬）僥

【裁】

《說文》：𤆎，天火曰裁。从火𢦏聲。

【灾】

《說文》：灾，或从宀、火。

【災】

《說文》：災，籒文从巛。

【扻】

《說文》：扻，古文从才。

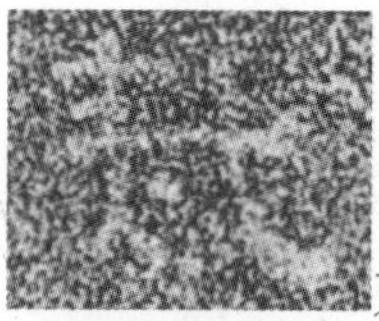
東漢・王舍人碑

○摘裁吝

東漢・營陵置社碑

○灾害不侵

東漢・石堂畫像石題記

○何意被天灾

北魏・青州元湛誌

○如何灾濫

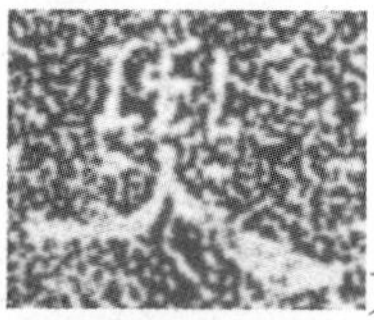
東漢・郎中鄭固碑

○乃遭氛災

東漢・石堂畫像石題記

○當災居意

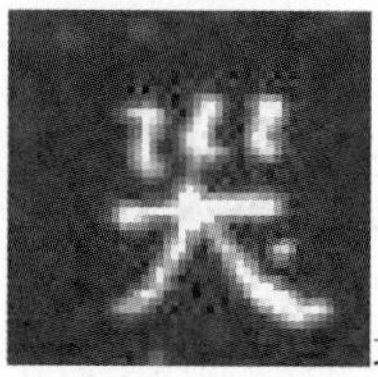
北魏・元懌誌

○自此災旱積年

【煙】

《說文》：煙，火气也。从火垔聲。

【烟】

《說文》：烟，或从因。

【㢟】

《說文》：㢟，古文。

【𪸕】

《説文》：𡨄，籀文从宀。

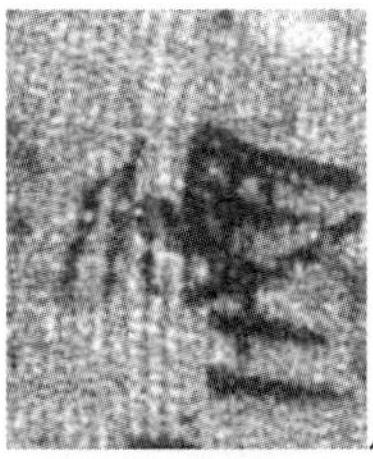
馬貳 82_281/268

銀貳 1673

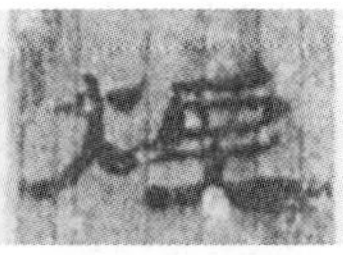
敦煌簡 0685

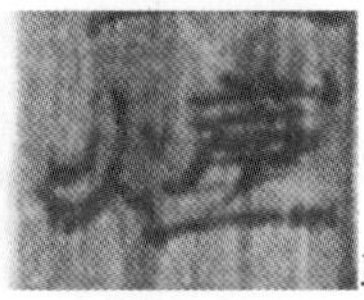
敦煌簡 0521

○止烟火

金關 T24:743

○烟夜舉二苣

東漢・景君碑

東漢・孟孝琚碑

○煙火連延

北魏・元弼誌

北魏・元羽誌

北魏・石婉誌

○口吐芳煙

北魏・元進誌

○煙禽貯愠

北魏・元平誌

○曠代流煙

東魏・淨智塔銘

東晉・高句麗好太王碑

○爲看煙

北魏・東堪石室銘

北魏・杜法真誌

○青松負煙

北魏・元悌誌

○望紫煙以騰驤

北魏・元鑒妃吐谷渾氏誌

○煙凝楚室

北魏・李謀誌

○夕湛丘煙

北齊・朱曇思等造塔記

○弱黛留烟

【焆】

《説文》：，焆焆，煙皃。从火肙聲。

漢印文字徵

○焆樂成

【煴】

《説文》：，鬱煙也。从火昷聲。

關・病方 374

○三煴（温）

三國魏・孔羡碑

【炮】

《説文》：，望火皃。从火皀聲。讀若馰顙之馰。

【燂】

《説文》：，火熱也。从火覃聲。

【焞】

《説文》：，明也。从火𦎫聲。《春秋傳》曰："焞燿天地。"

張・脈書 29

【炳】

《説文》：炳，明也。从火丙聲。

東漢・景君碑

東漢・石門頌

○炳煥彌光

北魏・馮邕妻元氏誌

北魏・元思誌

北齊・道明誌

○其辞炳蔚

【焯】

《説文》：焯，明也。从火卓聲。《周書》曰：“焯見三有俊心。”

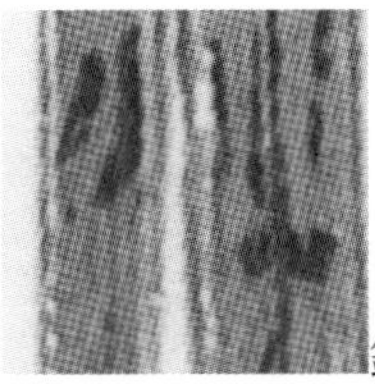
銀貳 2019

○不叚（假）焯（灼）龜而卜

【照】

《説文》：照，明也。从火昭聲。

敦煌簡 1332

○調張照敢言

東牌樓 036 背

○從黨照不譏今費送

漢印文字徵

○照武將軍長史

漢晉南北朝印風

東漢・北海相景君碑陰

東漢・鮮於璜碑陰

北魏・元斑誌

○煥如春照

北魏・元理誌

北魏・孫秋生造像

北魏・元羽誌

○松闈沉照

北魏・元鑒誌

北魏・劉氏誌

○三星照耀

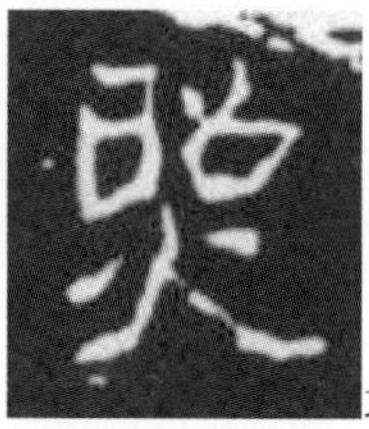
北魏・楊氏誌

○昭昭哲人

北魏・王紹誌

○照車徙甸

西魏・和照誌蓋

○魏故恒州刺史和照銘

北齊・八十人等造像

○維那牟照明

北齊・魯思明造像

○其有作於造照

北齊・高湜誌

北齊・雋敬碑

○照顯上世

北齊·崔宣華誌

北齊·法懃塔銘

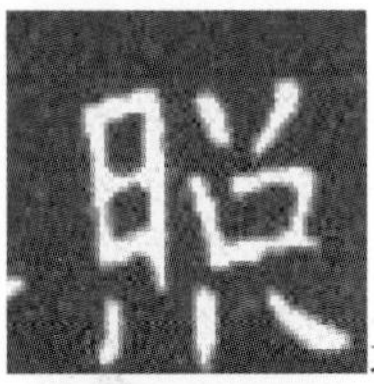
北齊·張海翼誌

北齊·郭顯邕造經記

北周·九字摩崖

○曜金山千日照炎如百

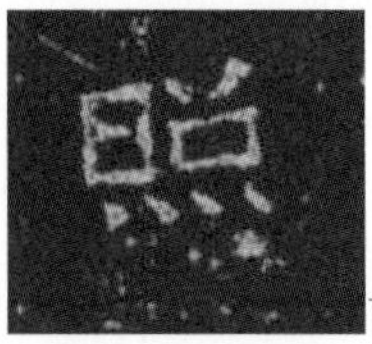
南朝宋·劉懷民誌

【煒】

《説文》：煒，盛赤也。从火韋聲。《詩》曰："彤管有煒。"

金關 T23:919A

○家室煒子毋恙閒起

【烗】

《説文》：烗，盛火也。从火从多。

【熠】

《説文》：熠，盛光也。从火習聲。《詩》曰："熠熠宵行。"

【煜】

《説文》：煜，熠也。从火昱聲。

北魏·元寶月誌

【燿（耀）】

《説文》：燿，照也。从火翟聲。

北貳·老子 60

吳簡嘉禾·四·一二五

漢印文字徵

〇丁燿印信

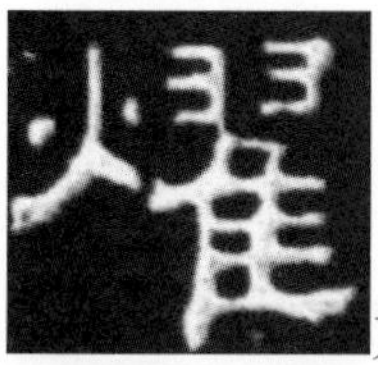
東漢・楊震碑

東漢・禮器碑

〇聞君風燿

東漢・封龍山頌

東漢・成陽靈臺碑

北魏・元煥誌

北魏・李慶容誌

北魏・叔孫協及妻誌

北魏・元彧誌

北魏・元演誌

東魏・元鷙誌

北齊・張海翼誌

北齊・徐顯秀誌

北齊・報德像碑

〇光遠彌燿

【煇（輝）】

《説文》：煇，光也。从火軍聲。

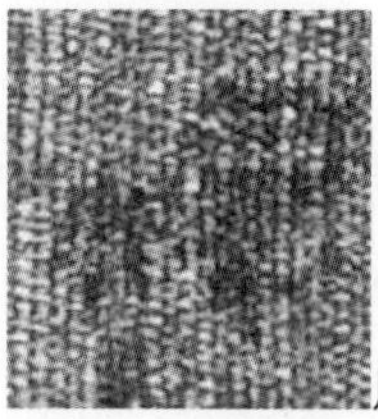
馬貳 64_17/51

張・脈書 29

東漢・鮮於璜碑陽

東漢・禮器碑側

○相行義史文陽公百煇世平百

東漢・禮器碑陰

東漢・禮器碑陰

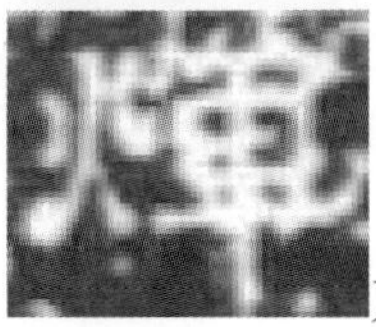
東魏・嵩陽寺碑

○煥□光煇

【煌】

《説文》：煌，煌，煇也。从火皇聲。

春晚・秦公鎛

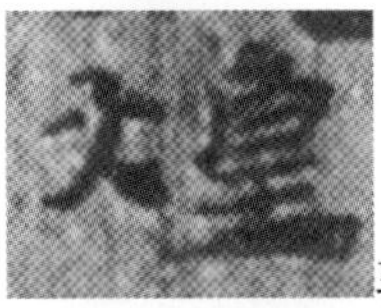
敦煌簡 0532

金關 T28:008A

漢印文字徵

○敦煌太守章

漢代官印選

○敦煌漁澤障候

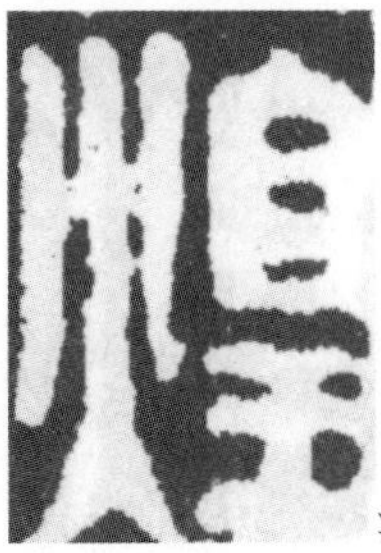
漢代官印選

○敦煌太守章

秦公大墓石磬
〇允樂子煌嬻

東漢・曹全碑陽

東漢・曹全碑陽

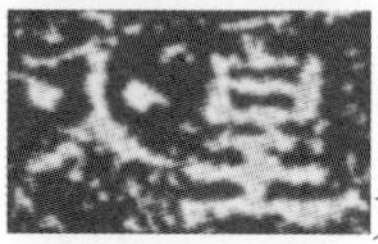
東漢・執金吾丞武榮碑

東漢・許安國墓祠題記

北魏・李蕤誌

北魏・李伯欽誌

【焜】

《説文》：焜，煌也。从火昆聲。

【炯】

《説文》：炯，光也。从火同聲。

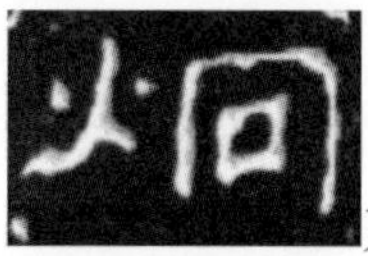
東漢・楊震碑

北魏・楊順誌

北魏・李超誌

北魏・元瑹誌
〇炯炯明珠

北魏・元瑹誌
〇炯炯明珠

【爗】

《説文》：爗，盛也。从火𣉻聲。《詩》曰：“爗爗震電。”

【燗】

《説文》：燗，火門也。从火閻聲。

【炫】

《説文》：炫，燿燿也。从火玄聲。

北魏・侯剛誌

北魏・侯剛誌

【光】

《説文》：光，明也。从火在人上，光明意也。

【炗】

《説文》：炗，古文。

【𤎫】

《説文》：𤎫，古文。

春早・秦子簋蓋

漢銘・建昭鴈足鐙一

漢銘・延光三年洗一

漢銘・林光宮行鐙

漢銘・廣陵服食官釘一

漢銘・永始三年乘輿鼎

馬壹 226_62

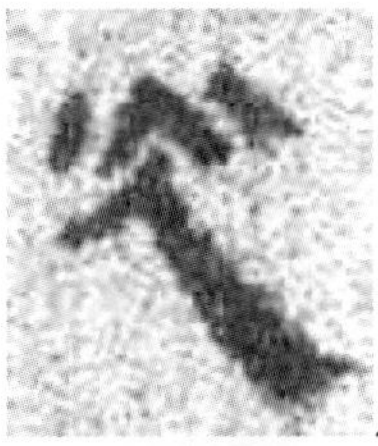
馬壹 12_77 下

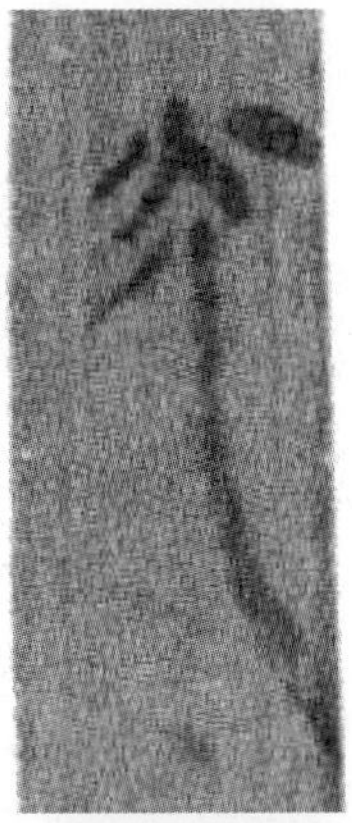
馬貳 203_9

張・秩律 466

張・蓋盧 12

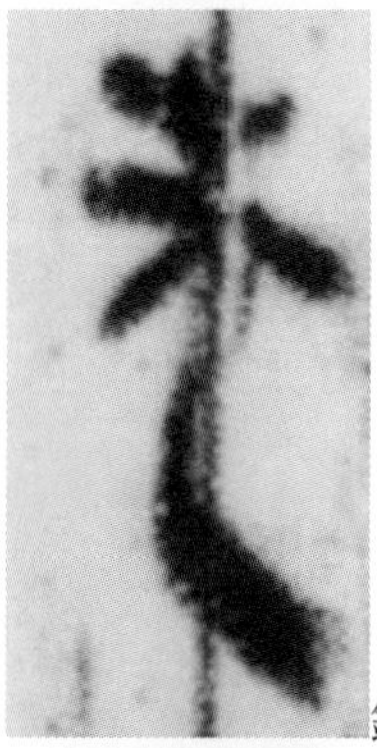
銀壹 732

北貳・老子 60

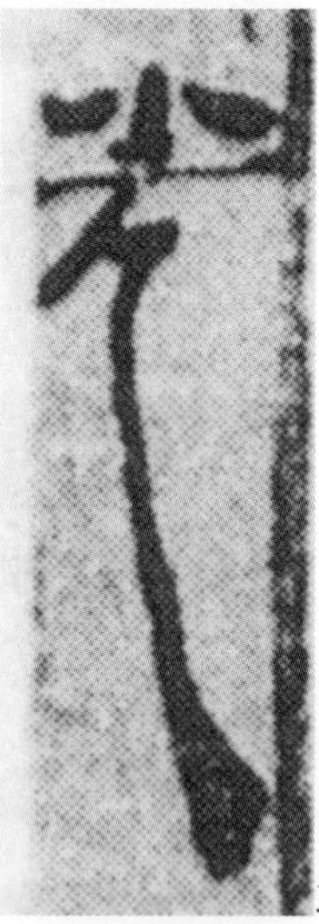
敦煌簡 1671

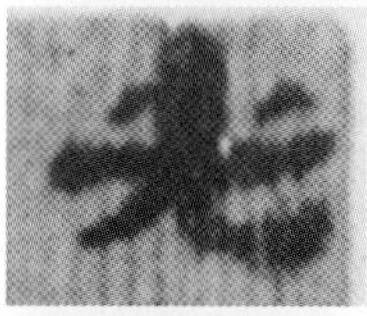
敦煌簡 0878

金關 T30:213

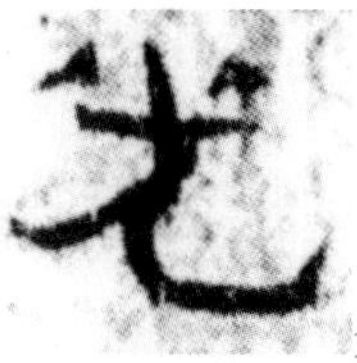
金關 T01:069

武・日忌木簡丙 6

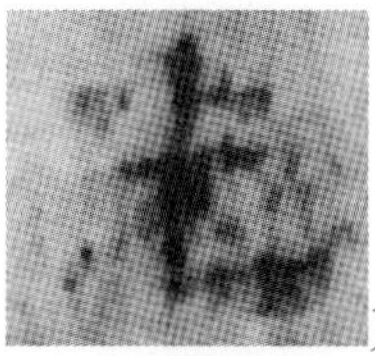
東牌樓 020 背

北壹・倉頡篇 46

〇柖榣奮光頪豫

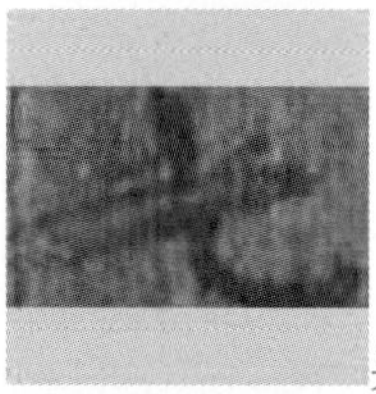
吳簡嘉禾・五・五五

吳簡嘉禾・五・四九二

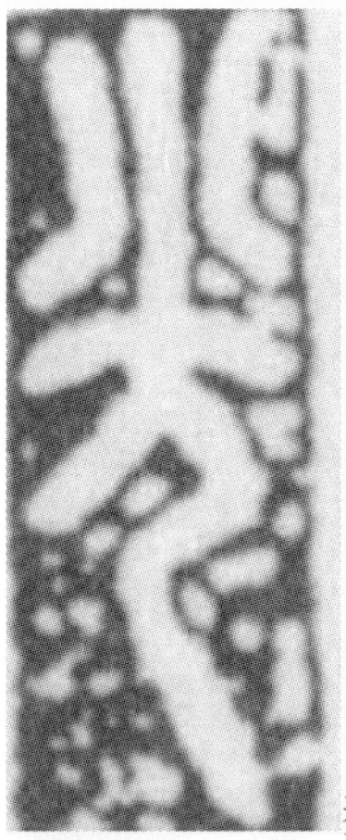
秦代印風

廿世紀璽印三-SY

○王光

廿世紀璽印三-SY

○畢重光

廿世紀璽印三-SY

○胡漢光印

廿世紀璽印三-GP

○光

漢晉南北朝印風

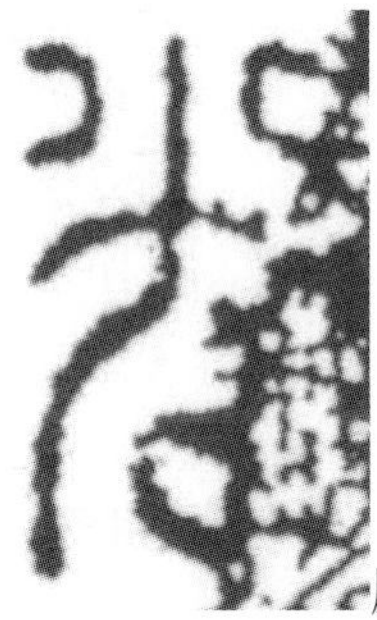
歷代印匋封泥

○修光里附城

廿世紀璽印三-SY

○偃光

廿世紀璽印三-SY

○臣光

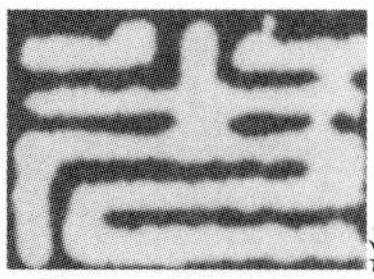
漢晉南北朝印風

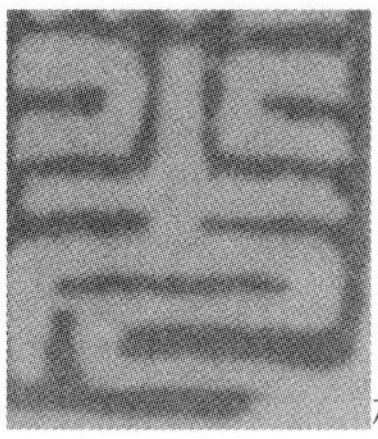
柿葉齋兩漢印萃

○杜光私印

柿葉齋兩漢印萃

○□凾光印

柿葉齋兩漢印萃

○光祿大夫

漢代官印選

漢代官印選

漢印文字徵

漢印文字徵

○許光私印

漢代官印選

○右將軍光祿勳

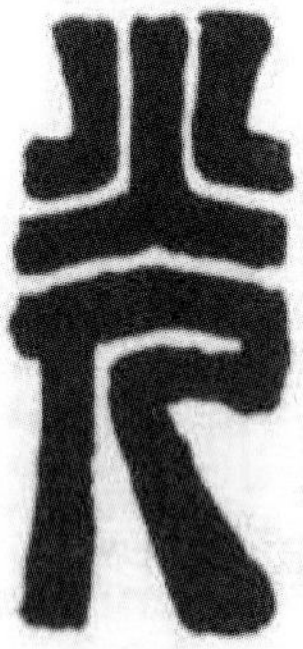
漢印文字徵

漢印文字徵

○莊光

漢印文字徵

○桓光

漢印文字徵

漢印文字徵

○鄒光

漢印文字徵

漢印文字徵

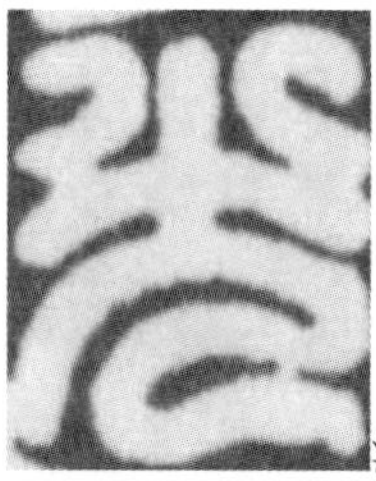
漢晉南北朝印風

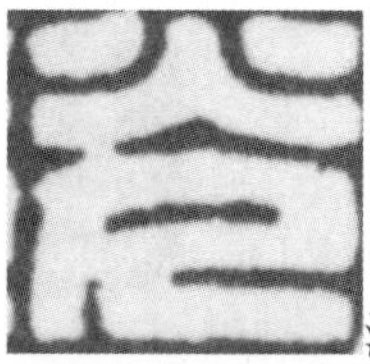
漢晉南北朝印風

漢晉南北朝印風

○王光之印

秦駰玉版

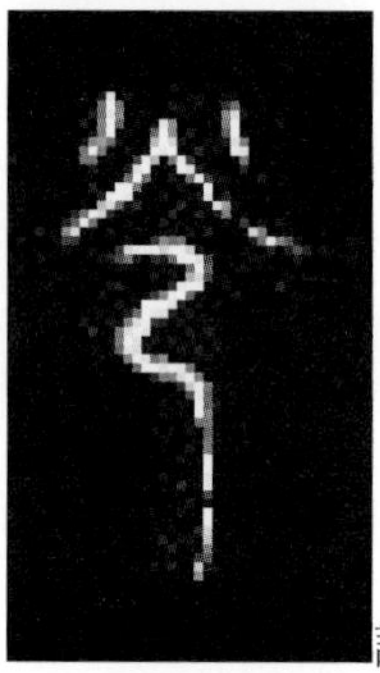
詛楚文・沈湫

○光列威神

東漢・劉熊碑

東漢・成陽靈臺碑

東漢・張遷碑陰

〇故吏韋孟光錢五百

東漢・曹全碑陽

東漢・朝侯小子殘碑

東漢・史晨前碑

西晉・臨辟雍碑

北魏・劉阿素誌

北魏・侯愔誌

〇光輝朗潤

北魏・元文誌

東魏・崔令姿誌蓋

〇金紫光祿大夫

北齊・高百年誌

北齊・張思文造像

〇大齊承光元

北周・日月佛經摩崖

〇日月光暉

【熱】

《説文》：，溫也。从火埶聲。

里・第八層 1620

〇壹更尉(熨）熱

馬壹 252_23 上

〇熱吉日己丑未

馬貳 216_2/13

○兩熱是故亟傷諱

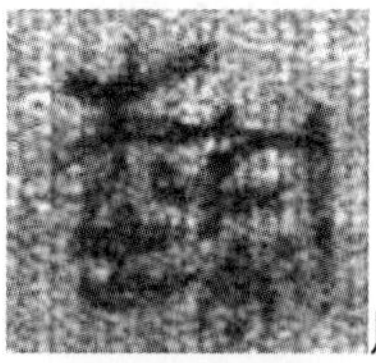
馬貳 70_50/50

○身熱而數驚

張・脈書 15

○身塞（寒）熱渴

敦煌簡 2001

○穀去熱亭磨

東牌樓 039 背

○勞暑熱□□

北壹・倉頡篇 71

○烄熱𣗥

漢印文字徵

○蘇去熱

漢印文字徵

○趙去熱

漢印文字徵

○周熱已

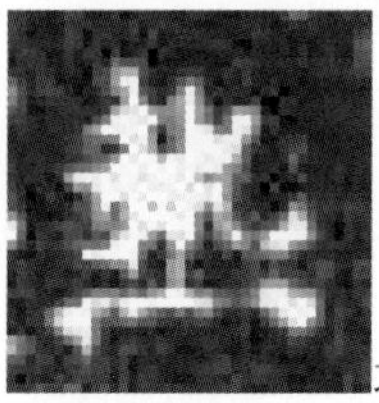
北齊・高叡修定國寺碑

○地煎熱水

【熾】

《説文》：熾，盛也。从火戠聲。

【戝】

《説文》：戝，古文熾。

北壹・倉頡篇 5

○豊盈爨熾

歷代印匋封泥

〇盛熾里附城

漢印文字徵

〇盛熾里附城

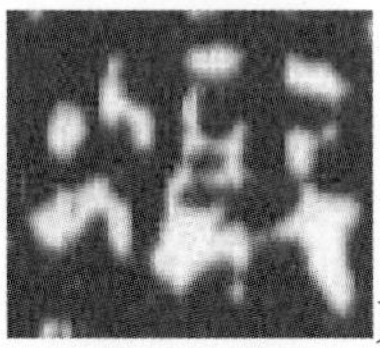
東漢・校官碑

〇卑爾熾昌

東漢・楊震碑

北魏・元誨誌

北周・寇熾誌

【燠】

《説文》：燠，熱在中也。从火奥聲。

北齊・元始宗誌

【煖】

《説文》：煖，溫也。从火爰聲。

馬貳 65_2/73

〇頭而煖足

張・脈書 57

張・脈書 57

漢印文字徵

漢印文字徵

【煗】

《説文》：煗，溫也。从火耎聲。

【炅】

《説文》：炅，見也。从火、日。

馬壹 95_18

金關 T01:168

漢印文字徵

漢印文字徵

漢印文字徵

漢印文字徵

漢印文字徵

〇炅小仲

漢印文字徵

漢晉南北朝印風

〇炅信

東漢・曹全碑陰

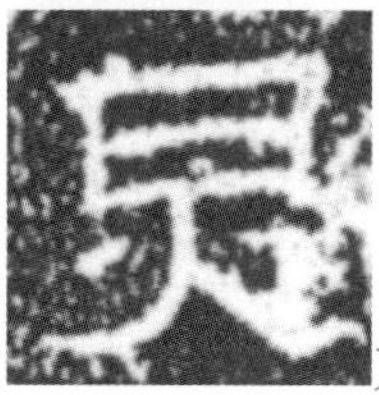
東漢・北海相景君碑陰

【炕】

《説文》：炕，乾也。从火亢聲。

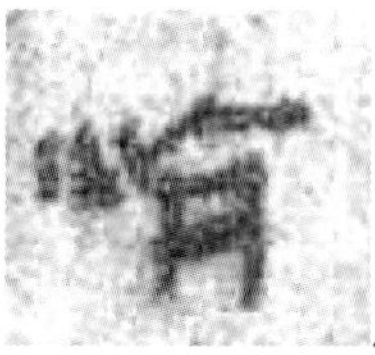
馬壹 36_32 上

○曰炕（亢）龍

【燥】

《説文》：燥，乾也。从火喿聲。

里・第八層 1243

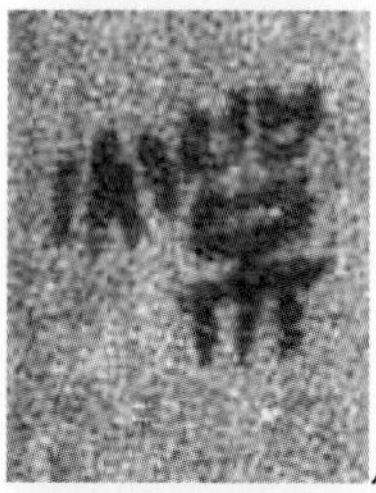
馬壹 133_33 下/110 下

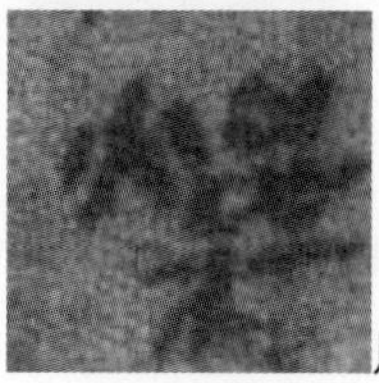
馬貳 141_10

張・引書 112

銀貳 1673

漢印文字徵

○燥臨

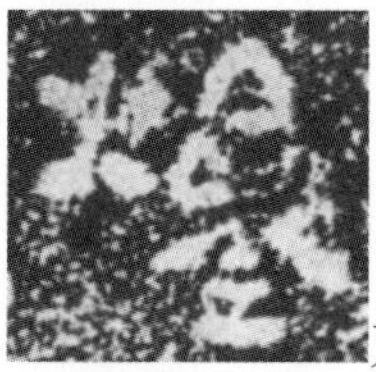
東漢・析里橋郙閣頌

○從朝陽之平燥

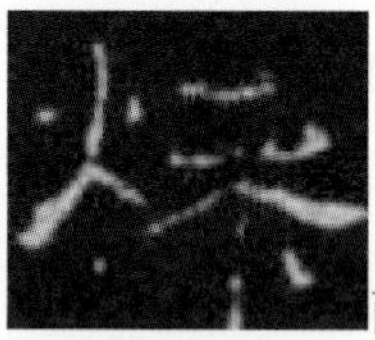
西晉・徐義誌

○推燥居濕

【威】

《説文》：威，滅也。从火、戌。火死於戌，陽氣至戌而盡。《詩》曰："赫赫宗周，褒似烕之。"

睡・日甲《門》146

○室必烕（滅）入

張・蓋盧 46

漢印文字徵

○威解私印

詛楚文・巫咸

東漢・成陽靈臺碑

○興威（滅）繼絕

【焅】

《説文》：焅，旱气也。从火告聲。

【燾】

《説文》：燾，溥覆照也。从火壽聲。

西晉・臨辟雍碑

○被覆燾之施

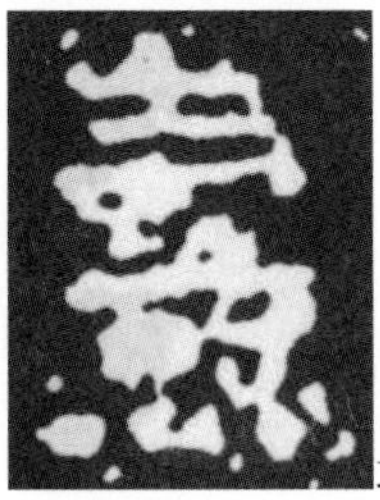
北魏・嘎仙洞祝文

○臣燾

【爟】

《説文》：爟，取火於日官名，舉火曰爟。《周禮》曰："司爟，掌行火之政令。"从火雚聲。

【烜】

《説文》：烜，或从亘。

【㷭（烽）】

《説文》：㷭，燧，候表也。邊有警則舉火。从火逢聲。

敦煌簡 1557

○即有烽火亭隧回度

居・EPF22.589

○放駒狀督烽

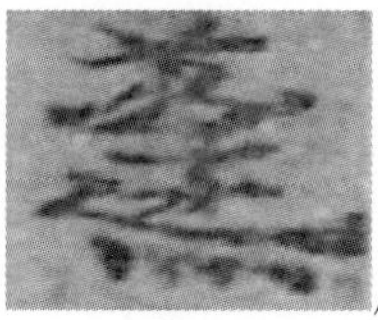
居・EPF22.355

○以通烽火

居・EPF22.274

○烽通

居・EPF22.272

○舉烽燔薪

居・EPT58.11

○輔烽

居・EPT40.204

居・EPT52.45

○知櫝烽火

居・EPF16.40

○下迫烽起萃

廿世紀璽印二-SP

○右湊

廿世紀璽印二-SP

○右湊

北魏・元恭誌

北魏・元瞻誌

北魏・元子直誌

○權烽晝起

【爝】

《說文》：爝，苣火，祓也。从火爵聲。呂不韋曰：湯得伊尹，爝以爟火，釁以犧豭。

【熭】

《說文》：熭，暴乾火也。从火彗聲。

北壹・倉頡篇 70

○訏熭窻縈

【熙】

《説文》：㷩，燥也。从火巸聲。

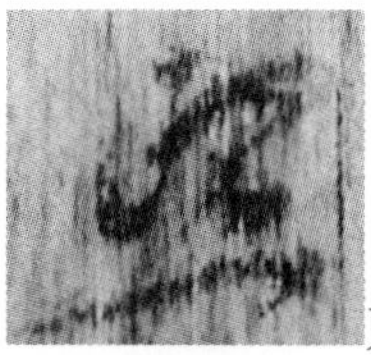
東牌樓 033 正

○□□熙頓首

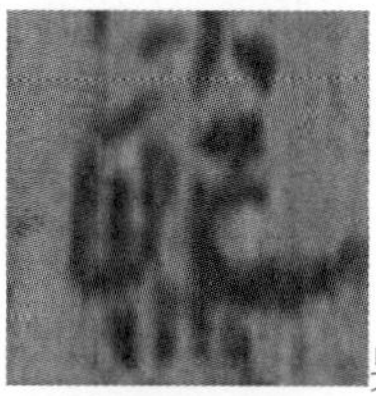
吴簡嘉禾・四・三一四

○吏徐熙佃田三町

秦代印風

○茅熙

漢印文字徵

○弦熙

東漢・孔宙碑陽

東漢・燕然山銘

○惟清緝熙

西晉・臨辟雍碑額

北魏・馮會誌

○以熙平元年八月

北魏・塔基石函銘刻

北魏・姚伯多碑

○而品類咸熙

北魏・元榮宗誌

北魏・劉江女誌

○熙平元年三月四日葬

北魏・元懷誌

○熙平二年三月

北魏・元琛誌

○熙平中

北魏・王昌誌

○熙平元年

西魏・鄧子詢誌

○至永熙三年

北齊・王憐妻趙氏誌

○治道雍熙

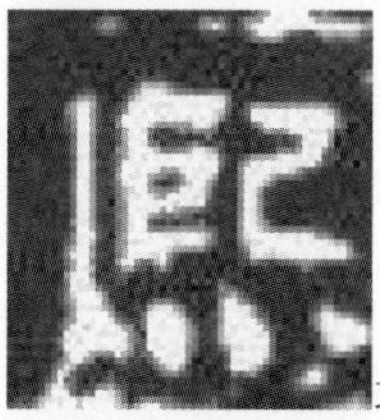
北齊・狄湛誌

○永熙西蹈

北周・楊連熙造像

【爞】

《説文》：爞，旱气也。从火蟲聲。

【煽】

《説文》：煽，熾盛也。从火扇聲。

【烙】

《説文》：烙，灼也。从火各聲。

【爍】

《説文》：爍，灼爍，光也。从火樂聲。

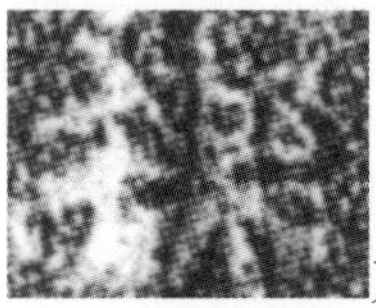
東漢・王孝淵碑

○功爍縱横

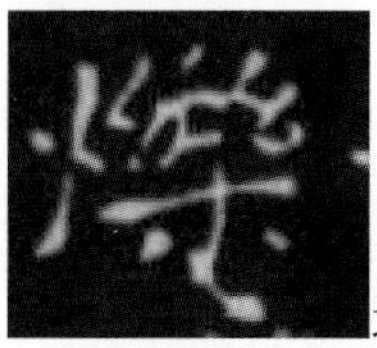
北魏・元顥誌

【燦】

《説文》：燦，燦爛，明瀞皃。从火粲聲。

【煥】

《説文》：煥，火光也。从火奐聲。

漢晉南北朝印風

○王煥之印

東漢・石門頌

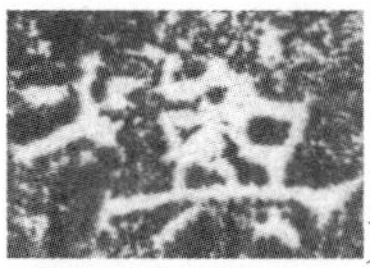
東漢・楊叔恭殘碑

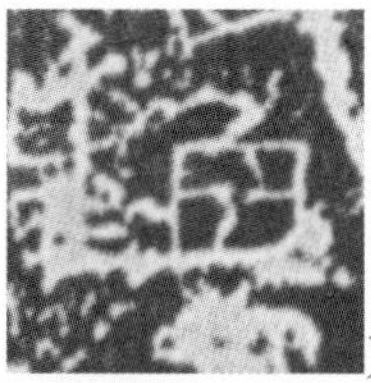
東漢・張遷碑陽

〇煥知其祖

北魏・公孫猗誌

〇故以青編煥其高門

北魏・元嵩誌

〇祥煥璠嶺

北魏・邢偉誌

〇雕章煥炳

北魏・元暐誌

〇煥此璇璋

北魏・元珽誌

〇煥如春照

北魏・寇偘誌

〇文明綿邈而遐煥

北魏・元略誌

〇長煥金石

北魏・元舉誌

〇固己煥乎龜鼎

北魏・元項誌

北魏・秦洪誌

〇煥彰篆素

東魏・司馬韶及妻侯氏誌

〇帝王煥於前史

北齊・高肅碑

北齊・婁黑女誌

〖灱〗

馬壹 13_92 上

○弗克回（違）灱（永）貞吉

〖夸〗

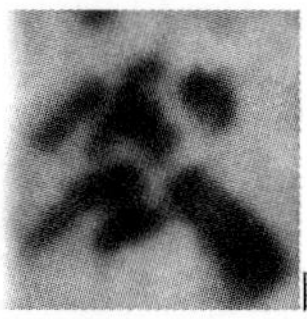
睡・日甲《毀弃》119

○則夸（光）門

〖炬〗

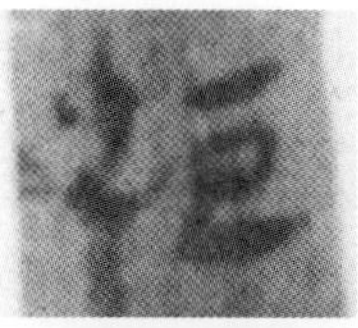
敦煌簡 0098

○炬恭奴遮焉耆殄滅

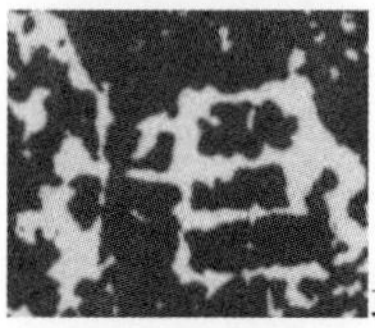
北齊・邑義等造靈塔記

○身懷智慧之炬

北齊・宋敬業造塔

○灼灼法炬

〖炃〗

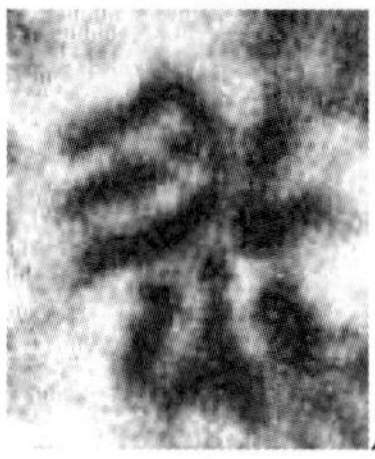
馬壹 86_161

○都炃（焚）林木

〖炂〗

漢印文字徵

○陳炂私印

〖炔〗

漢印文字徵

○炔像私印

〖炻〗

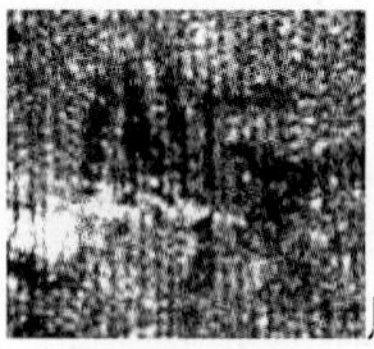
馬貳 87_379/369

○月炻（炙）若寒

〖炪〗

秦文字編 1565

〖炍〗

東漢・司馬芳殘碑額

○烋永葉

北魏・元子正誌

北魏・李媛華誌

○亡弟休纂

北魏・元悦誌

北魏・元詳誌

○餘烋弗沫

北魏・寇臻誌

北魏・趙謐誌

北魏・元景石窟記

東魏・馮令華誌

○天降烋祉

東魏・馮令華誌

○太妃承弈世之烋緒

北齊・婁黑女誌

〖炨〗

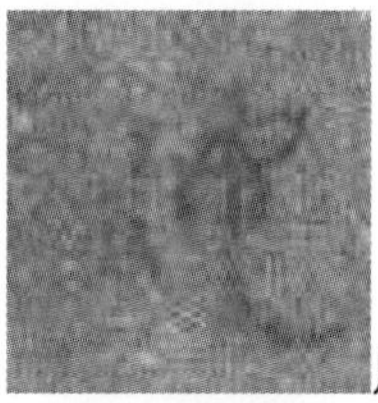
馬貳 98_12

○面若炨色欸

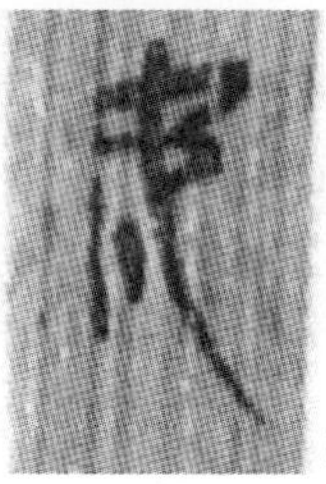
張・脈書 40

○黯若炨色

〖炤〗

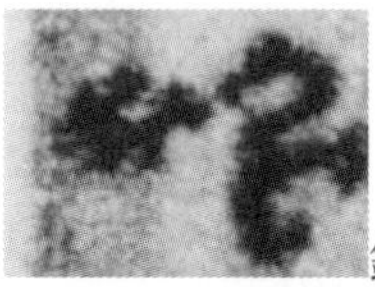
銀壹 516

○炤(灼)人

東漢・譙敏碑

○盛德炤明

東漢・封龍山頌

○以炤令問

〖煒〗

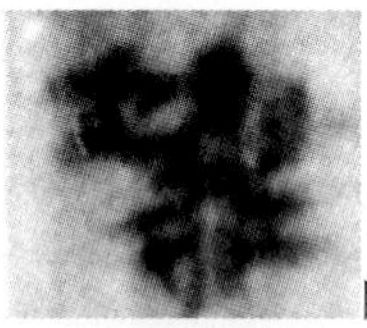
睡・日甲《毀弃》125

○必以煒（殚）死

〖烺〗

漢印文字徵

○烺□

〖㬹〗

廿世紀璽印三-SY

○樂㬹

〖倐〗

北周・王通誌

○感生齡之倐忽

〖烺〗

漢晉南北朝印風

○鞏烺之印

〖𦕈〗

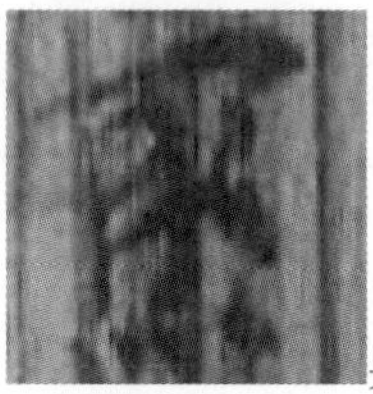
吳簡嘉禾・四・三二五

〖焚〗

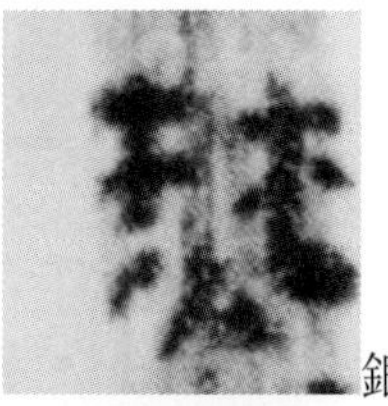
銀壹 457

北壹・倉頡篇 34

○柭瓦蓋焚榜晉

西晉・臨辟雍碑

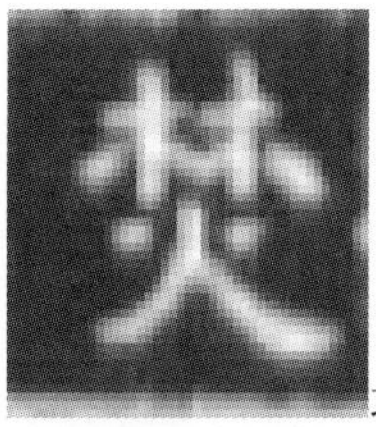
北齊・高潤誌

〖燦〗

秦文字編 1565

〖熘〗

秦文字編 1565

〖煏〗

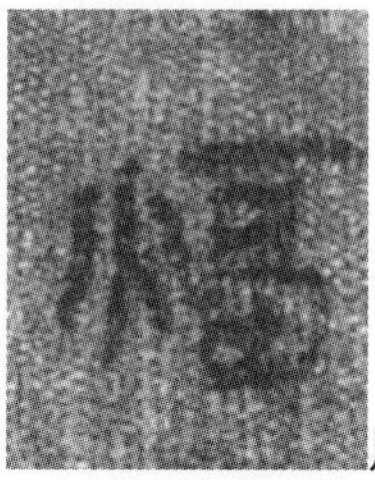
馬貳 87_383/373

秦文字編 1565

〖煪〗

漢銘・菑川太子家鑪

〖熗〗

漢印文字徵

○鞏熗之印

漢印文字徵

○左熗私印

〖滕〗

漢晉南北朝印風

○閔滕之印

〖煞〗

北魏・元譚誌

○著煞青而未盡

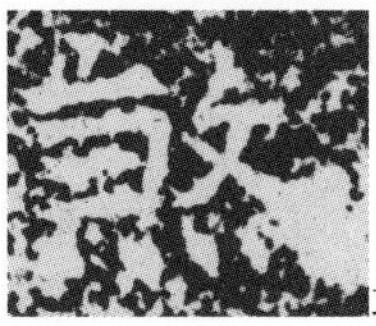
北齊・翟煞鬼記

○天保七年八月八日亡女翟煞鬼記

〖熇〗

秦文字編 1565

〖鈂〗

北周・豆盧恩碑

〖熟〗

馬貳 86_363/353

○煮熟□米一

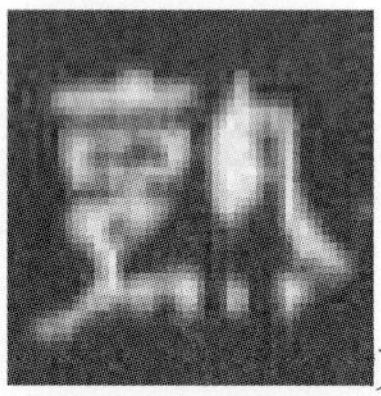
東漢・營陵置社碑

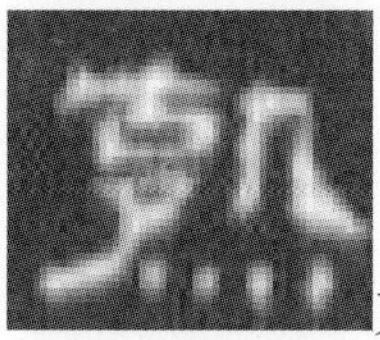
東漢・營陵置社碑

東漢・白石神君碑

北魏・元項誌

北魏・元倪誌

北魏・劉阿素誌

○如何不熟

東魏・杜文雅造像

○非聖熟宣其旨

北齊・牛景悅造石浮圖記

○熟側其豔者哉

北周・張子開造像

○孰能追尋妙狀

〖熨〗

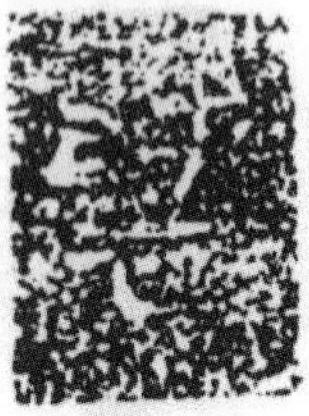
漢銘・陽信家熨銚

〖爕〗

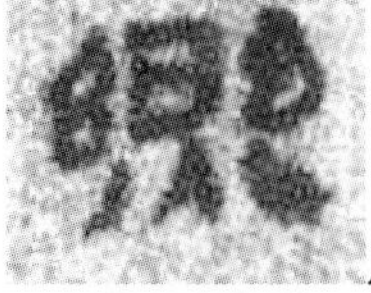
馬壹 13_92 上

○家人㸋=悬（悔）吉

〖燌〗

東漢・燕然山銘

北魏・楊舒誌

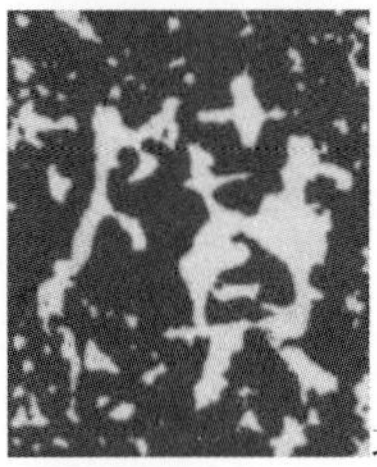
北齊・邑義等造靈塔記

〖熸〗

北魏・和邃誌

○犬夷熸殄

〖燃〗

東漢・武氏左石室畫像題字

北魏・元璨誌

北周・康業誌

〖燉〗

北魏・宋虎誌

北魏・寇慰誌

北魏・李媛華誌

北魏・元倪誌

北魏・奚智誌

○妻燉煌宋氏

北魏・李蕤誌

北魏・李伯欽誌

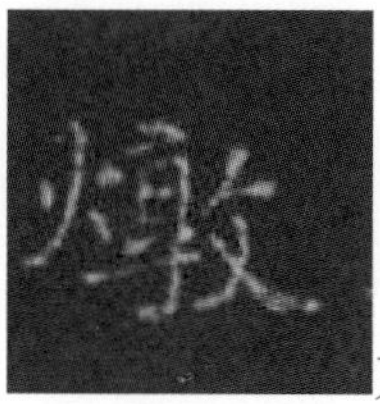
東魏・元玕誌

〖燧〗

（又見第 6641 頁“隧”字。）

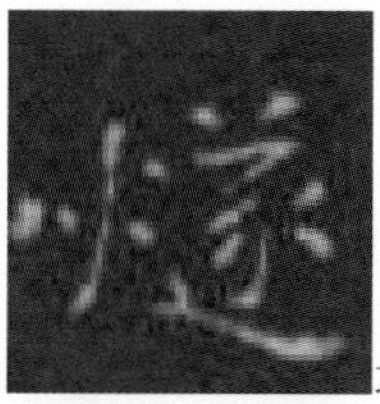
北魏・元乂誌

○取火於燧者矣

北魏・元龍誌

○烽燧時警

〖燈〗

北魏・元順誌

北魏・趙謐誌

東魏・元延明妃馮氏誌

東魏・元均及妻杜氏誌

○青燈儻闢

〖燼〗

東漢・曹全碑陽

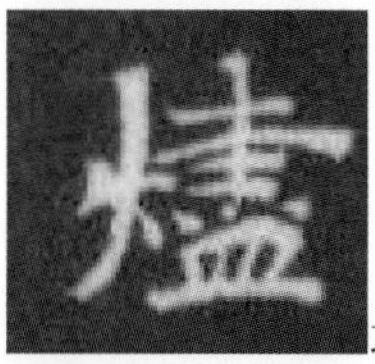
北魏・趙廣者誌

北魏・元演誌

北齊・道明誌

○燼爲土灰

〖爐〗

北齊・韓山剛造像

〖爛〗

秦文字編 1565

〖鑄〗

睡・日甲《梦》13

〇籌（禱）之曰

炎部

【炎】

《説文》：炎，火光上也。从重火。凡炎之屬皆从炎。

睡・法律答問 179

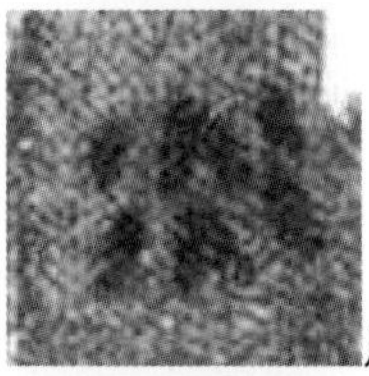
馬貳 35_30 下

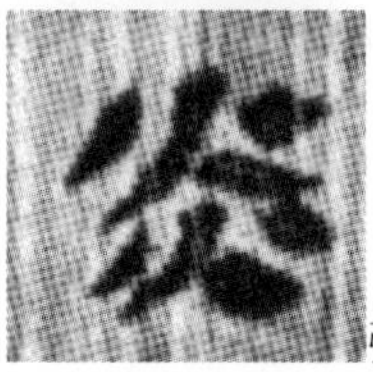
張・引書 64

東牌樓 048 背

東漢・司馬芳殘碑額

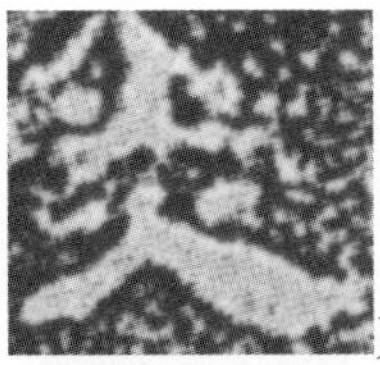
東漢・趙寬碑

北魏・元誨誌

北魏・元濬嬪耿氏誌

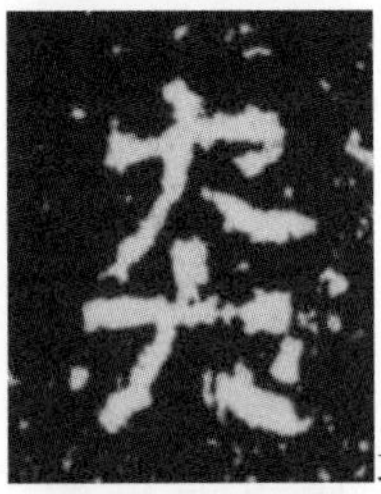
北齊・牛景悦造石浮圖記

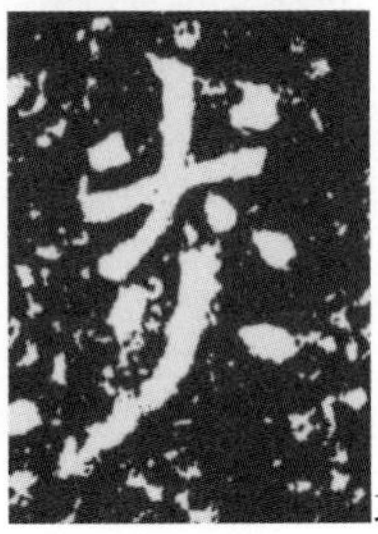
北周・如是我聞摩崖

【燄】

《説文》：燄，火行微燄燄也。从炎臽聲。

【燅】

《説文》：燅，火光也。从炎舌聲。

【㷔】

《説文》：㷔，侵火也。从炎亩聲。

讀若桑葚之葚。

【黇】

《説文》：黇，火行也。从炎占聲。

【燅】

《説文》：燅，於湯中爚肉。从炎，从熱省。

【錴】

《説文》：錴，或从炙。

【燮】

《説文》：燮，大熟也。从又持炎、辛。辛者，物熟味也。

【粦】

《説文》：粦，兵死及牛馬之血爲粦。粦，鬼火也。从炎、舛。

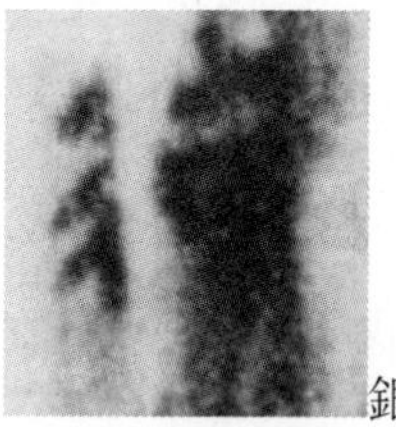
銀壹 589

○□□粦（吝）愛

黑部

【黑】

《説文》：黑，火所熏之色也。从炎，上出囮。囮，古窗字。凡黑之屬皆从黑。

戰晚・十六年寺工鈹

漢銘・留里楊黑酒器

睡・日甲《盜者》71

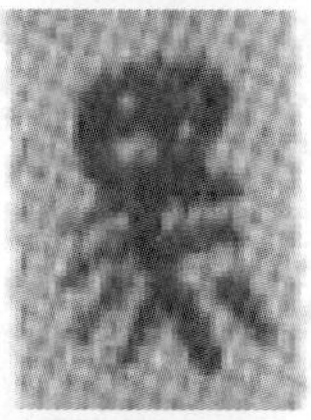
關・日書 214

里・第八層 871

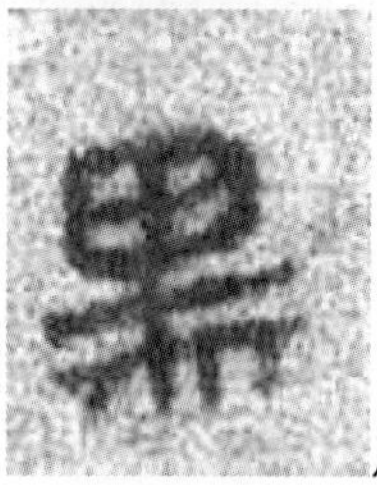
馬壹 129_3 下\80 下

馬壹 173_26 上

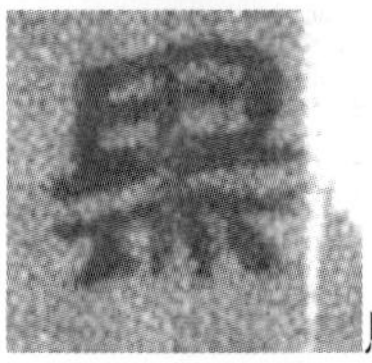
馬壹 129_3 下\80 下

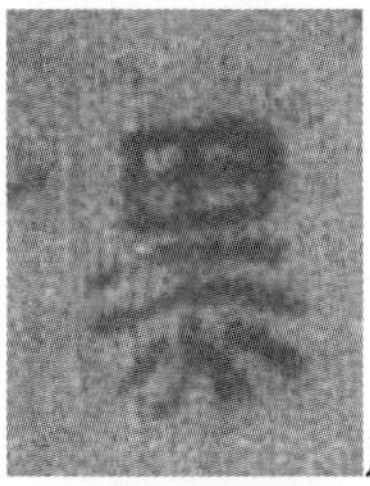
馬貳 134_10/65

張・奏讞書 102

北貳・老子 196

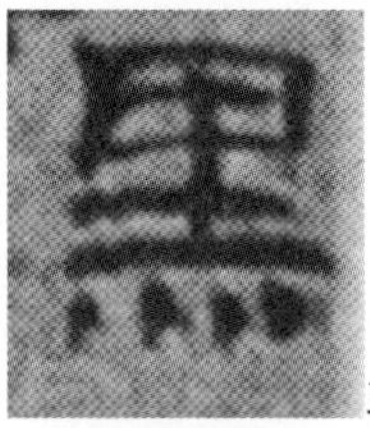
敦煌簡 2253

金關 T11:004

○十五黑色

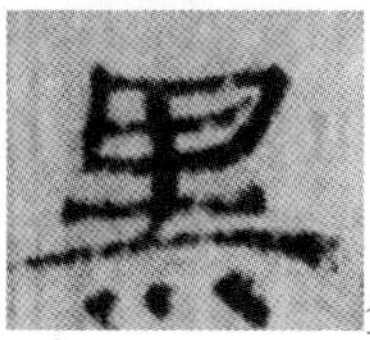
金關 T26:128

金關 T24:051

○五寸黑色弩一矢

武・甲《泰射》42

東牌樓 118 背

北壹・倉頡篇 5

○嬛菩蜎黑媿

吳簡嘉禾・四・五五

○吏鄭黑

秦代印風

○□黝

秦代印風

〇黑

秦代印風

〇戴黑

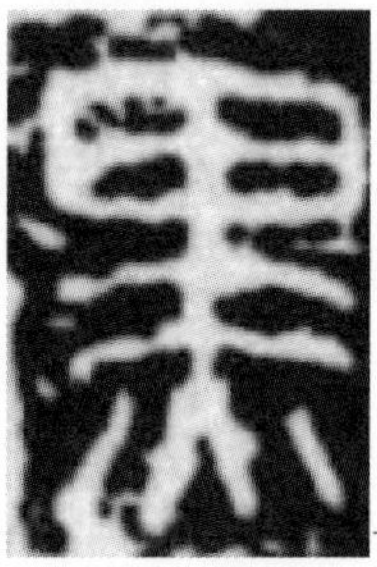
廿世紀璽印三-SY

〇甘黑

秦代印風

〇任黑

廿世紀璽印三-SY

〇鄭黑

漢印文字徵

〇馬印大黑

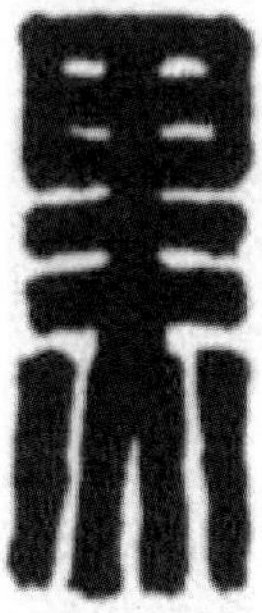
漢印文字徵

〇趙黑

漢印文字徵

〇龐黑私印

漢印文字徵

○李黑

漢印文字徵

○結黑私印

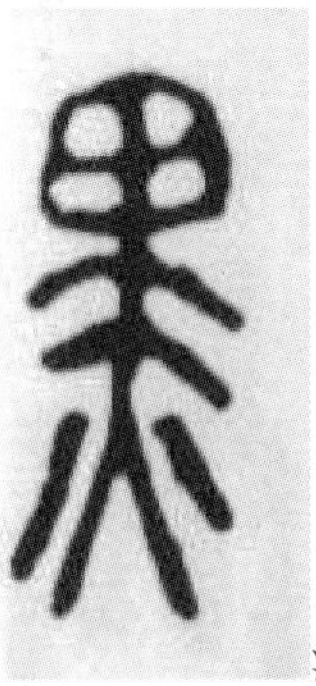
漢印文字徵

○張黑

漢晉南北朝印風

○吳大黑

東漢・史晨前碑

東漢・楊耿伯題記

北魏・元子直誌

【黸】

《説文》：，齊謂黑爲黸。从黑盧聲。

【黵】

《説文》：，沃黑色。从黑會聲。

【黯】

《説文》：，深黑也。从黑音聲。

張・脈書 40

敦煌簡 1836

北壹・倉頡篇 49

○黚黶黯黗

北魏・元譚妻司馬氏誌

【黶】

《説文》：，申黑也。从黑厭聲。

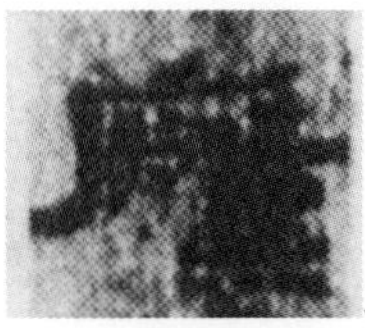
敦煌簡 1836

○黚黶黯黮

北壹・倉頡篇 49

○周黚黶黯黮

【黳】

《説文》：，小黑子。从黑殹聲。

【黖】

《説文》：，白而有黑也。从黑旦聲。五原有莫黖縣。

【黫】

《説文》：，雖皙而黑也。从黑箴聲。古人名黫字皙。

【黝】

《説文》：，赤黑也。从黑易聲。讀若煬。

敦煌簡 1836

○黝黥黝黔

北壹・倉頡篇 49

○黝黥黝黔

【黪】

《説文》：，淺青黑也。从黑参聲。

【黤】

《説文》：，青黑也。从黑奄聲。

敦煌簡 1836

○黤赫赧儵

北壹・倉頡篇 49

○黝黥黝黔

【黝】

《説文》：，微青黑色。从黑幼聲。《爾雅》曰："地謂之黝。"

秦文字編 1567

秦文字編 1567

敦煌簡 1836

○黝黥黝黔

北壹・倉頡篇 49

○黮黫黝黚

【黗】

《說文》：黗，黄濁黑。从黑屯聲。

【點】

《說文》：點，小黑也。从黑占聲。

秦文字編 1567

張・奏讞書 9

北壹・倉頡篇 40

○解姎婞點媿

東晉・筆陣圖

東魏・妻李豔華誌

○點畫見傳

【黚】

《說文》：黚，淺黄黑也。从黑甘聲。讀若染繒中束緅黚。

敦煌簡 1836

○黚黶黯黮

北壹・倉頡篇 49

○黚黶黯黮

【黔】

《說文》：黔，黄黑也。从黑金聲。

敦煌簡 1836

○黝黚䵎黔

北壹・倉頡篇 49

○黝黚䵎黔黗

漢印文字徵

○張黔

【黦】

《說文》：黦，黑有文也。从黑宛聲。

讀若飴𤼷字。

北壹・倉頡篇 49

○黶黯黮黤黝

【黛】

《説文》：黛，黄黑而白也。从黑算聲。一曰短黑。讀若以芥爲齏，名曰芥荃也。

【黰】

《説文》：黰，黑皴也。从黑幵聲。

【黠】

《説文》：黠，堅黑也。从黑吉聲。

敦煌簡 0782

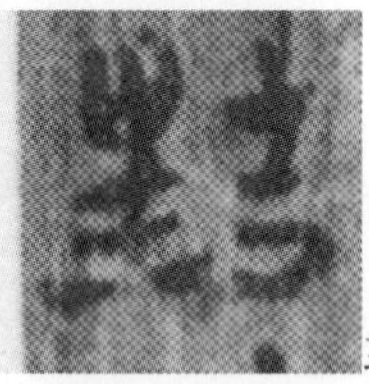
敦煌簡 0072

漢印文字徵

○丘黠私印

東漢・北海相景君碑陽

北齊・暴誕誌

【黔】

《説文》：黔，黎也。从黑今聲。秦謂民爲黔首，謂黑色也。周謂之黎民。《易》曰：“爲黔喙。”

戰晚・左樂兩詔鈞權

秦代・始皇詔銅方升一

秦代・始皇十六斤銅權二

秦代・始皇二十六年殘詔版

秦代・始皇詔版一

秦代・始皇詔銅橢量四

秦文字編 1567

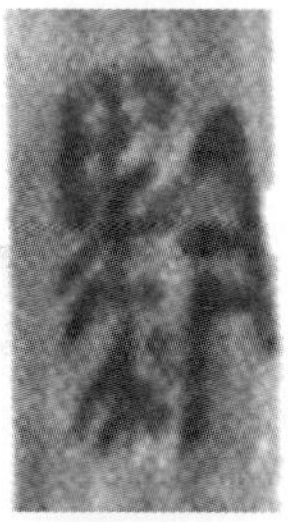
嶽・為吏 87

里・第八層 183

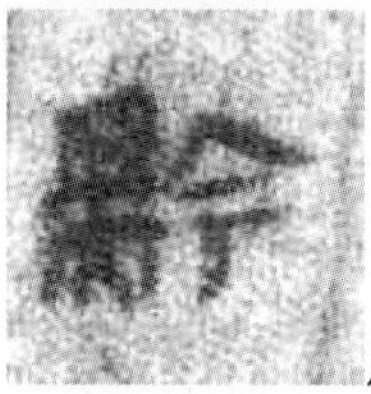
馬壹 42_23 下

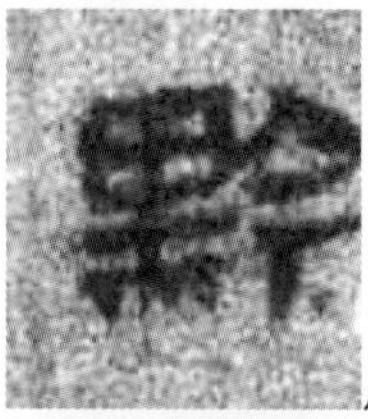
馬壹 132_30 上/107 上

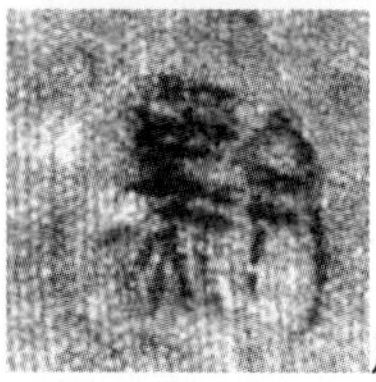
馬貳 82_275/262

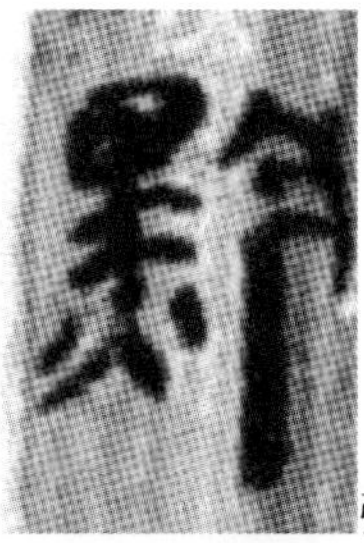
張・奏讞書 143

廿世紀璽印三-GP

〇巫黔□邸

秦代印風

〇張黔

漢印文字徵

〇韓黔

漢印文字徵

〇黔聖石

漢印文字徵

東漢・曹全碑陽

晉・鄭舒妻劉氏殘誌

北魏・司馬悅誌

北魏・堯遵誌

北魏・元昭誌

【黕】

《説文》：黕，滓垢也。从黑冘聲。

秦文字編 1570

漢印文字徵

〇黕訢私印

北魏・弔比干文

【黨】

《説文》：黨，不鮮也。从黑尚聲。

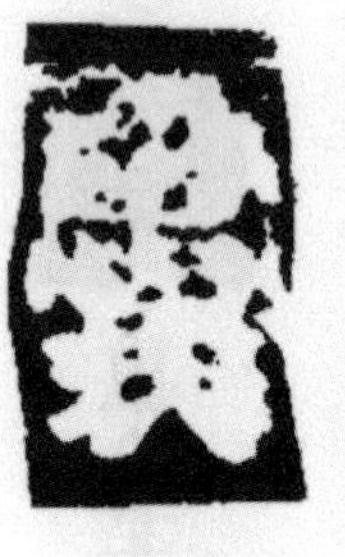
漢銘・上黨武庫戈

睡・封診式 69

馬壹 76_65

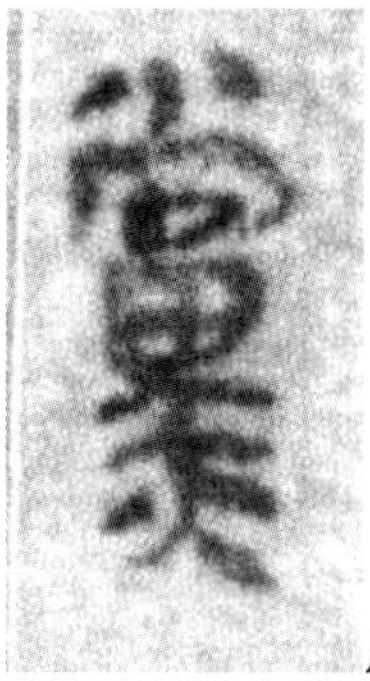
馬壹 111_15\366

敦煌簡 0287

敦煌簡 0238A

○歸之黨可肯之欲用

金關 T23:206

金關 T04:026

○上黨郡

東牌樓 036 背

○未從黨照不譏今費

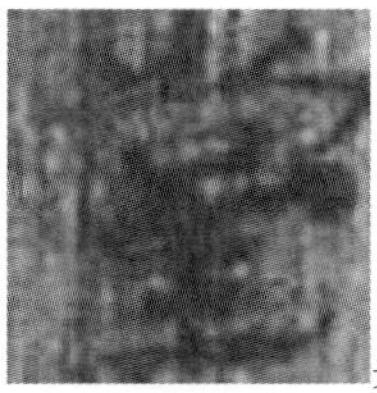
吳簡嘉禾・五・三七四

○鄧黨佃田九町

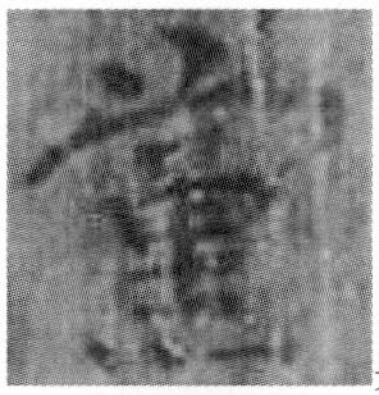
吳簡嘉禾・五・一二〇

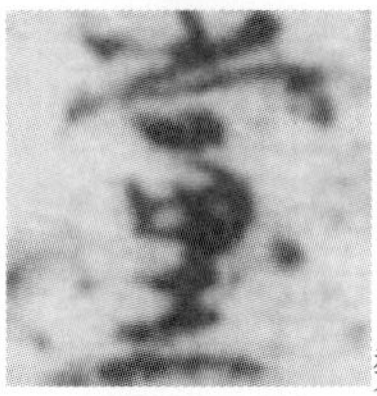
魏晉殘紙

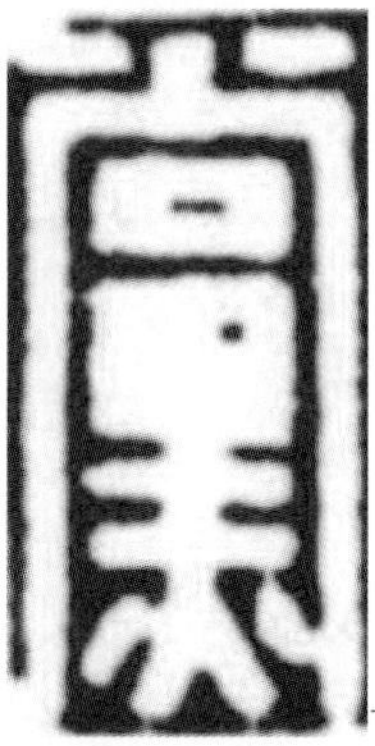
廿世紀璽印三-SY

漢印文字徵

漢印文字徵

漢印文字徵

○陸黨

柿葉齋兩漢印萃

漢代官印選

漢晉南北朝印風

漢晉南北朝印風

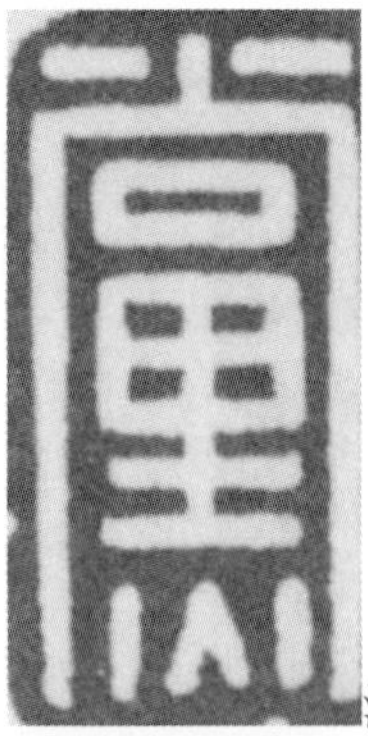
漢晉南北朝印風

東漢・李固殘碑

東漢・尚博殘碑

【黷】

《説文》：，握持垢也。从黑賣聲。《易》曰：“再三黷。”

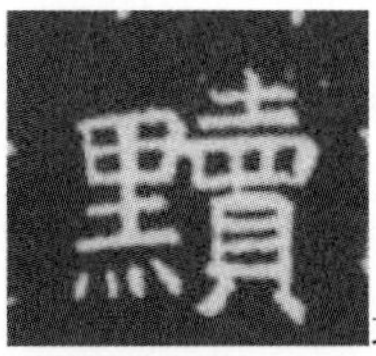
北齊・高淯誌

【黵】

《説文》：，大污也。从黑詹聲。

【黴】

《説文》：，中久雨青黑。从黑，微省聲。

【黜】

《説文》：，貶下也。从黑出聲。

北壹・倉頡篇 18

〇齂黭繞黜勠美

東漢・孔彪碑陽

北魏・于景誌

北魏・于纂誌

東魏・廣陽元湛誌

〇方當黜位而朝

【黴】

《説文》：黴，黴姗，下哂。从黑般聲。

【黱】

《説文》：黱，畫眉也。从黑朕聲。

北壹・倉頡篇 35

〇黎槯粉黱脂膏

【儵】

《説文》：儵，青黑繒縫白色也。从黑攸聲。

敦煌簡 1836

〇儵赤白黄

北壹・倉頡篇 49

〇黤赫赧儵赤白

漢印文字徵

〇儵定

北魏・元項誌

〇遭命儵易

北魏・薛慧命誌

北魏・寇治誌

○儵焉萬落

北魏・元秀誌

○儵同逝波

北魏・元思誌

○儵焉墜暉

北魏・元彬誌

○儵焉夙徂

東魏・叔孫固誌

○儵然彫泯

東魏・元鷙妃公孫甑生誌

北齊・盧脩娥誌

北齊・姜纂造像

○儵忽從化

【黬】

《說文》：黬，羔裘之縫。从黑或聲。

【黰】

《說文》：黰，黰謂之垽。垽，滓也。从黑，殿省聲。

【黮】

《說文》：黮，桑葚之黑也。从黑甚聲。

敦煌簡 1836

○黶黯黮欿疥

金關 T32:002

○夫鄭黮

北壹・倉頡篇 49

○黚黶黯黮黤

漢印文字徵

○張黮私印

【䵒】

《説文》：黭，果實黭黯黑也。从黑弇聲。

敦煌簡 1836

○柞黝黭欿疢黤赫赧

北壹・倉頡篇 49

○黮黝黭黮□

漢印文字徵

○左黭

秦文字編 1570

【黥】

《説文》：黥，墨刑在面也。从黑京聲。

嶽・多小案 94

張・具律 115

張・具律 88

張・奏讞書 187

北齊・徐顯秀誌

【剠】

《説文》：剠，黥或从刀。

睡・法律答問 35

【黬】

《説文》：黬，黬者忘而息也。从黑敢聲。

漢印文字徵

○黬

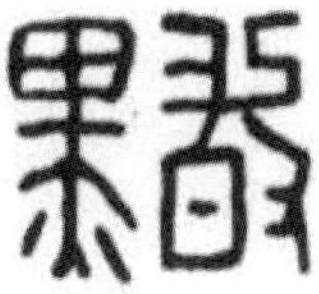
漢印文字徵

〇異黟

【黟】

《説文》：黟，黑木也。从黑多聲。丹陽有黟縣。

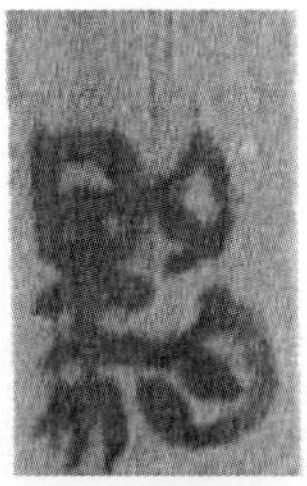
馬貳 211_91

秦代印風

〇符黟

〖黛〗

北魏・元毓誌

〇松原晻黛

北魏・唐雲誌

〇舒雲寄黛

囱部

【囱】

《説文》：囱，在牆曰牖，在屋曰囱。象形。凡囱之屬皆从囱。

【窗】

《説文》：窗，或从穴。

【囪】

《説文》：囪，古文。

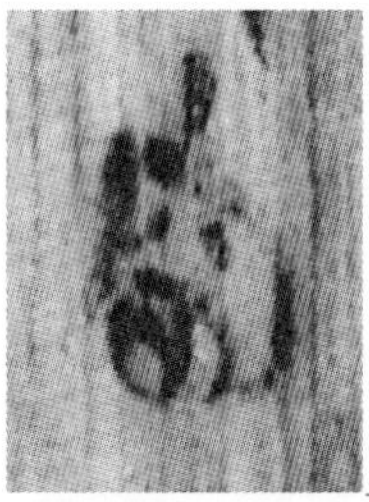
里・第八層 1584

〇窗

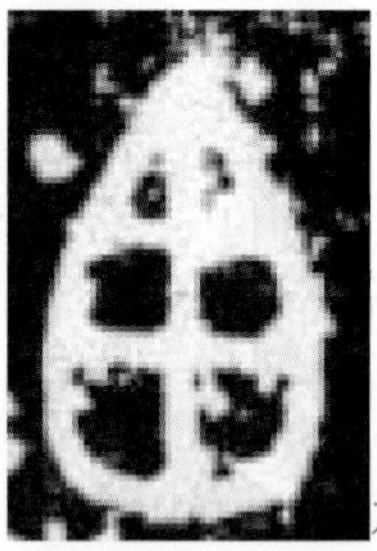
石鼓・霝雨

〇舫舟囱逮

【悤（忩）】

《説文》：悤，多遽悤悤也。从心、囱，囱亦聲。

睡・日甲《馬禖》158

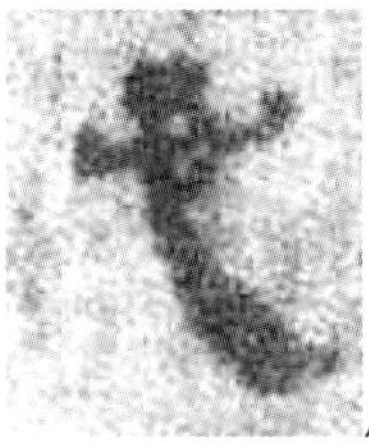
馬壹 15_17 上\110 上

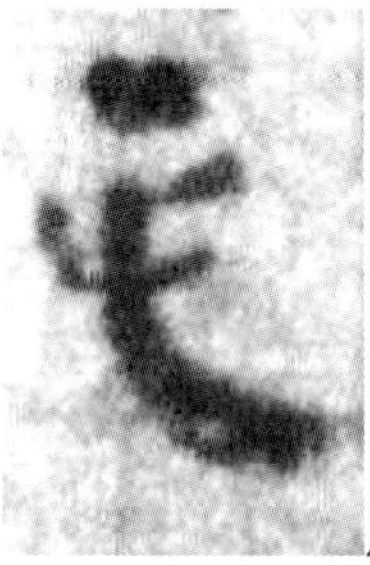
馬壹 103_11\180

○胃(謂)之不悤(聰)

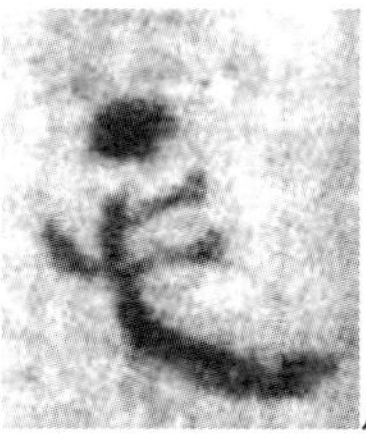
馬壹 103_14\183

○則悤=

東牌樓 050 正

○未悤追追

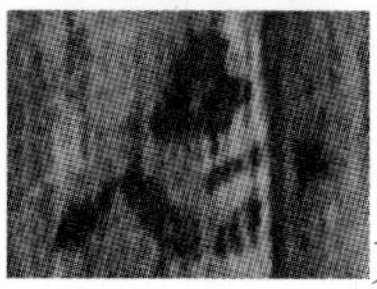
東牌樓 036 背

○後忩務勿怪也

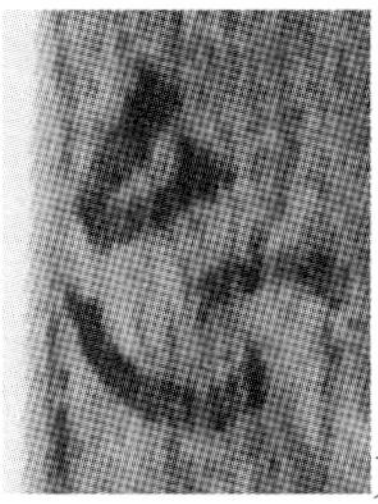
東牌樓 036 背

○後忩務勿怪也

東牌樓 030 正

○悤亡世往

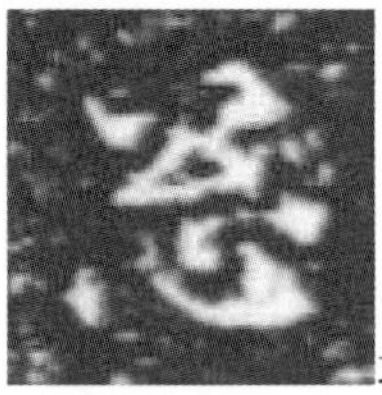
北魏・普泰元年四面造像

○邑子法悤

焱部

【焱】

《説文》：焱，火華也。从三火。凡焱之屬皆从焱。

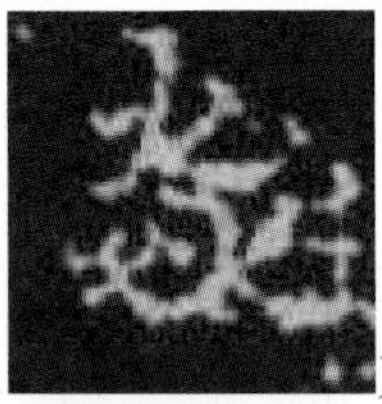
東魏・道寶碑記

○熾焱而殤

東魏・道穎等造像

○焱漏七佛

【熒】

《説文》：熒，屋下鐙燭之光。从焱、冂。

漢銘・熒陽宮小口鐙

漢銘・熒陽鼎

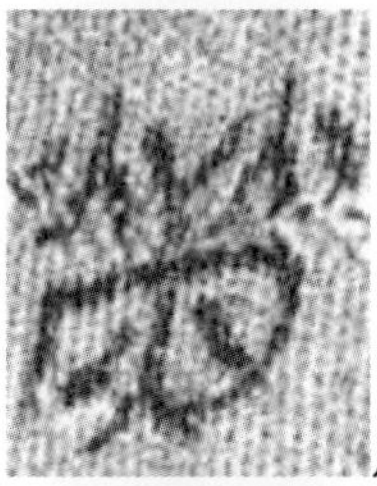
馬壹 248_1-14 欄

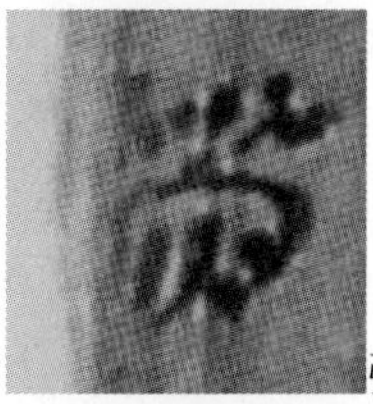
張・秩律 456

北貳・老子 145

金關 T24:952

○庸熒里董齊年廿

金關 T24:023B

金關 T22:009

北壹・倉頡篇 72

廿世紀璽印三-GP

漢印文字徵

西晉・石尠誌

北魏・遊息題字

北魏・張安姬誌

東魏・趙紹誌

東魏・元玕誌

北齊・薛廣誌蓋

【燊】

《說文》：，盛皃。从焱在木上。讀若《詩》"莘莘征夫"。一曰役也。

炙部

【炙】

《說文》：，炮肉也。从肉在火上。凡炙之屬皆从炙。

【䏑】

《說文》：，籒文。

睡・日甲 21

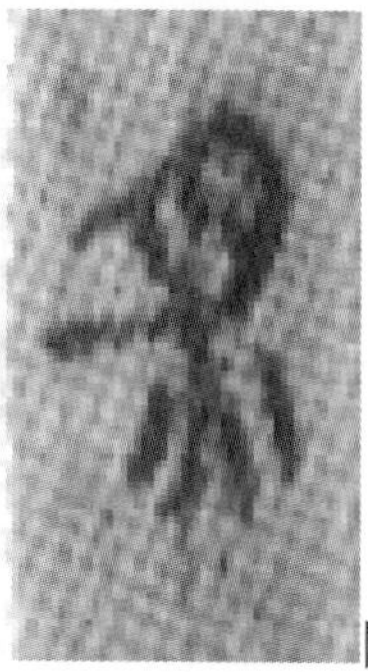
關・病方 317

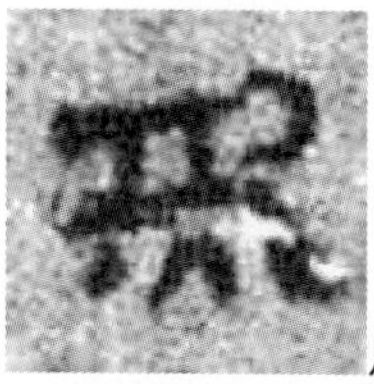
馬壹 12_71 下

○晉如炙（鼫）鼠貞

馬貳 296_13

○炙雞笥

張・奏讞書 162

東漢・營陵置社碑

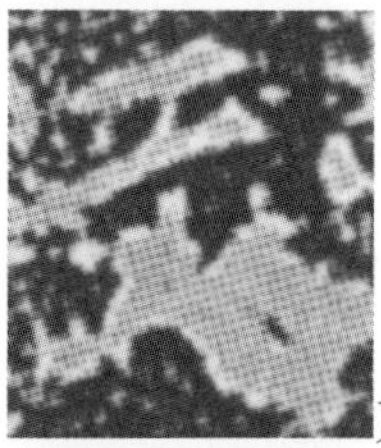
東漢・白石神君碑

北齊・高潤誌

【燔】

《說文》：，宗廟火孰肉。从炙番聲。《春秋傳》曰："天子有事燔焉，以饋同姓諸侯。"

【鐐】

《說文》：，炙也。从炙尞聲。讀若爑燎。

赤部

【赤】

《説文》：赤，南方色也。从大从火。凡赤之屬皆从赤。

【烾】

《説文》：烾，古文从炎、土。

睡・秦律十八種 135

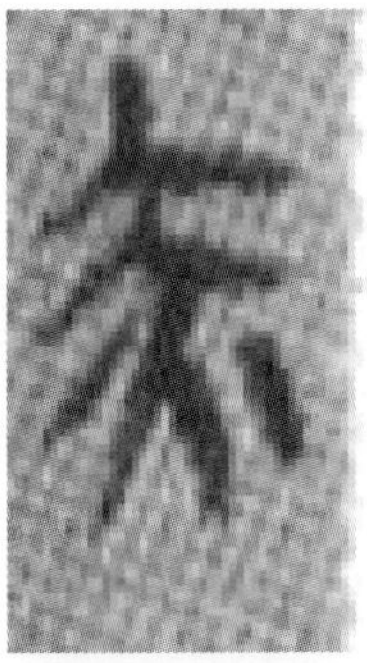
關・日書 190

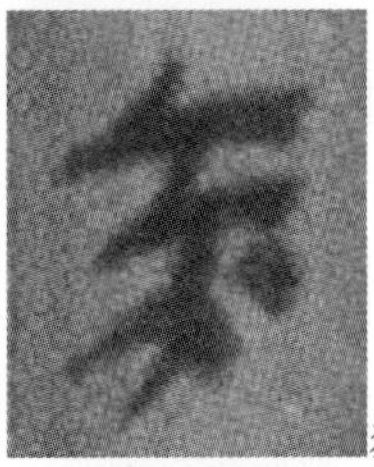
嶽・數 160

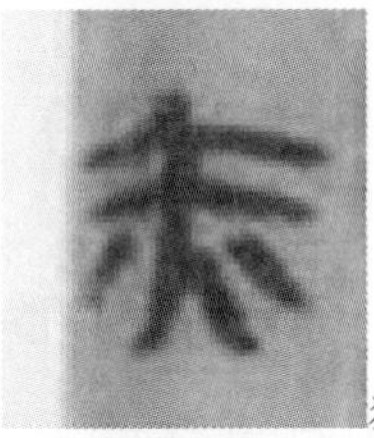
嶽・魏盜案 166

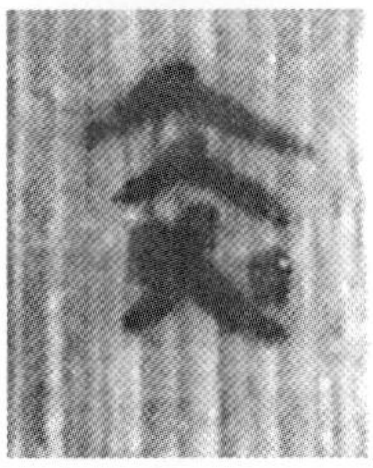
里・第八層 18

馬壹 175_53 上

馬壹 96_36

馬貳 244_264

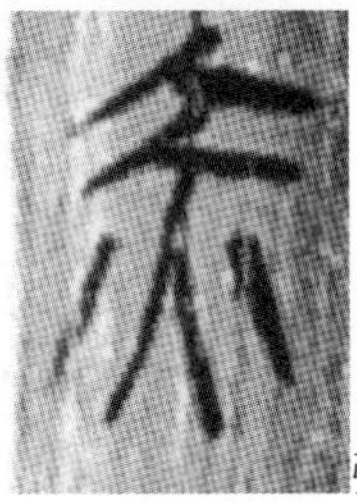
張・脈書 13

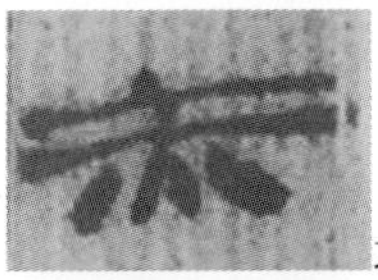
北貳・老子 48

敦煌簡 1730

○姑臧赤盾一

金關 T30:094A

○赤色

北壹・倉頡篇 49

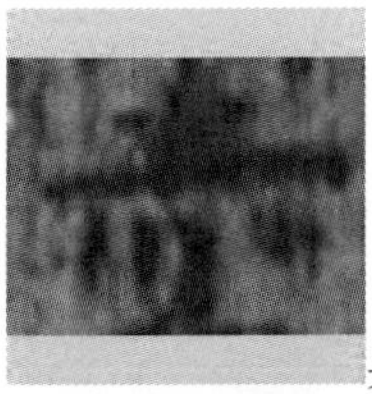
吳簡嘉禾・四・六七

秦代印風

〇李赤

歷代印匋封泥

〇胥赤

漢印文字徵

〇駟赤

漢印文字徵

〇大史赤印

漢印文字徵

〇公冶赤

漢印文字徵

〇趙赤

漢印文字徵

漢印文字徵

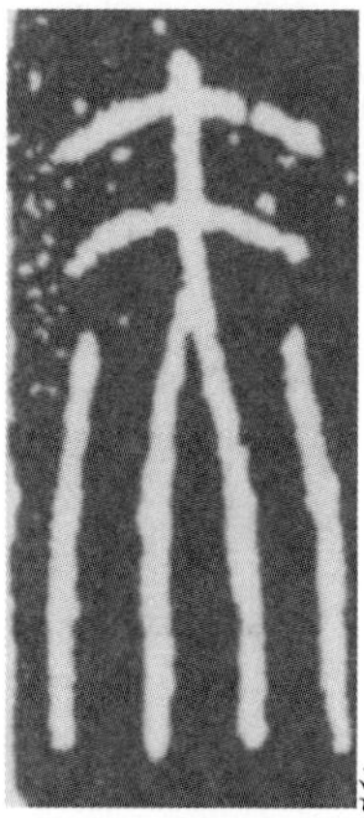
漢晉南北朝印風

漢晉南北朝印風

東漢・成陽靈臺碑

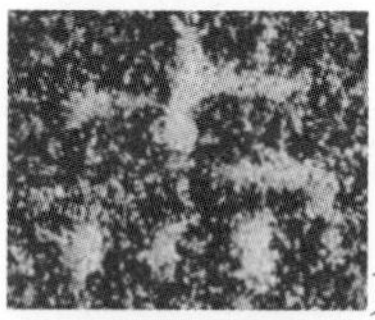
東漢・四神刻石

〇南方赤帝禹朱雀患禍欲來

東漢・肥致碑

〇時有赤氣

北魏・元壽安誌

〇赤文綠錯之權輿

北魏・楊泰誌

〇皎皎赤泉

東魏・修孔子廟碑

【赨】

《説文》：赨，赤色也。从赤，蟲省聲。

【𧹞】

《説文》：𧹞，日出之赤。从赤，穀省聲。

【赧】

《説文》：赧，面慙赤也。从赤𠬝聲。周失天下於赧王。

張・脈書 2

敦煌簡 1836

○黬赫赧儵赤白黄

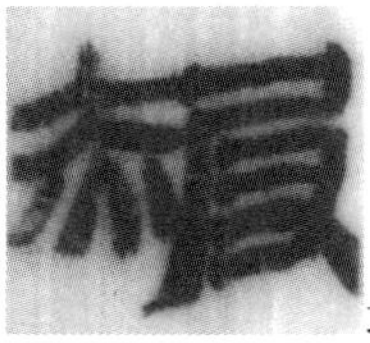
北壹・倉頡篇 49

○黬赫赧儵赤

【䞓】

《説文》：䞓，赤色也。从赤巠聲。《詩》曰："魴魚䞓尾。"

【𧹞】

《説文》：𧹞，或从丁。

【赬】

《説文》：赬，䞓或从貞。

【浾】

《説文》：浾，䞓，棠棗之汁，或从水。

【泟】

《説文》：泟，浾或从正。

【赭】

《説文》：赭，赤土也。从赤者聲。

北魏・元悌誌

○途絕赭衣

北魏・韓顯宗誌

○赭陽之功

【䞝】

《説文》：䞝，赤色也。从赤倝聲。讀若浣。

【赫】

《説文》：赫，火赤皃。从二赤。

嶽・占夢書 19

馬壹 144_17/191 上

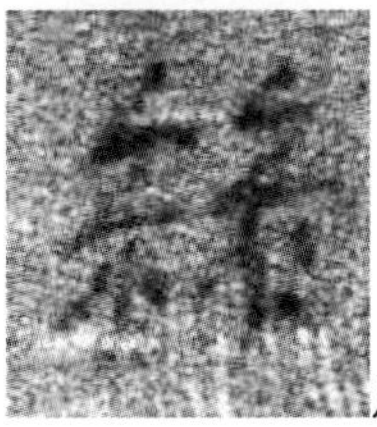
馬貳 31_57

北貳・老子 48

北壹・倉頡篇 49

○黬黬赫赧儵

廿世紀璽印三-SY

漢印文字徵

○赫令之印

漢印文字徵

漢印文字徵

○薛赫

歷代印匋封泥

東漢・尹宙碑

東漢・肥致碑

東漢・執金吾丞武榮碑

○敷燿赫然

東漢・封龍山頌

東漢・禮器碑

○赫赫罔窮

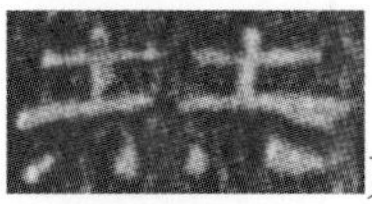
東漢・乙瑛碑

○赫赫彌章

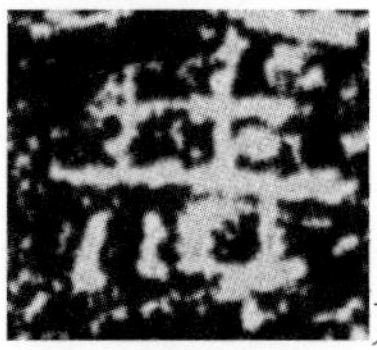
東漢・三老諱字忌日刻石

○三老德業赫烈

東漢・乙瑛碑

○赫赫彌章

北魏・元譚妻司馬氏誌

北魏・元侔誌

北魏・元璨誌

○於赫皇魏

北魏・元子直誌

○赫赫皇魏

北魏・元熙誌

北魏・寇治誌

○赫矣餘輝

北魏・元融誌

○威名震赫

北魏・元欽誌

○赫赫之威既備

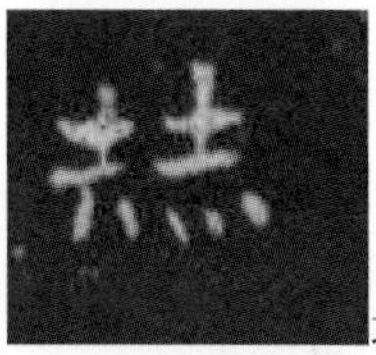
北魏・青州元湛誌

○赫赫元公

北魏・赫連悦誌

○赫連公墓誌銘

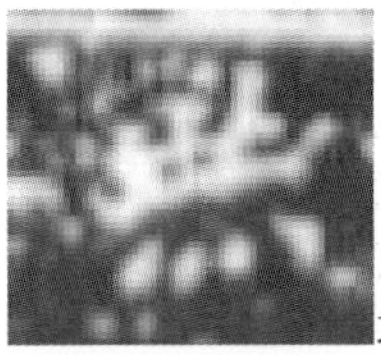
北魏・元淑誌

○赫矣元極

北齊・赫連子悦誌蓋

○齊開府僕射赫連公銘

北齊・閭炫誌蓋

○齊御史中丞赫連公故夫人閭氏之墓銘

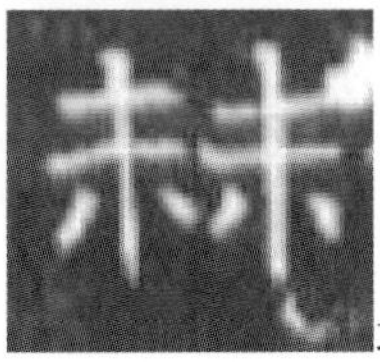
北齊・雲榮誌

○連天徽赫

北齊・高百年誌

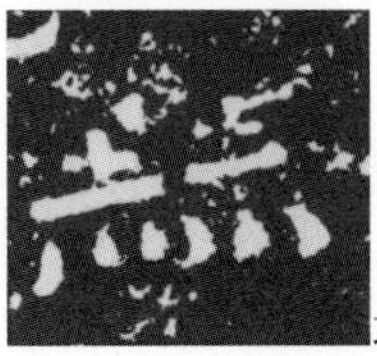
北周・如是我聞摩崖

【赩】

《説文》：，大赤也。从赤、色，色亦聲。

【赮】

《説文》：，赤色也。从赤叚聲。

大部

【大】

《説文》：，天大，地大，人亦大。故大象人形。古文大也。凡大之屬皆从大。

戰晚・高陵君鼎

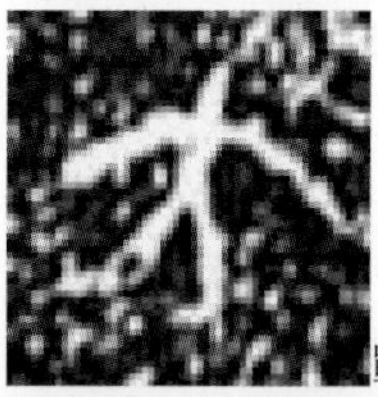
戰晚・左樂兩詔鈞權

西晚・不其簋

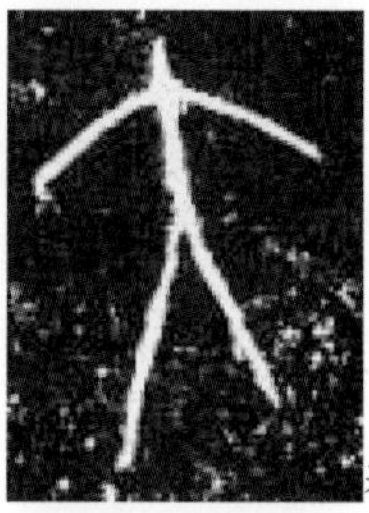
春早・秦公鎛

戰中・大良造鞅鐓

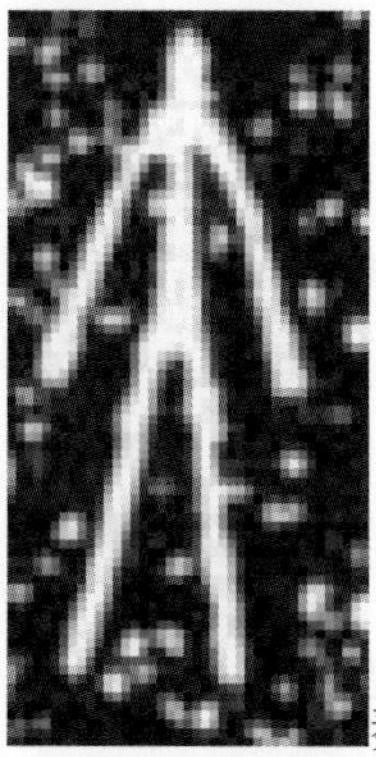
秦代・大騩銅權

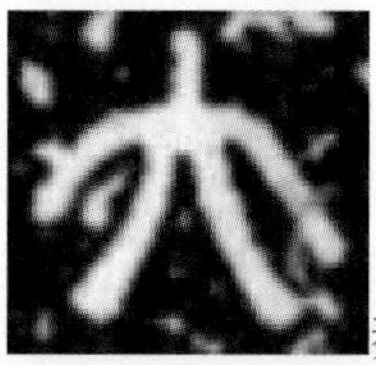
秦代・始皇詔銅方升一

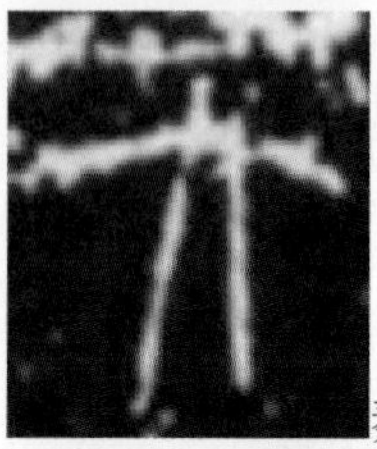
秦代・始皇詔銅橢量二

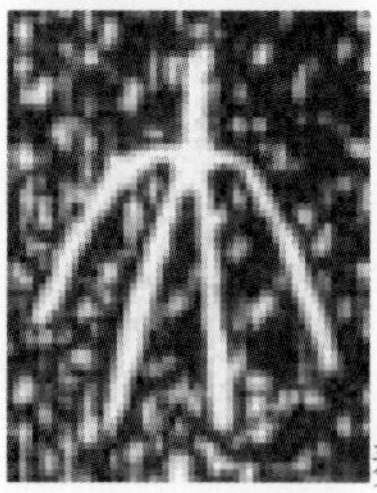
秦代・北私府銅橢量

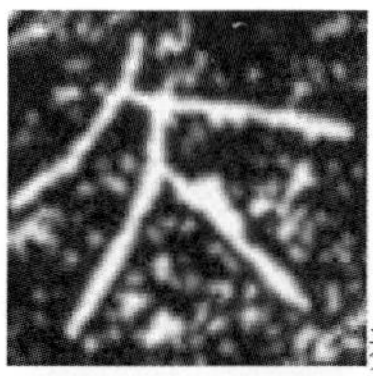
秦代・始皇十六斤銅權一

秦代・武城銅橢量

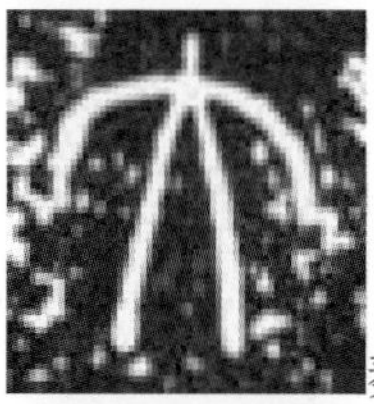
秦代・始皇詔銅權十

漢銘・南陵鍾

漢銘・蟠龍紋壺

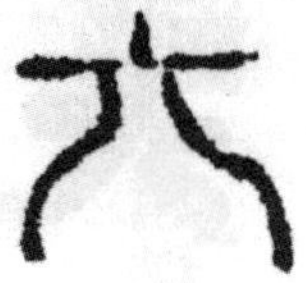
漢銘・大吉洗

漢銘・富貴昌宜侯王洗十四

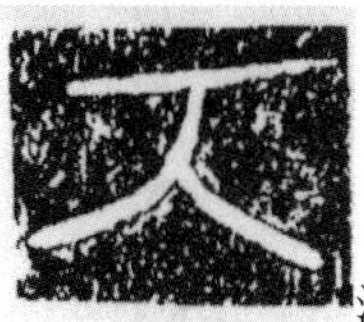
漢銘・谷口鼎

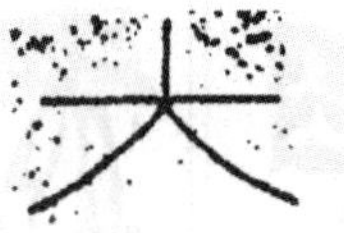
漢銘・大吉羊洗一

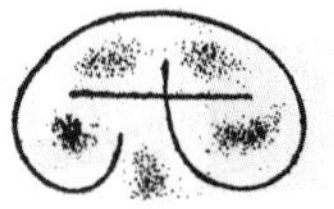
漢銘・大吉鍾十

漢銘・大利五銖泉範

睡・封診式 43

睡・日甲《土忌》139

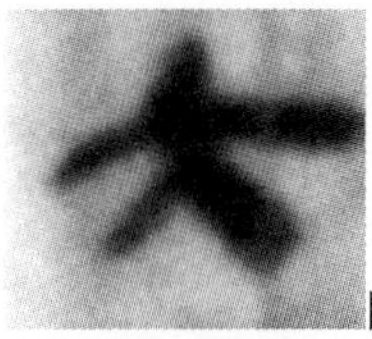
睡・日甲《病》79

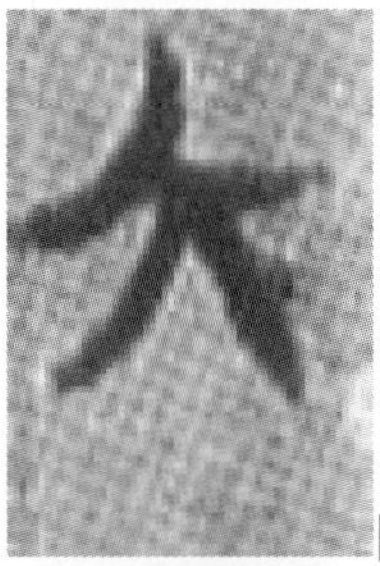
關・曆譜 91

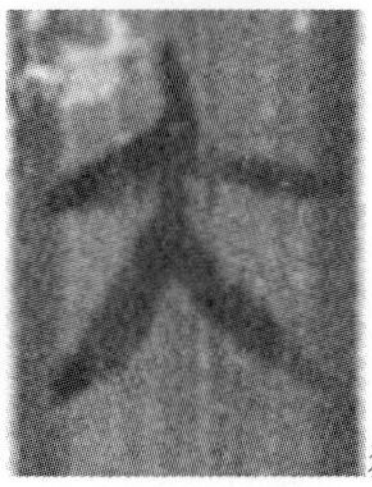
嶽・質日 341

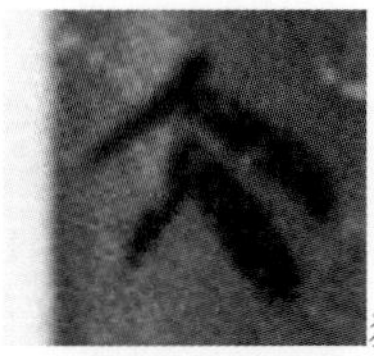
嶽・占夢書 38

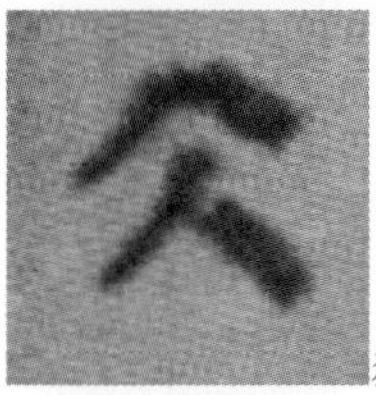
嶽・數 156

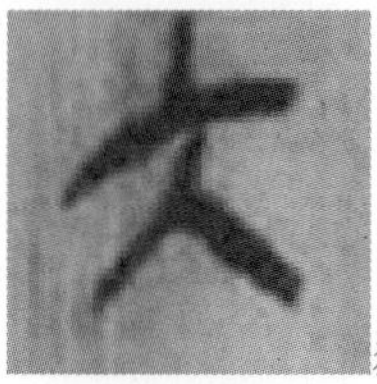
嶽・芮盜案 63

里・第八層 1236

里・第八層 863

里・第八層背 529

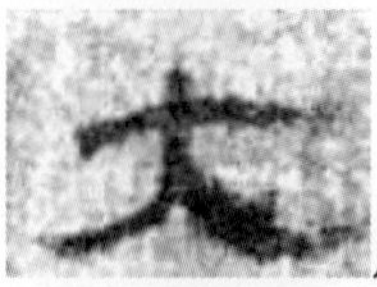
馬壹 141_6 下/173 下

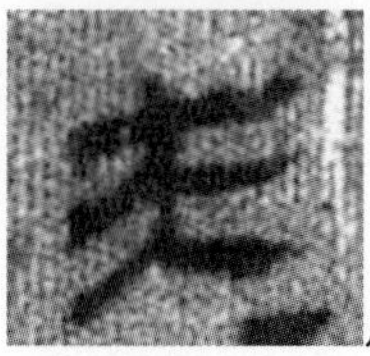
馬壹 74_7

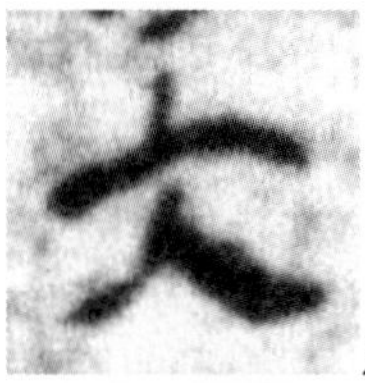
馬壹 87_187

馬貳 246_281

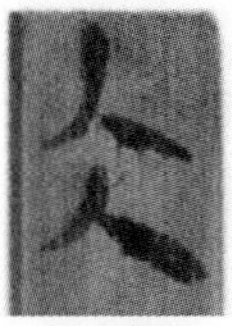
馬貳 259_22/14

張・田律 246

張・田律 246

張・蓋盧 13

張・蓋盧 17

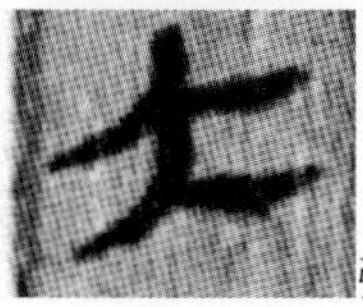
張・算數書 153

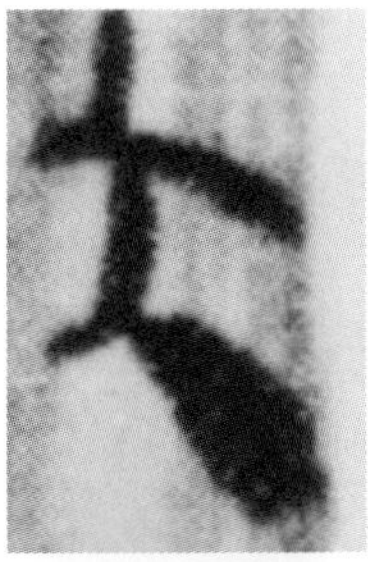
銀壹 916

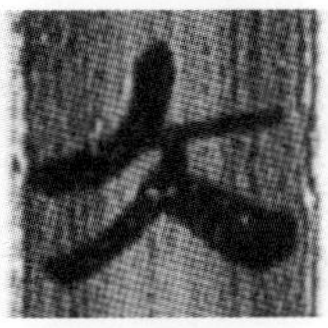
銀貳 2136

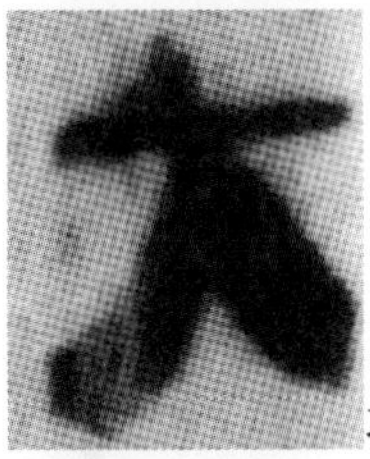
孔・曆日 28

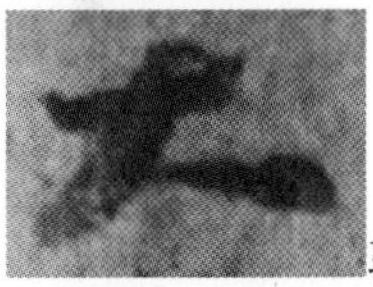
敦煌簡 0047

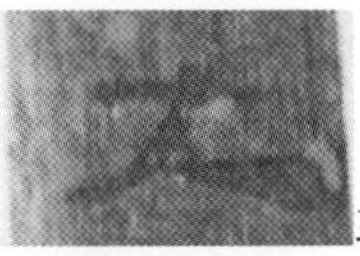
敦煌簡 1368

關沮・蕭・遣冊 25

金關 T04:064

金關 T31:149

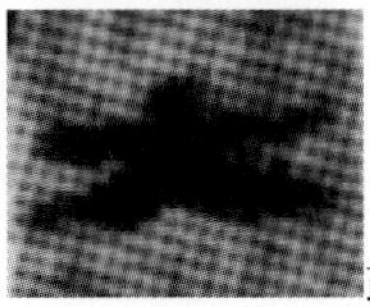
武・儀禮甲《士相見之禮》9

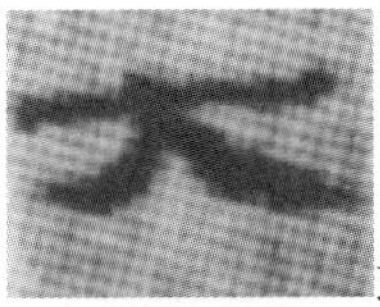
武・儀禮甲《服傳》20

武・王杖 3

東牌樓 052 正

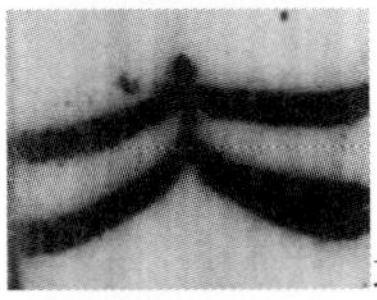
北壹・倉頡篇 9

〇脩灋變大制裁

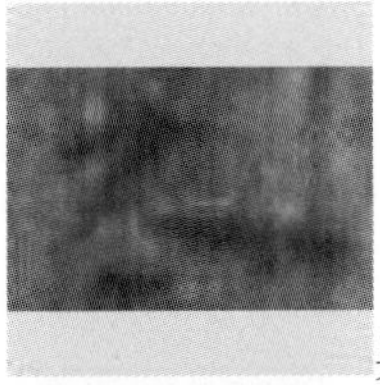
吳簡嘉禾・四・三六

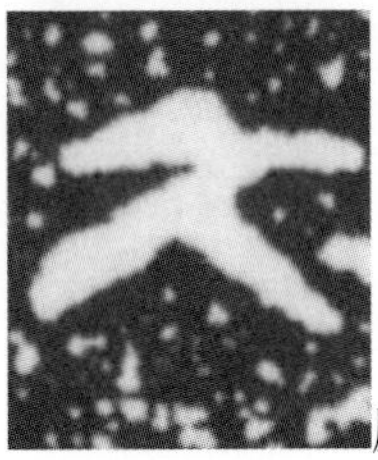
歷代印匋封泥

〇大匋里□

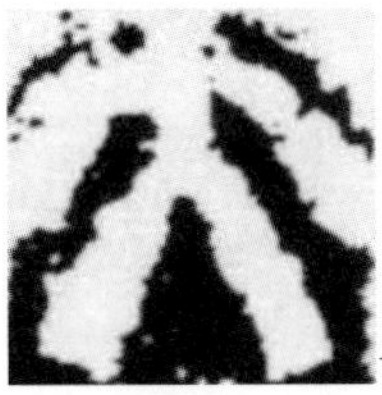
廿世紀璽印二-SP

〇大水

廿世紀璽印三-GP

○大官丞印

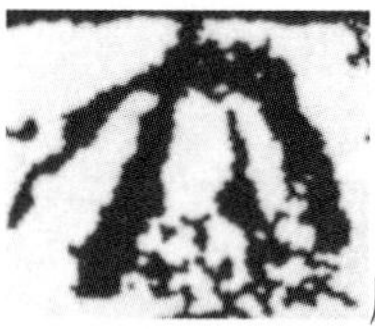
歷代印匋封泥

○大匠

秦代印風

○大犢

廿世紀璽印三-GY

○大河都尉章

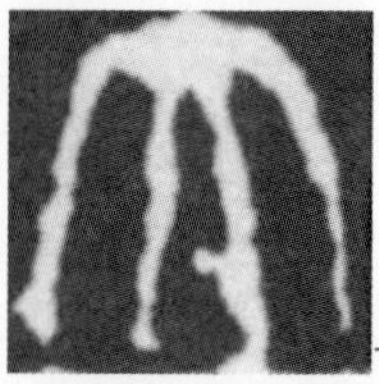
廿世紀璽印三-GY

○楚太倉印

廿世紀璽印三-SY

○張大賡印

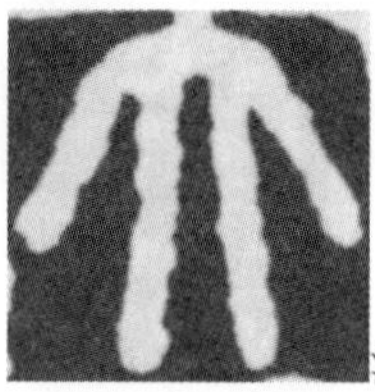
漢晉南北朝印風

○大將長史

漢晉南北朝印風

○大司農丞

歷代印匋封泥

○師尉大夫丞

漢晉南北朝印風

○中甘大老

廿世紀璽印三-GY

○合浦太守章

廿世紀璽印三-SY

○樂浪太守掾王光之印

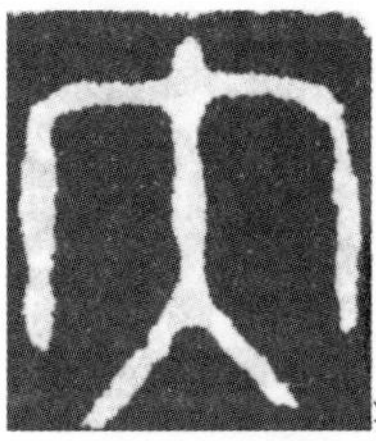
漢代官印選

○太子家令

歷代印匋封泥

○太安相印章

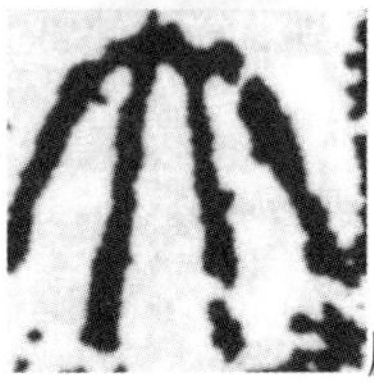
歷代印匋封泥

○右太僕印

歷代印匋封泥

○太史令之印

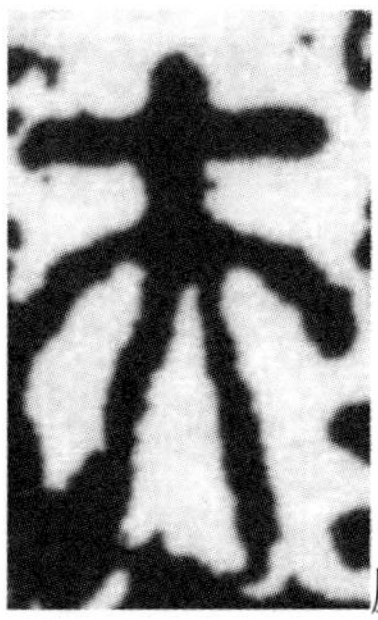
歷代印匋封泥

○齊御史大夫

歷代印匋封泥

○日利大萬

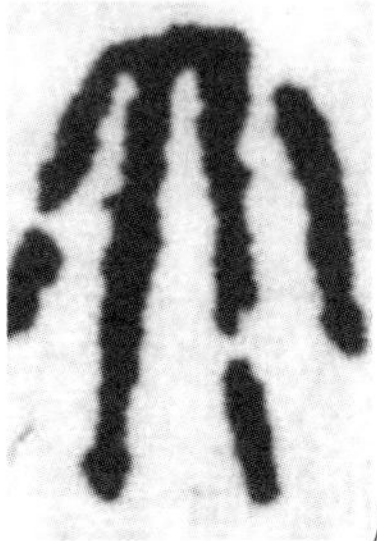
歷代印匋封泥

○菅水太守章

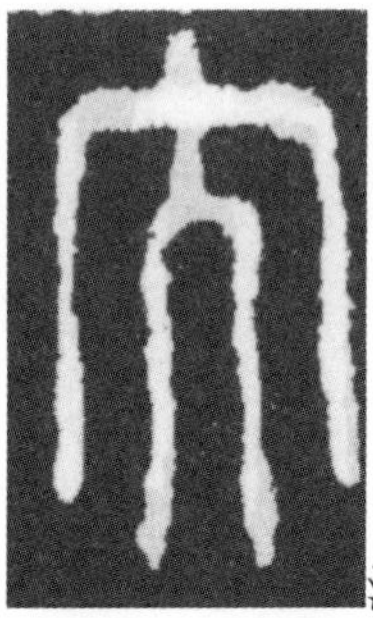
漢代官印選

○北海太守章

漢代官印選

○太保車騎將軍

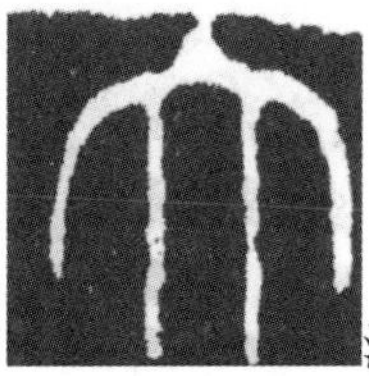
漢代官印選

○大鴻臚印

漢代官印選

○中大夫印

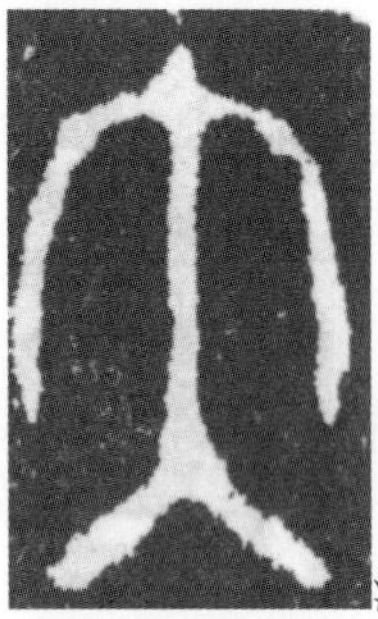
漢代官印選

○大將軍印章

漢代官印選

○太尉印章

歷代印匋封泥

○大牢第一

柿葉齋兩漢印萃

○雁門太守

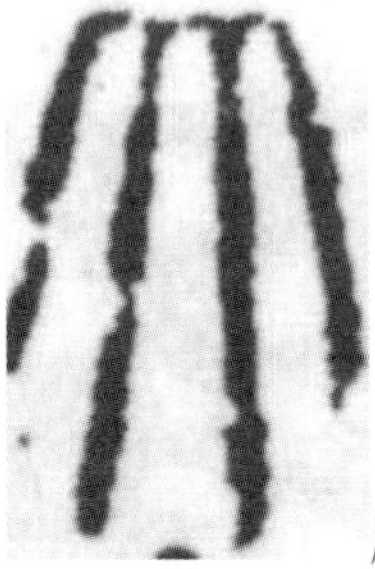
歷代印匋封泥

○樂浪太守章

漢印文字徵

○大徐

漢印文字徵

○大史延印

漢印文字徵

○大吉日

漢印文字徵

○趙大子丞

漢印文字徵

○廣漢大將軍章

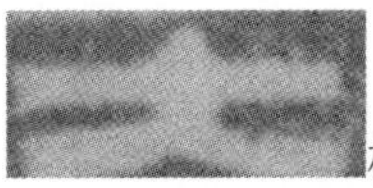
柿葉齋兩漢印萃

○大利

漢代官印選

○大司徒印

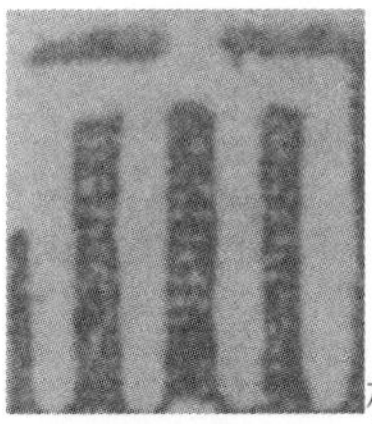
柿葉齋兩漢印萃

○漢陽太守

柿葉齋兩漢印萃

○太中大夫印

柿葉齋兩漢印萃

○大原郡開國公章

漢印文字徵

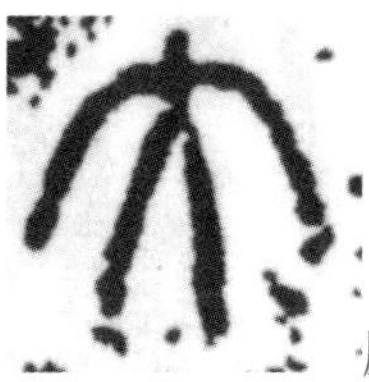
歷代印匋封泥

○齊大倉印

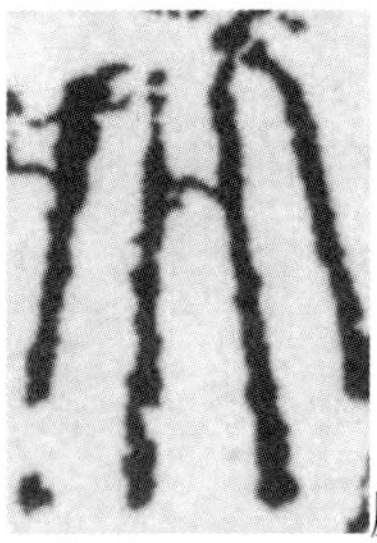
歷代印匋封泥

○天水太守章

歷代印匋封泥

○將作大匠章

廿世紀璽印四-SY

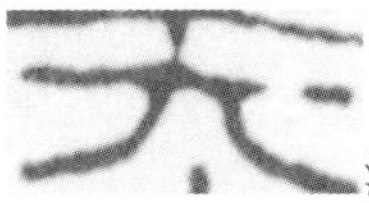
漢晉南北朝印風

○大利周子平

漢晉南北朝印風

○巨趙大萬

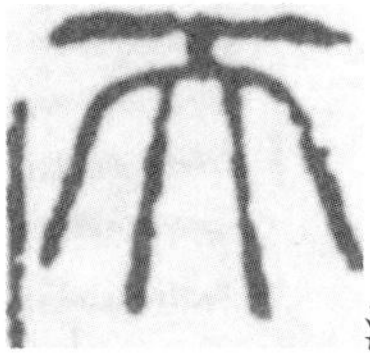
漢晉南北朝印風

○大鄭布

漢晉南北朝印風

○大史延印

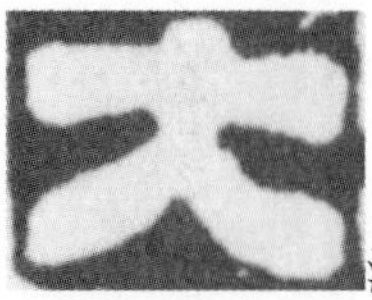
漢晉南北朝印風

漢晉南北朝印風

○具大

漢晉南北朝印風

○魏大功

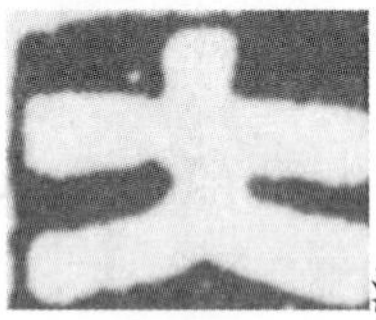
漢晉南北朝印風

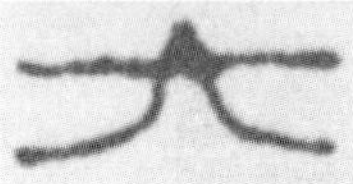
漢晉南北朝印風

○大利旦中公

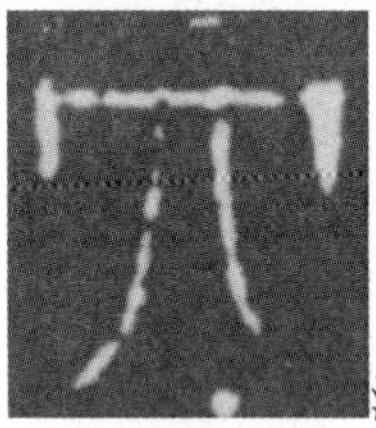
漢晉南北朝印風

○魏郡太守章

秦駰玉版

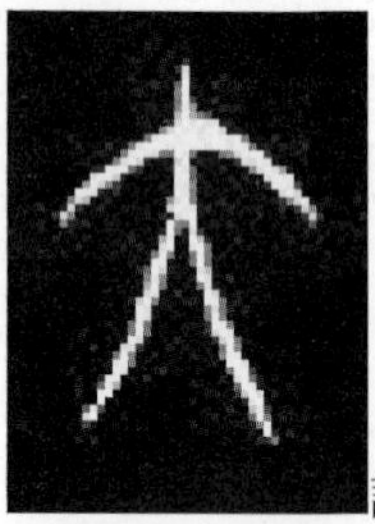
詛楚文・沈湫

○大神巫咸及大沈

石鼓・吳人

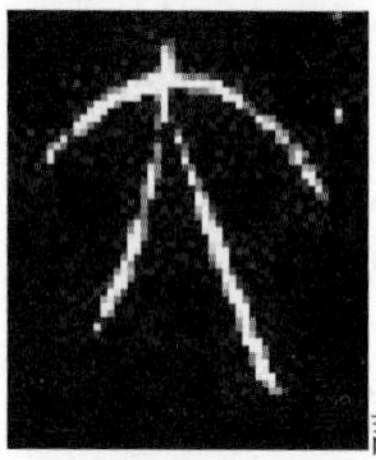
詛楚文・亞駝

○于不顯大神亞駝以

泰山刻石

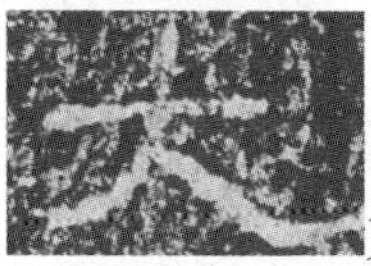
東漢・李禹通閣道記

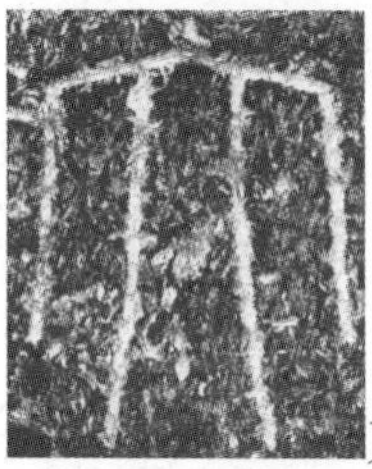
東漢・太尉府門畫像石題記

○大（太）尉

東漢・史晨後碑

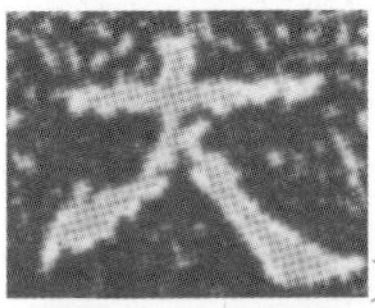
東漢・白石神君碑

晉・趙府君闕

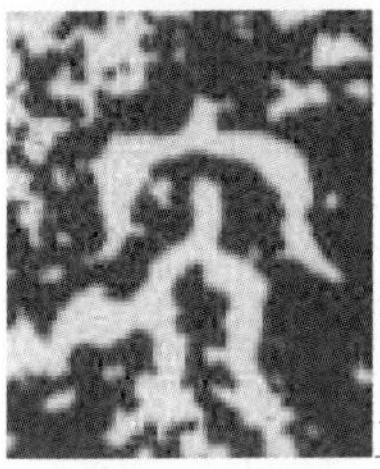
三國魏・三體石經春秋・古文

○殺其大夫㝵（得）

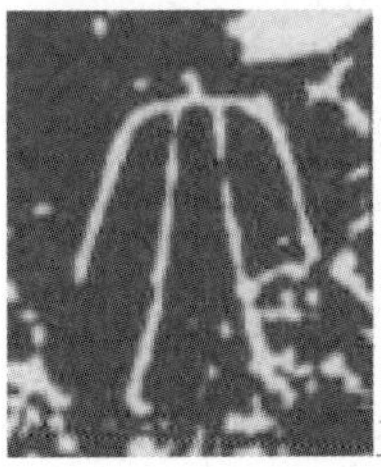
三國魏・三體石經尚書・篆文

○于皇天在大甲時則有若保

北魏・李謀誌蓋

北魏・元繼誌蓋

○魏故大丞相江陽王銘

北魏・元羽誌

北魏・韓顯宗誌

北魏・元天穆誌蓋

○黃鉞柱國大將軍

東魏・高盛碑額

○魏侍中黃鉞大師

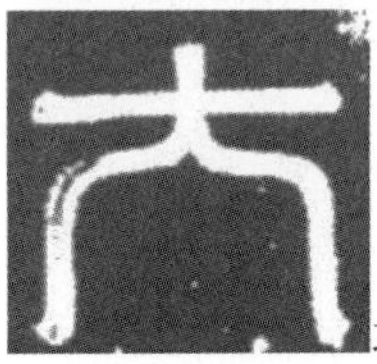
北齊・高阿難誌蓋

○大齊太尉公

北齊・高叡修定國寺碑額

○大齊趙郡王口口口之碑

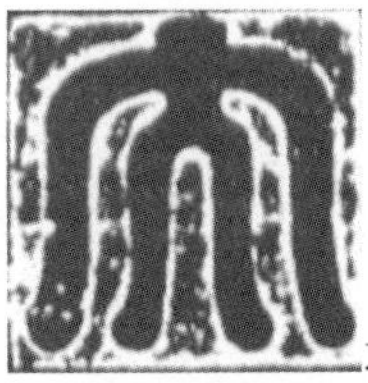
北周・宇文儉誌蓋

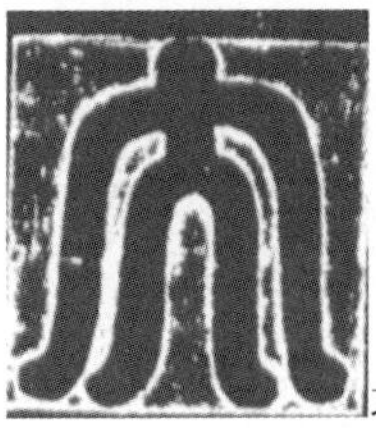
北周・王鈞誌蓋

○大（太）原王

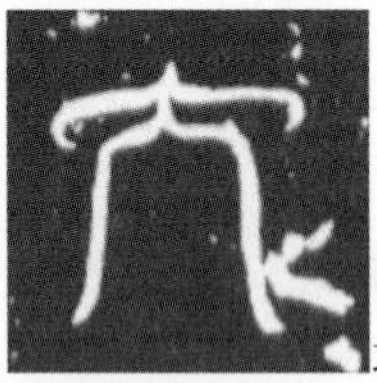
北周・董榮暉誌蓋

○周大將軍

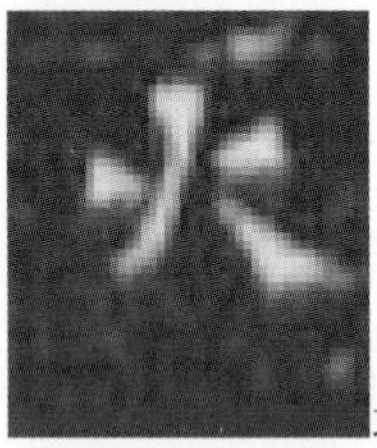
北周・若干雲誌

○加授上開府大將軍

【奎】

《説文》：奎，兩髀之閒。从大圭聲。

睡・日甲《人字》152

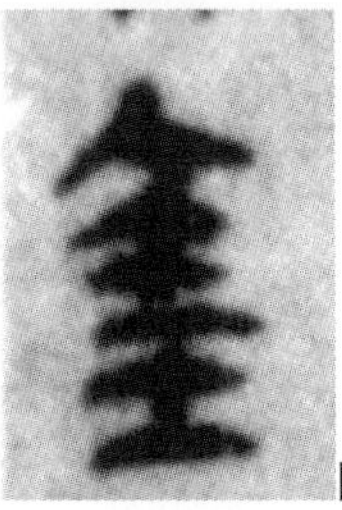
睡・日甲 6

○三月奎婁吉

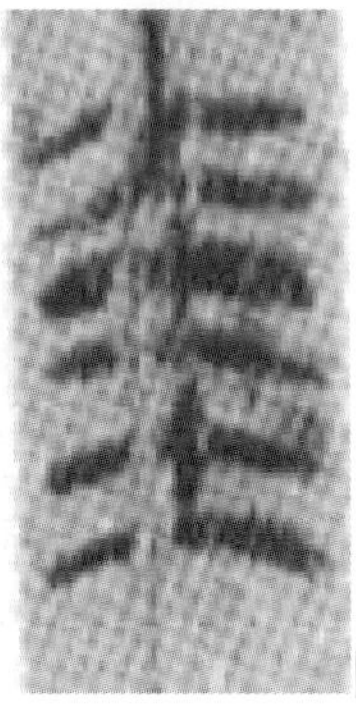
關・日書 145

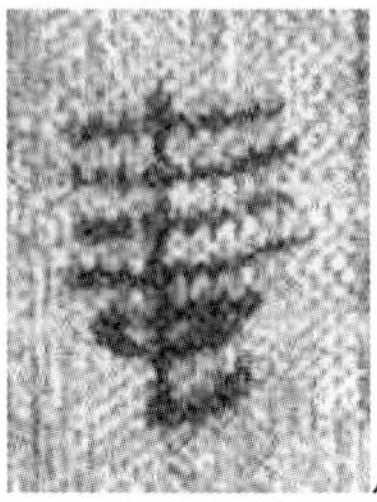
馬貳 18_17 上

○東壁奎

銀貳 2097

○魯受奎婁

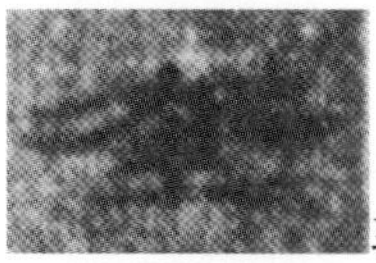
敦煌簡 2360

○危奎胃

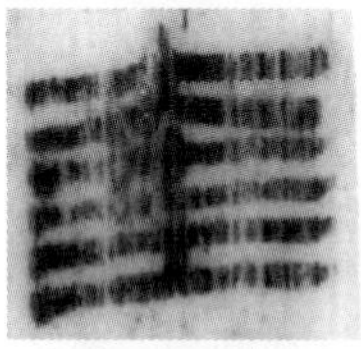
北壹・倉頡篇 60

○旭宿尾奎婁軫

柿葉齋兩漢印萃

○鄒應奎印

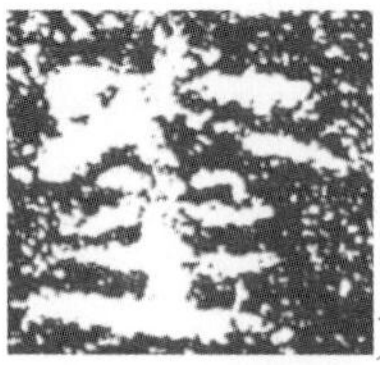
東漢・建塙刻石

○奎十二之獄丞主葬

東漢・史晨前碑

北魏・寇霄誌

【夾】

《說文》：夾，持也。从大俠二人。

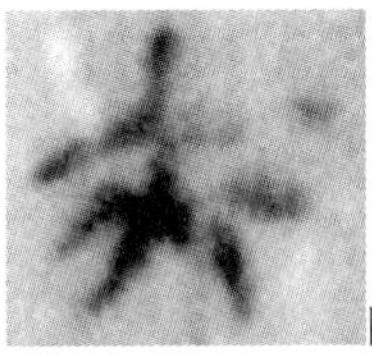
睡・日甲《人字》151

馬壹 226_64

馬壹 175_47 上

○夾如銚其下被甲而朝

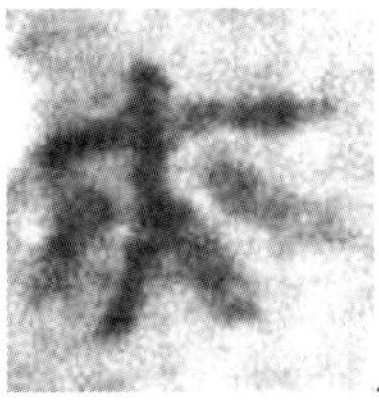
馬壹 114_24\427

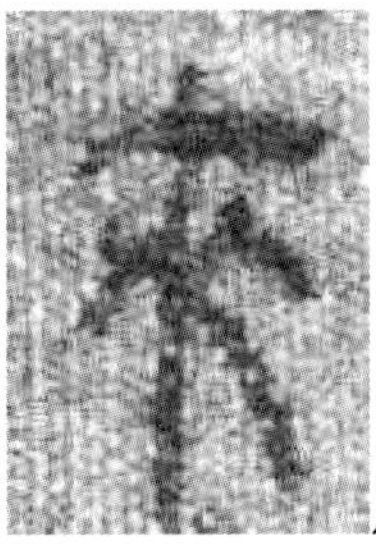
馬貳 62_10

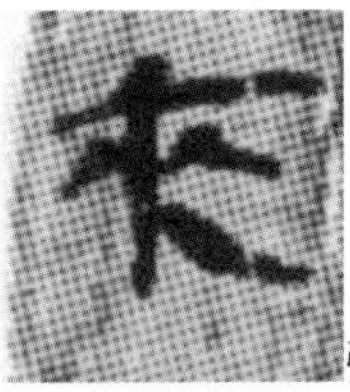
張・津關令 523

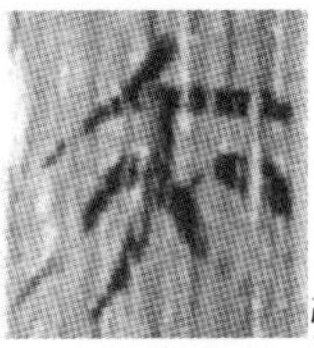
張・脈書 17

張・引書 51

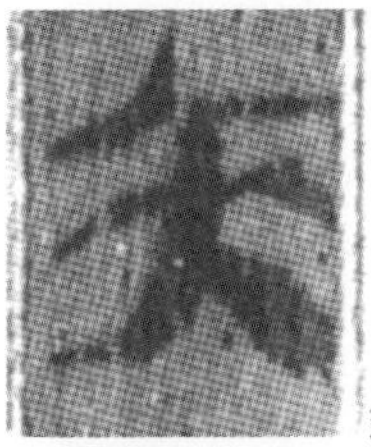
銀貳 1715

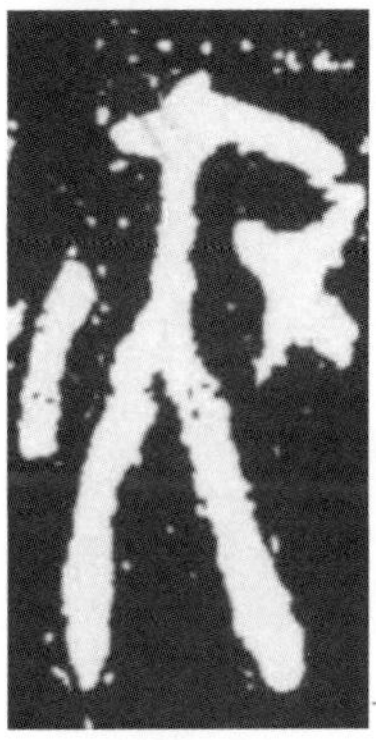
廿世紀璽印二-GP

○陝亭

漢印文字徵

○夾榮

東漢・曹全碑陽

○曹參夾輔王室

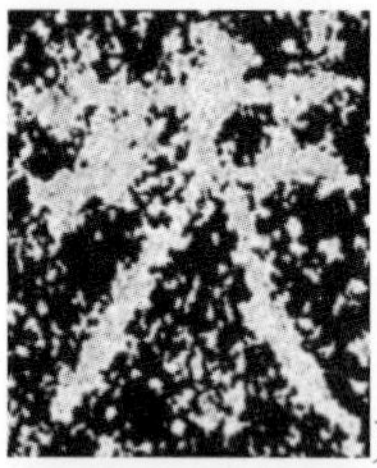
東漢・祀三公山碑

北魏・元鑽遠誌

東魏・元悰誌

【奄】

《説文》：，覆也。大有餘也。又，欠也。从大从申。申，展也。

睡・秦律十八種 181

○宦奄如不更傳食

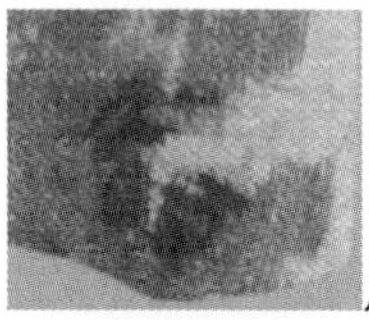
馬貳 113_81/81

○漬之奄（掩）

銀壹 256

○帝（商）奄反

漢印文字徵

○楊奄

東漢・北海相景君碑陽

東漢・孟孝琚碑

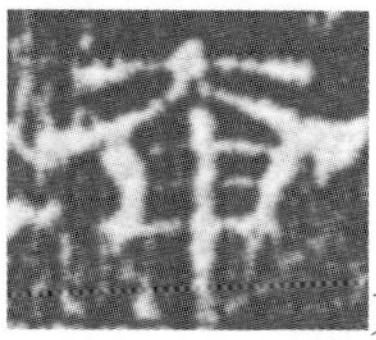
東漢・西岳華山廟碑陽

○奄有河朔

東漢・樊敏碑

西晉・成晃碑

北魏・元瞻誌

北魏・山暉誌

北魏・吳光誌

北魏・寇憑誌

北魏・劉滋誌

北魏・元斑誌

北魏・元子正誌

北魏・王誦誌

北魏・元爽誌

北魏・元暐誌

東魏・崔鷫誌

○奄同秋草

東魏・陸順華誌

○奄從朝露

東魏・閭叱地連誌

北齊・石信誌

北齊・斛律氏誌

北周・王通誌

○奄喪斯文

【夸】

《說文》：，奢也。从大于聲。

睡・為吏 14

○一曰誇以迣

嶽・為吏 42

○一曰夸（誇）而

里・第八層 1004

○夸曰留十五日說急

馬貳 80_230/217

張・引書 84

○去立夸（跨）足

廿世紀璽印二-SP

○咸鄏里夸

秦代印風

○郭誇

秦代印風

○杜誇

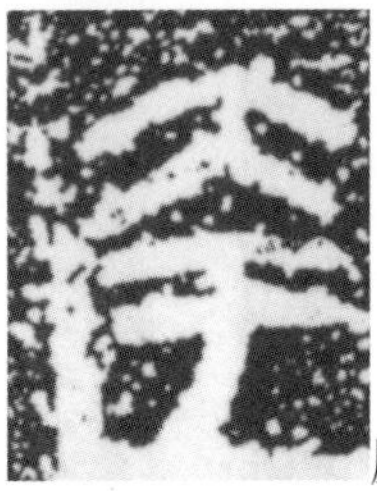
歷代印匋封泥

○咸郿里誇

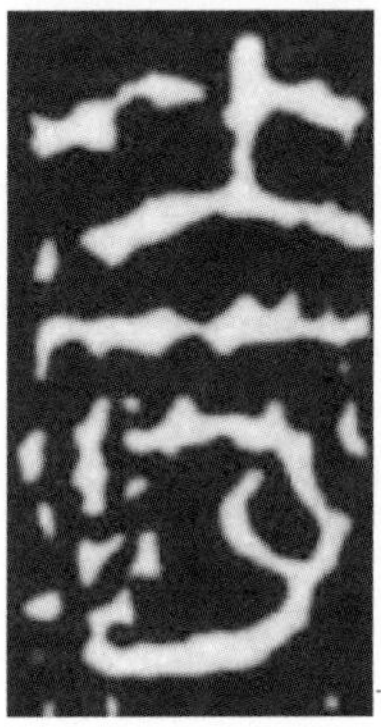
廿世紀璽印三-SY

○王夸

漢印文字徵

○郭夸

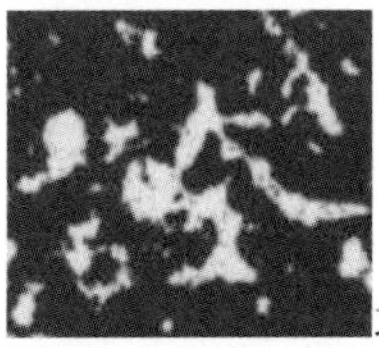
北魏・韓玄誌

○□邑□夸

北齊・庫狄迴洛誌

○夸甫超申

【奆】

《說文》：奆，奢奆也。从大亘聲。

【⿱大瓜】

《說文》：⿱大瓜，⿱大瓜，大也。从大瓜聲。

【奯】

《說文》：奯，空大也。从大歲聲。讀若《詩》“施罟泧泧”。

【⿹𢦏大】

《說文》：⿹𢦏大，大也。从大𢧢聲。讀若《詩》“⿹𢦏大⿹𢦏大大猷”。

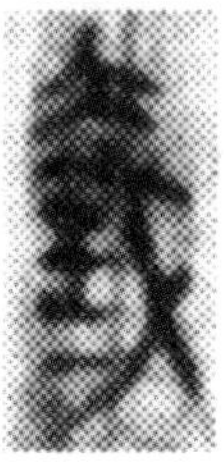
秦文字編 1897

【奅】

《說文》：奅，大也。从大卯聲。

【夽】

《說文》：夽，大也。从大云聲。

【奃】

《說文》：奃，大也。从大氐聲。讀若氐。

【⿱大介】

《說文》：⿱大介，大也。从大介聲。讀

若蓋。

【奃】

《説文》：，瞋大也。从大此聲。

【奰】

《説文》：，大也。从大弗聲。讀若“予違，汝弼”。

【奄】

《説文》：，大也。从大屯聲。讀若鶉。

【契】

《説文》：，大約也。从大从㓞。《易》曰：“後代聖人易之以書契。”

睡・日甲《詰》35

北貳・老子 116

○執左契而不以責

北壹・倉頡篇 18

○美數券契筆研

漢印文字徵

○張契

北魏・元天穆誌

北魏・元純陀誌

○吾一生契闊

北魏・薛伯徽誌

北魏・慈慶誌

○契闊家艱

北魏・劉華仁誌

○痛念松年之契

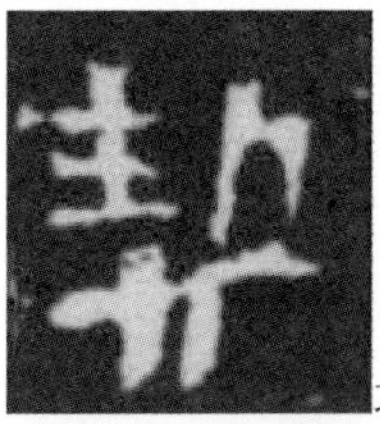
北魏・姚伯多碑

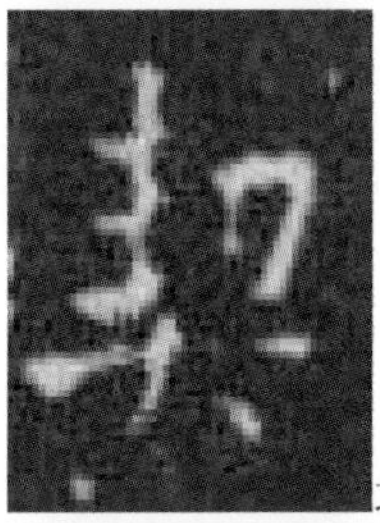
北魏・暉福寺碑

東魏・道穎等造像

○俱契真宗

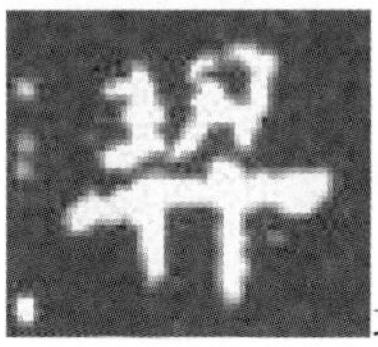
北齊・趙熾誌

○右契(挈)

【夷】

《説文》：夷，平也。从大从弓。東方之人也。

漢銘・永始乘輿鼎一

漢銘・清河大后中府鍾

漢銘・夷道官斛

漢銘・陽信家甗

里・第八層 160

○舍夷陵

里・第八層背 753

○入襄夷山

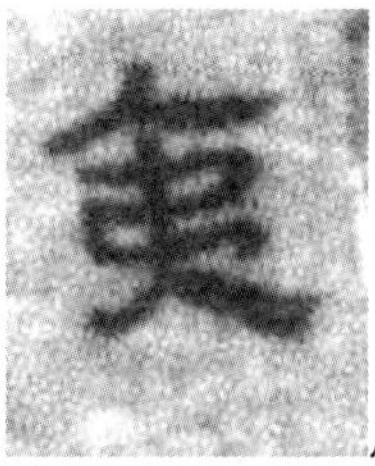
馬壹 142_5/179 上

馬壹 42_17 下

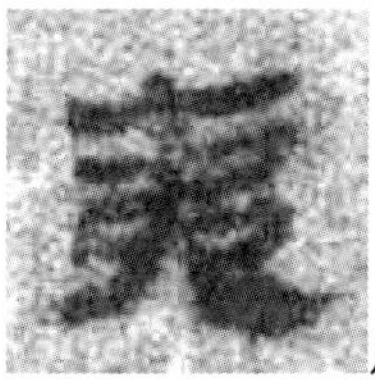
馬壹 8_41 下

馬貳 268_113/130

馬貳 86_366/356

張・賊律 19

張・蓋盧 4

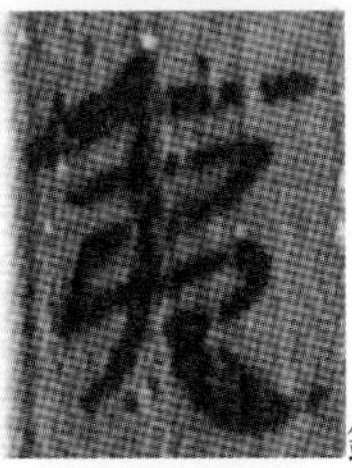
銀貳 1740

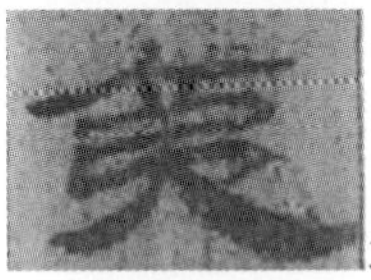
北貳・老子 13

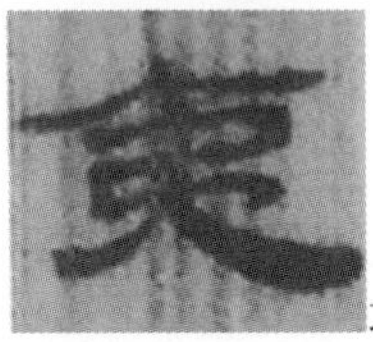
北貳・老子 155

敦煌簡 0983

○蠻夷

金關 T23:493

東牌樓 060 正

秦代印風

歷代印匋封泥

○夷輿丞印

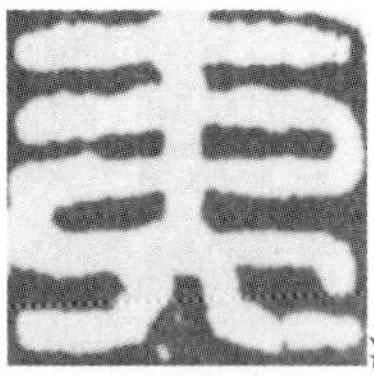
漢晉南北朝印風

廿世紀璽印三-GP

漢晉南北朝印風

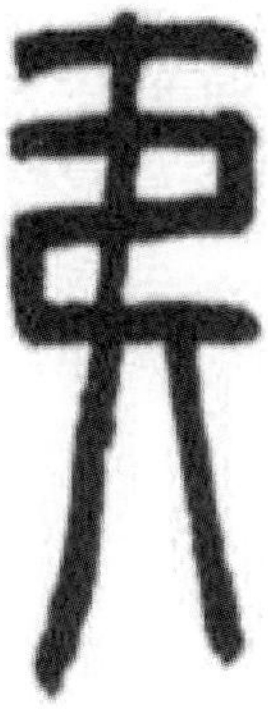
漢印文字徵

○賈夷

漢印文字徵

○王夷

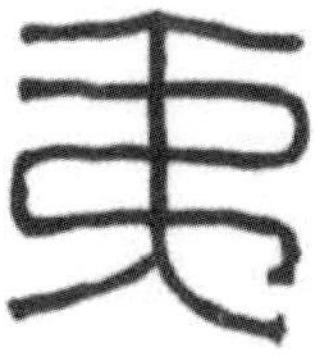
漢印文字徵

○賈夷吾

漢印文字徵

○金國辛千夷槐佰右小長

漢印文字徵

○夷道長印

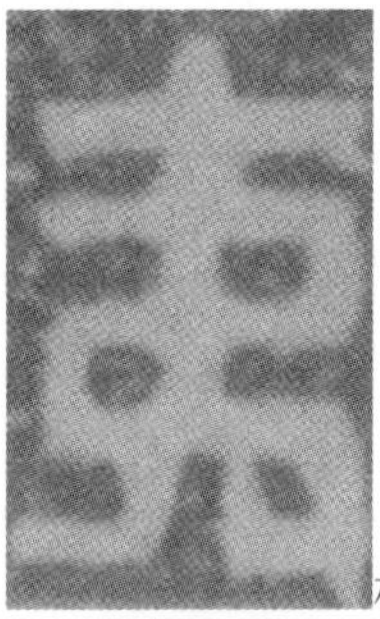
柿葉齋兩漢印萃

漢印文字徵

○夷譚

漢晉南北朝印風

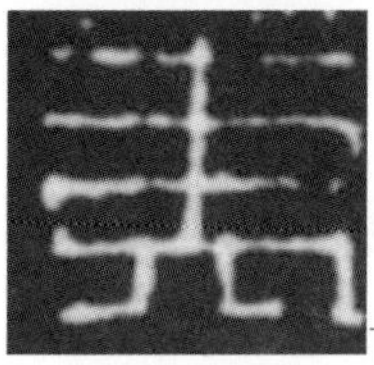
廿世紀璽印四-GY

○晉蠻夷率善佰長

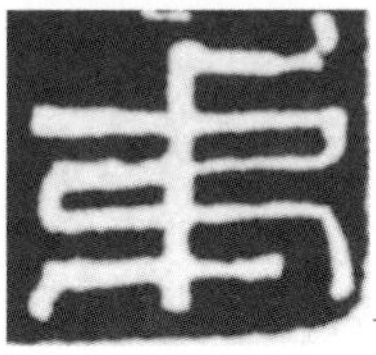
廿世紀璽印四-GY

○蠻夷侯印

廿世紀璽印四-GY

○板盾夷長

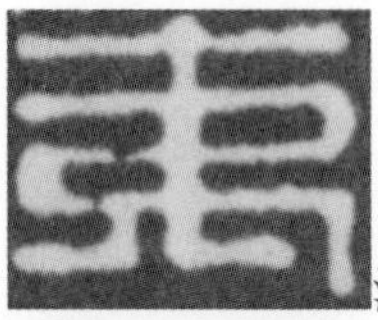
漢晉南北朝印風

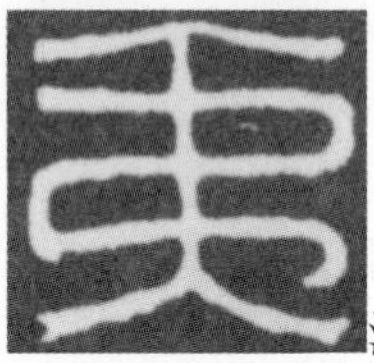
漢晉南北朝印風

漢晉南北朝印風

○夷吾

東漢・成陽靈臺碑

東漢・成陽靈臺碑

東漢・曹全碑陽

東晉・霍□誌

○南夷校尉交寧二州刺史

北魏・元弼誌

○允彼淮夷

北魏・李蕤誌

○夷路无窮

北魏・王普賢誌

○遂乘險就夷

北魏・奚真誌

○威偃邊夷

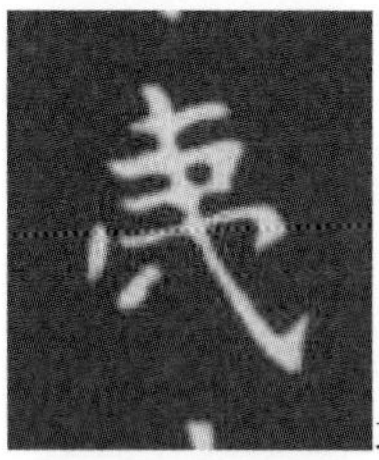
北魏・元朗誌

○君遂禦夷狄以威權

北魏・長孫盛誌

○著自夷險

〖太〗

廿世紀璽印三-GP

○齊太史印

廿世紀璽印三-GP

○太牢

漢晉南北朝印風

○金城太守章

漢晉南北朝印風

○趙郡太守章

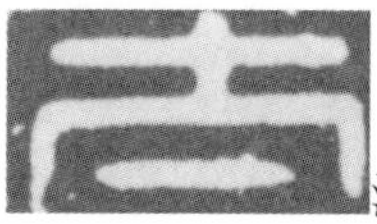
漢晉南北朝印風

○隴東太守章

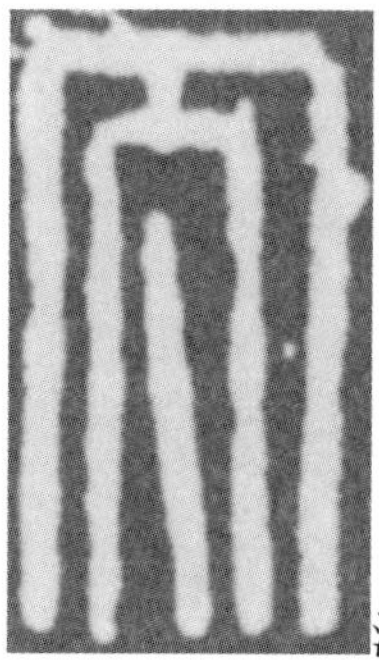
漢晉南北朝印風

○廣甯太守章

漢晉南北朝印風

○武始太守章

漢晉南北朝印風

○蜜雲太守章

漢晉南北朝印風

○南鄉太守章

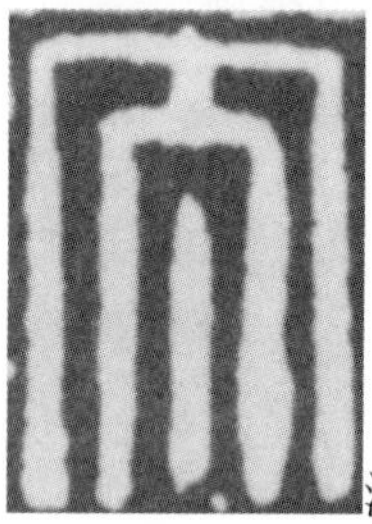
漢晉南北朝印風

○廬陵太守章

廿世紀璽印四-GY

○陰平太守

廿世紀璽印四-GY

○宜陽太守章

東漢・鮮於璜碑額

○雁門太守

東晉・霍□誌

北魏・元悌誌蓋

○魏故侍中太尉公冀州刺史廣平王墓銘

北魏・解伯都等造像

北魏・元簡妃誌蓋

○太保齊郡順王常妃誌銘

北魏・張安姬誌

北魏・元煥誌

北齊・石佛寺迦葉經碑

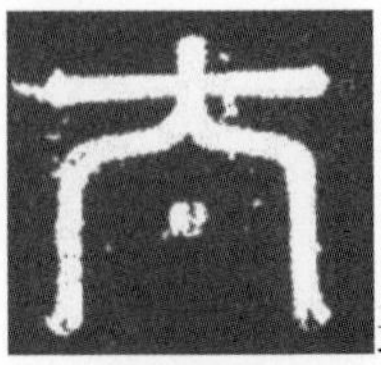
北齊・高阿難誌蓋

○大齊太尉公平梁王劉君墓誌

北齊・高湝誌

○人也太祖獻武皇帝第

〖尖〗

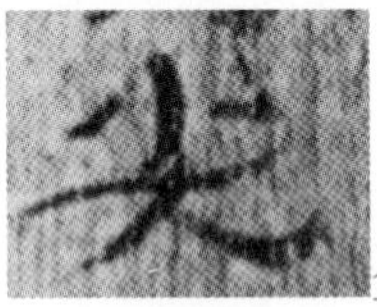
金關 T10:221A

○中有尖欲得其日

〖夻〗

歷代印匋封泥

○夻（大）坾（市）

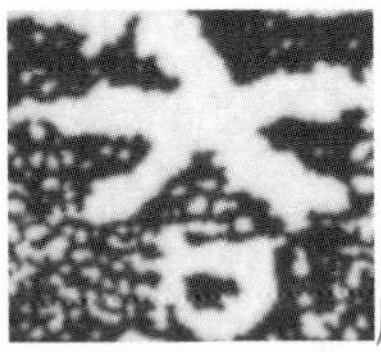
歷代印匋封泥

○夻（大）坾（市）

〖奬〗

北魏・檀賓誌

○開新訓而奬士

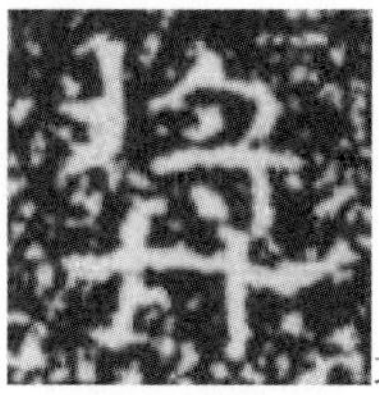
北齊・魏懿誌

○獎贍

北齊・劉悅誌

○榮獎之盛

北齊・法懃塔銘

○移邪獎正

北齊・高湝誌

○弘獎風流

亦部

【亦】

《説文》：亦，人之臂亦也。从大，象兩亦之形。凡亦之屬皆从亦。

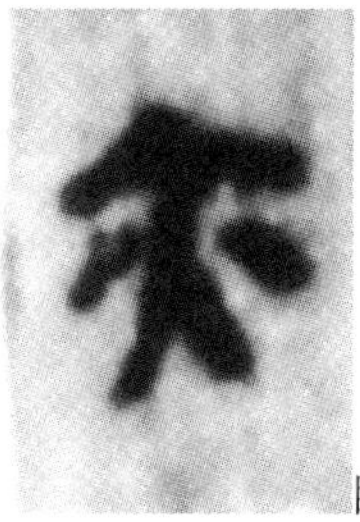
睡・秦律十八種 1

睡・法律答問 107

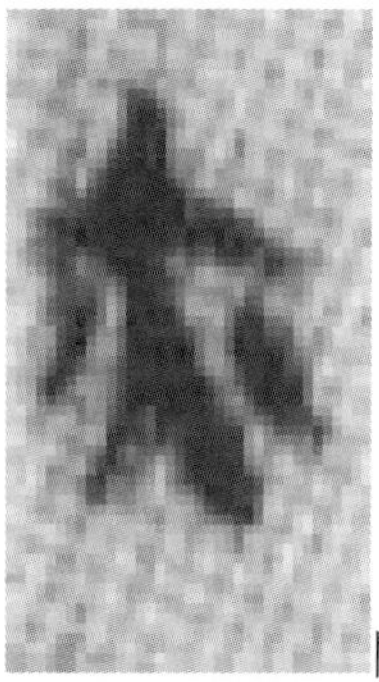
關・病方 331

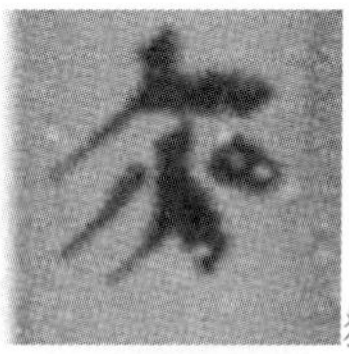
嶽・數 46

里・第八層 67

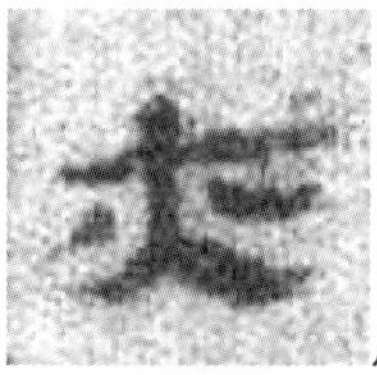
馬壹 39_16 下

馬壹 83_73

馬貳 142_32

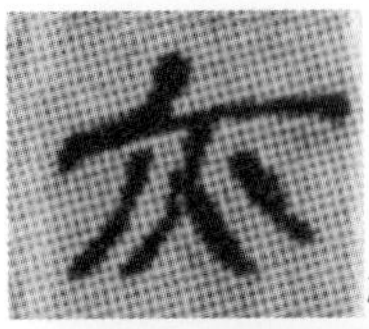
張・具律 95

張・奏讞書 195

張・算數書 62

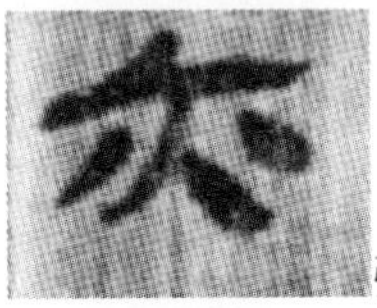
張・引書 36

銀壹 475

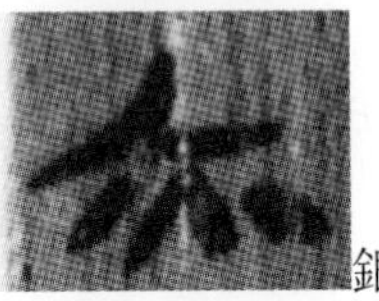
銀貳 1683

北貳・老子 210

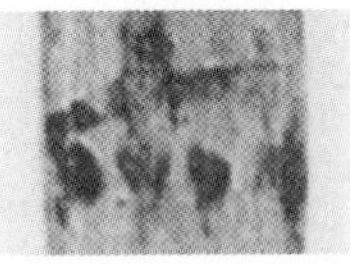
敦煌簡 0168

○不可亦不足以干治

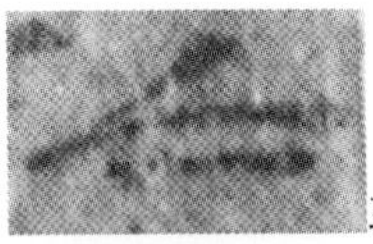
敦煌簡 0238B

○憂之亦能將卒作朝

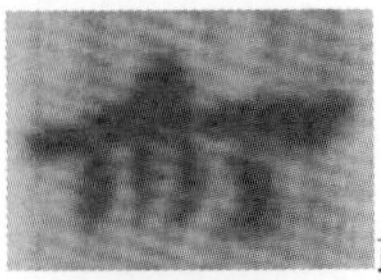
武・儀禮甲《服傳》29

武・甲《特牲》51

武・甲《少牢》30

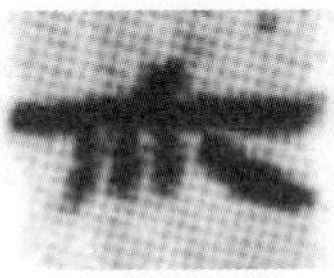
武・甲《有司》11

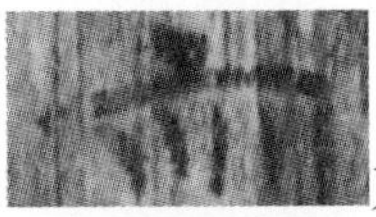
東牌樓 013 正

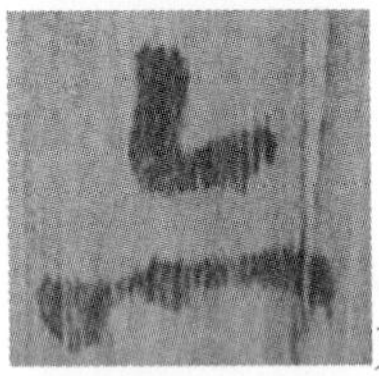
東牌樓 044

○得既亦求爲騎吏意

魏晉殘紙

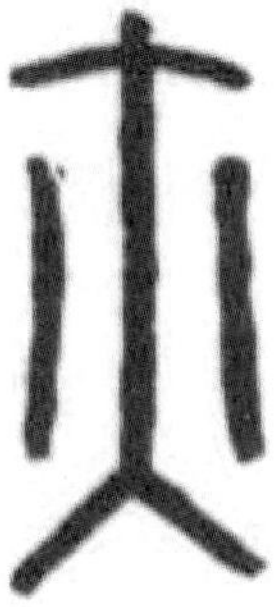
漢印文字徵

○李亦

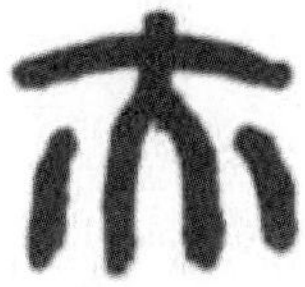
漢印文字徵

○徐亦世印

詛楚文・沈湫

○亦應受皇天上帝

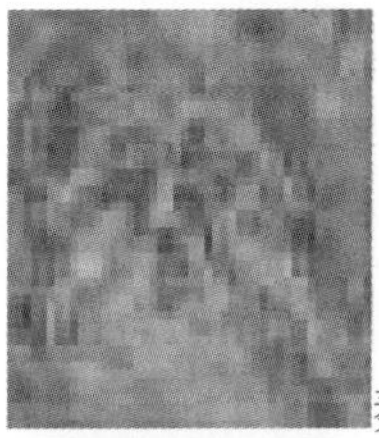
秦駰玉版

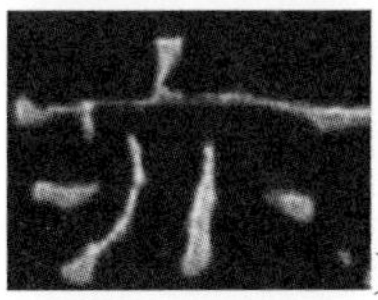
東漢・楊震碑

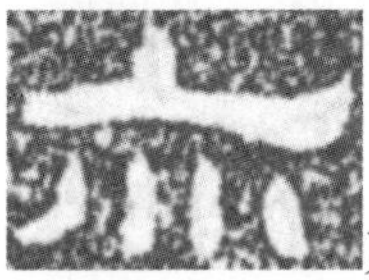
東漢・從事馮君碑

東漢・孟孝琚碑

北魏・元悌誌

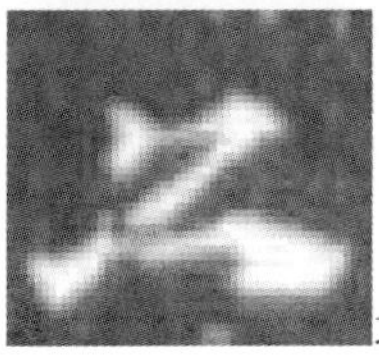
北魏・元龍誌

○故亦非扶不起

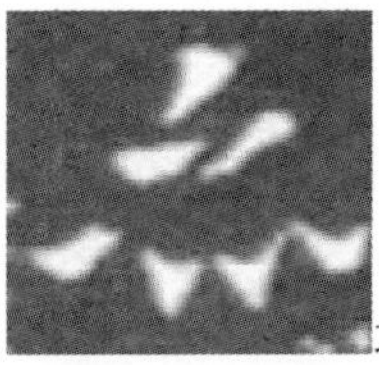
北魏・崔隆誌

○而君亦與有功

北魏・鄭君妻誌

北魏・郭定興誌

○其枝亦茂

北魏・元謐誌

北魏・元朗誌

○亦既闋止

北魏・元固誌

○亦唯御侮

北魏・王誦誌

○亦既來仕

北魏・赫連悅誌

○頗亦知矣

北魏・宋靈妃誌

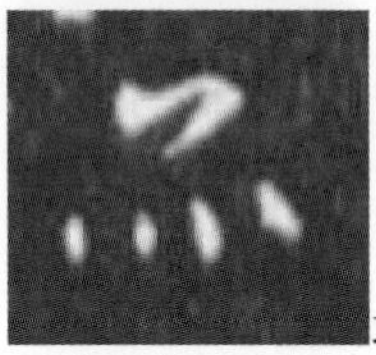
北魏・元則誌

○抑亦兼市

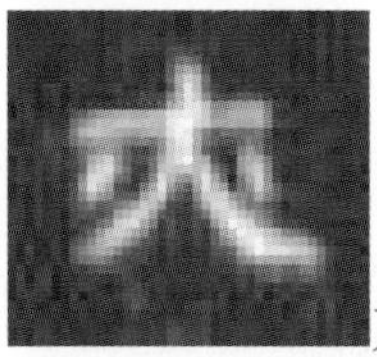
東魏・公孫略誌

○亦撫頭而載歎

東魏・元悰誌

東魏・盧貴蘭誌

○亦既有行

東魏・陸順華誌

○亦既言笄

東魏・元延明妃馮氏誌

北齊・石佛寺迦葉經碑

北齊・嵺山摩崖

○亦無限數□若般

北齊・常文貴誌

○死亦孤雄

【夾】

《説文》：夾，盜竊褱物也。从亦，有所持。俗謂蔽人俾夾是也。弘農陝字从此。

夨部

【夨】

《説文》：夨，傾頭也。从大，象形。凡夨之屬皆从夨。

【𡗜】

《説文》：𡗜，頭傾也。从夨吉聲。讀若孑。

【奊】

《説文》：奊，頭衺、骫奊態也。从夨圭聲。

睡・日甲8

○四日臾（謑）詢

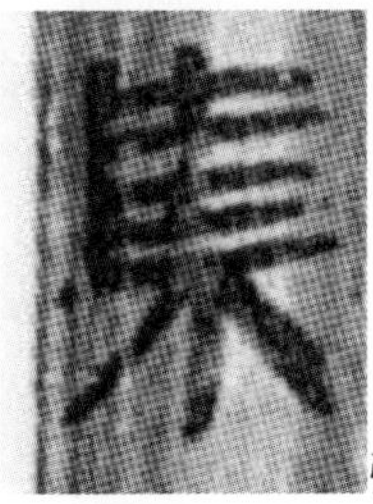
張・賊律41

○妾其臾（謑）詢詈之贖黥

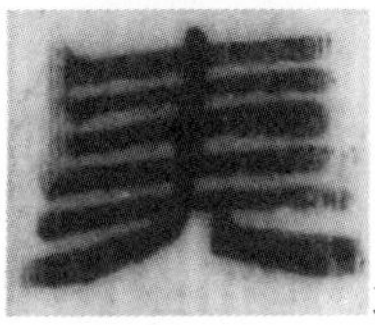
北壹・倉頡篇10

○骩臾左右

【吳】

《説文》：，姓也。亦郡也。一曰吳，大言也。从夨、口。

【𡗿】

《説文》：，古文如此。

漢銘・永元六年弩鐖

漢銘・建初元年鐖

漢銘・五鳳熨斗

里・第八層566

○吳鉩

馬壹88_206

○吳不亡越

馬壹76_65

○吳人乃□之

馬壹46_64下

張・算數書96

○租吳（誤）券田

銀壹155

敦煌簡 2245

〇忠信吳仲皇許終

金關 T22:078

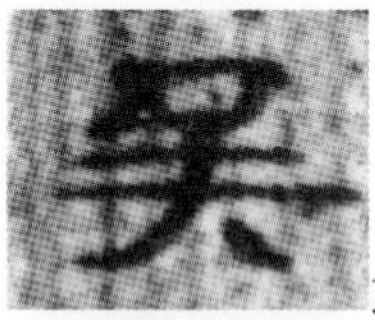
武・王杖 7

東牌樓 085

〇吳李周張

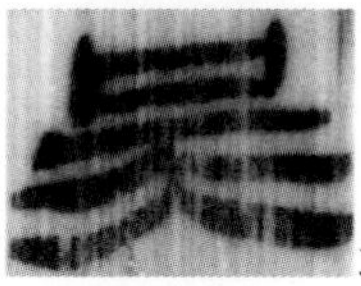
北壹・倉頡篇 47

〇吳邗許莊

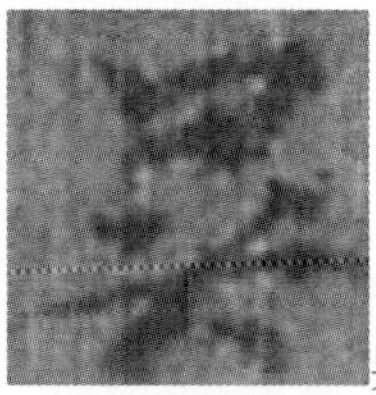
吳簡嘉禾・五・七三六

〇男子吳塼佃田五町

吳簡嘉禾・五・九九四

〇高吳佃田二町

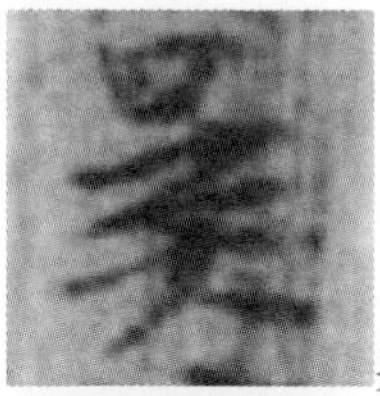
吳簡嘉禾・二二三八

吳簡嘉禾・五・七六一

吳簡嘉禾・五・六六一

秦代印風

〇吳涚

秦代印風

〇吳樂

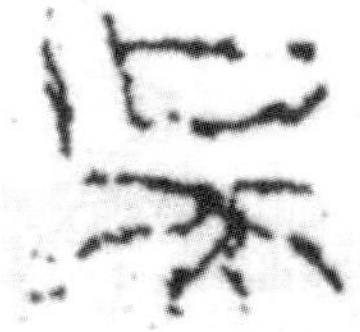
歷代印匋封泥

〇吳炊之印

廿世紀璽印三-SY

〇吳陽私印

廿世紀璽印三-SY

○吳万遂

廿世紀璽印三-SY

○吳德

漢晉南北朝印風

○吳房長印

柿葉齋兩漢印萃

○吳漢私印

漢印文字徵

○吳申私印

漢印文字徵

○吳長

柿葉齋兩漢印萃

○吳餘祿印

漢印文字徵

○吳橫之印

柿葉齋兩漢印萃

○吳弘私印

歷代印匋封泥

○吳郎中印

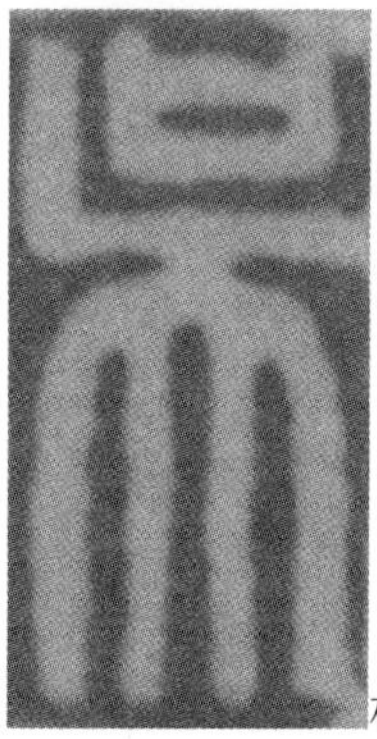
柿葉齋兩漢印萃

○吳慶

漢印文字徵

○吳印安定

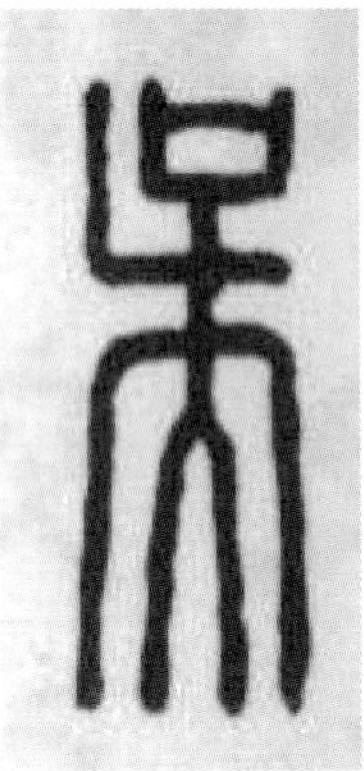
漢印文字徵

○吳福

廿世紀璽印四-GY

○吳率夷中郎將

漢晉南北朝印風

○吳永私印

漢晉南北朝印風

○吳顧

漢晉南北朝印風

○吳大黑

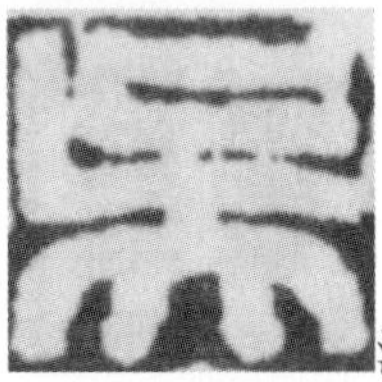
漢晉南北朝印風

○吳春之印

漢晉南北朝印風

○吳置之印

漢晉南北朝印風

○吳樂私印

漢晉南北朝印風

○吳壽私印

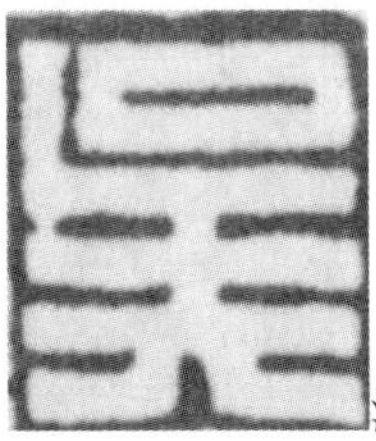
漢晉南北朝印風

○吳安定印

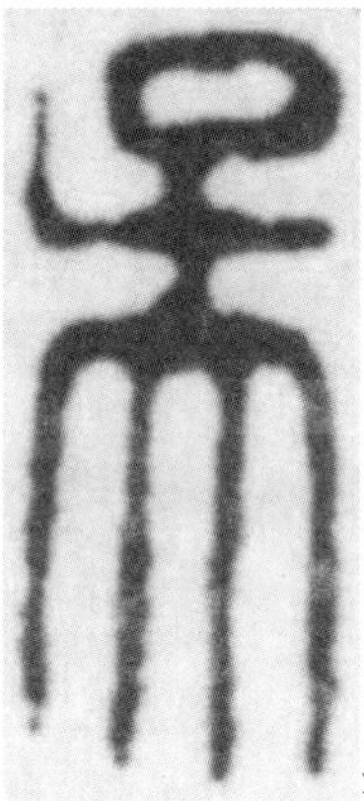
漢晉南北朝印風

○吳鵠

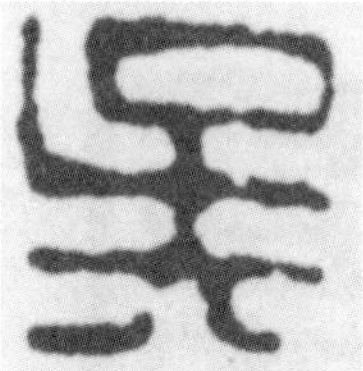
漢晉南北朝印風

○大利吳子俠

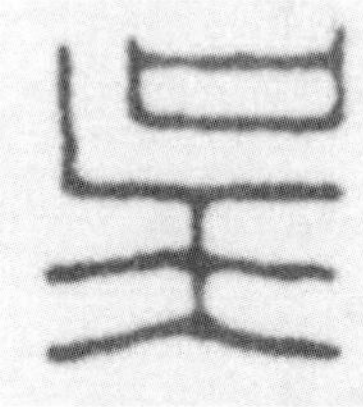
漢晉南北朝印風

○趙吳人

漢晉南北朝印風

○吳闞私印

石鼓・吳人

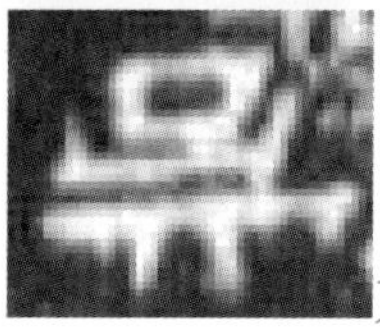
東漢・營陵置社碑

東漢・岐子根畫像石墓題記

東漢・肥致碑

東晉・張鎮誌

○吳張鎮字義遠之

東晉・張鎮誌

○興道縣德侯吳國

北魏・吳光誌

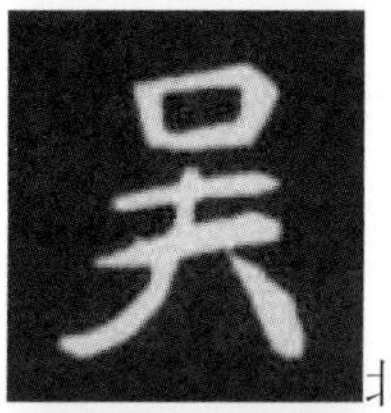
北魏・檀賓誌

北魏・元液誌

○親浮海吳

北魏・寇治誌

○喻以晉吳

東魏・蕭正表誌

○封吳郡王

東魏・元光基誌

○吳郡王墓誌銘

東魏・元光基誌蓋

○魏故侍中司空公吳郡王墓銘

東魏・蕭正表誌蓋

○魏故侍中司空公吳郡王墓銘

西魏・吳輝誌蓋

○魏故李氏吳郡君之銘

南朝宋・劉懷民誌

夭部

【夭】

《説文》：夭，屈也。从大，象形。凡夭之屬皆从夭。

睡・日甲《詰》32

○是夭鬼以水沃之

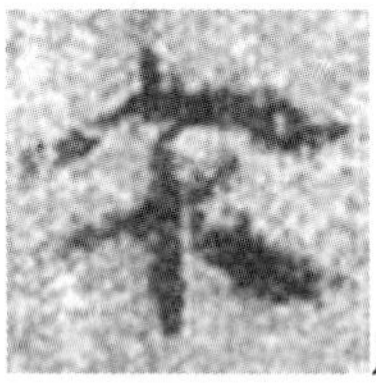
馬壹 175_41 上

○爲天夭（妖）及彗

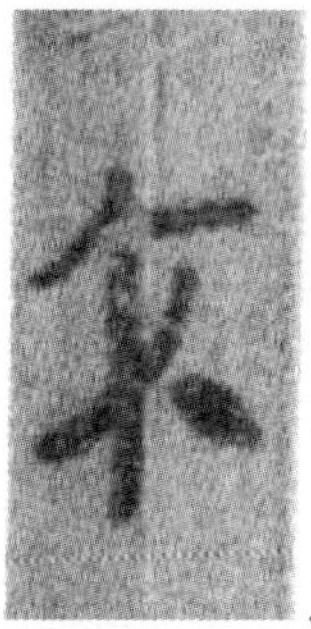
馬貳 205_24

○好有夭有壽欲聞民

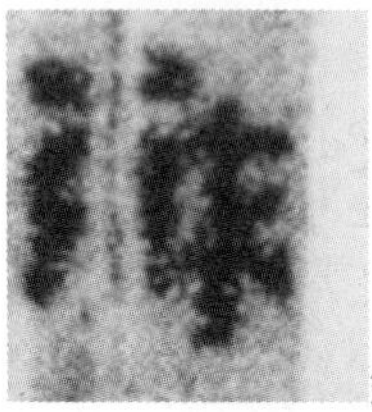
銀壹 487

○殺殀（夭）台（胎）

銀貳 1918

○時多夭（妖）言

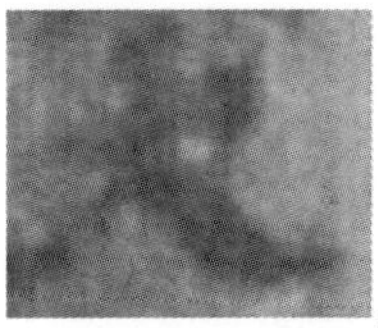
吴簡嘉禾・四・一〇

○夭其十一畝餘

東漢・許安國墓祠題記

北魏・元子直誌

○或壽或夭

北魏・元譚妻司馬氏誌

北魏・馮邕妻元氏誌

北魏・劉氏誌

【喬】

《説文》：喬，高而曲也。从夭，从高省。《詩》曰：“南有喬木。”

春早・秦政伯喪戈之二

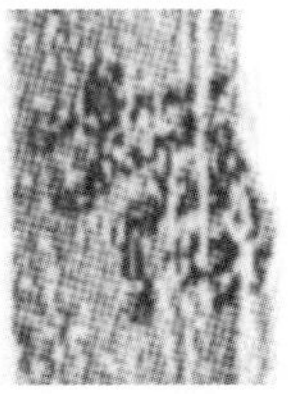
銀貳 2141

○立不喬（驕）神

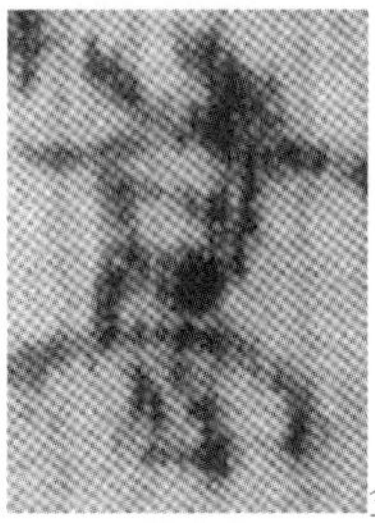
金關 T32:032B

○陳喬百□

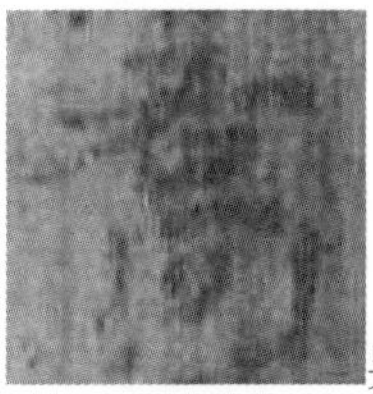
吴簡嘉禾・四・三三八

○唐喬佃田二町凡

漢印文字徵

○潘喬之印

漢印文字徵

○公孫喬

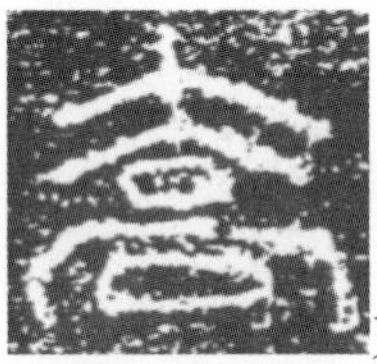
東漢・阿貴造陰宅磚

○喬昔陰

東漢・李固殘碑

東魏・崔令姿誌

○曾祖喬宋清河太守

北齊・僧通等造像

○都督喬要興

南朝齊・劉岱誌

○字子喬

【㚔（幸）】

《說文》：㚔，吉而免凶也。从屰从夭。夭，死之事。故死謂之不㚔。

漢銘・大幸合符鉤

睡・秦律十八種 5

○唯不幸死

嶽・識劫案 115

○人不幸死者

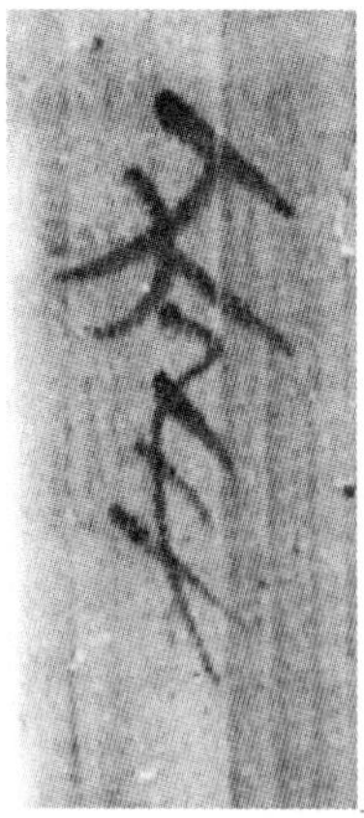
里・第八層 1570

○弗平幸告使者

里・第八層 1443

○以大奴幸甘

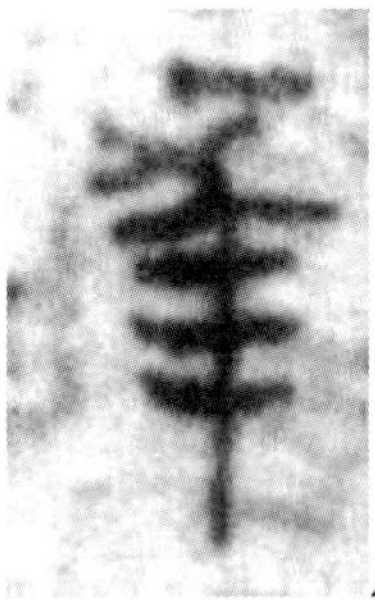
馬壹 85_139

○此言幸之不可數

馬壹 44_34 下

○所幸於天下者

馬貳 237_185

○龔（供）中幸酒杯十五

張・置後律 377

○妻不幸死者

張・奏讞書 147

○陛下幸詔

銀壹 498

○唯（雖）勝爲幸

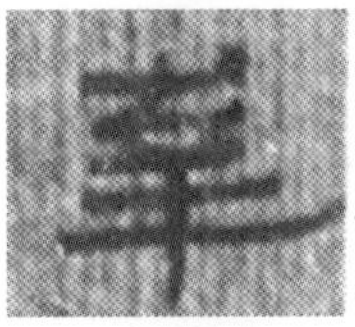
敦煌簡 0178

○㚔毋所恨

敦煌簡 0243B

○起居㚔甚

金關 T04:123

○㚔=甚

金關 T23:899B

○朿茭幸

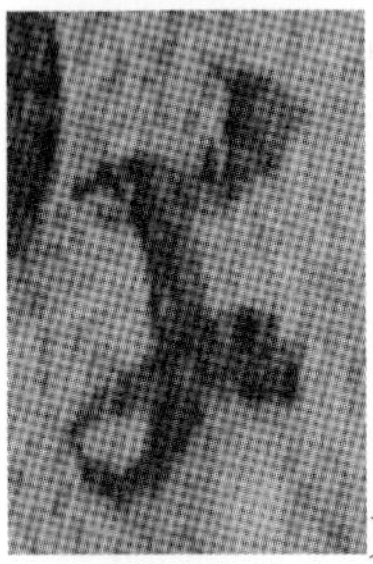
東牌樓 066 正

○㚔甚

東牌樓 060 背

○驩憘㚔甚

魏晉殘紙

○平安㚔甚

廿世紀璽印三-SY

○㚔

歷代印匋封泥

○昌武幸印章

廿世紀璽印三-SY

○日幸

漢印文字徵

○幸

漢印文字徵

○常幸

漢印文字徵

○常幸

漢印文字徵

○燕幸

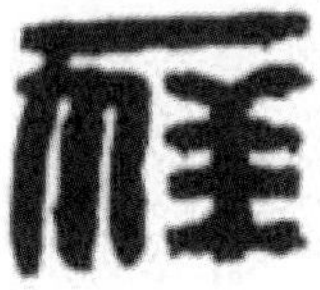

漢印文字徵

○郭幸置

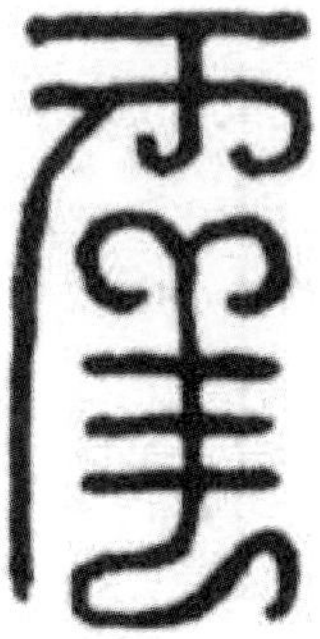

漢印文字徵

○日幸

漢印文字徵

○常幸

漢印文字徵

○周幸私印

漢印文字徵

○表幸私印

漢印文字徵

○常幸

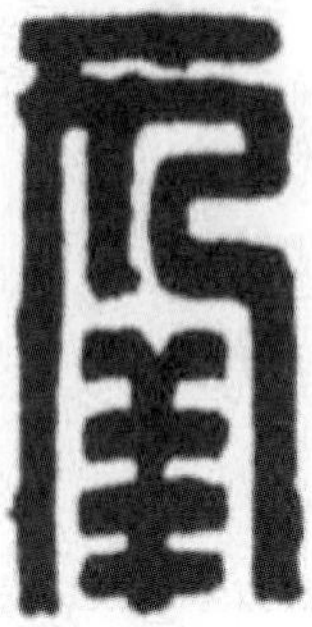
漢印文字徵

〇長幸

漢印文字徵

〇大幸

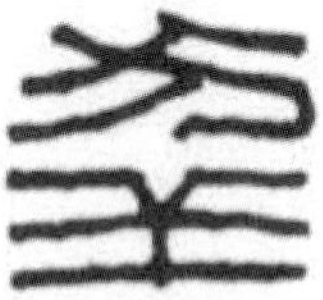
漢印文字徵

〇王印幸置

漢印文字徵

〇矦幸之印

漢晉南北朝印風

〇刑幸

漢晉南北朝印風

〇郭幸置

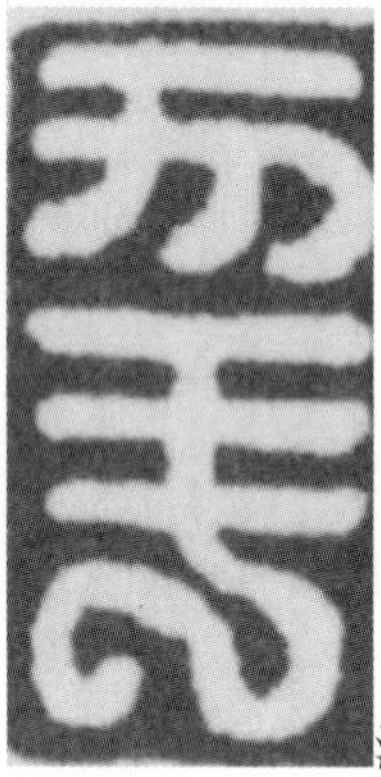
漢晉南北朝印風

〇燕幸

漢晉南北朝印風

〇長幸唯印

東漢・石祠堂石柱題記

〇不㚔蚤終

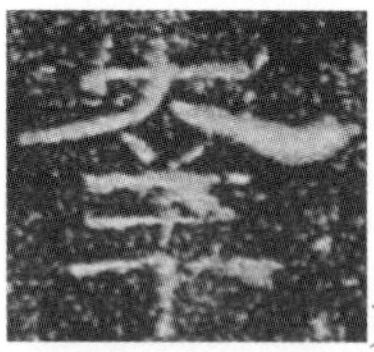
東漢・韓仁銘

〇不㚔短命

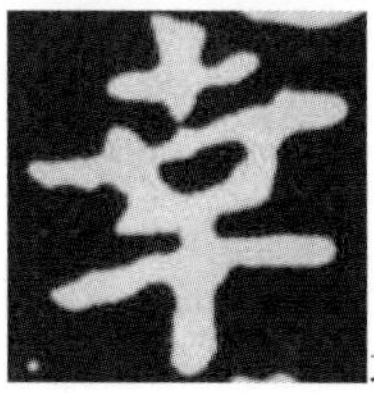
北魏・塔基石函銘刻

北魏・楊氏誌

北魏・楊氏誌

北魏・宋靈妃誌

北魏・塔基石函銘刻

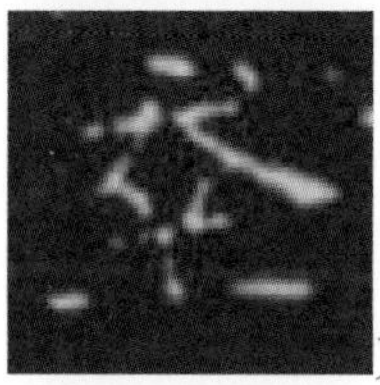
東魏・李挺誌

○句吳𡴘釁

東魏・高歸彥造像

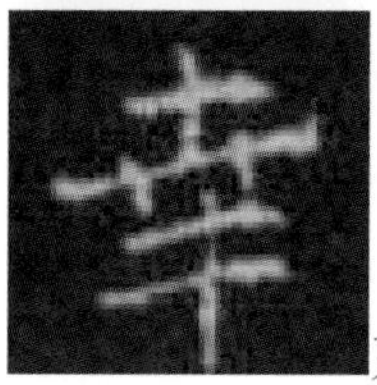
東魏・王僧誌

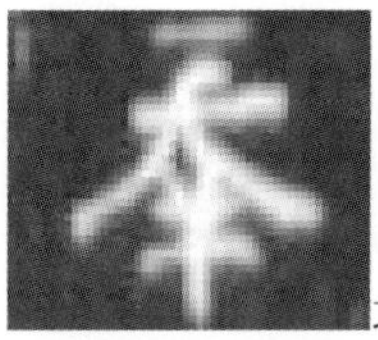
北周・叱羅協誌

○不𡴘遘疾

【奔】

《説文》：奔，走也。从夭，賁省聲。與走同意，俱从夭。

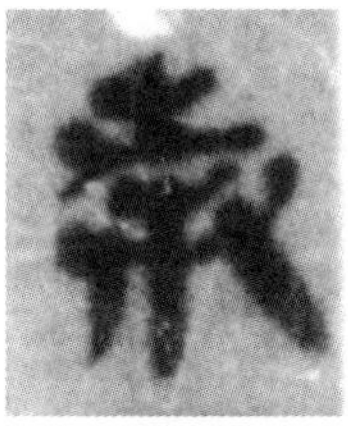
睡・秦律雜抄 9

睡・為吏 28

里・第八層 439

○丑將奔命校長周爰

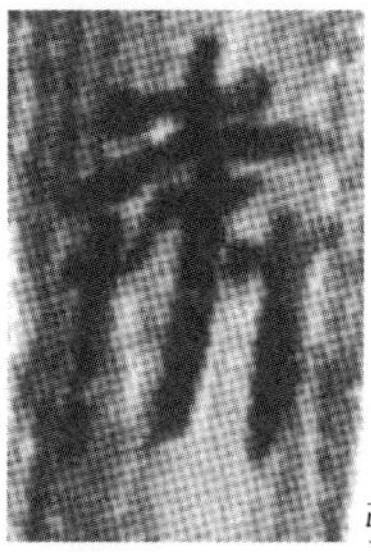
張・興律 399

○當奔命而逋

銀壹 98

○奔走陳兵者

銀貳 1117

○人奔走右水而戰

敦煌簡 0205

○夜奔射狀

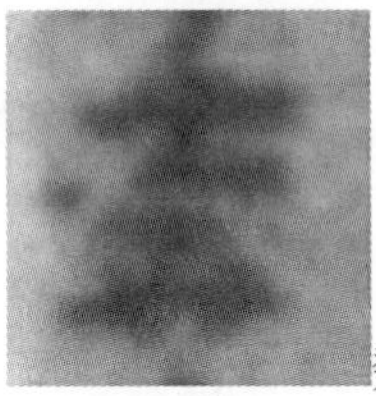
魏晉殘紙

○星夜馳奔

石鼓・霝雨

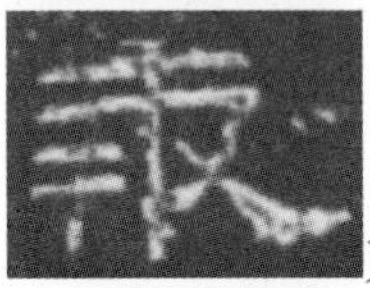
東漢・桐柏淮源廟碑

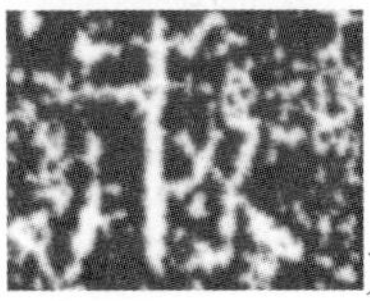
東漢・北海相景君碑陽

○隕涕奔哀

三國魏・三體石經春秋・篆文

○衛衛元咺出奔晉陳侯

三國魏・三體石經春秋・古文

○元咺出奔晉

北魏・元恭誌

北魏・寇治誌

交部

【交】

《説文》：，交脛也。从大，象交形。凡交之屬皆从交。

漢銘・交阯釜

嶽·為吏 33

里·第八層 1069

里·第八層背 1477

馬壹 81_29

馬貳 212_3/104

張·引書 8

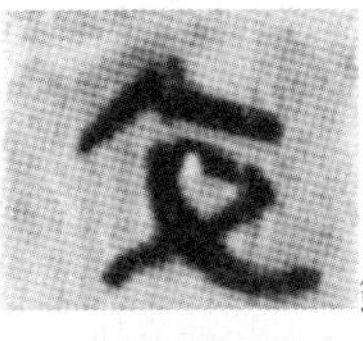
銀貳 1577

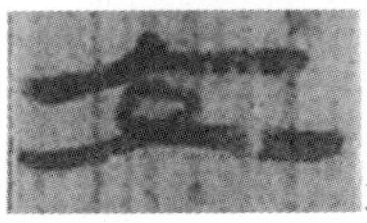
北貳·老子 64

金關 T05:008A

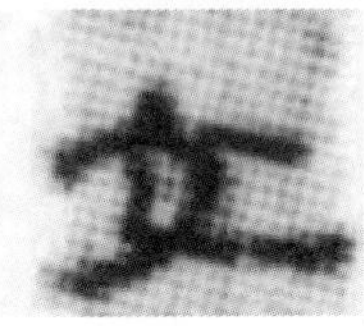
武·甲《特牲》40

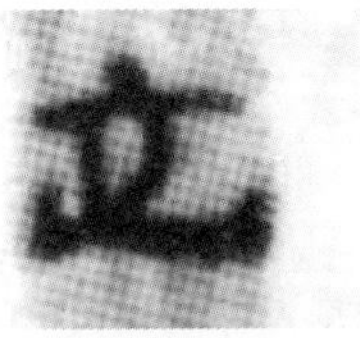
武·甲《泰射》49

東牌樓 133

〇思必交稱

秦代印風

〇交仁必可

漢印文字徵

漢印文字徵

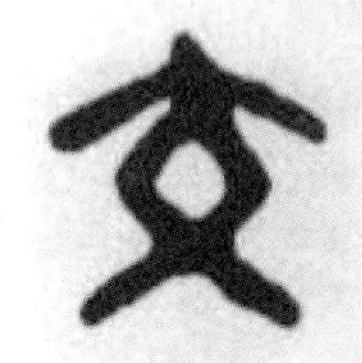
漢印文字徵

漢印文字徵

漢晉南北朝印風
○張交利印

東漢・成陽靈臺碑

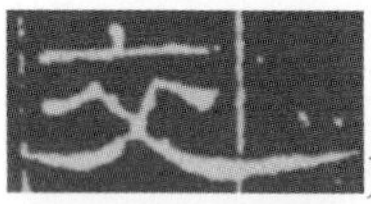
東漢・沈府君神道闕

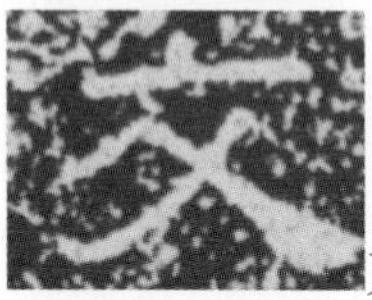
東漢・尹宙碑

三國魏・曹真殘碑

西晉・臨辟雍碑

東晉・霍□誌

北魏・宋虎誌

北魏・韓顯宗誌

北魏・元彝誌

北魏・元緒誌

東魏・元悰誌

東魏・元顯誌

北齊・斛律氏誌

【亶】

《說文》：，衺也。从交韋聲。

【絞】

《說文》：，縊也。从交从糸。

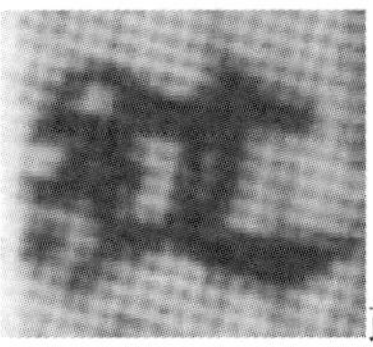
武・儀禮甲《服傳》3

○絞帶者繩帶也

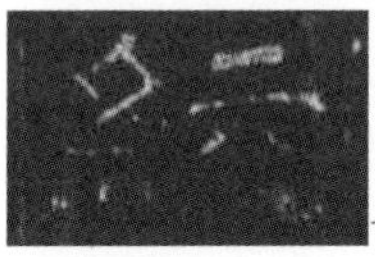
十六國趙・石孔刻石

○前造猿戲絞柱石孔

尢部

【尢】

《說文》：，⿺尢皮，曲脛也。从大，象偏曲之形。凡尣之屬皆从尣。

【⿺尢㞷（尫）】

《說文》：，古文从㞷。

秦文字編 1592

○獨產頯尢

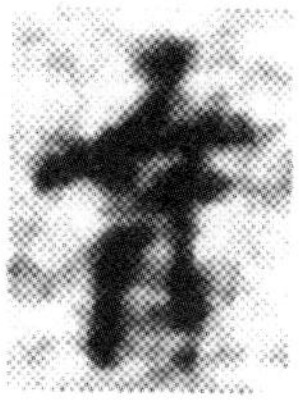
秦文字編 1592

○某頯尢

北魏・楊舒誌

○自爾尫頓

北魏・陶浚誌

【尳】

《說文》：，厀病也。从尣从骨，骨亦聲。

【⿺尢皮】

《說文》：，蹇也。从尣皮聲。

【⿺尢左】

《說文》：，⿺尢左⿺尢左，行不正。从尣左聲。

【⿺尢良】

《說文》：，行不正也。从尣良聲。讀若燿。

【尲】

《說文》：，不正也。从尣兼聲。

【尬】

《說文》：，尲尬也。从尣介聲。

【尥】

《說文》：，行脛相交也。从尣勺聲。牛行腳相交爲尥。

【尳】

《說文》：尳，彼不能行，爲人所引，曰尳𡳐。从尣从爪，是聲。

【𡳐】

《說文》：𡳐，尳𡳐也。从尣从爪，巂聲。

【尪】

《說文》：尪，股尪也。从尣于聲。

【𡳭】

《說文》：𡳭，厀中病也。从尣从羸。

〖䪍〗

孔・直室門 278

○䪍（掩）之蓋

〖尵〗

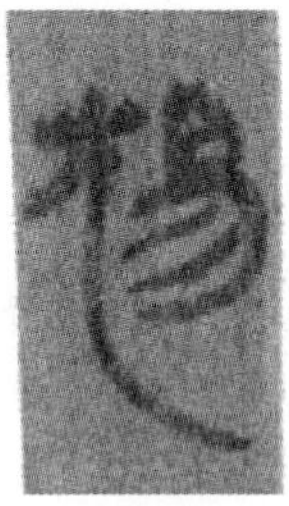
馬貳 211_98

○心毋秫（怵）尵（惕）

壺部

【壺】

《說文》：壺，昆吾圜器也。象形。从大，象其蓋也。凡壺之屬皆从壺。

漢銘・駘蕩宮壺

漢銘・丙長翁主壺

漢銘・平陽子家壺

漢銘・杜陵東園壺

睡・秦律十八種 100

○過歲壺（壹）

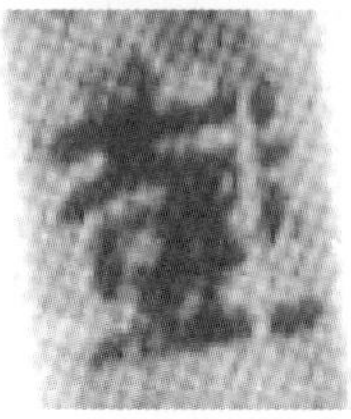
關・病方 348

○某以壺露牛胙爲先

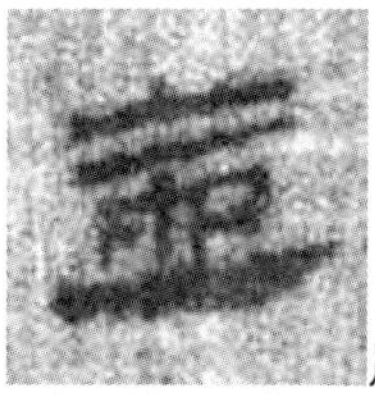
馬壹 11_76 上

○說之壺（弧）非寇

馬貳 236_168

○漆畫壺一

馬貳 280_248/239

○漆畫壺六

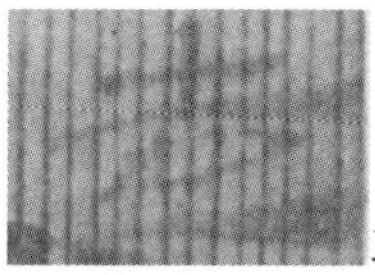
敦煌簡 1204

○壺關

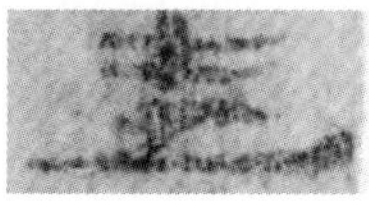
金關 T23:922

○黨郡壺關東陽里不

武・甲《特牲》47

○一散壺

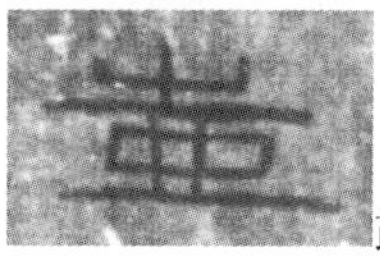
武・柩銘考釋 3

○導里壺子梁之柩

歷代印匋封泥

○祭壺

秦代印風

○壺辰

廿世紀璽印三-SY

○壺耐印

漢印文字徵

○壺會賜

漢印文字徵

○壺駿私印

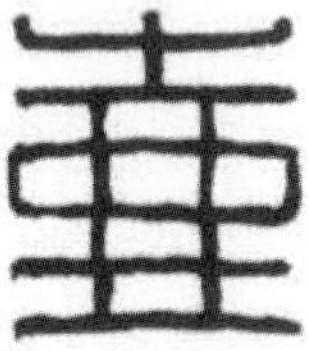
漢印文字徵

○壺印信

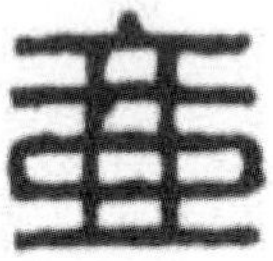
漢印文字徵

○壺循私印

漢印文字徵

○壺齊

漢印文字徵

○壺廣之印

漢印文字徵

○壺讓私印

東漢・禮器碑

○籩柉禁壺

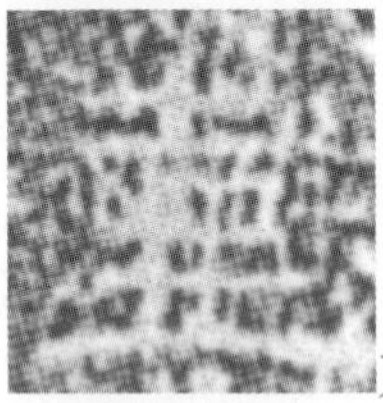
東漢・三公山碑

○童妾壺饁

北魏・元暐誌

○壺漿繼道

【壼】

《説文》：，壹壼也。从凶从壺。不得泄，凶也。《易》曰：“天地壹壼。”

壹部

【壹】

《説文》：，專壹也。从壺吉聲。凡壹之屬皆从壹。

戰中・商鞅量

秦代・始皇詔銅方升一

秦代・始皇十六斤銅權二

秦代・大騩銅權

睡・日甲《詰》59

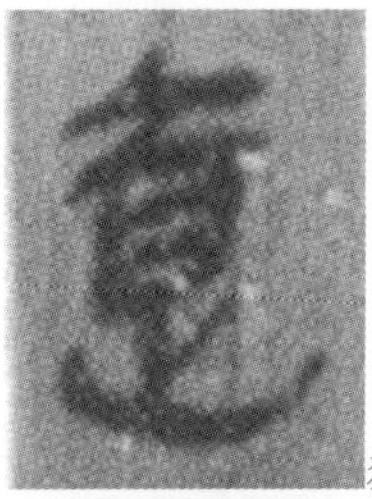
嶽・數 191

里・第八層 711

馬壹 173_37 上

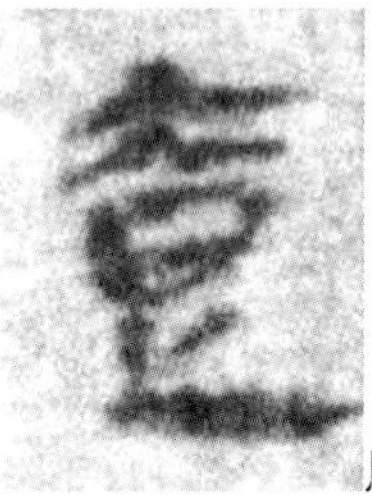
馬壹 115_42\445

○君非壹（一）褚

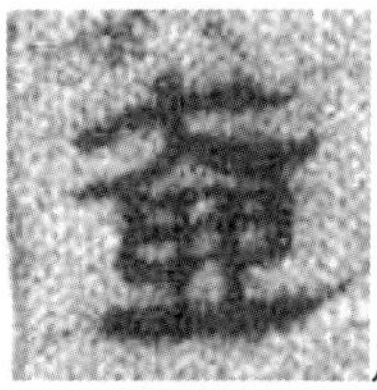
馬壹 40_5 下

○壹陰壹陽

馬貳 204_19

張・置吏律 217

張・引書 38

銀壹 334

銀貳 1182

金關 T23:807

○叩頭壹數

武·甲《有司》42

○皆荅壹拜

廿世紀璽印二-SY

○中壹

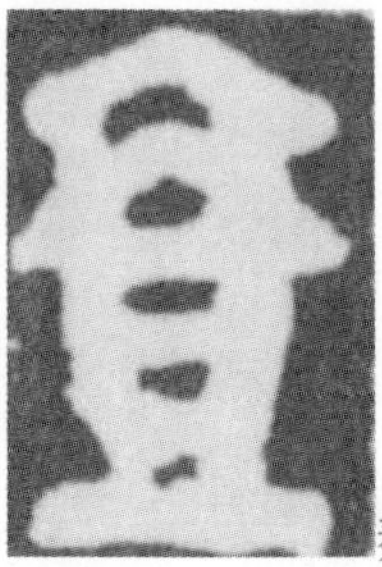
秦代印風

○中壹

秦代印風

○壹心慎事

廿世紀璽印三-GP

○度量則不壹

歷代印匋封泥

○壹陽里附城

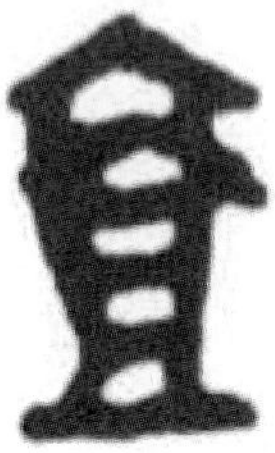
漢印文字徵

○中壹

漢印文字徵

○蔡翁壹

漢印文字徵

○吳翁壹

漢印文字徵

○戴翁壹

漢印文字徵

○龔翁壹

漢印文字徵

○王翁壹

漢印文字徵

○潘翁壹

漢印文字徵

○壹陽里附城

漢印文字徵

○張若壹

漢晉南北朝印風

○潘翁壹

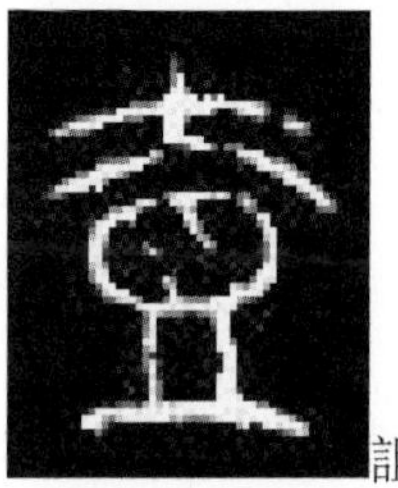
詛楚文・巫咸

○兩邦已壹曰桀萬

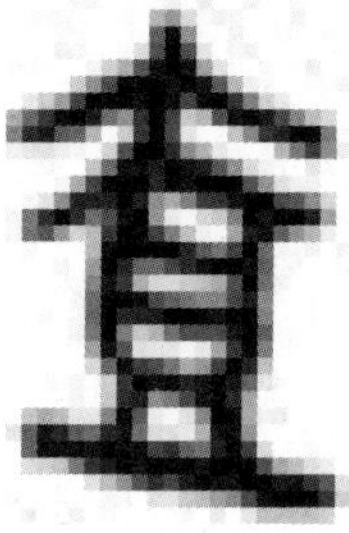
秦駰玉版

東漢・白石神君碑

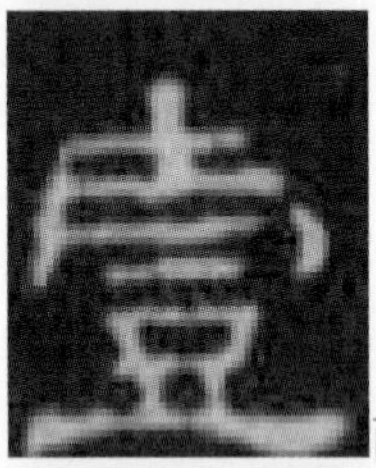
西晉・臨辟雍碑

北魏・元寧誌

○春秋六十有壹

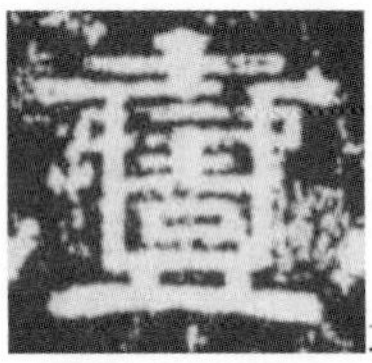
北齊・石佛寺迦葉經碑

○壹呼三万

北齊・姜纂造像

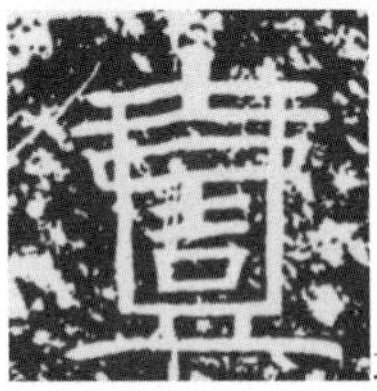
北齊・鼓山佛經刻石

○悉入壹乘

【懿】

《説文》：，專久而美也。从壹，从恣省聲。

漢印文字徵

○張懿印信

漢晉南北朝印風

○張懿印信

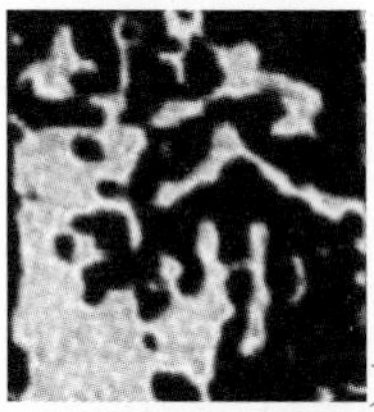
東漢・楊震碑

東漢・楊震碑

○懿矣盛德

東漢・相張壽殘碑

○孝友恭懿

東漢・夏承碑

○受性淵懿

東漢・西狹頌

○詠歌懿德

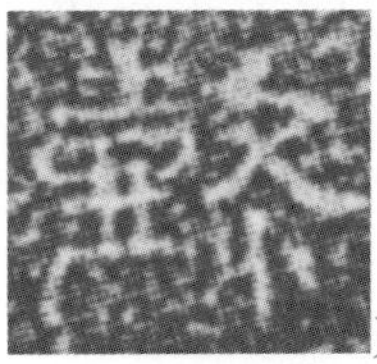
東漢・趙寬碑

○貪嘉功懿

東漢・趙寬碑

○懿德未伸

東漢・張遷碑陽

東漢・譙敏碑

東漢・東漢・魯峻碑陽

○伯禽之懿緒

西晉・趙氾表

○穆穆懿德

北魏・楊範誌

北魏・元懷誌

北魏・楊無醜誌

北魏・李超誌

○懿鑠爲質

北魏・元斑誌

○誕兹懿猷

北魏・元宥誌

北魏・和醜仁誌

○懿德

東魏・劉幼妃誌

東魏・高盛碑

〇□文懿禮也

東魏・王僧誌

東魏・高盛碑額

〇文懿高公碑

北齊・石信誌

北齊・徐顯秀誌

北周・崔宣靖誌

〇親貴懿重

幸部

【㚔】

《説文》：㚔，所以驚人也。从大从羊。一曰大聲也。凡幸之屬皆从幸。一曰讀若瓠。一曰俗語以盜不止爲幸，幸讀若籋。

【睪】

《説文》：睪，目視也。从横目，从幸。令吏將目捕罪人也。

秦文字編 1597

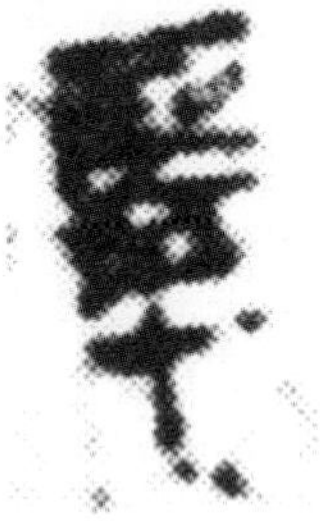
秦文字編 1597

【执（執）】

《説文》：𡙁，捕罪人也。从丮从幸，幸亦聲。

春晚・秦公鎛

西晚・不其簋

西晚・不其簋

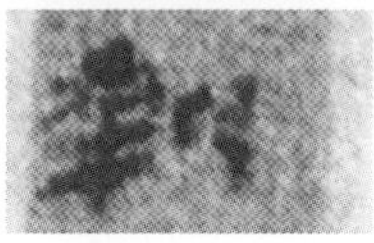
敦煌簡 1930

○史宜執□籍□官

北壹・倉頡篇 51

○朕晴盲執囚束

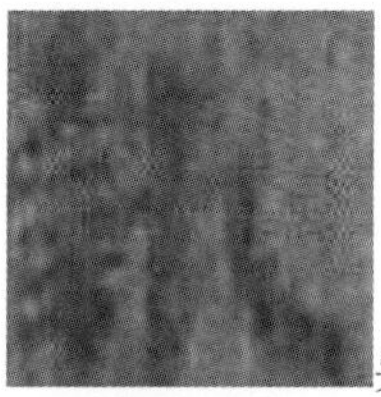
吳簡嘉禾・五・四四八

○唐執佃田六町凡

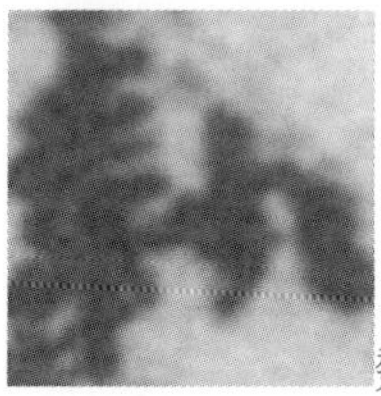
魏晉殘紙

秦代印風

○呂執

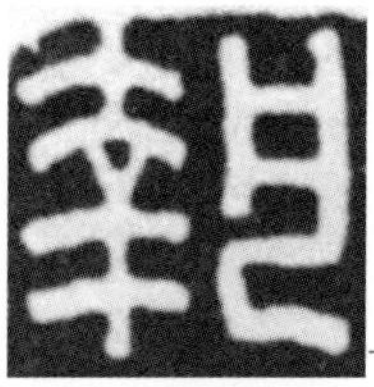
廿世紀璽印三-GY

○朱盧執封

廿世紀璽印三-SY

○宛朐矦執

漢晉南北朝印風

○木禾右執奸

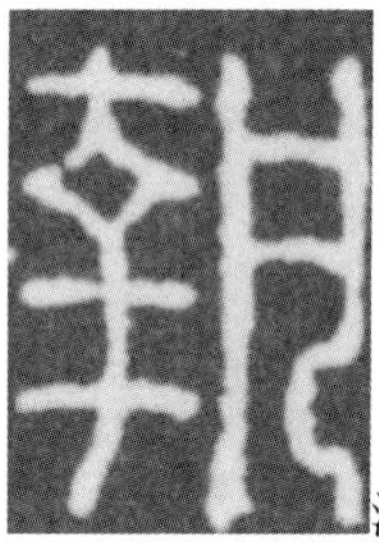
漢晉南北朝印風

○中壘左執奸

漢印文字徵

○中壘左執姦

漢印文字徵

○南執姦印

漢印文字徵

○執席

漢印文字徵

○木禾右執姦

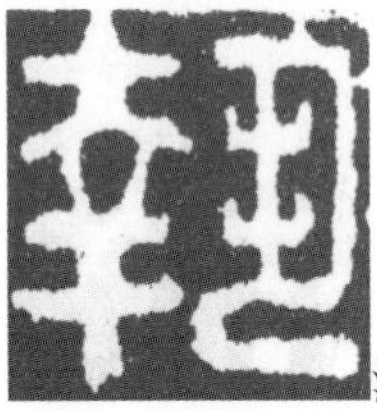
漢代官印選

○執馬校尉

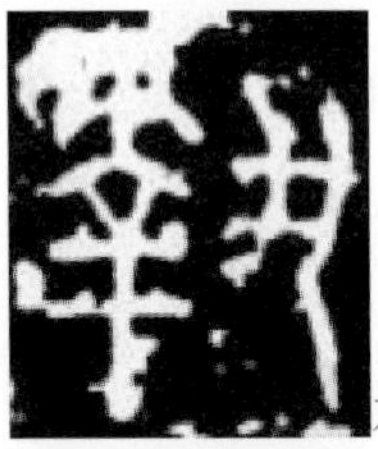
石鼓・田車

東漢・樊敏碑

○君執一心

東漢・石門頌

○深執忠伉

東漢・尹宙碑

○致位執金吾

東漢・史晨後碑

○執事諸弟子

西晉・臨辟雍碑

○執弓鷹揚

北魏・元始和誌

○執武之籌

北魏・王普賢誌

○執法克睿

北魏・馮會誌

○執敬中饋

北魏・元新成妃李氏誌

○太妃遂內執恭謙

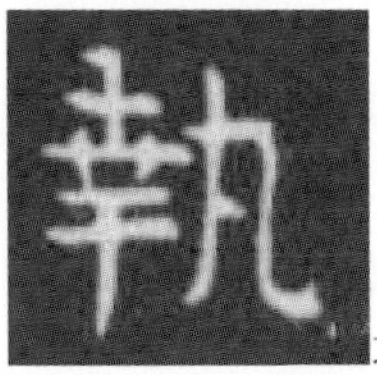
北魏・元子直誌

○執戟云疲

北魏・郭顯誌

○執玉有暉

北魏・元誘誌

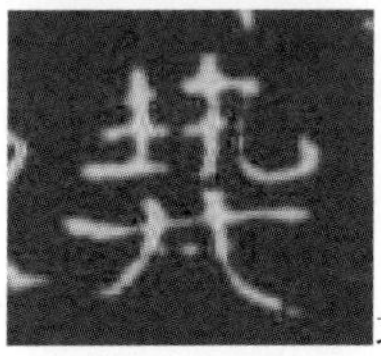
北魏・元端誌

○一覽則執其歸

北魏・元肅誌

○莊皇幽執

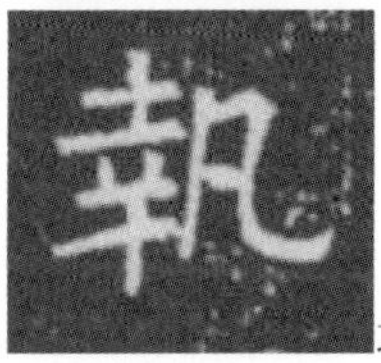
北齊・高湝誌

○執瓛服袞

【圉】

《説文》：，囹圄，所以拘罪人。从幸从囗。一曰圉，垂也。一曰圉人，掌馬者。

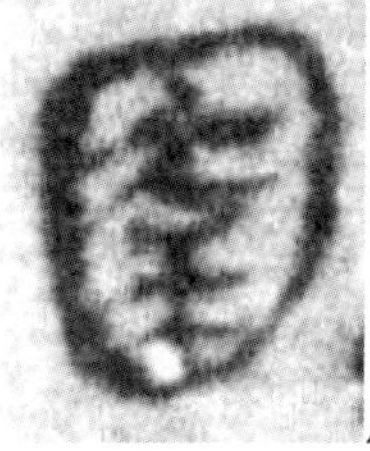
馬壹 103_24\193

張・秩律 456

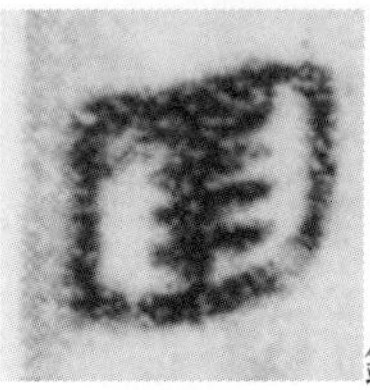
銀壹 405

金關 T21:313

○圉宣里宋樂

北壹・倉頡篇 71

○矘疑齰圉裈

秦代印風

秦代印風

漢印文字徵

○張圉私印

柿葉齋兩漢印萃

詛楚文・沈湫

〇女成拘圉其叔父

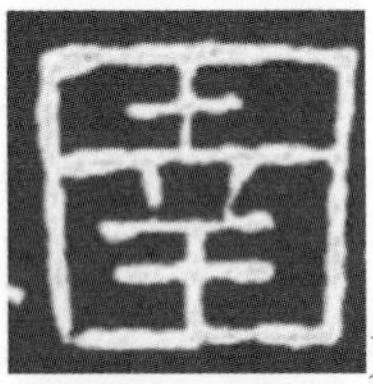
東漢・圉令趙君碑

東漢・圉令趙君碑

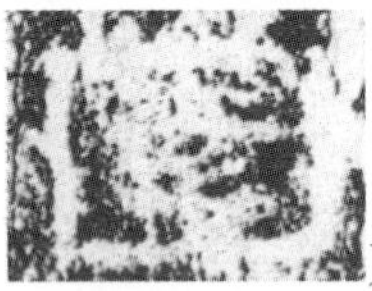
東漢・楊叔恭殘碑側

〇□佐陳留圉范緒迪祖

北魏・王誦妻元妃誌

北魏・王誦妻元妃誌

【盩】

《說文》：盩，引擊也。从幸、攴，見血也。扶風有盩厔縣。

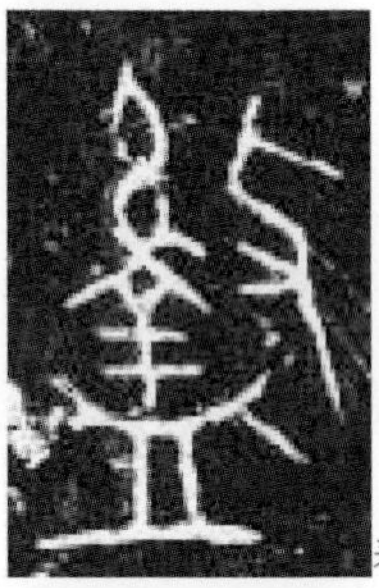
春早・秦公鎛

漢銘・盩厔鼎

漢晉南北朝印風

〇盩座右尉

漢印文字徵

〇盩厔右尉

漢代官印選

〇盩厔令印

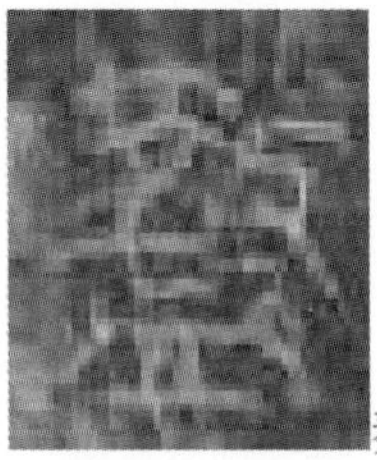
秦駰玉版

石鼓·作原

北魏·元瞻誌

【報】

《説文》：報，當罪人也。从幸从𠬝。𠬝，服罪也。

睡·秦律十八種 184

睡·封診式 49

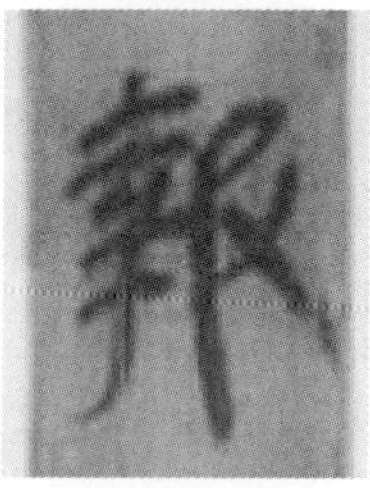
嶽·尸等案 40

里·第八層 63

里·第八層背 731

馬壹 171_6 上

馬壹 80_9

○使慶報之後徐爲之

馬壹 81_47

○可以報王顯爲之

馬壹 82_59

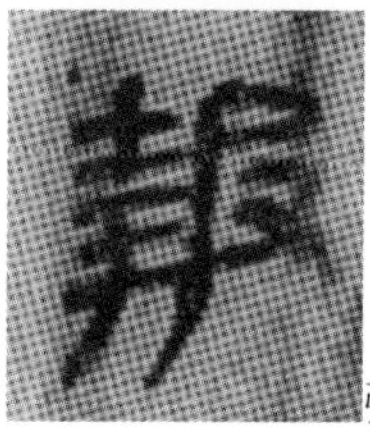
張·具律 93

張・奏讞書 53

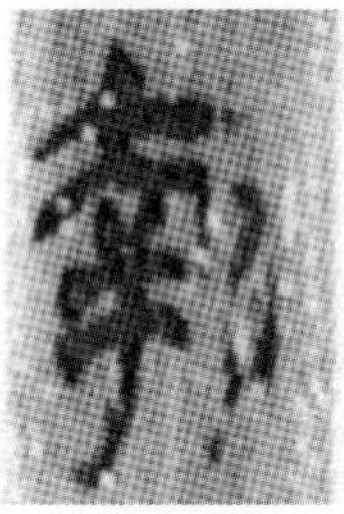
銀貳 1985

○以報木=苦金乃

北貳・老子 71

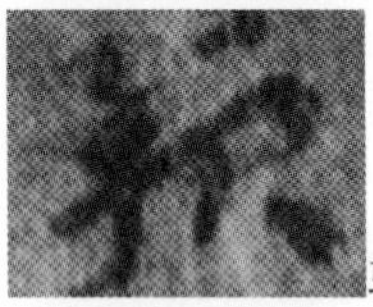
敦煌簡 0238A

○鳳報歸之黨可肯之

敦煌簡 1187B

○責謁報敢言之

金關 T23:412

金關 T06:178

○遣騎報伏地再拜

金關 T10:049

○報益多

金關 T23:658

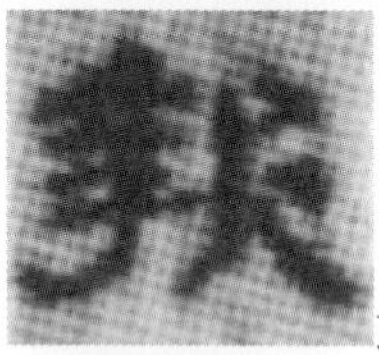
武・儀禮甲《服傳》27

武・王杖 8

東牌樓 050 背

○倉面報云河宜小用

廿世紀璽印三-SY

○服報

漢印文字徵

○田印報德

漢印文字徵

○異報

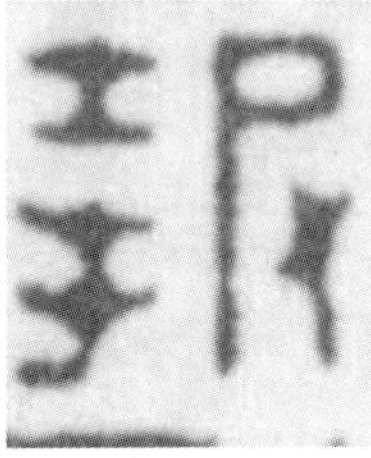
漢晉南北朝印風

○史報之印

漢晉南北朝印風

○黄報德印

東漢・曹全碑陽

○各獲人爵之報

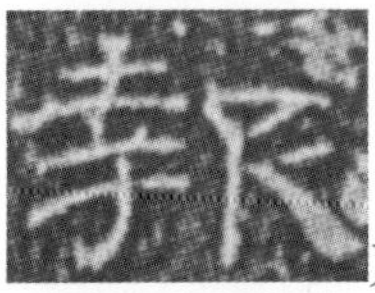
東漢・乙瑛碑

東漢・西岳華山廟碑陽

東漢・肥致碑

○郡上報曰

東漢・西岳華山廟碑陽

北魏・趙謐誌

○報善茫昧

北魏・元願平妻王氏誌

北魏・寇憑誌

北魏・元斌誌

東魏・張滿誌

【籒】

《説文》：籒，窮理罪人也。从幸从人从言，竹聲。

【䈁】

《説文》：䈁，或省言。

奢部

【奢】

《説文》：奢，張也。从大者聲。凡奢之屬皆从奢。

【奓】

《説文》：奓，籀文。

里・第八層 683

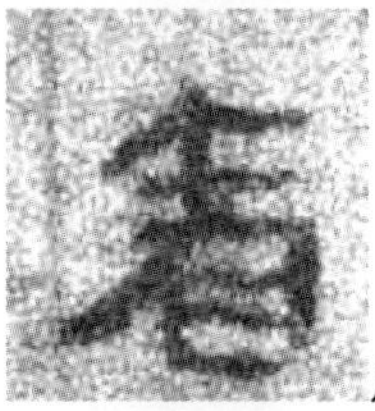
馬壹 44_36 下

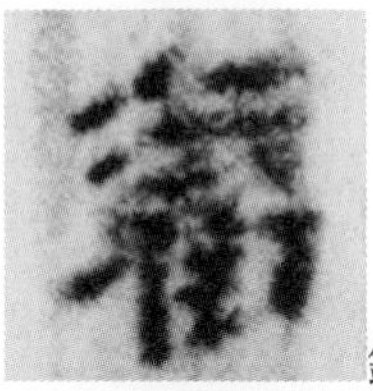
銀壹 159

北貳・老子 200

北壹・倉頡篇 6

○戲叢奢插

秦代印風

○員奢

廿世紀璽印三-SY

○貴無驕富無奢傳后世永保家

漢印文字徵

○柏奢

漢印文字徵

○徐奢

漢印文字徵

○王奢

漢印文字徵

○王奢

漢印文字徵

○顧奢之印

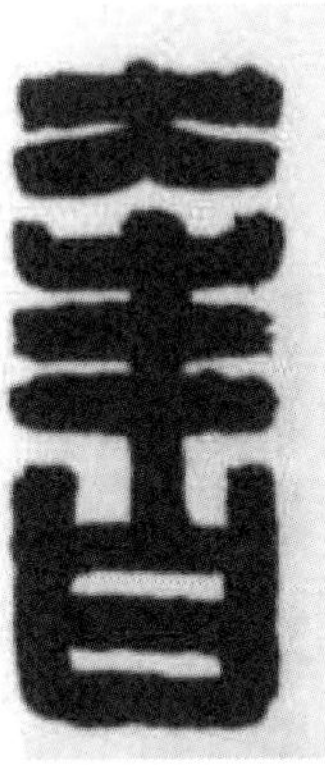
漢印文字徵

○馮奢

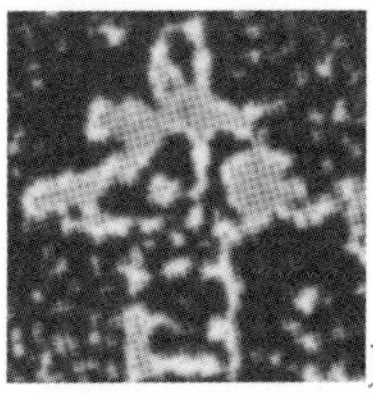
東漢・白石神君碑

○匪奢匪儉

北魏・元彥誌

北魏・郭定興誌

詛楚文・沈湫

○淫奓競從刑刺不辜

【奲】

《說文》：奲，富奲奲皃。从奢單聲。

亢部

【亢】

《說文》：亢，人頸也。从大省，象頸脈形。凡亢之屬皆从亢。

【頏】

《說文》：頏，亢或从頁。

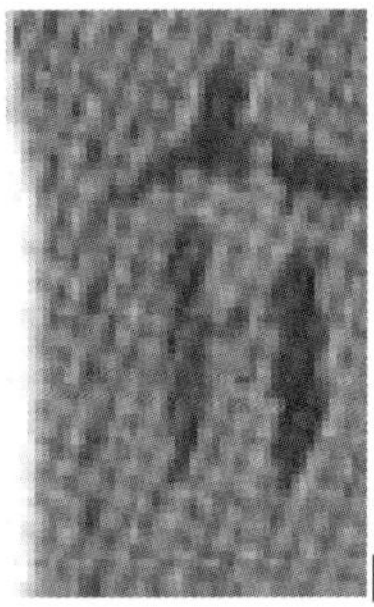
關・日書 189

○斗乘亢門有客

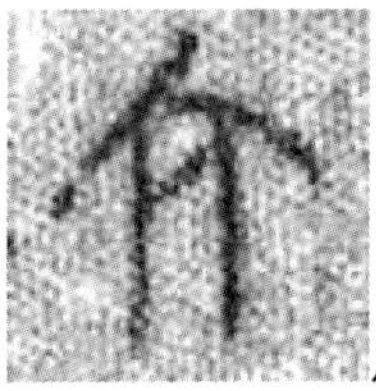
馬壹 266_9 欄

○角亢掩衡

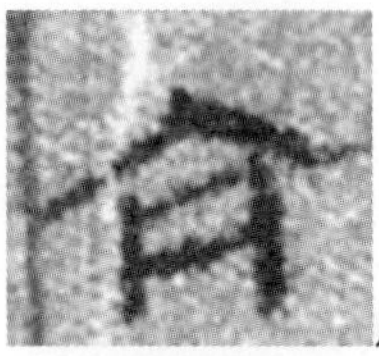
馬壹 174_32 下

○秋分效亢

馬貳 79_219/206

○庚某

銀貳 1215

○无亢山名谷

北貳・老子 92

○故亢（抗）兵相加

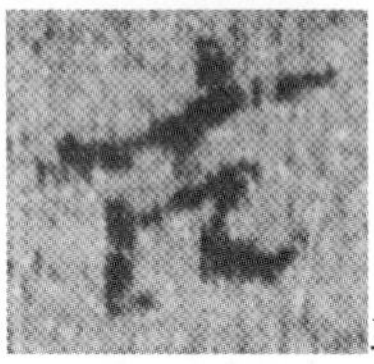
敦煌簡 1970A

○城國亢父縑一匹

北壹・倉頡篇 60

○奎婁軫亢弘兢

漢晉南北朝印風

○亢父令印

漢印文字徵

○亢印博

漢印文字徵

○亢易少孺

漢印文字徵

○亢父令印

漢印文字徵

○亢易參印

漢印文字徵

○亢過之印

漢印文字徵

○亢易曼印

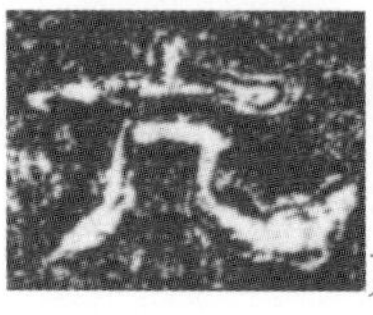
東漢・子游殘碑

東漢・禮器碑側

〇任城亢父治真百

北魏・王遺女誌

〇與刺史競功亢衡

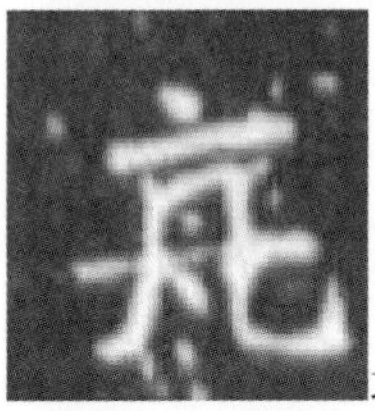
北魏・司馬悅誌

〇臨艱亢節

北魏・辛穆誌

〇遂亢表歸遜

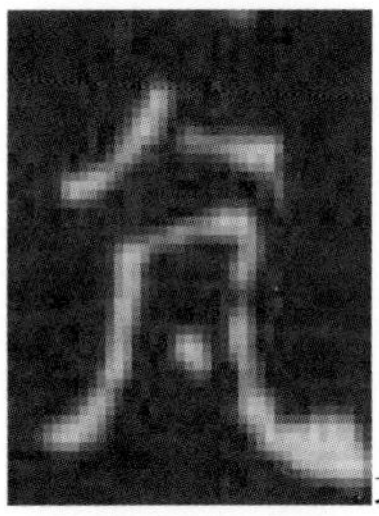
北魏・弔比干文

〇亢神冥而威陵

北齊・常文貴誌

〇情存亢朗

北齊・常文貴誌

〇非無亢朗之節

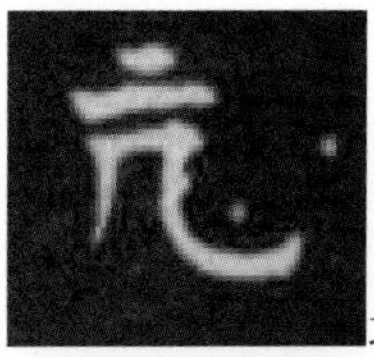
北周・華岳廟碑

南朝宋・王佛女買地券

〇傍人張亢粮當□

東魏・趙紹誌

〇於旟頡頏

北齊・婁黑女誌

〇頡頏囊烈

【𠅰】

《説文》：𠅰，直項莽𠅰皃。从亢从夋。夋，倨也。亢亦聲。

夲部

【夲】

《説文》：夲，進趣也。从大从十。大十，猶兼十人也。凡夲之屬皆从夲。讀若滔。

漢印文字徵

〇馮夲私印

【桒】

《說文》：，疾也。从夲卉聲。拜从此。

石鼓·鑾車

〇桒次□□

【暴】

《說文》：，疾有所趣也。从日出夲廾之。

【䡝】

《說文》：，進也。从夲从屮，允聲。《易》曰：“䡝升大吉。”

【奏】

《說文》：，奏進也。从夲从廾从屮。屮，上進之義。

【𡰪】

《說文》：，古文。

【𢽡】

《說文》：，亦古文。

關·曆譜 47

〇乙酉癸未奏上

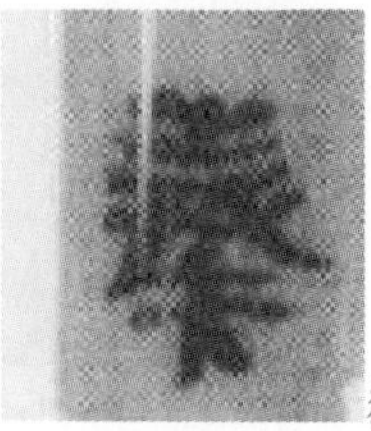
嶽·魏盜案 169

〇一人爲奏十六牒

里·第八層 251

〇有瘫（應）書者爲奏

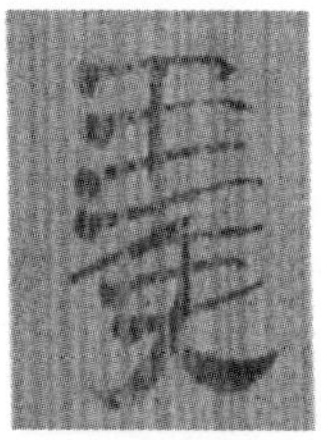
馬貳 213_13/114

〇八而奏（腠）理光

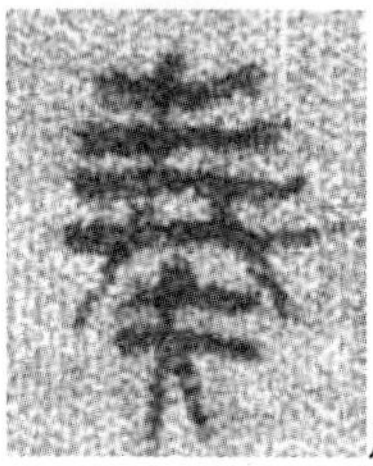
馬貳 63_27

〇出夜（腋）奏脅

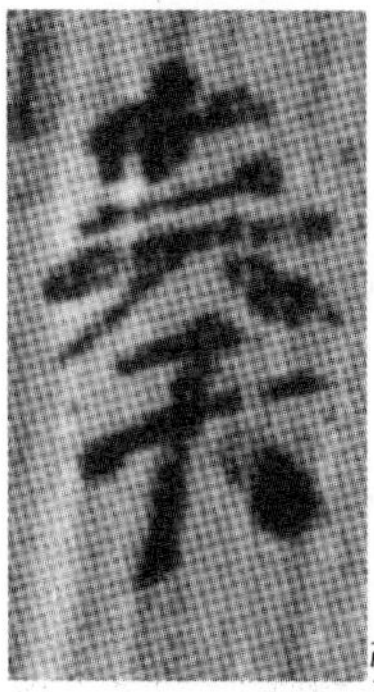
張·奏讞書 149

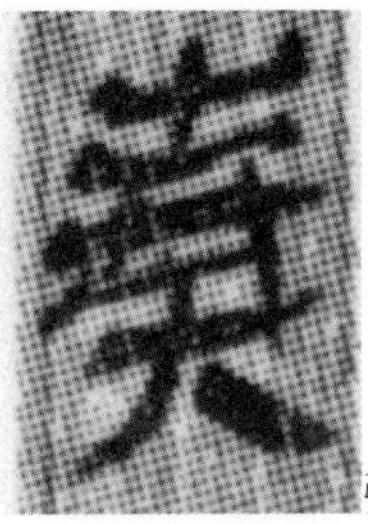
張・引書 99

○脈循奏（腠）理

銀貳 1788

○奏應鐘天戴圜

敦煌簡 0622A

○奏記叩頭

金關 T30:028A

○推奏叩頭

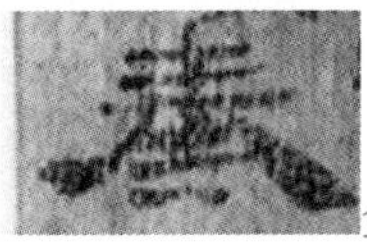
金關 T23:362

○昧死奏名牒

東牌樓 151

○丙寅奏府

漢印文字徵

○竺進奏事

漢晉南北朝印風

○竺進奏事

秦公大墓石磬

東漢・成陽靈臺碑

西晉・臨辟雍碑

○奏行大射禮

北魏・鮮于仲兒誌

北魏・元爽誌

【皋】

《説文》：皋，气皋白之進也。从夲从白。《禮》：祝曰皋，登謌曰奏。故皋奏皆从夲。《周禮》曰："詔來鼓皋舞。" 皋，告之也。

戰晚・上皋落戈

睡・日甲《梦》13

○皋敢告璽（爾）

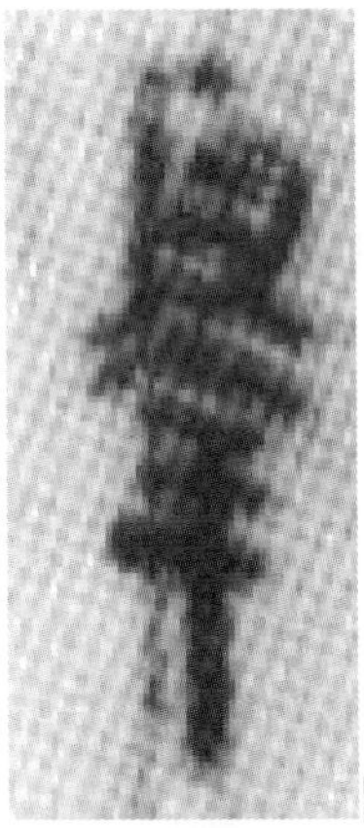
關・病方 338

○皋敢告矞

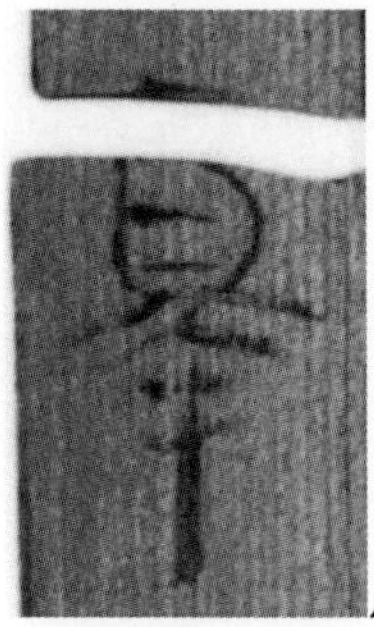
馬貳 215_1

○犬善皋（嗥）於亶

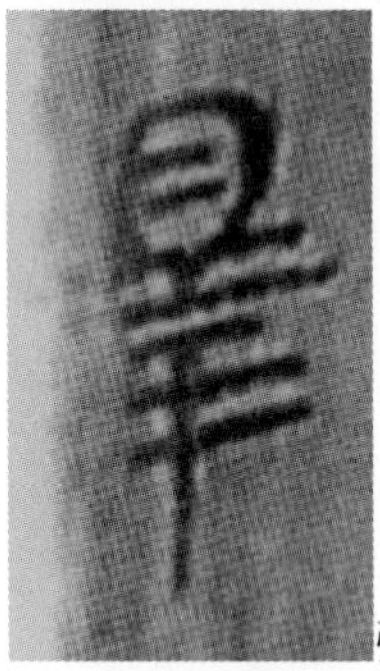
張・秩律 456

○成皋

銀壹 453

○禽（擒）氾（范）皋也

敦煌簡 0540

○皋門第一

武・儀禮甲《士相見之禮》8

○大夫相見以皋（羔）飾之

歷代印匋封泥

○王皋□蓂

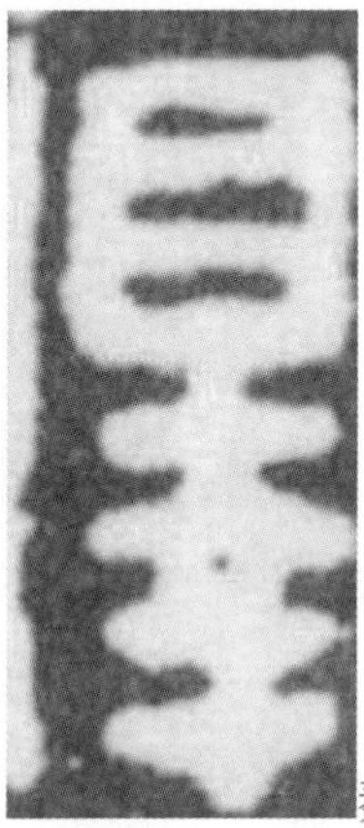
秦代印風

○解皋

秦代印風

○令狐皋

廿世紀璽印三-SP

○皋

漢晉南北朝印風

○成皋丞印

漢印文字徵

○皋青私印

漢印文字徵

○孟皋

漢印文字徵

○張庶皋

漢代官印選

○成皋令印

漢印文字徵

○皋猶左尉

漢印文字徵

○成皋丞印

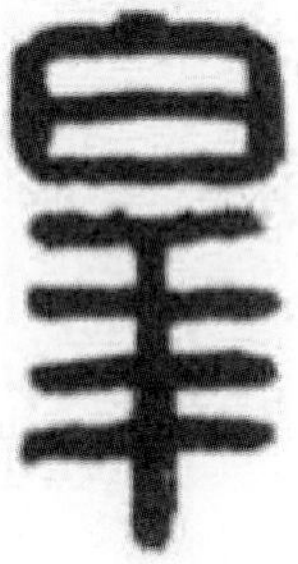
漢印文字徵
○皋外人

漢印文字徵
○皋遂

漢印文字徵
○皋大之印

漢印文字徵
○解睪

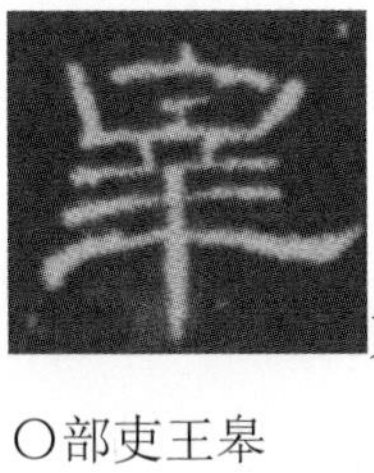
東漢・曹全碑陽
○部吏王皋

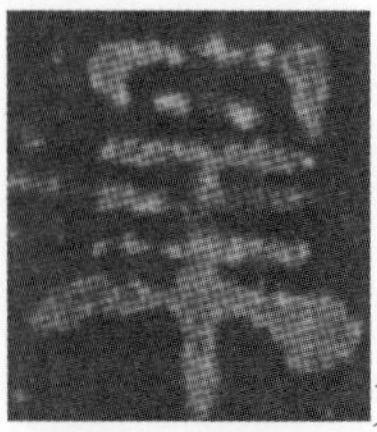
東漢・楊統碑陽
○皋司累辟

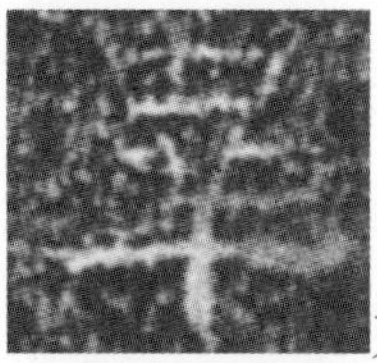
東漢・禮器碑陰
○河南成皋蘇漢明二百

三國魏・三體石經春秋・古文
○君頢公孫皋(敖)如齊

北魏・王普賢誌
○夫人痛皋魚之晚悟

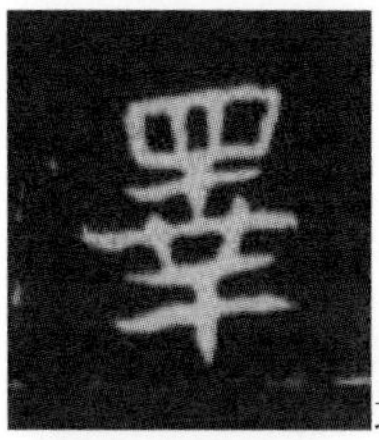
北魏・秦洪誌
○鶴潛於皋

北魏・于景誌
○九皋創叫

北魏・元彝誌

北魏・赫連悅誌

○皋平縣開國伯

東魏・趙紹誌

○皋陽令

東魏・崔鷫誌

○望巖皋而歎息

北齊・高僧護誌

○城皋王

夰部

【夰】

《説文》：夰，放也。从大而八分也。凡夰之屬皆从夰。

【界】

《説文》：界，舉目驚界然也。从夰从眀，眀亦聲。

【奡】

《説文》：奡，嫚也。从百从夰，夰亦聲。《虞書》曰："若丹朱奡。"讀若傲。《論語》："奡湯舟。"

【昦】

《説文》：昦，春爲昦天，元气昦昦。从日、夰，夰亦聲。

【臩】

《説文》：臩，驚走也。一曰往來也。从夰、臦。《周書》曰："伯臩。"古文臦，古文囧字。

亣部

【亣】

《説文》：亣，籀文大，改古文。亦象人形。凡𡗕之屬皆从𡗕。

【奕】

《説文》：奕，大也。从大亦聲。《詩》曰："奕奕梁山。"

【奘】

《説文》：奘，駔大也。从大从壯，壯亦聲。

【臭】

《説文》：臭，大白、澤也。从大从白。古文以爲澤字。

【奚】

《説文》：奚，大腹也。从大，𦃃省聲。𦃃，籀文系字。

秦文字編 1601

馬貳 216_9/20

金關 T08:089A
○安里奚閭

廿世紀璽印三-GP
○提奚丞印

漢印文字徵
○虎奚長印

漢印文字徵
○奚聽私印

漢印文字徵
○提奚丞印

漢印文字徵
○奚長公

漢印文字徵
○肊奚傷

漢晉南北朝印風
○奚民家印

東漢·元嘉元年畫像石墓題記

一
○對游奚仙人

北魏・馮迎男誌

○家沒奚官

北魏・吐谷渾璣誌

○追慕奚返

北魏・奚真誌

○魏故孝廉奚君墓誌銘

北魏・慈慶誌

北魏・于仙姬誌

北魏・元徽誌

北魏・奚智誌

○故徵士奚君

北周・獨孤信誌

○祖母達奚氏

【耎】

《説文》：，稍前大也。从大而聲。讀若畏偄。

睡・封診式 57

○相耎（濡）

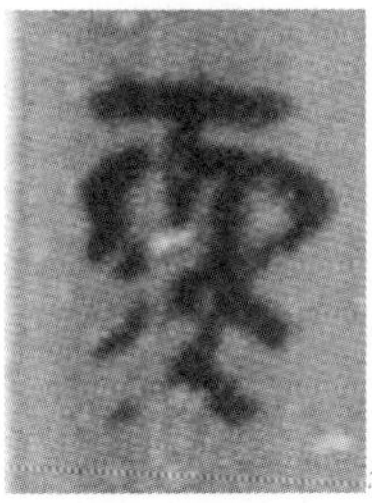
嶽・數 29

○欲耎步數

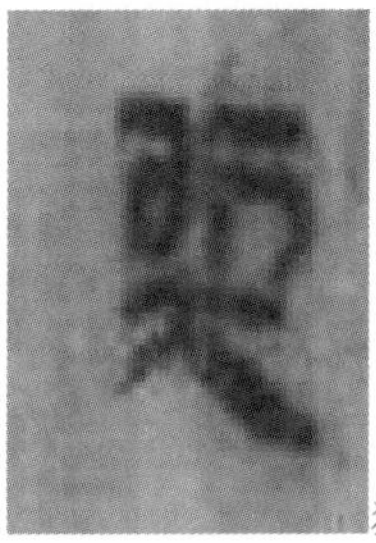
嶽・綰等案 244

○有(又)取卒畏耎冣(最)先去

北貳・老子 219

〇耎弱勝強

【㚖】

《説文》：㚖，大皃。从大䀠聲。或曰拳勇字。一曰讀若傿。

【奰】

《説文》：奰，壯大也。从三大三目。二目爲䀠，三目爲奰，益大也。一曰迫也。讀若《易》虙羲氏。《詩》曰："不醉而怒謂之奰。"

北壹・倉頡篇 71

〇戍闟踐奰杅

夫部

【夫】

《説文》：夫，丈夫也。从大，一以象簪也。周制以八寸爲尺，十尺爲丈。人長八尺，故曰丈夫。凡夫之屬皆从夫。

漢銘・竟寧鴈足鐙

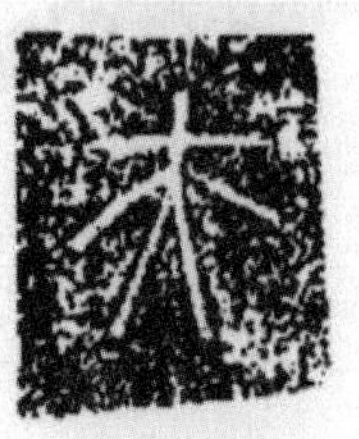
漢銘・趙夫人鼎

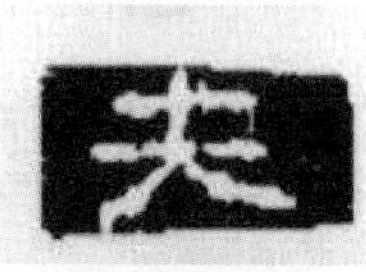
漢銘・永始乘輿鼎一

漢銘・笱少夫鼎

漢銘・陽泉熏鑪

睡・秦律十八種 22

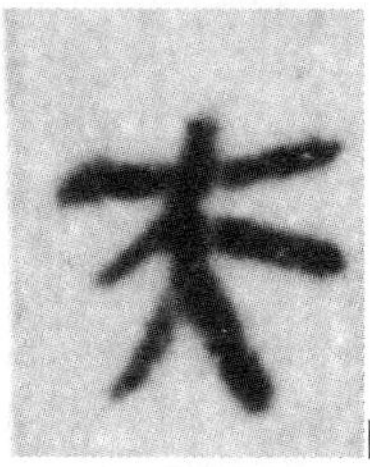
睡・效律 2

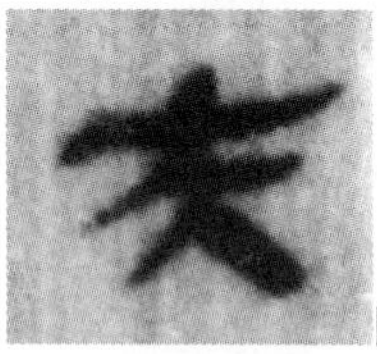
睡・秦律雜抄 30

睡・法律答問 95

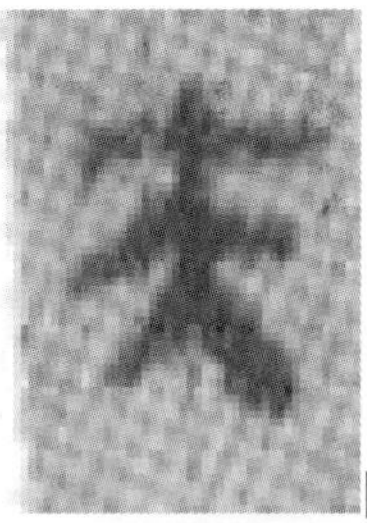
關・病方 352

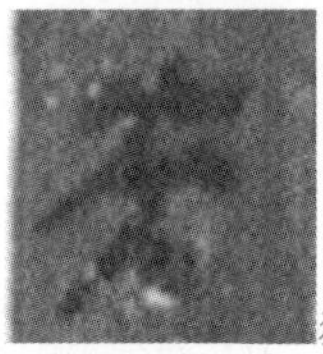
嶽・為吏 9

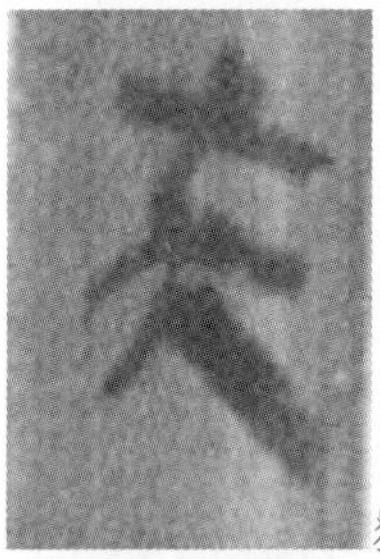
嶽・占夢書 18

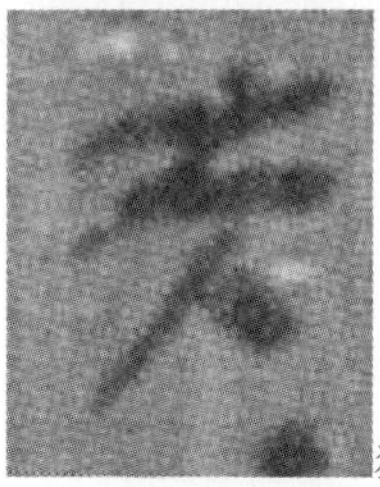
嶽・數 122

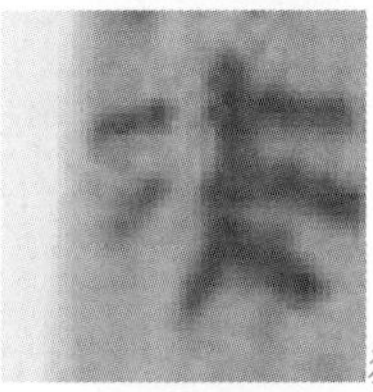
嶽・得之案 186

里・第八層 141

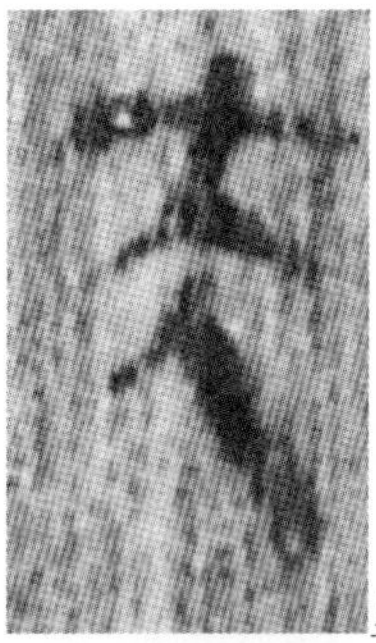
里・第八層背 765

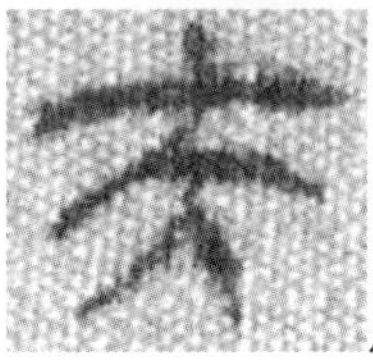
馬壹 242_2 上\10 上

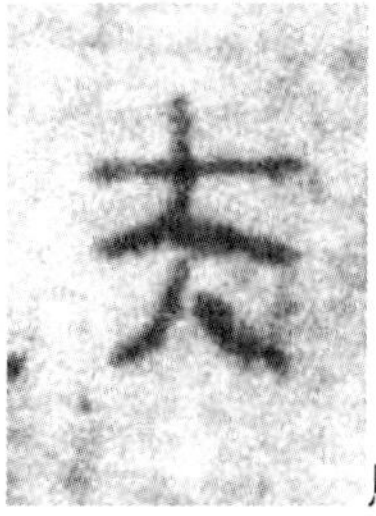
馬壹 91_268

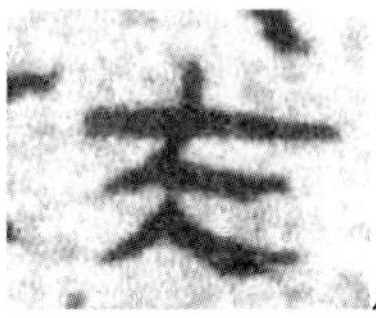
馬壹 81_41

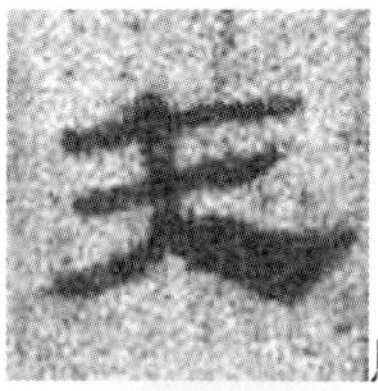
馬壹 40_5 下

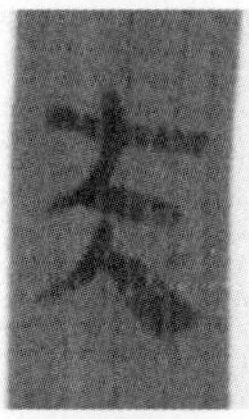
馬貳 211_99

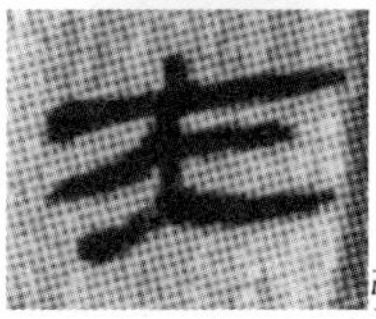
張・具律 115

張・奏讞書 177

張・脈書 53

銀壹 733

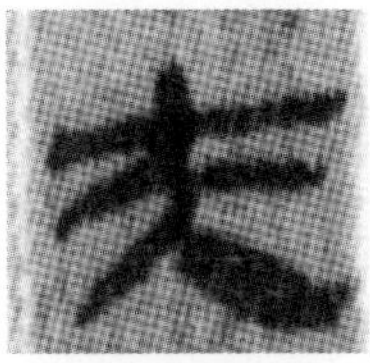
銀貳 1863

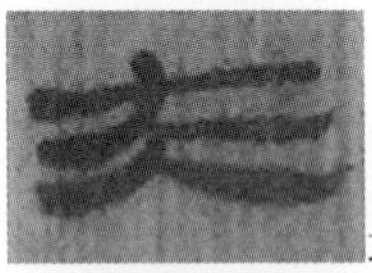
北貳・老子 60

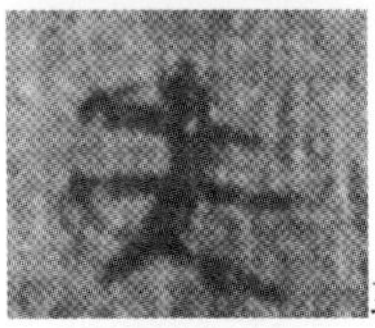
敦煌簡 1161

金關 T08:031

〇嗇夫

金關 T03:055

〇嗇夫

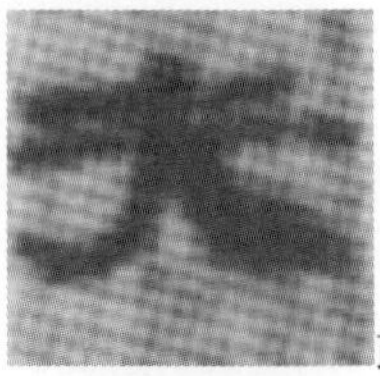
武・儀禮甲《服傳》16

〇夫妻辨胖

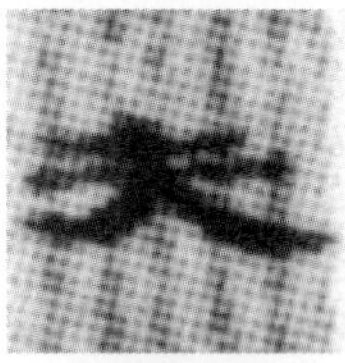
武・甲《燕禮》49

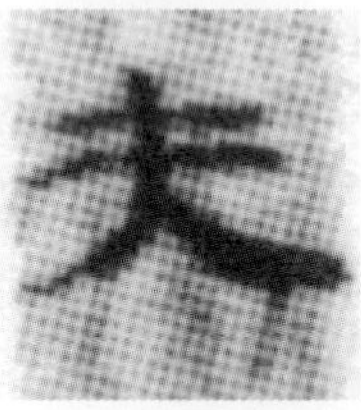
武・甲本《泰射》57

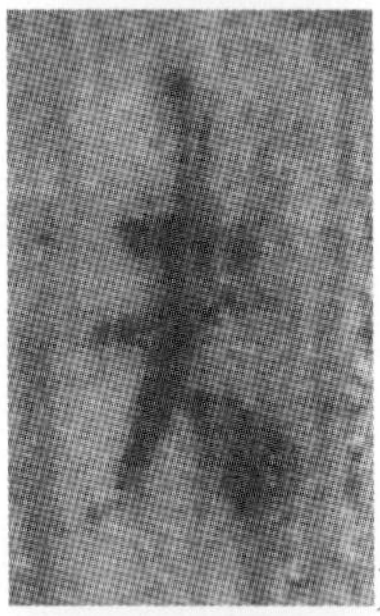
東牌樓 030 正

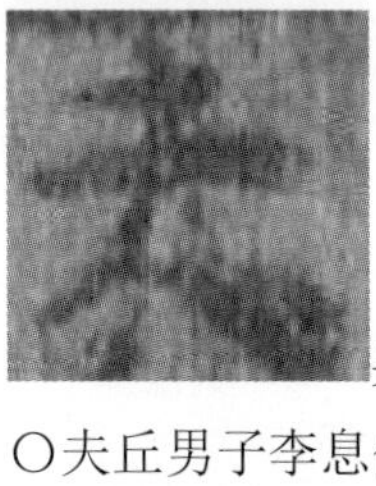
吳簡嘉禾・五・一〇八

〇夫丘男子李息佃田

魏晉殘紙

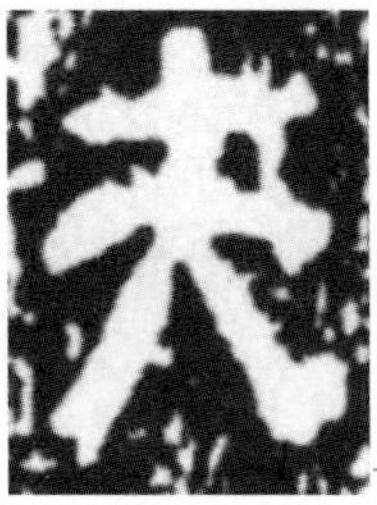
廿世紀璽印二-SP

○咸郾里夫

秦代印風

○翟夫

秦代印風

○醜夫

秦代印風

○任醜夫

秦代印風

○夫璽

廿世紀璽印三-SY

○皮君夫印

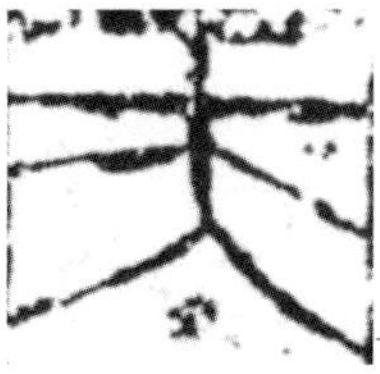

廿世紀璽印三-SP

○夫唐

廿世紀璽印三-GP

○御史大夫

廿世紀璽印三-SY

○任克夫印

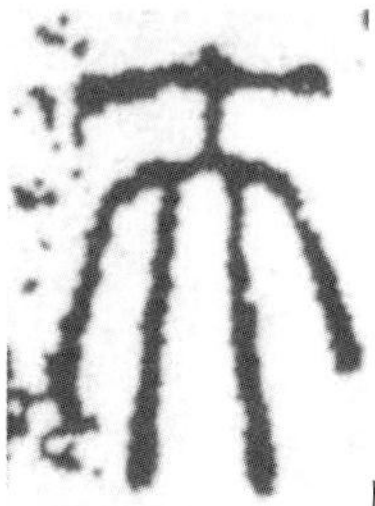

歷代印匋封泥

○渥符子夫人

廿世紀璽印三-GY

○夫租濊君

柿葉齋兩漢印萃

○光祿大夫

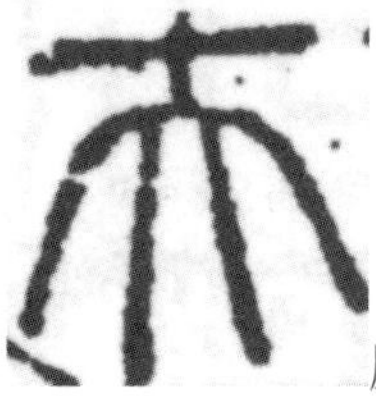

歷代印匋封泥

○御史大夫

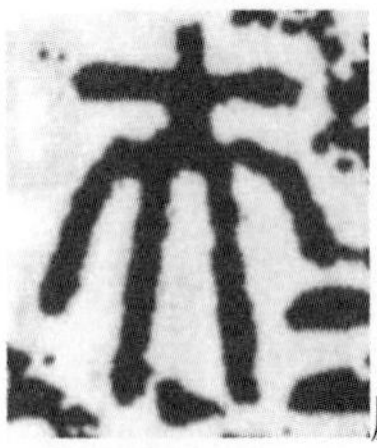
歷代印匋封泥

○齊右宮大夫

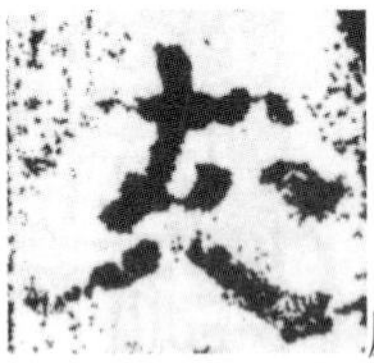
歷代印匋封泥

○鄧夫才

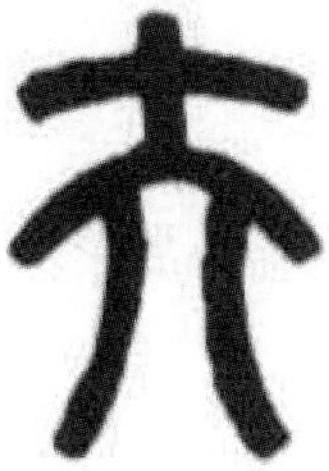
漢印文字徵

○倉嗇夫張均印

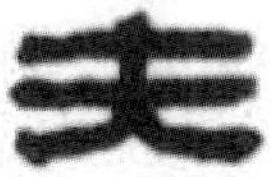
漢印文字徵

○杜惡夫

漢印文字徵

○尹夫

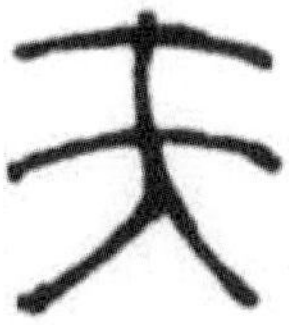
漢印文字徵

○夫祖丞印

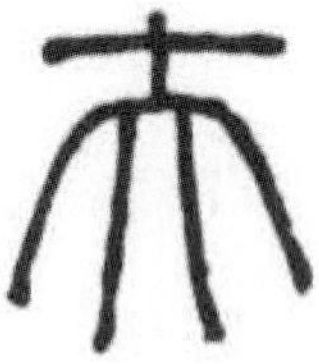
漢印文字徵

○御史大夫

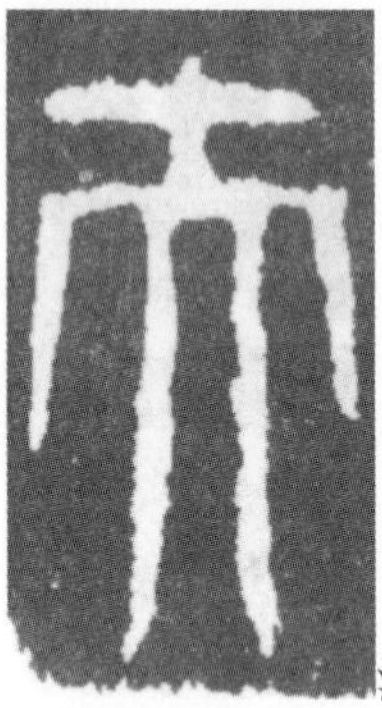
漢代官印選

○侍中光祿大夫

漢晉南北朝印風

○晉夫餘率善佰長

漢晉南北朝印風

○任相夫印

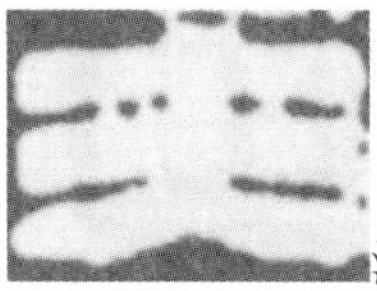
漢晉南北朝印風

○臣巷夫

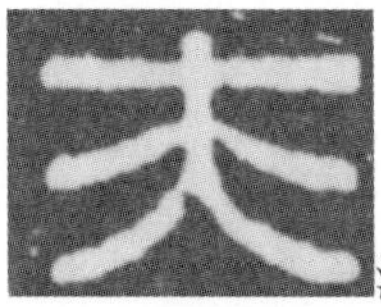
漢晉南北朝印風

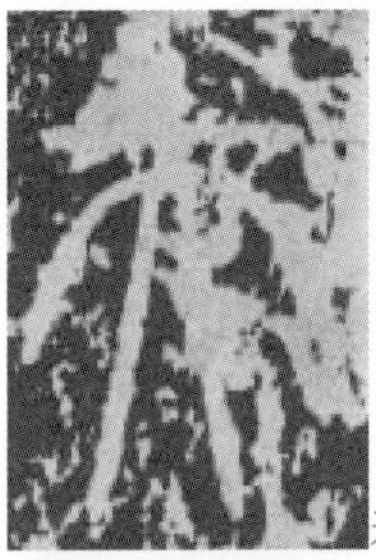
泰山刻石

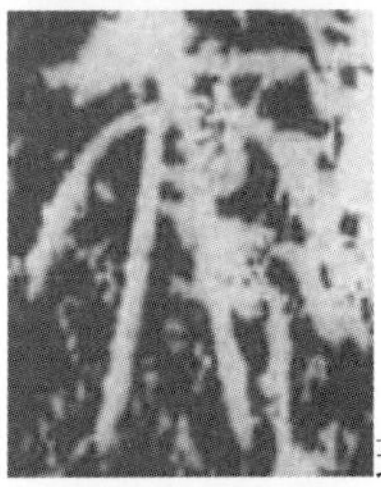
琅琊刻石

東漢・史晨後碑

東漢・建寧三年殘碑

○輩悲夫迄終位號

東漢・曹全碑陽

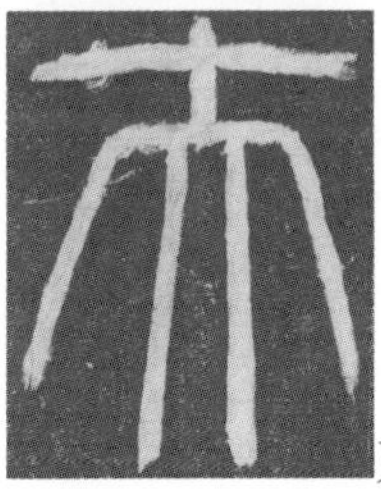
東漢・應遷等字殘碑

○君夫人

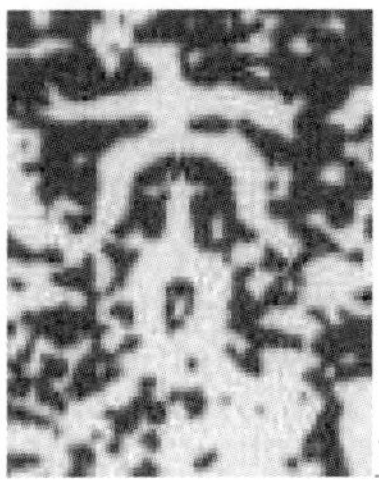
三國魏・三體石經春秋・古文

○殺其大夫㝵（得）

三國魏・三體石經春秋・隸書

西晉・孫氏碑額

東晉・張鎮誌

北魏・元洛神誌蓋

北魏・于仙姬誌蓋

○大魏文成皇帝夫人

北魏・暉福寺碑

北魏・元恪嬪李氏誌

北魏・元煥誌蓋

○諫議大夫

北魏・蘭將誌蓋
○魏元氏故蘭夫人

北齊・斛律昭男誌蓋
○斛律夫人

北齊・閭炫誌蓋
○故夫人閭氏

北齊・盧脩娥誌蓋
○崔公妻盧夫人

北周・須蜜多誌蓋
○大周譙國夫人

【規】

《説文》：，有法度也。从夫从見。

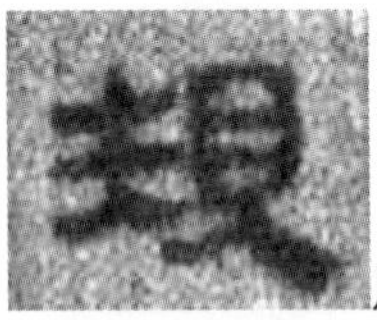
馬壹 131_7 下\84 下

馬壹 87_186

馬貳 32_16 上

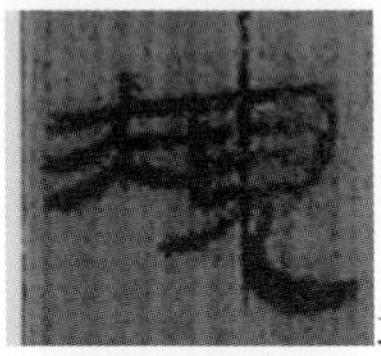
北貳・老子 27

吳簡嘉禾・一一三四

漢印文字徵
○張規

漢印文字徵
○殷規

東漢・成陽靈臺碑

東漢・曹全碑陽

○欒規

東漢・尚博殘碑

○援規矩

北魏・慈慶誌

北魏・高伏德造像

○高惠規

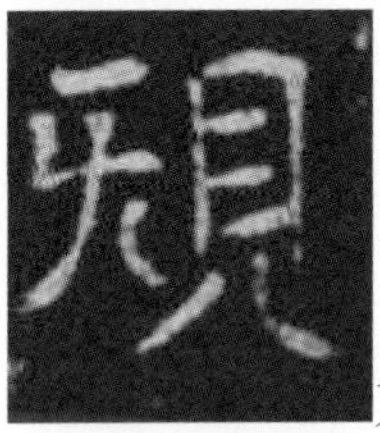
東魏・元鷙妃公孫甑生誌

○四訓成規

東魏・張瓘誌

○規矩重華

北周・王榮及妻誌

【㚘】

《說文》：㚘，竝行也。从二夫。輦字从此。讀若伴侶之伴。

東漢・黄晨黄芍墓磚

○晨㚘（伴）芍

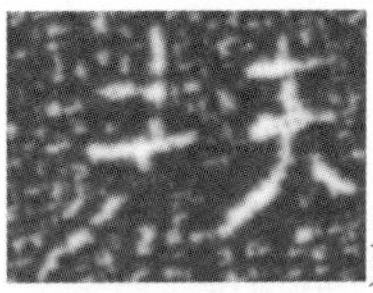
東漢・許安國墓祠題記

○王無㚘（伴）死之臣

立部

【立】

《說文》：立，住也。从大立一之上。凡立之屬皆从立。

春早・秦公鎛

戰中・商鞅量

春晚・秦公鎛

戰晚・左樂兩詔鈞權

秦代・美陽銅權

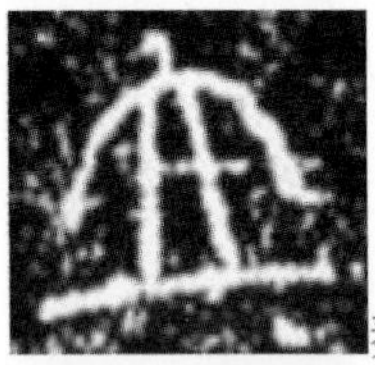
秦代・兩詔銅權三

秦代・始皇十六斤銅權二

漢銘・永始三年乘輿鼎

漢銘・筑陽家小立錠

漢銘・永始乘輿鼎一

睡・秦律雜抄 4

睡・法律答問 161

馬壹 13_93 上

張・蓋盧 9

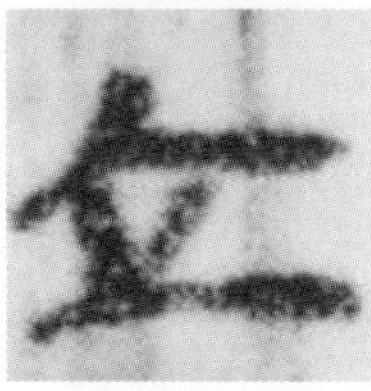
銀壹 456

孔・曆日 16

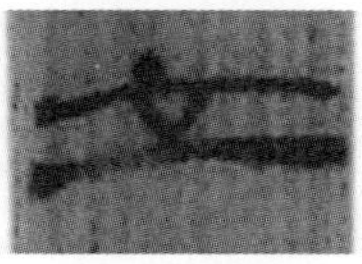
北貳・老子 185

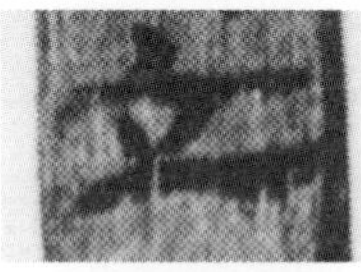
敦煌簡 0332

金關 T07:023

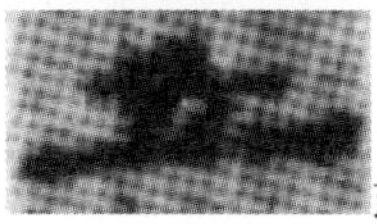
武・儀禮甲《士相見之禮》12

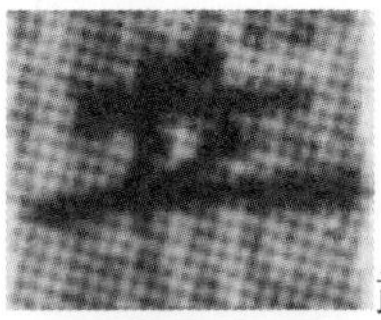
武・甲《特牲》1

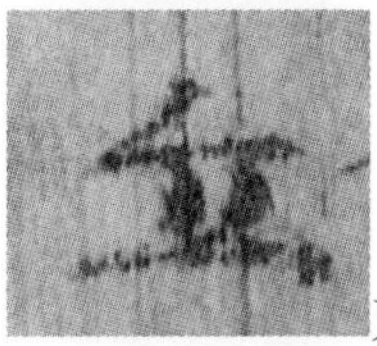
東牌樓 070 背

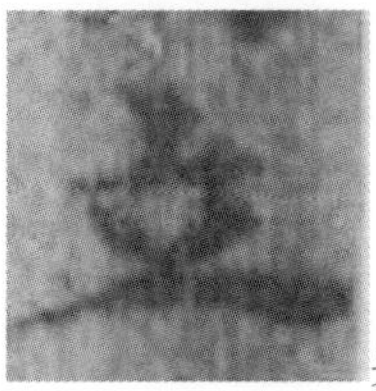
吳簡嘉禾・一一三四

歷代印匋封泥

○閭陳齎三立事左里敀亭豆

歷代印匋封泥

○平陵陳得立事歲□□

漢晉南北朝印風

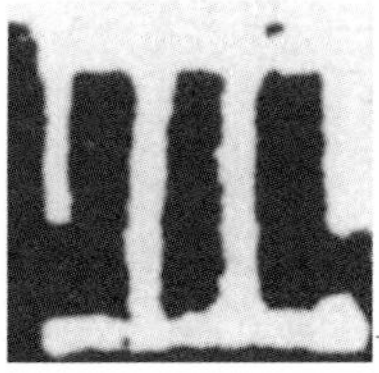
廿世紀璽印三-GY

○立義行事

漢晉南北朝印風

漢晉南北朝印風

柿葉齋兩漢印萃

○淳于立印

漢印文字徵

○字季立

漢印文字徵

○石立之印

漢印文字徵

○立降右尉

廿世紀璽印四-GY

○立義將軍

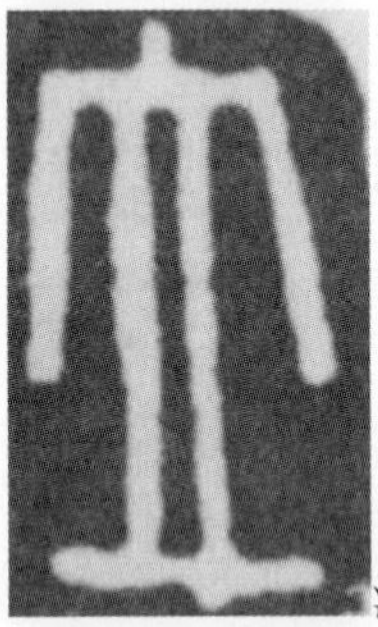
漢晉南北朝印風

漢晉南北朝印風

○黃立私印

漢晉南北朝印風

○鄭立私印

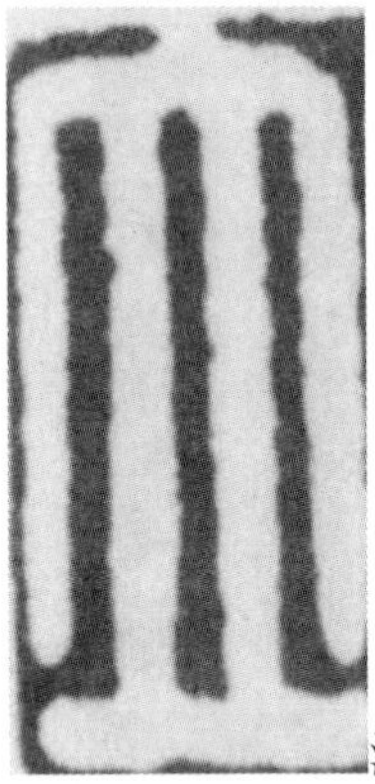
漢晉南北朝印風

漢晉南北朝印風

○范立印信

漢晉南北朝印風

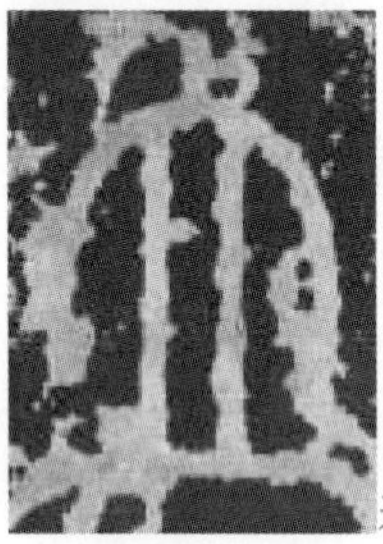
泰山刻石

懷后磬

東漢・成陽靈臺碑

東漢・石堂畫像石題記

東漢・北海相景君碑陽

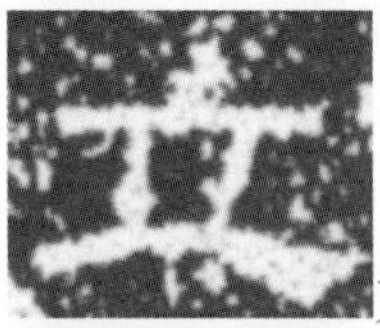
東漢・北海相景君碑陰

東漢・乙瑛碑

東漢・肥致碑

東漢・趙寬碑

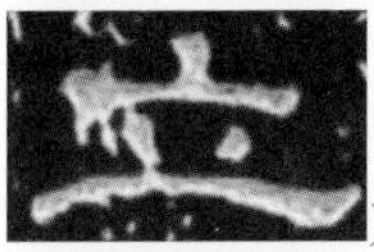
東漢・楊震碑

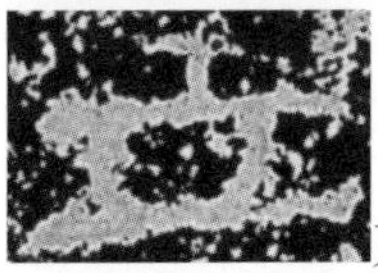
東漢・祀三公山碑

北魏・慈慶誌

北魏・韓顯宗誌

北魏・寇憑誌

東魏・叔孫固誌

東魏・元悰誌

北齊・狄湛誌

北齊・馬天祥造像

北周・馬龜誌

【䇐】

《說文》：䇐，臨也。从立从隶。

【竨】

《說文》：竨，磊竨，重聚也。从立臺聲。

【端】

《說文》：端，直也。从立耑聲。

漢銘・張端君酒鋞

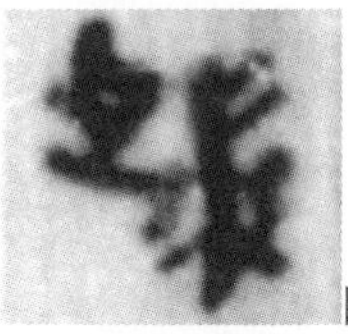
睡・語書 2

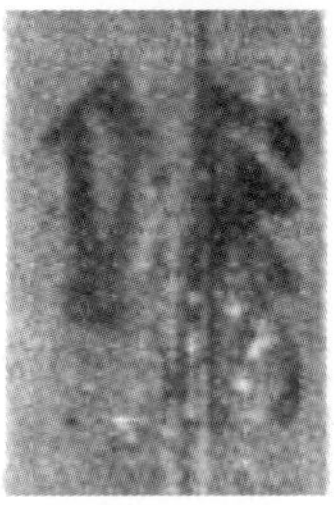
嶽・占夢書 36

嶽・魏盜案 166

里・第八層 894

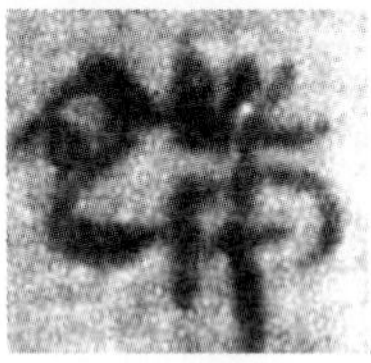
馬壹 112_26\377

○天不見端

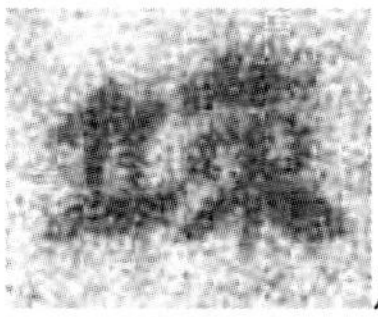
馬壹 4_13 下

○使端（遄）有喜

張・奏讞書 228

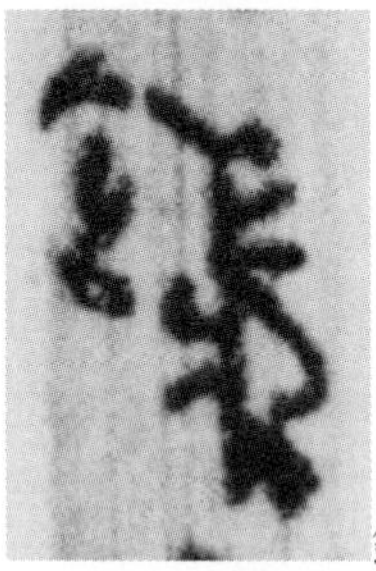
銀壹 900

銀貳 1070

○與其端計

敦煌簡 1730

金關 T01:061

武・甲《特牲》47

○食玄端玄常(裳)

北壹・倉頡篇 34

○端直準繩

北壹・倉頡篇 9

○貢織飭端脩灋

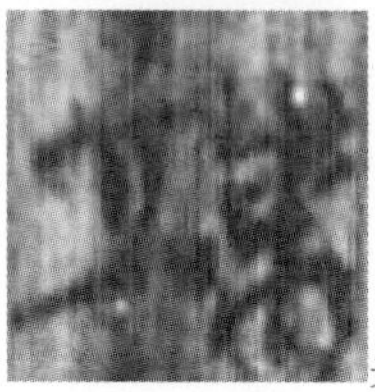
吳簡嘉禾・五・六八六

○周端佃田

廿世紀璽印三-GP

○端鄉

歷代印匋封泥

○端鄉

漢印文字徵

○段端

漢印文字徵

○端鄉

漢印文字徵

○楊端

漢晉南北朝印風

○藍端

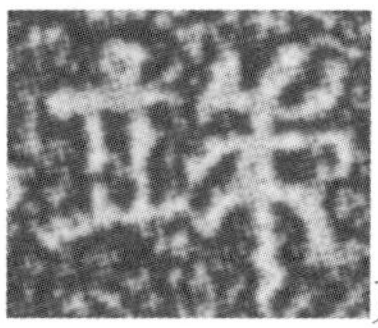
東漢・趙寬碑

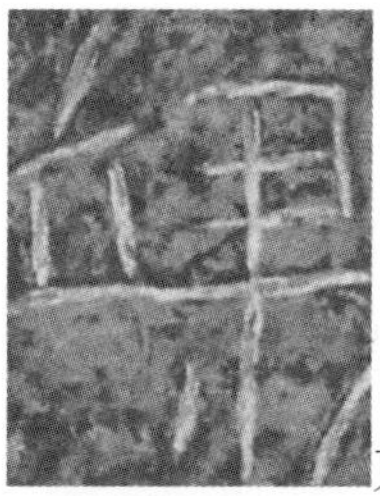
東漢・佐孟機崖墓題記

○男石造此冢端行

北魏・韓曳雲造像

○徒端等共造供養

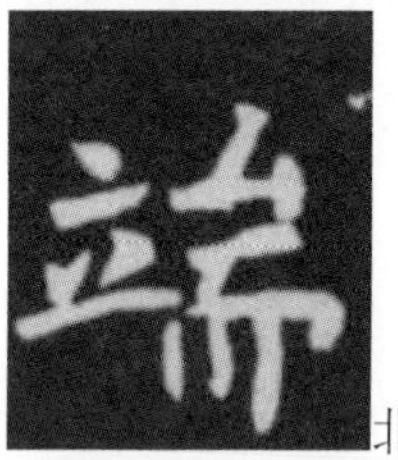
北魏・石婉誌

北魏・元演誌

北魏・元暐誌

北魏・元簡誌

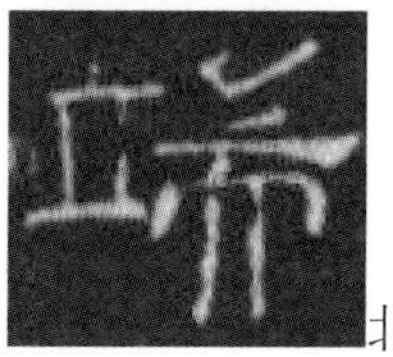
北齊・感孝頌

北齊・王馬造像

北齊・王鴨臉造像

【竱】

《說文》：竱，等也。从立專聲。《春秋國語》曰："竱本肇末。"

【竦】

《說文》：竦，敬也。从立从束。束，自申束也。

東漢・楊統碑陽

北魏・馮季華誌

北齊・高湝誌

北齊・婁黑女誌

【竫】

《說文》：竫，亭安也。从立爭聲。

北魏・元尚之誌

東魏・智顏竫勝造像

東魏・馮令華誌

東魏・元仲英誌

【靖】

《說文》：靖，立竫也。从立青聲。一曰細皃。

北壹・倉頡篇 70

○嫈眇靖姑鬻

吳簡嘉禾・五・一九六

廿世紀璽印三-GY

○靖園長印

東漢・曹全碑陰

東漢・趙寬碑

北魏・元斑誌

北魏・李媛華誌

北魏・給事君妻韓氏誌

北魏・王□奴誌

北周・崔宣靖誌蓋

【竢】

《說文》：，待也。从立矣聲。

【𥩟】

《說文》：，或从巳。

【竘】

《說文》：，健也。一曰匠也。从立句聲。讀若齲。《逸周書》有竘匠。

里・第八層 1256

○男子竘令

歷代印匋封泥

○左司馬聞（門）竘信鉨

【竵】

《說文》：，不正也。从立咼聲。

【竭】

《說文》：，負舉也。从立曷聲。

里・第八層 1275

○陵竭

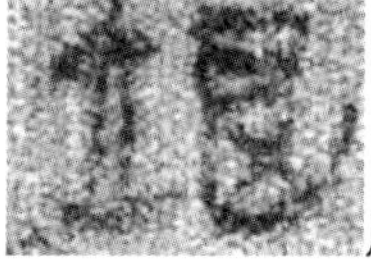
馬貳 68_13/13

○男子竭

銀貳 1173

○并險竭（荷）戟

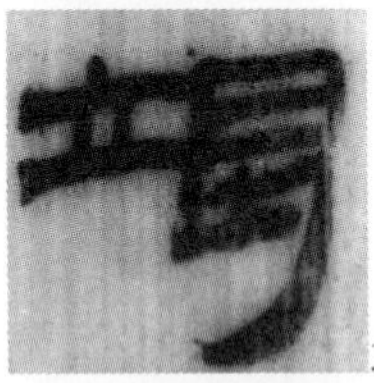
北壹・倉頡篇 3

○掊援何竭負戴

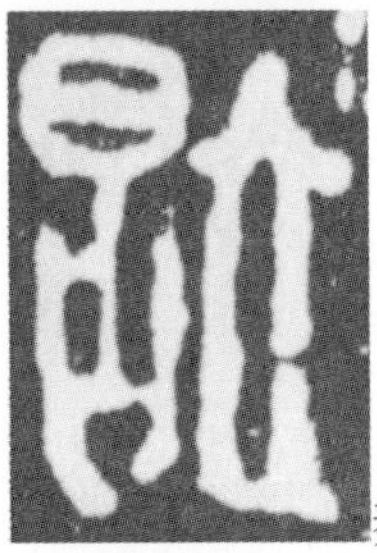
秦代印風

○咸鄏里竭

東漢・楊震碑

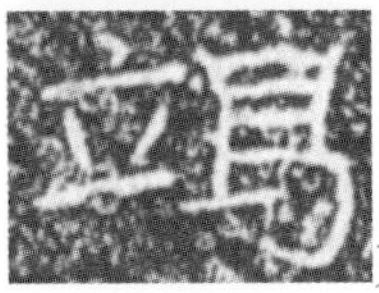
東漢・石門頌

○勤勤竭誠

東漢・朝侯小子殘碑

北魏・緱靜誌

北魏・始平公造像

北魏・元誨誌

北魏・寇治誌

東魏・廣陽元湛誌

○至乃北遊竭(碣)石

東魏・廣陽元湛誌

東魏・元玕誌

西魏・杜照賢造像

北齊・石信誌

北齊·常文貴誌

【𥩟】

《說文》：，待也。从立須聲。

【𥪝】

《說文》：，或从芻聲。

【嬴】

《說文》：，痿也。从立羸聲。

【竣】

《說文》：，偓竣也。从立夋聲。《國語》曰："有司已事而竣。"

馬貳 207_49

○竣氣不成不能

【𥩿】

《說文》：，見鬼彪皃。从立从录。录，籀文彪字。讀若虙羲氏之虙。

【䇌】

《說文》：，驚皃。从立昔聲。

【竨】

《說文》：，短人立竨竨皃。从立卑聲。

【竲】

《說文》：，北地高樓無屋者。从立曾聲。

北壹·倉頡篇 73

○□扃增竲專斯

〖䇂〗

石鼓·汧殹

○其䇂孔庶

〖竞〗

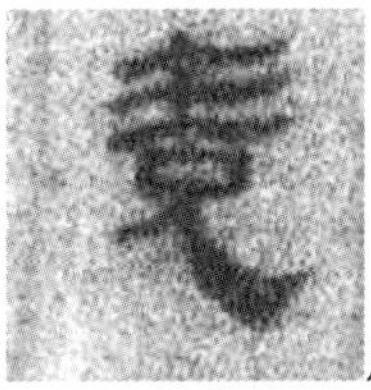
馬壹 128_4 上\81 上

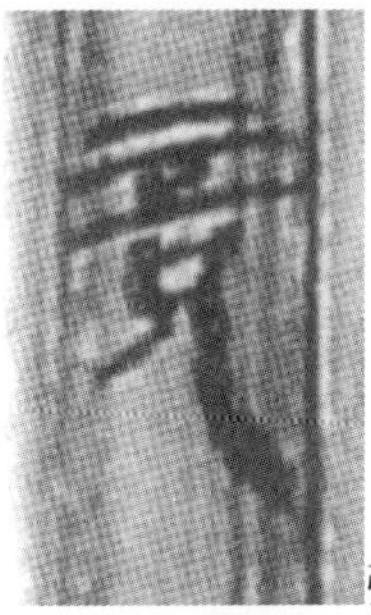
張·秩律 456

銀壹 389

秦代印風

○竟印

〖竮〗

武·甲《少牢》17

○皆二骨以竮（并）

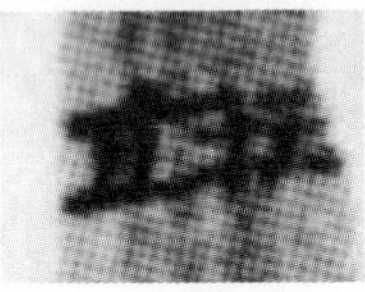
武·甲《少牢》9

○皆二骨以竮（并）

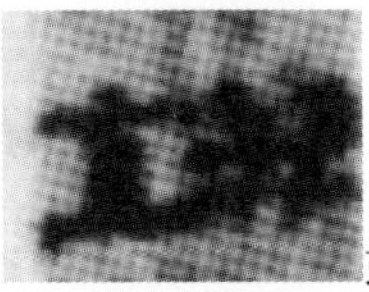
武·甲《少牢》10

○皆二骨以竮（并）

〖⿰立奇〗

睡·日甲《梦》13

○⿰立奇之所

〖⿰立幾〗

秦公大墓石磬

○執入又讯

〖⿰立睘〗

秦文字編 1609

竝部

【並】

《説文》：竝，併也。从二立。凡竝之屬皆从竝。

漢銘·周里鼎

睡·秦律十八種 137

○人與並居之

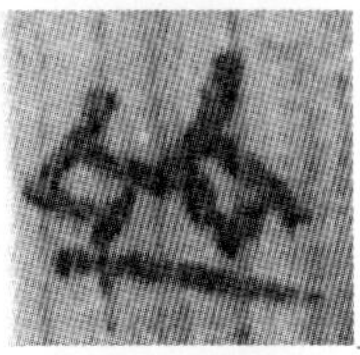
里·第八層 1070

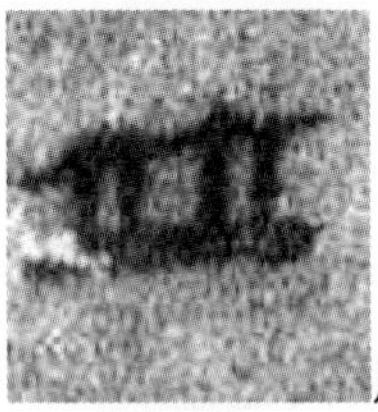
馬壹 123_19 下

○文武並行

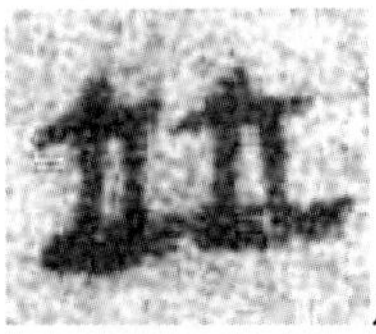
馬壹 6_29 下

張・蓋盧 19

銀貳 2094

北貳・老子 163

○萬物並作

金關 T10:156

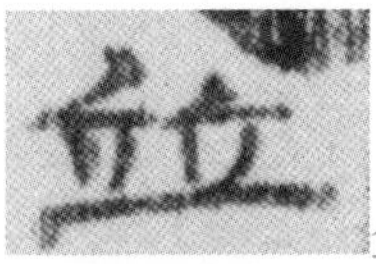
金關 T30:074

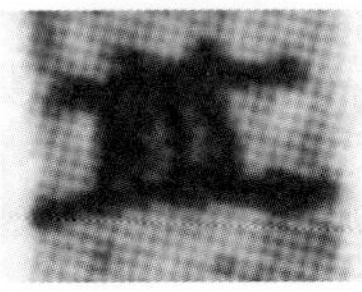
武・甲《泰射》51

○並行

廿世紀璽印三-SP

○莉竝私印

廿世紀璽印三-SY

漢印文字徵

○並之印

漢印文字徵

○同竝尉印

漢印文字徵

○江竝私印

漢晉南北朝印風

漢晉南北朝印風

○次並之印

漢晉南北朝印風

○公孫並印

漢晉南北朝印風

○慶並私印

漢晉南北朝印風

○靳並私印

漢晉南北朝印風

漢晉南北朝印風

漢晉南北朝印風

○王並之印

漢晉南北朝印風

○張並私印

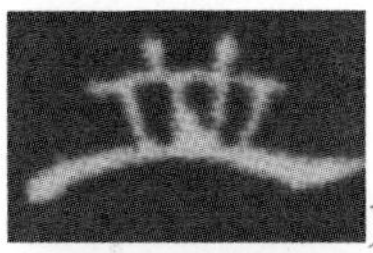
東漢・曹全碑陽

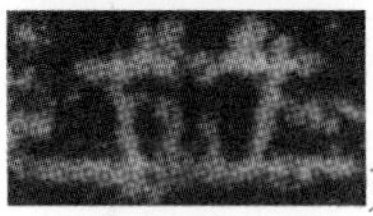
東漢・太室石闕銘

○並天四海

東漢・尚博殘碑

○並舉賢良方正

東漢・景君碑

東漢・譙敏碑

東漢・西狹頌

東晉・劉媚子誌

北魏・元侔誌

北魏・奚真誌

北魏・薛慧命誌

北齊・崔德誌

北齊・暴誕誌

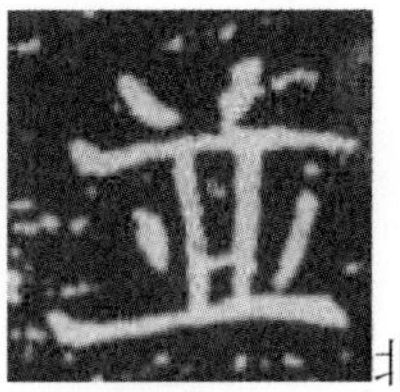
北齊·爾朱元靜誌

【㬱】

《説文》：㬱，廢，一偏下也。从竝白聲。

【替（替）】

《説文》：替，或从兟从曰。

【暜】

《説文》：暜，或从曰。

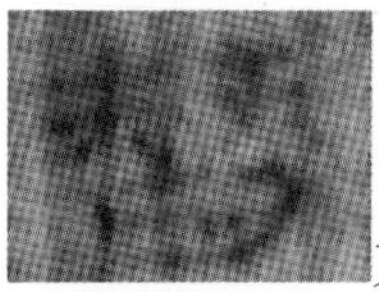
東牌樓 005

○產女替

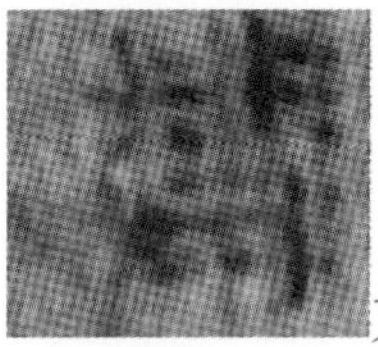
東牌樓 005

○替弟建

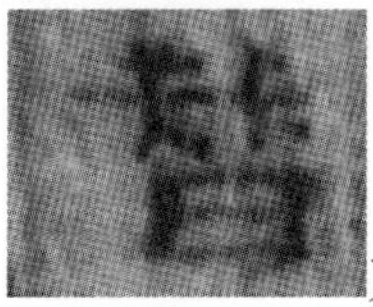
東牌樓 005

○產女替

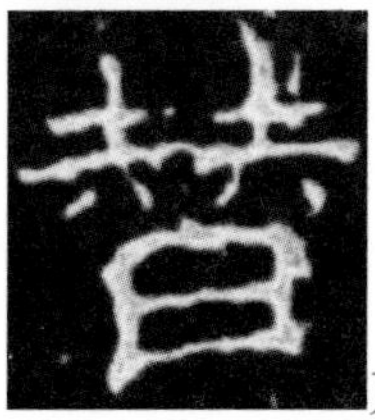
東漢·楊震碑

○易世不替

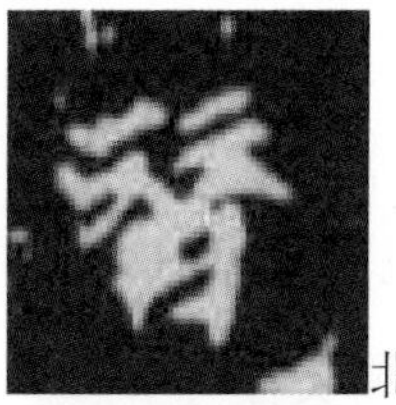
北魏·賈瑾誌

○胤嗣將替

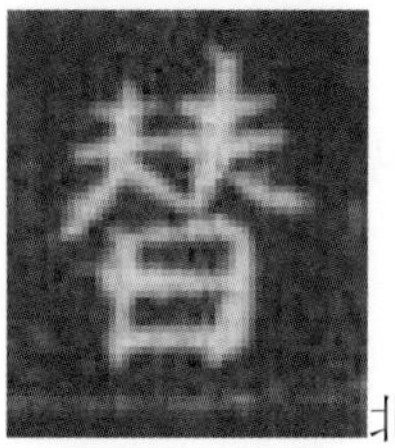
北魏·元汎略誌

○獻替是當

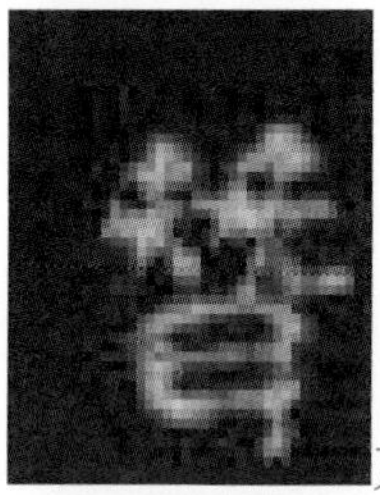
東魏·邑義五百餘人造像陽

○奉給無替

東魏·司馬韶及妻侯氏誌

○獻替之宜

囟部

【囟】

《説文》：囟，頭會，𦞤蓋也。象形。凡囟之屬皆从囟。

【𦞤】

《説文》：𦞤，或从肉、宰。

【出】

《説文》：出，古文囟字。

【巤】

《説文》：，毛巤也。象髮在囟上及毛髮巤巤之形。此與籒文子字同。

【妣】

《説文》：，人臍也。从囟，囟，取气通也；从比聲。

思部

【思】

《説文》：，容也。从心囟聲。凡思之屬皆从思。

敦煌簡 0105

○思念

敦煌簡 0006B

○吏不思

北壹・倉頡篇 4

○涣奂若思勇猛

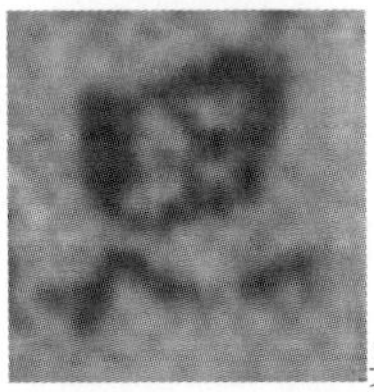
吳簡嘉禾・九二八七

○下婢思年五十三

吳簡嘉禾・四・一〇七

○廖思佃田四町凡

秦代印風

秦代印風

○相思得志

秦代印風

○思言敬事

秦代印風

○雲子思士

秦代印風

○思事

秦代印風

○思言

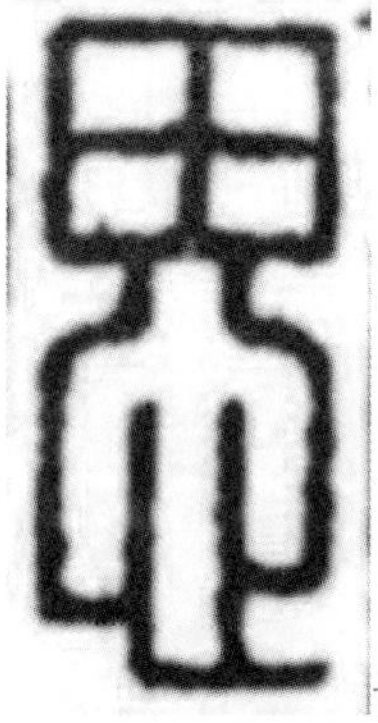
廿世紀璽印三-SY

漢印文字徵

○思守里附城

漢印文字徵

○云子思士

漢印文字徵

○忠仁思事

廿世紀璽印四-SY

○张道思

廿世紀璽印四-SP

○二趙思

泰山刻石

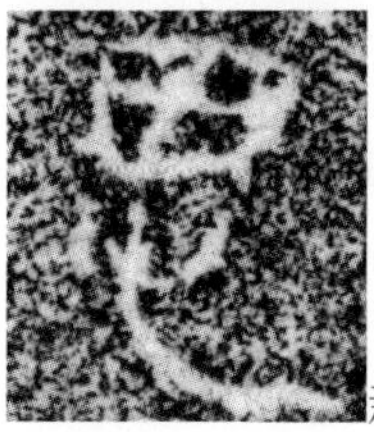
新莽・禳盜刻石

○欲孝思貞廉

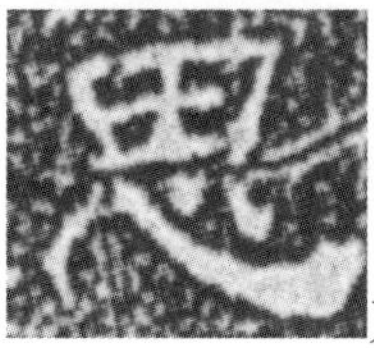
東漢・趙寬碑

東漢・尚博殘碑

東漢・尚博殘碑

東漢・肥致碑

○上思生葵

東漢・張遷碑陽

東漢・履和純等字殘碑

○思士不出類不

東漢・禮器碑

西晉・荀岳誌

北朝・趙阿令造像

○清信弟子楊思男

北魏・元弼誌

北魏・王基誌

北魏・元文誌

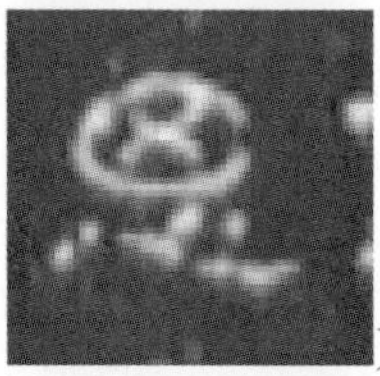
東魏・司馬興龍誌

東魏・叔孫固誌

北齊・雲榮誌

北周・李綸誌

【慮】

《説文》：慮，謀思也。从思虍聲。

漢銘・隆慮家連釘

漢銘・慮傂尺

睡・為吏 21

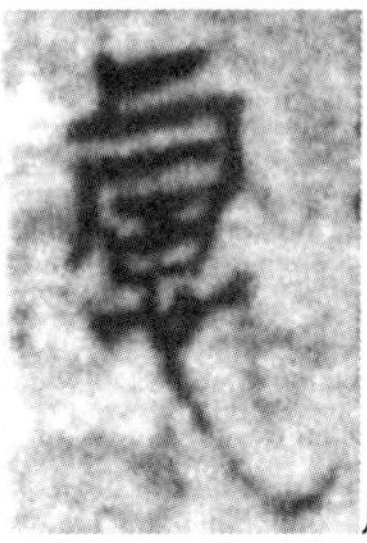
馬壹 83_97

馬壹 83_83

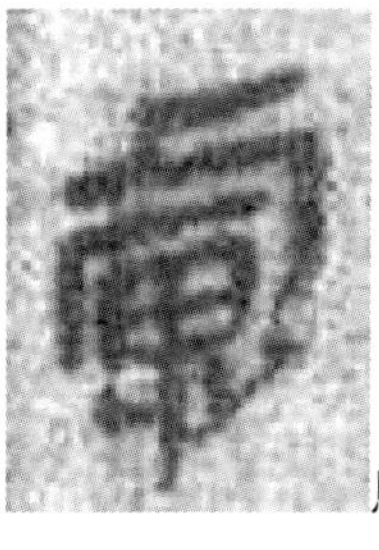
馬壹 36_37 上

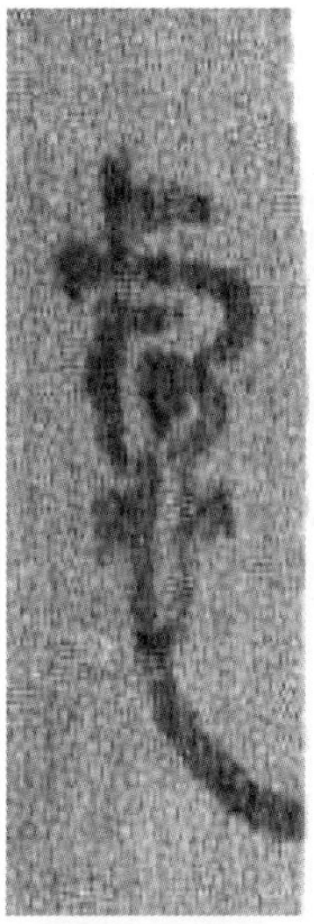
馬貳 206_44

張・蓋盧 41

銀貳 1576

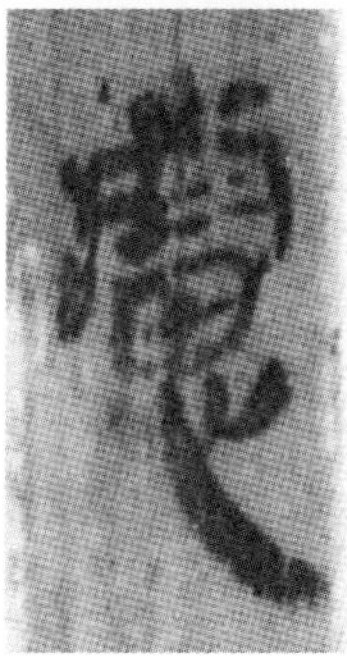
銀貳 1174

金關 T24:802

○人毋（無）遠慮必有近憂

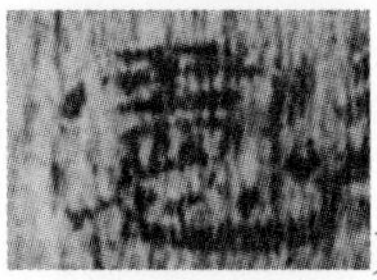
東牌樓 146

○不拘慮度次心肆意

吳簡嘉禾・五・一〇三

○吏潘慮其旱田不收

吳簡嘉禾・四・三八二

○吏番慮畢嘉禾五年

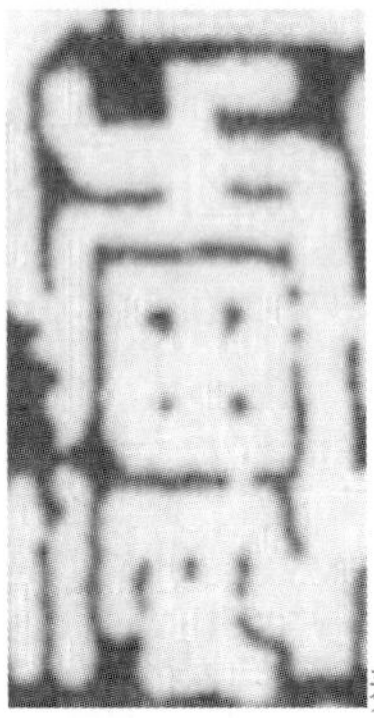
秦代印風

○維盧

漢印文字徵

漢印文字徵

○且慮丞印

東漢・譙敏碑

三國魏・受禪表

北魏・元文誌

北魏・元繼誌

北魏・寇慰誌

北魏・元誘誌

北魏・慧靜誌

北魏・石婉誌

北魏・穆亮誌

東魏・隗天念誌

○林慮郡

東魏・吕覎誌

○言祿不干其慮

東魏・元悰誌

北齊・無量義經二

○智恬情泊慮凝靜

心部

【心】

《說文》：，人心，土藏，在身之中。象形。博士說以爲火藏。凡心之屬皆从心。

春早・秦公鐘

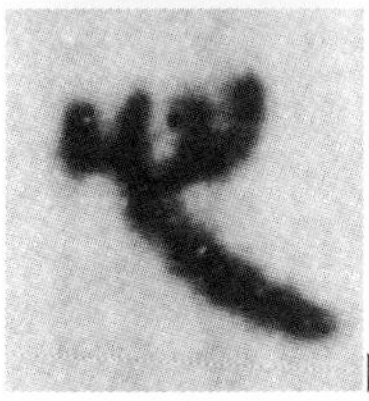
睡・語書 11

睡・法律答問 51

睡・為吏 39

睡・日乙 106

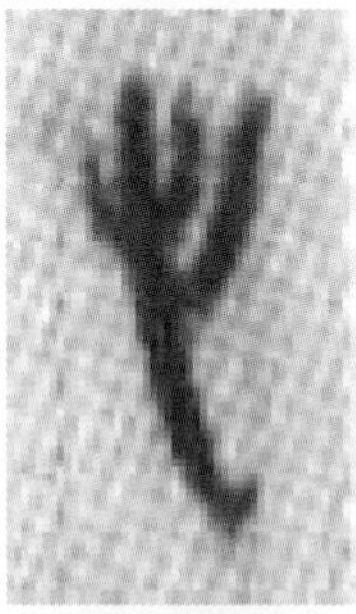
關・病方 345

嶽・為吏 47

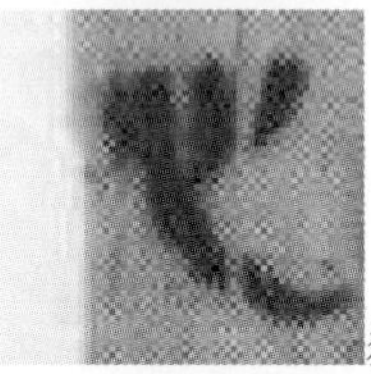
嶽・魏盜案 169

里・第八層 659

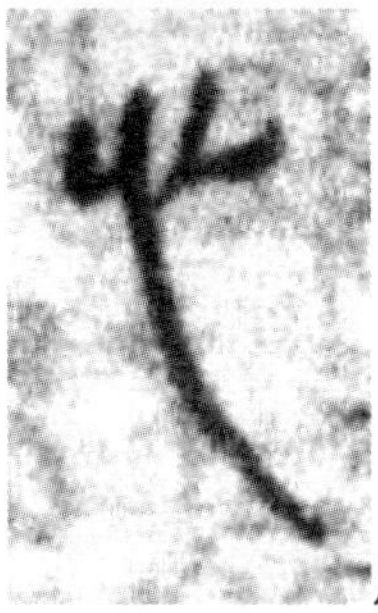
馬壹 90_256

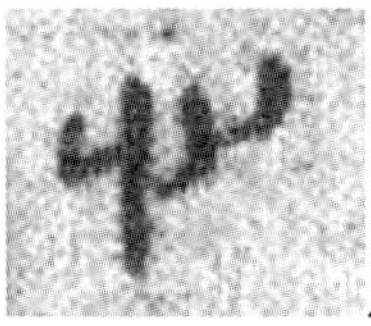
馬壹 39_11 下

馬壹 13_93 上

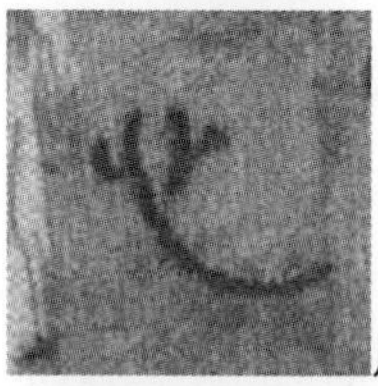
馬貳 130_42

張・奏讞書 178

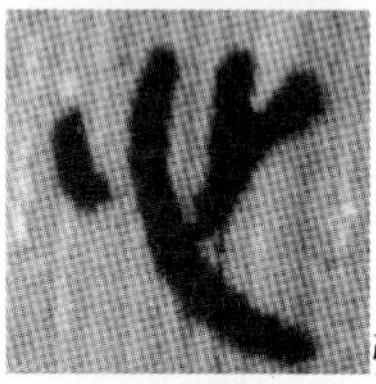
張・蓋盧 38

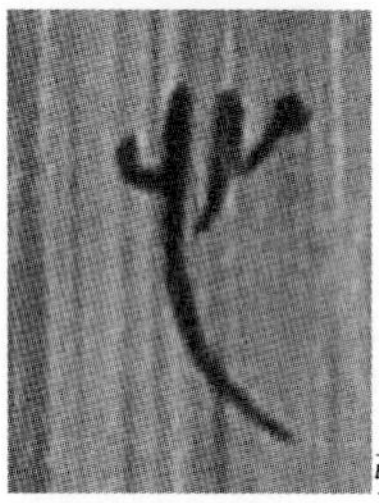
張・脈書 25

銀壹 503

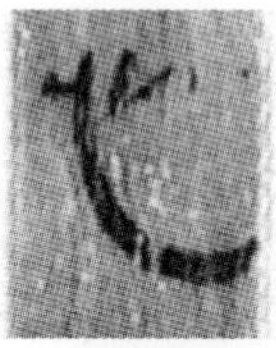
銀貳 1015

北貳・老子 141

敦煌簡 2401B

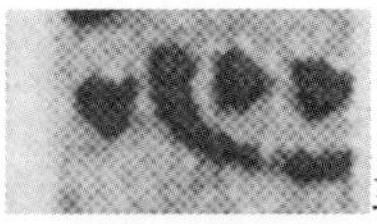
敦煌簡 2012

金關 T23:359A

武・甲《特牲》48

東牌樓 038 背

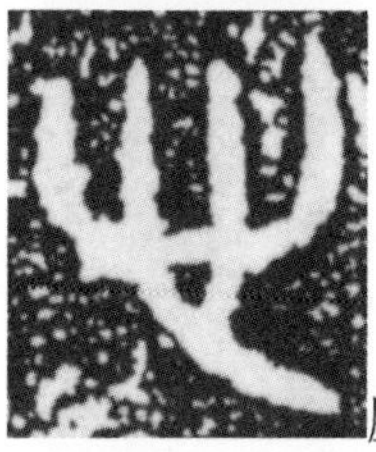
歷代印匋封泥

秦代印風

○壹心慎事

秦代印風

○壹心慎事

廿世紀璽印三-SY

○如心

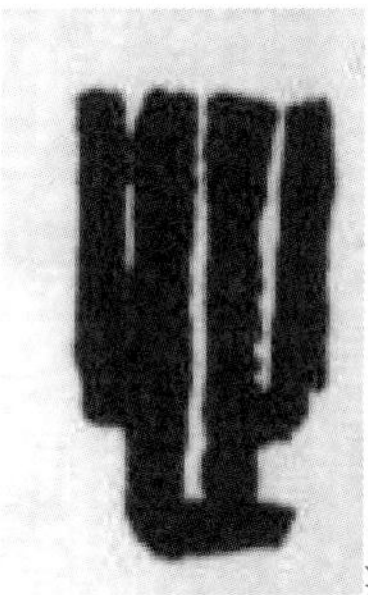
漢印文字徵

漢印文字徵

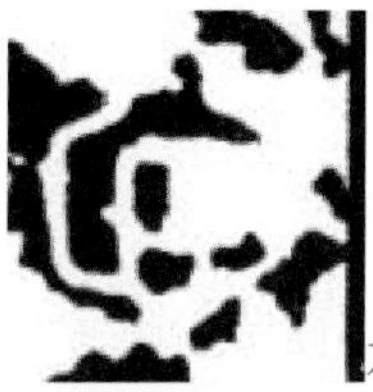
石鼓・馬薦

詛楚文・巫咸

○力同心兩邦已壹

秦駰玉版

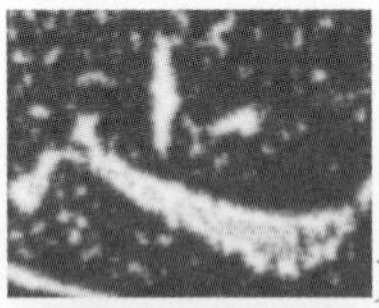
東漢・北海相景君碑陽

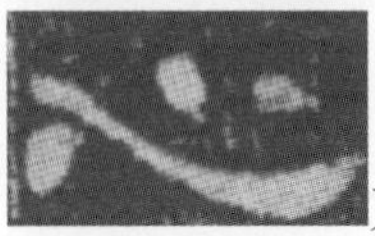
東漢・肥致碑

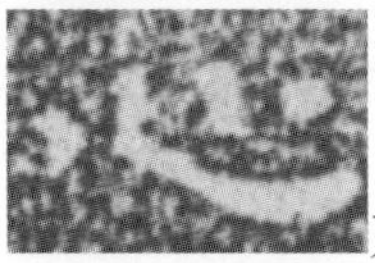
東漢・熹平石經殘石四

○中心疑者異

東漢・曹全碑陽

東漢・樊敏碑

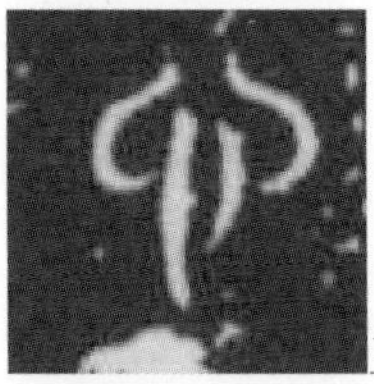
三國魏・三體石經尚書・古文

○用厥心韋怨

三國魏・三體石經尚書・篆文

○用厥心韋怨不則用□

西晉・石定誌

北魏・處士元誕誌

○心優遊於卒世

北魏・吳光誌

北魏・楊乾誌

北魏・源延伯誌

○壯氣衝心

北魏・薛慧命誌

北魏・元文誌

北魏・劉華仁誌

東魏・叔孫固誌

東魏・元阿耶誌

○曲盡歡心

東魏・菀貴妻造像

○願々從心

東魏・廣陽元湛誌

北齊・法懃塔銘

北齊・張海翼誌

北齊・李難勝誌

○歸心上道

北齊・李難勝誌

北齊・徐顯秀誌

北齊・赫連子悅誌

北齊・石信誌

○腹心

北周・寇嶠妻誌

【息】

《說文》：，喘也。从心从自，自亦聲。

漢銘・平息侯家鼎

睡・秦律十八種 63

睡・為吏 27

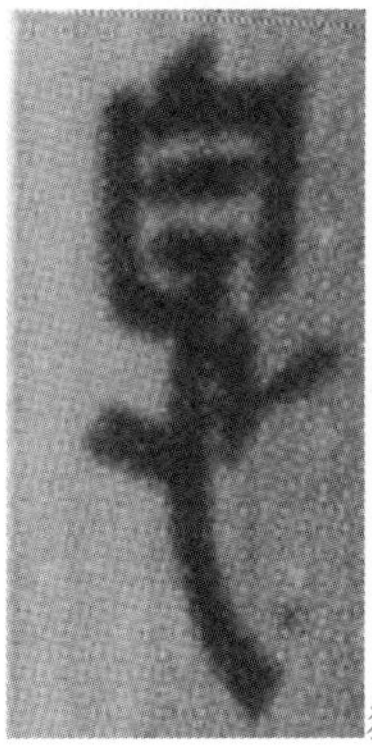
嶽・數 143

里・第八層 183

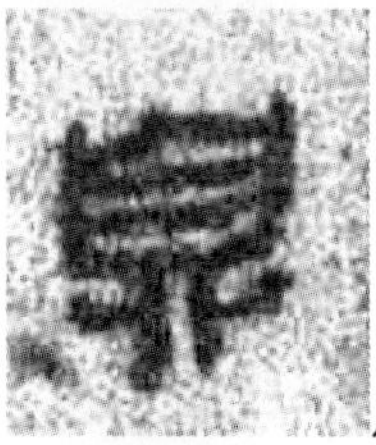
馬壹 120_10 上

馬壹 85_127

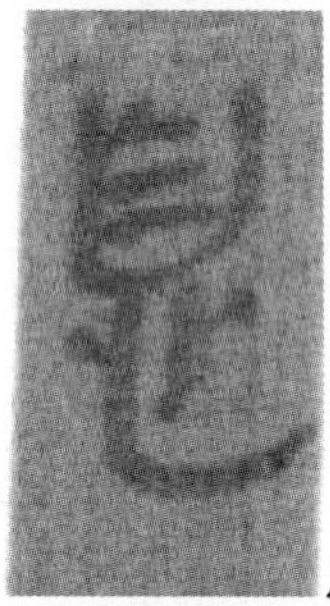
馬貳 205_33

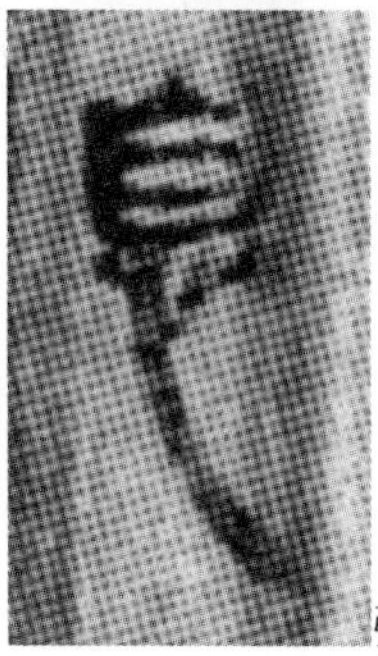
張・行書律 265

張・算數書 65

張・算數書 64

銀壹 947

銀壹 300

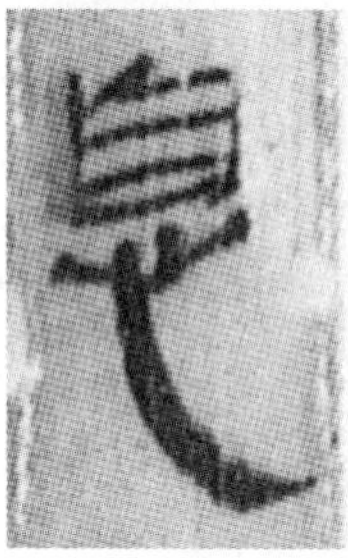
銀貳 1716

敦煌簡 2179A

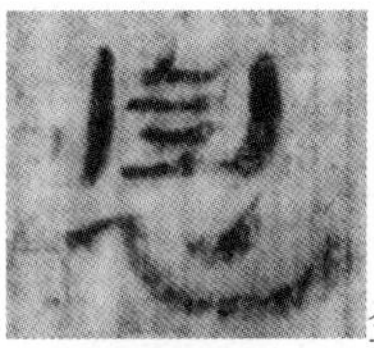
金關 T30:010

金關 T30:163

○令史息

金關 T23:797B

○亭長息憲上書安世

東牌樓 066 背

○□息共

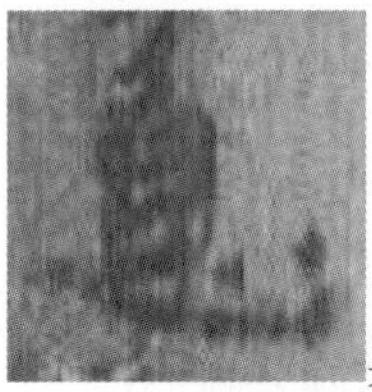
吳簡嘉禾・四・四六六

秦代印風

廿世紀璽印三-SY

○司馬息

廿世紀璽印三-GP

漢印文字徵

○董息

歷代印匋封泥

漢印文字徵

漢印文字徵

漢印文字徵

漢印文字徵
○王印望息

漢印文字徵

漢印文字徵

漢晉南北朝印風

漢晉南北朝印風

東漢・西狹頌

東漢・肥致碑

東漢・史晨前碑

東漢・桐柏淮源廟碑

東漢・賈仲武妻馬姜墓記

西晉・荀岳誌

東晉・謝鯤誌

北魏・元顯魏誌

北魏・石婉誌

北魏・□伯超誌

北魏・郭顯誌

北魏・元誘誌

北魏・劉玉誌

○綏接息化富壤殷民

北魏・元彧誌

東魏・元均及妻杜氏誌

東魏・元悰誌

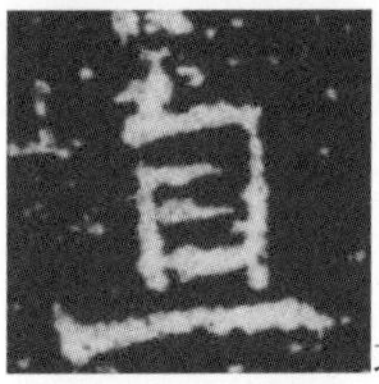
北齊・楊廣濟造像

○亡息子善

北齊・常文貴誌

北齊・孟阿妃造像

北齊・孟阿妃造像

【情】

《說文》：情，人之陰气有欲者。从心青聲。

馬壹 100_122

○守情（靜）表也

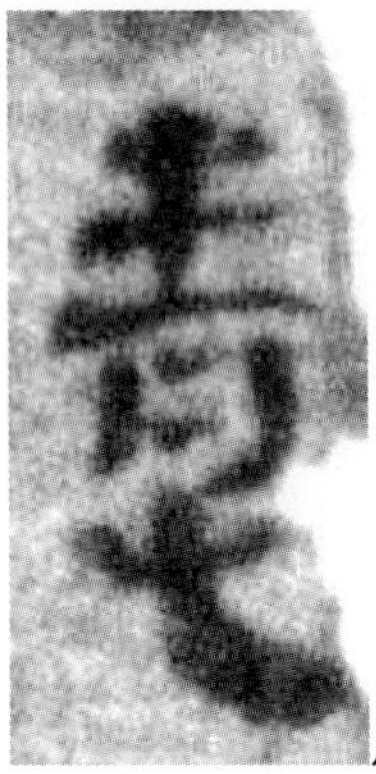
馬壹 100_121

○濁而情（靜）之

敦煌簡 2220A

○敕情候望恐

東牌樓 048 正

○抱情□營

吳簡嘉禾・五・二五一

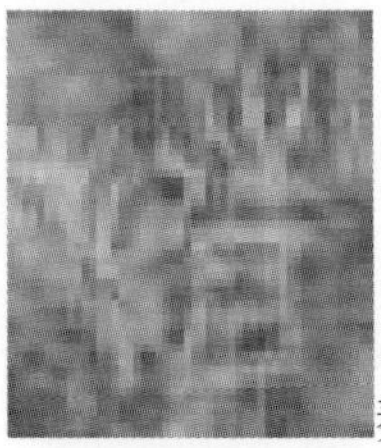
秦駰玉版

東漢・許安國墓祠題記

東漢・熹平石經殘石四

東漢・肥致碑

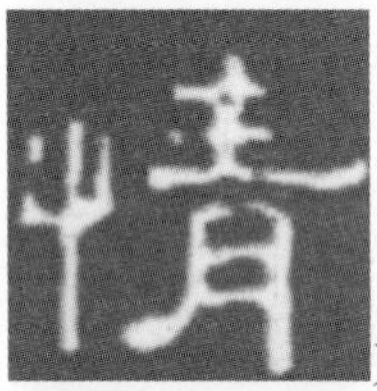
東漢・楊著碑額

東漢・石祠堂石柱題記額

東漢・石門頌

東漢・史晨前碑

西晉・成晃碑

北魏・趙謐誌

北魏・元崇業誌

北魏・劉氏誌

○彼此唱和之情

北魏・元引誌

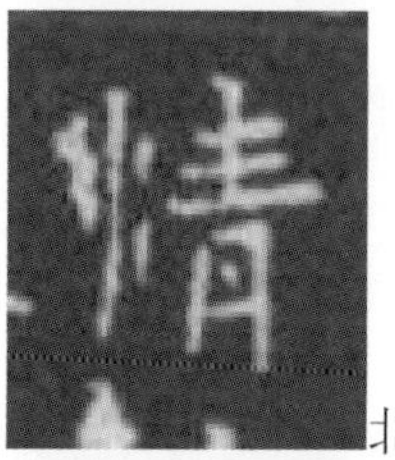
北魏・元融誌

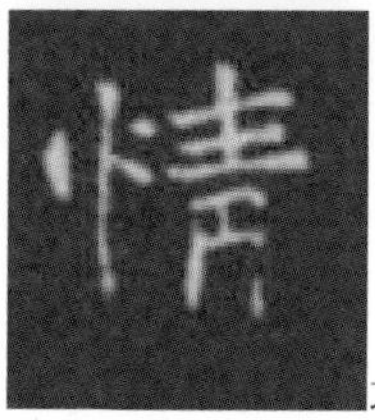
北魏・元子正誌

北魏・元恭誌

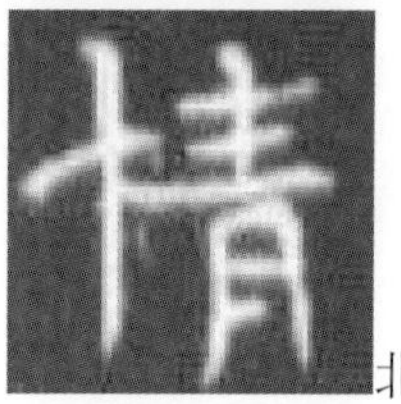
北魏・昭玄法師誌

○非無遂往之情

北魏・吳光誌

北齊・婁黑女誌

北齊・婁黑女誌

北齊・法懃塔銘

【性】

《說文》：性，人之陽气性善者也。从心生聲。

東漢・元嘉元年畫像石墓題記

東漢・行事渡君碑

東漢・石祠堂石柱題記

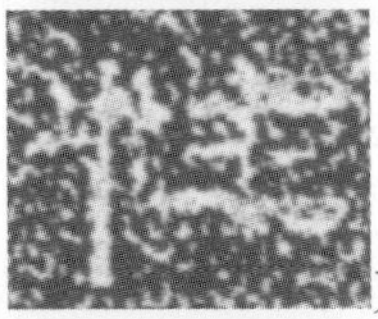
東漢・郎中鄭固碑

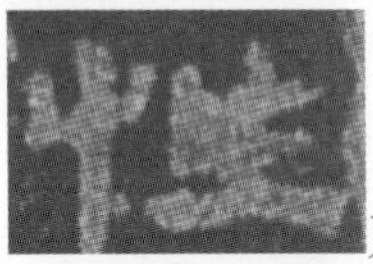
東漢・楊統碑陽

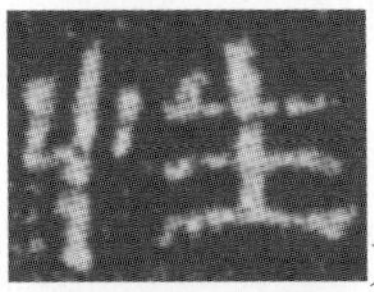
東漢・肥致碑

東漢・夏承碑

東漢・熹平石經殘石四

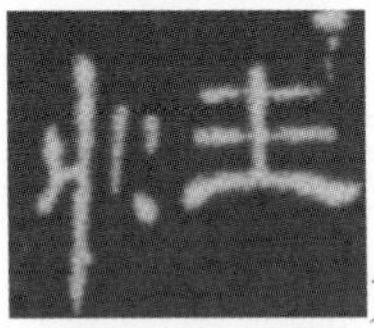
東漢・曹全碑陽

東漢・張遷碑陽

東漢・李固殘碑

東漢・開母廟石闕銘

三國魏・王基斷碑

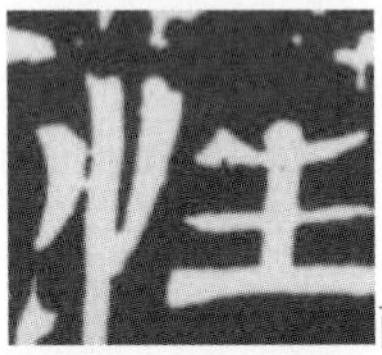
西晉・成晃碑

北魏・穆亮誌

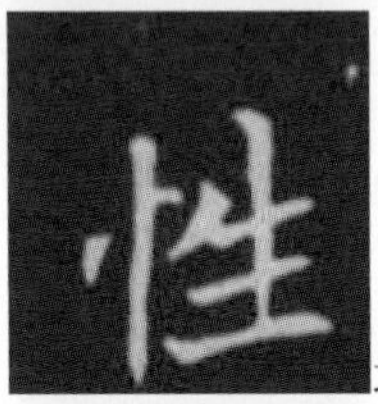
北魏・元願平妻王氏誌

北魏・元孟輝誌

北魏・劉華仁誌

北魏・元璨誌

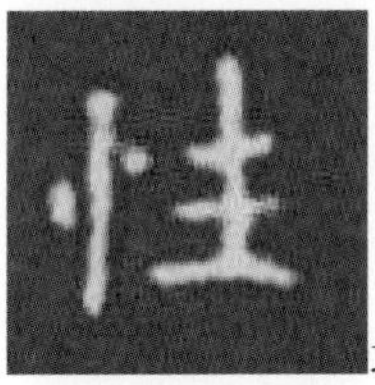
北魏・元⿰王祭誌

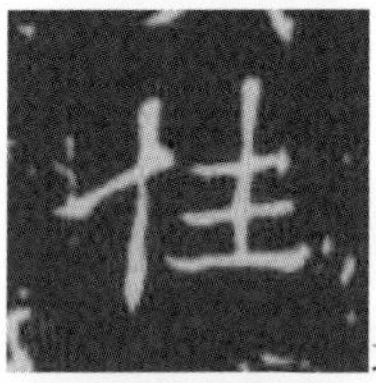
北魏・高廣誌

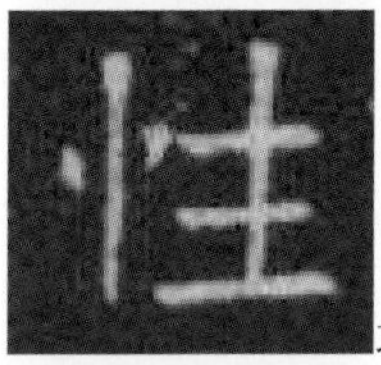
北魏・元頊誌

北魏・元簡誌

東魏・司馬韶及妻侯氏誌

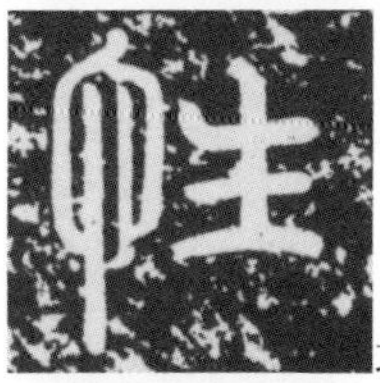
北齊・鼓山佛經刻石

北齊・高阿難誌

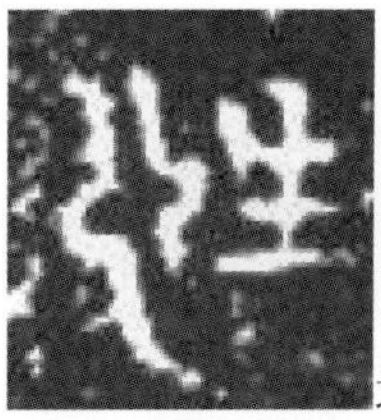
北齊・庫狄業誌

【志】

《説文》：𢗃，意也。从心之聲。

漢銘・齊大官尚志鼎

漢銘・大宮鼎一

睡・為吏 48

里・第八層 455

里・第八層 94

馬壹 85_142

馬貳 206_36

張・蓋盧 37

銀貳 1003

北貳・老子 206

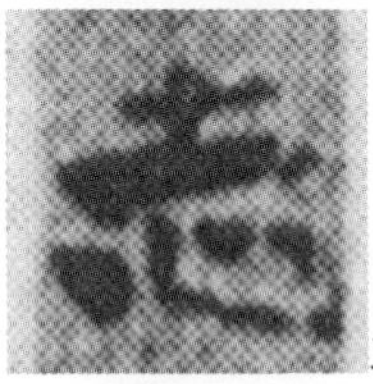
敦煌簡 2000

金關 T01:121

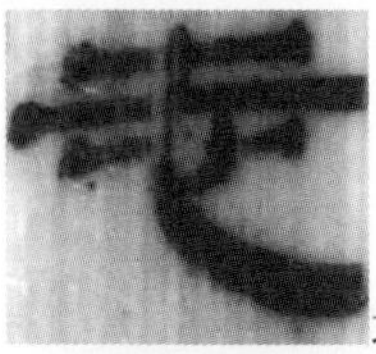
北壹・倉頡篇 1

魏晉殘紙

○可推之志

秦代印風

秦代印風

○從志

秦代印風

秦代印風

秦代印風

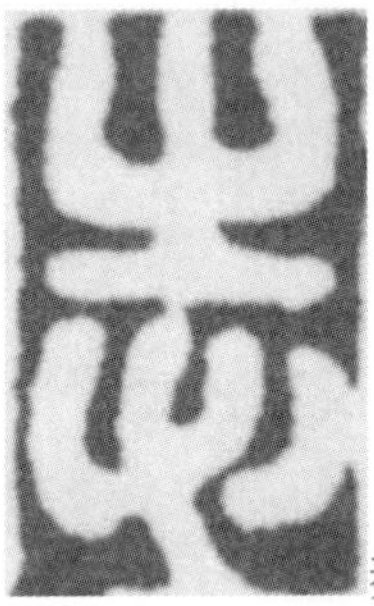
秦代印風

廿世紀璽印三-SY

漢印文字徵
○左志

漢印文字徵
○侯志

漢印文字徵
○高堂志

漢印文字徵
○張廣志

漢印文字徵
○臣志

歷代印匋封泥
○穀志

漢印文字徵

○孫志

漢晉南北朝印風

○侯志

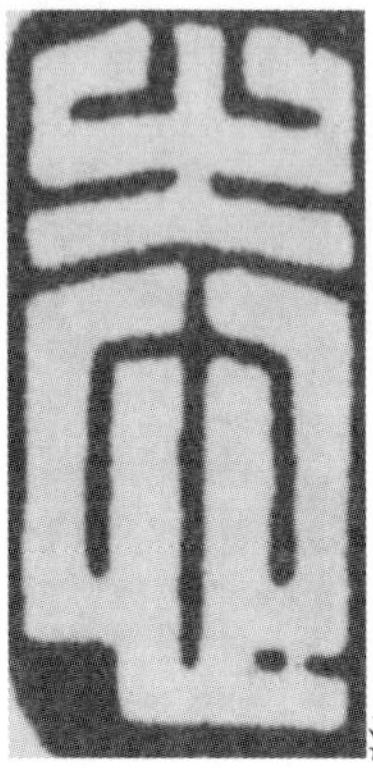
漢晉南北朝印風

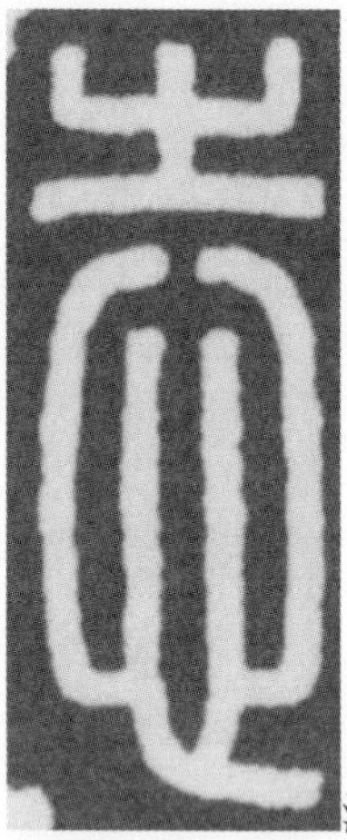
漢晉南北朝印風

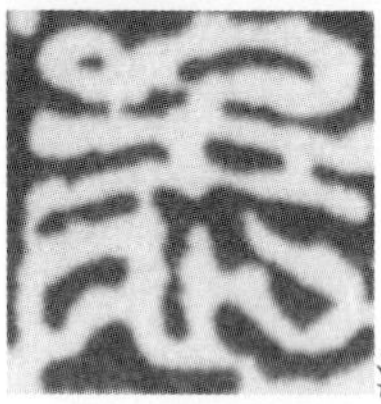
漢晉南北朝印風

○徐志私印

東漢・曹全碑陽

東漢・從事馮君碑

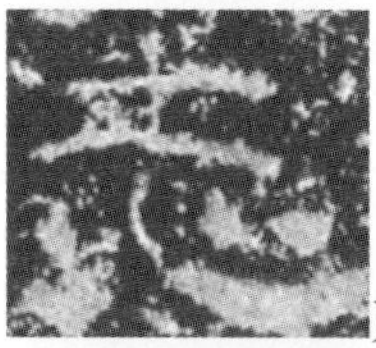
東漢・孟孝琚碑

東漢・肥致碑

東漢・趙寬碑

東漢・趙菿殘碑
○居志節忼慨時□

東漢・從事馮君碑

東漢・景君碑

晉・洛神十三行

西晉・荀岳誌

北魏・陶浚誌

北魏・昭玄法師誌

北魏・昭玄法師誌

北魏・昭玄法師誌

北魏・元廞誌

北魏・鞠彥雲誌

北魏・元簡誌

北魏・侯太妃自造像
○延年神志速就

東魏・惠究道通造像
○比丘志珍

【意】

《説文》：，志也。从心察言而知意也。从心从音。

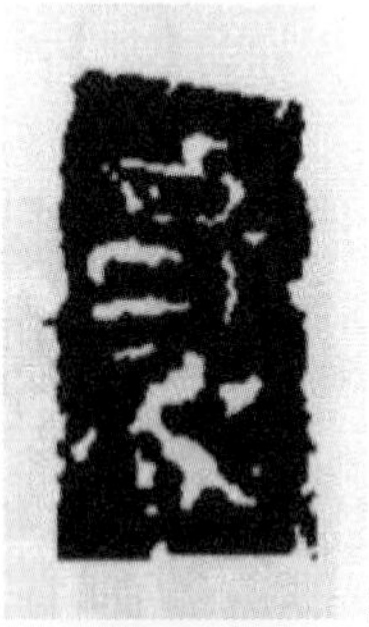
漢銘・延憙鍾

漢銘・泰山宮鼎

睡・日甲《星》83

里・第八層 1525

里・第八層背 771

馬壹 92_297

馬貳 63_25

張・蓋廬 37

張・引書 35

銀壹 565

銀貳 1572

敦煌簡 0006A

○以爲意

敦煌簡 0178

金關 T30:204

東牌樓 070 正

東牌樓 037 正

魏晉殘紙

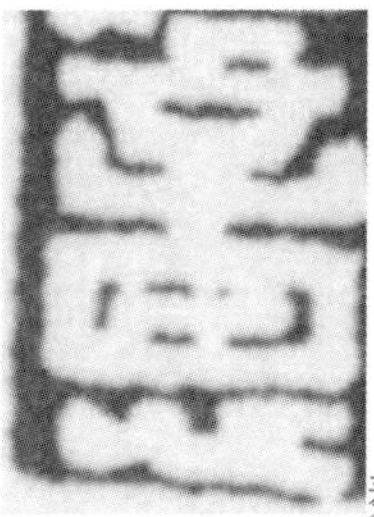
秦代印風

○牛如意

廿世紀璽印三-SY

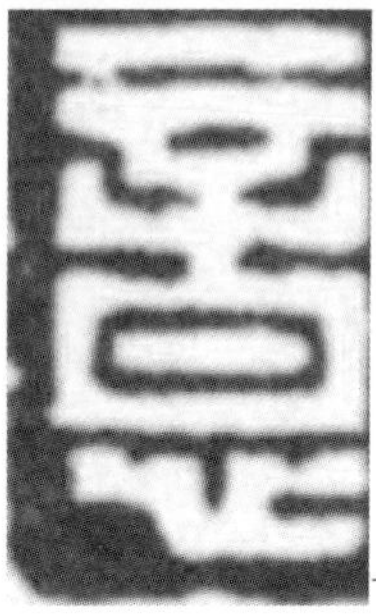
廿世紀璽印三-SY

漢印文字徵

柿葉齋兩漢印萃

○楊滿意

漢印文字徵

漢印文字徵

漢印文字徵

漢印文字徵

漢印文字徵

○宋意之印

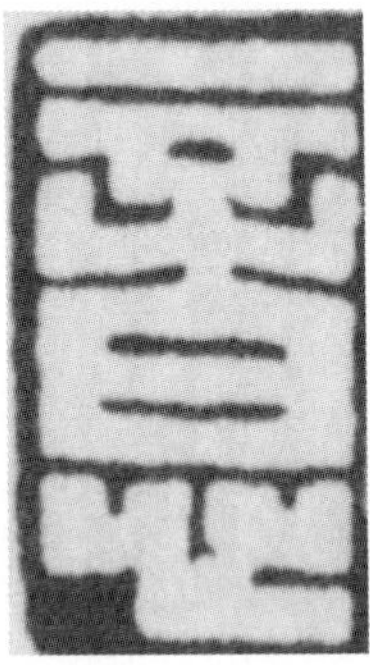
漢晉南北朝印風

漢晉南北朝印風

○泱意

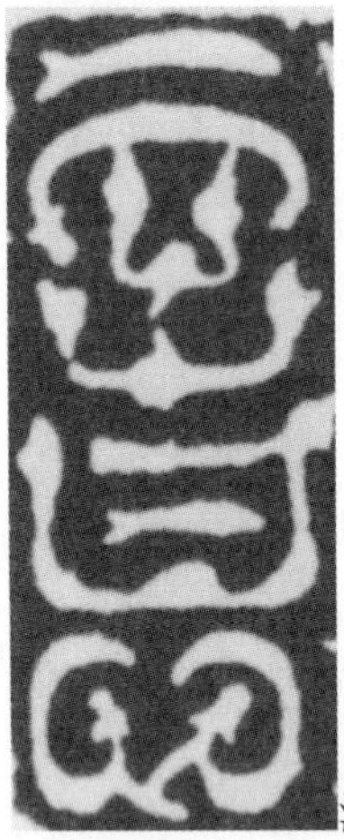
漢晉南北朝印風

○蘇意

漢晉南北朝印風

○武意

漢晉南北朝印風

漢晉南北朝印風

東漢・曹全碑陽

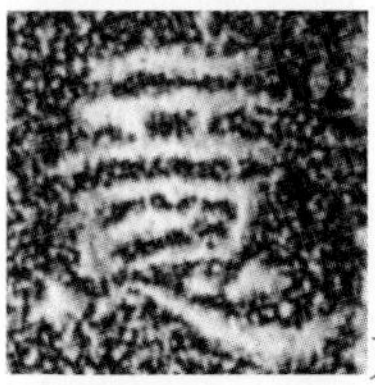
東漢・簿書殘碑

東漢・石堂畫像石題記

〇當災居意

東漢・石堂畫像石題記

東漢・夏承碑

東漢・成陽靈臺碑

東漢・成陽靈臺碑

東漢・郎中鄭固碑

北魏・慧靜誌

北魏・昭玄法師誌

北齊・崔芬誌

北齊・狄湛誌

【恉】

《説文》：恉，意也。从心旨聲。

【悳】

《説文》：悳，外得於人，内得於己也。从直从心。

【悳】

《說文》：，古文。

馬壹 111_179\348

○有悳者

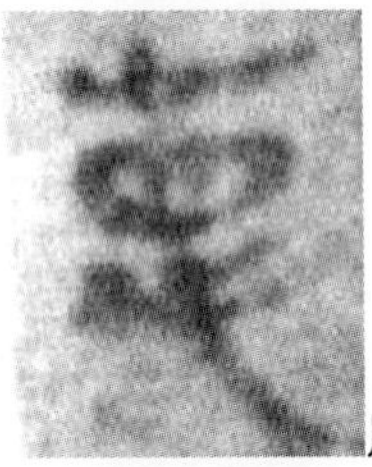
馬壹 115_1\452

張・奏讞書 89

○廣悳里

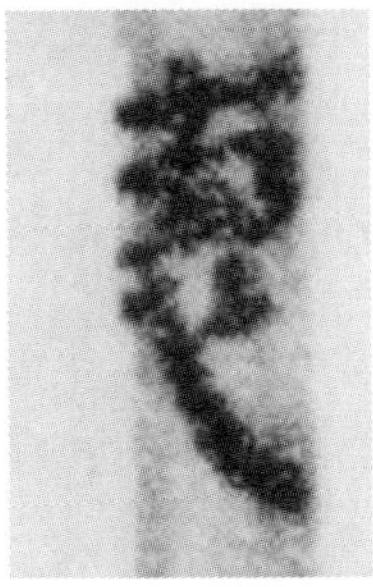
銀壹 323

○悳行者

銀壹 559

○不若脩（修）悳

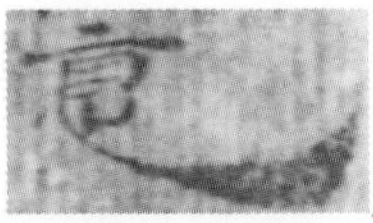
居・EPT53.133

○信悳伏地再拜

西漢

○寔天生悳

西漢

西漢

○無悳

東漢・北海相景君碑陽

三國魏・三體石經尚書・古文

○人囗不秉德明恤少臣并（屏）侯佃（畝）

北周・輔蘭德等造像

〇是以清信士輔蘭悳

【瘱（應）】

《説文》：應，當也。从心痽聲。

睡・封診式 58

〇二所瘱（應）痏

睡・日甲《詰》35

〇人火瘱（應）之

里・第八層 8

〇毋瘱（應）此里人名

里・第八層 754

〇不瘱（應）律令故

馬壹 126_57 上

〇相瘱（應）則

馬壹 124_47 上

〇不瘱（應）勭（動）

張・引書 112

〇寒暑相瘱（應）之道也

張・引書 65

〇引應（膺）痛

銀壹 354
○於肩應（膺）之

銀貳 1082
○可以癕（應）堅敵

北貳·老子 3
○癕（應）則攘臂而乃

北貳·老子 100
○言善癕（應）弗召自來

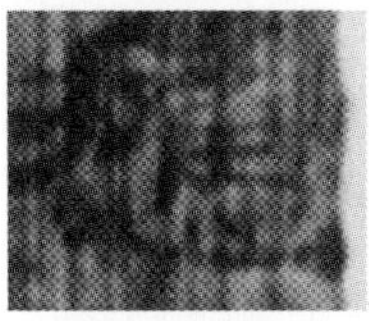
敦煌簡 0005
○應令敦德

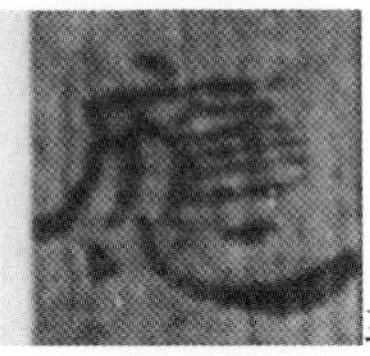
敦煌簡 0177

金關 T05:071

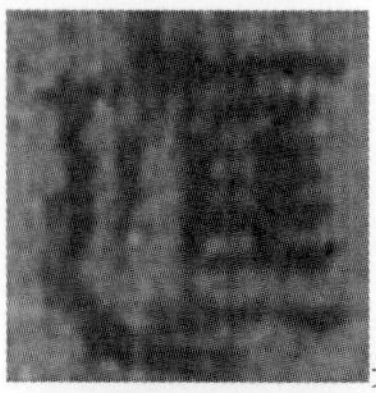
吳簡嘉禾·四·三四九

廿世紀璽印三-SY
○周癕（應）

廿世紀璽印四-SY
○孝癕（應）印信

漢晉南北朝印風

柿葉齋兩漢印萃

漢印文字徵

漢印文字徵
○癰（應）門府印

漢印文字徵

漢印文字徵

漢印文字徵

漢印文字徵

柿葉齋兩漢印萃
○吳癰（應）宇

漢晉南北朝印風
○張癰（應）

漢晉南北朝印風

詛楚文・沈湫
○亦應受皇天上

東漢・夏承碑

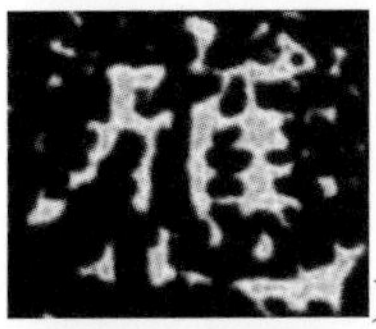
東漢・楊震碑

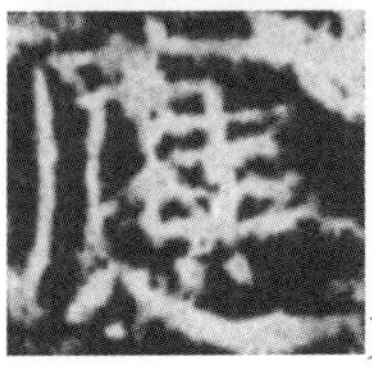
東漢・封龍山頌

東漢・封龍山頌

東漢・史晨前碑

東漢・西岳華山廟碑陽

東漢・肥致碑

東漢・成陽靈臺碑

東漢・子游殘碑

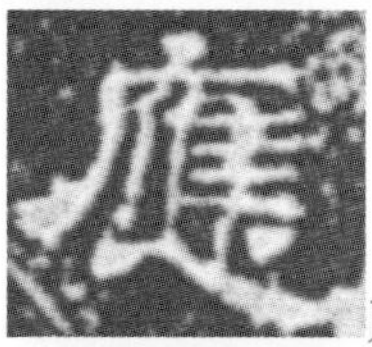
東漢・西岳華山廟碑陽

西晉・郭槐柩記

北魏・元敷誌

○始應詔命

北魏・元斑誌

北魏・胡明相誌

○德[疒應]（應）昌曆

北魏・元悌誌

○高談響[疒應]（應）

北魏・寇憑誌

東魏・元玕誌

東魏・杜文雅造像

北齊・高淯誌

北齊・法懃塔銘

【慎（愼）】

《説文》：，謹也。从心眞聲。

【昚】

《説文》：，古文。

睡・秦律十八種 196

睡・為吏 3

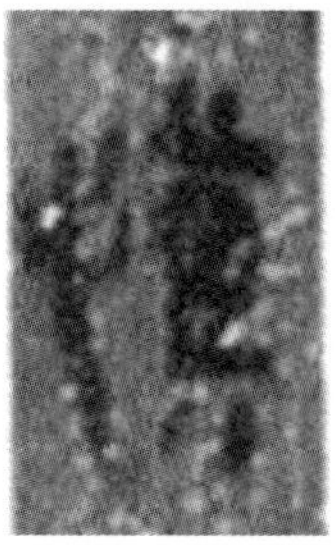
嶽・為吏 41

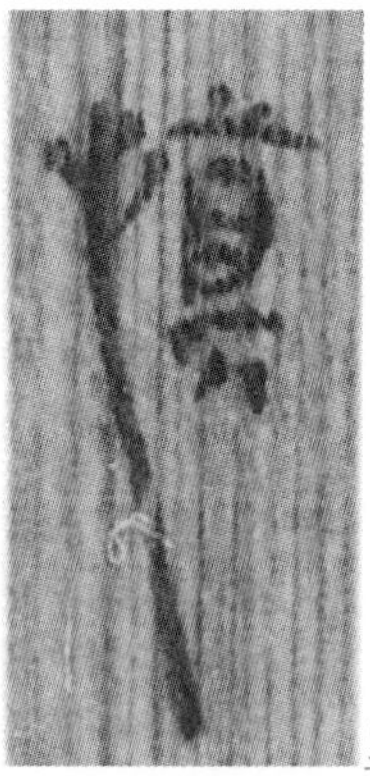
里・第八層 1444

馬壹 36_41 上

馬壹 105_54\223

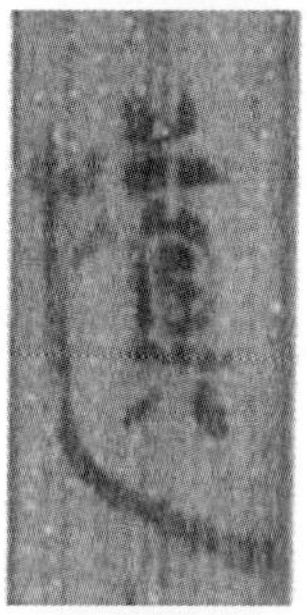
馬貳 207_55

張・秩律 448

張・蓋盧 29

孔・日書残 2

北貳・老子 77

敦煌簡 0844

武・儀禮甲《服傳》42

吴簡嘉禾・五・六七九

吴簡嘉禾・五・一二九

吴簡嘉禾・五・九二五

吴簡嘉禾・五・五八四

○男子盧昚佃田

秦代印風

○壹心慎事

秦代印風

歷代印匋封泥

○慎丞之印

秦代印風

漢印文字徵

○朱慎

漢印文字徵

漢印文字徵

漢印文字徵

漢印文字徵

○曹慎印

漢晉南北朝印風

○朱慎

秦代印風

泰山刻石

新莽・禳盜刻石

○母所生慎毋

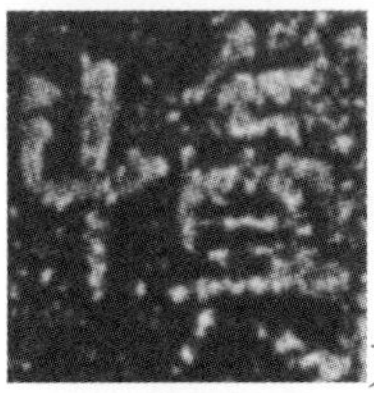
東漢・桓孨食堂畫像石題記

○慎勿相忘

東漢・北海相景君碑陰

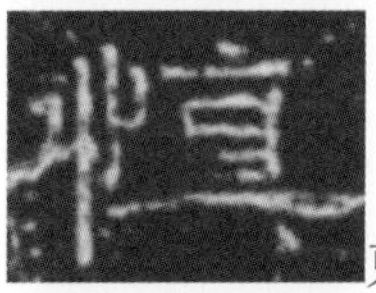
東漢・桐柏淮源廟碑

東漢・桐柏淮源廟碑

東漢・相張壽殘碑

東漢・趙寬碑

東漢・成陽靈臺碑

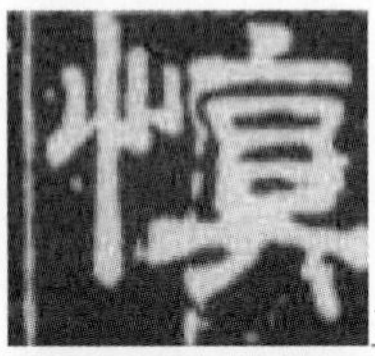
三國魏·曹真殘碑

北魏·宇文永妻誌

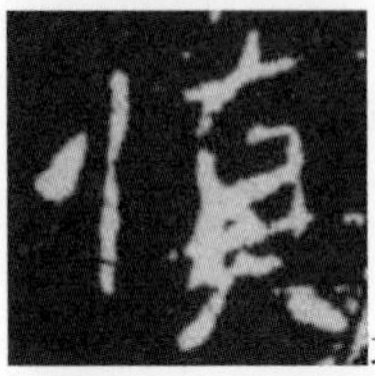
北魏·元鸞誌

北魏·元融妃穆氏誌

北魏·王誦妻元妃誌

北魏·封魔奴誌

北魏·元瑑誌

北魏·元信誌

北魏·趙充華誌

東魏·叔孫固誌

○密慎之至

東魏·閭叱地連誌

東魏·劉幼妃誌

北齊·李難勝誌

【忠】

《說文》：，敬也。从心中聲。

漢銘·延熹五年鐖

漢銘·永壽二年鐖

睡・為吏 46

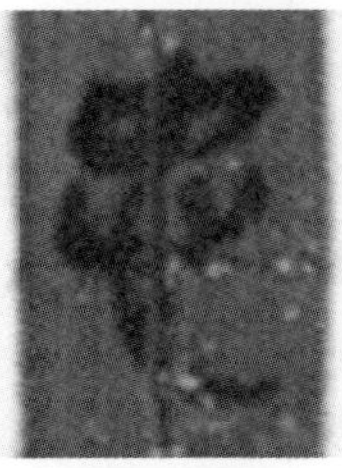
嶽・為吏 28

里・第八層 40

馬壹 81_38

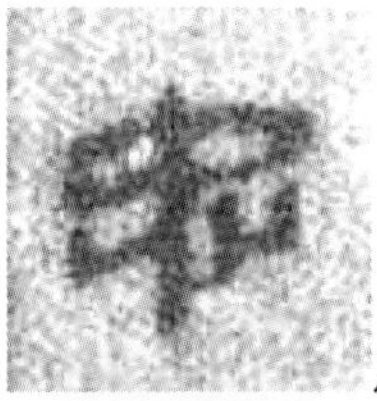
馬壹 43_47 上

北貳・老子 4

敦煌簡 2245

金關 T02:016

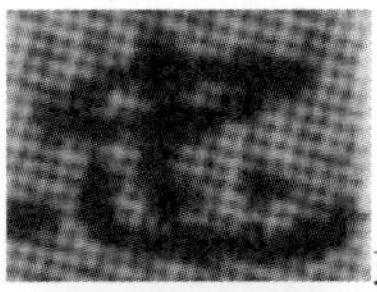
武・儀禮甲《士相見之禮》11

東牌樓 101

○佐新忠僦

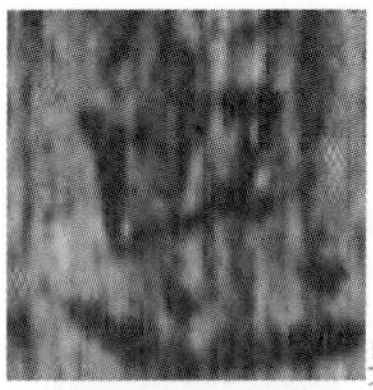
吳簡嘉禾・五・六二八

秦代印風

○忠仁思士

秦代印風

秦代印風

秦代印風

○忠信

廿世紀璽印三-SY

廿世紀璽印三-SY

廿世紀璽印三-SY

漢印文字徵

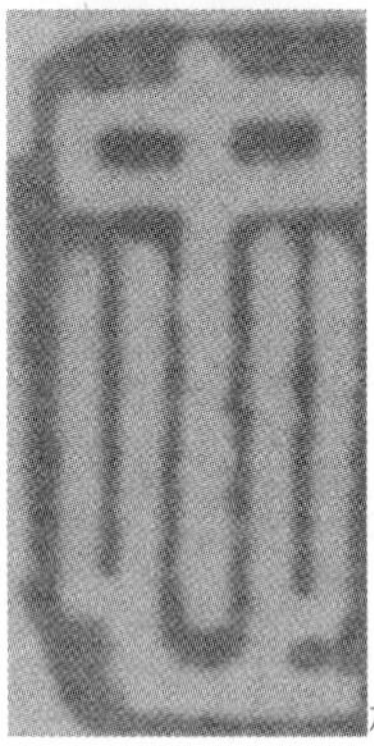
柿葉齋兩漢印萃

漢印文字徵

漢印文字徵

柿葉齋兩漢印萃

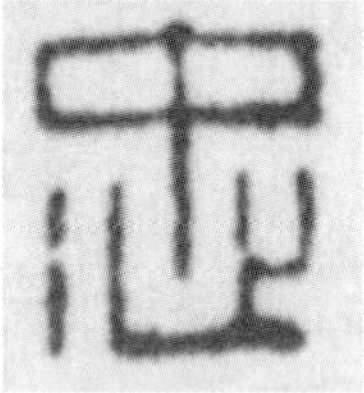
漢晉南北朝印風

漢晉南北朝印風

漢晉南北朝印風

○田忠私印

漢晉南北朝印風

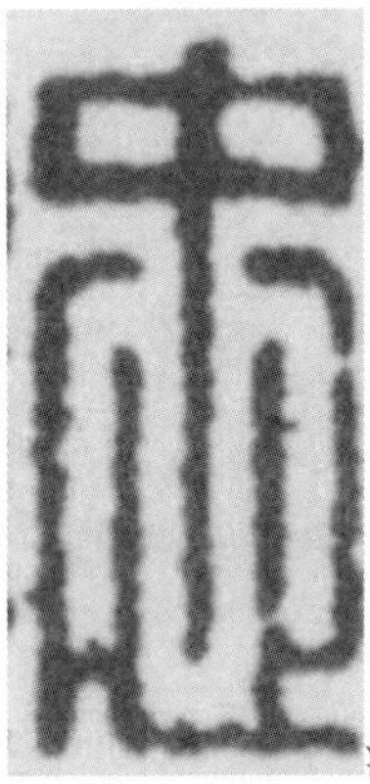
漢晉南北朝印風

漢晉南北朝印風

漢晉南北朝印風

漢晉南北朝印風

漢晉南北朝印風

漢晉南北朝印風
○田忠私印

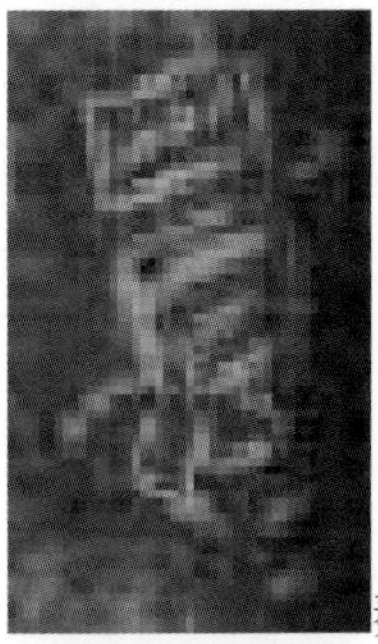
秦駰玉版

東漢・北海相景君碑陽

東漢・石門頌

東漢・肥致碑

東漢・尹宙碑

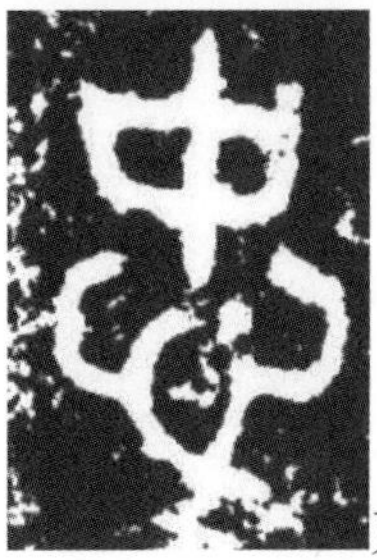
東漢・李昭碑
○帝以掾史召見嘉其忠孝

東漢・譙敏碑

東漢・尚博殘碑

東漢・尚博殘碑

三國魏・王基斷碑

西晉・魏雛柩銘

北魏・張整誌

○立忠將軍云陽男

北魏・元秀誌

北魏・元暐誌

北魏・王悅及妻郭氏誌

○孝敬忠篤之誠

北魏・穆亮誌

○家積忠英

北齊・狄湛誌

○戢其忠節

北周・宇文儉誌蓋

○大周上柱國大冢宰故譙忠孝王之墓誌銘

【慤】

《説文》：，謹也。从心㱿聲。

睡・語書 9

○敦慤

馬壹 133_29 下/106 下

〇不生愨（慤）爲地程

北魏・元恪嬪李氏誌

〇誕生慤德

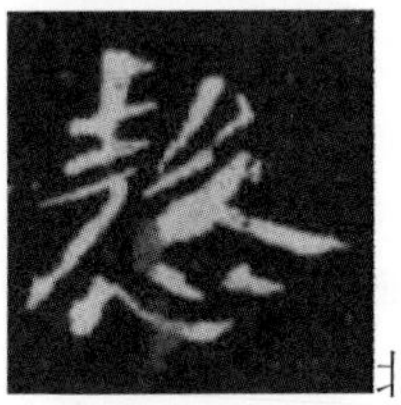
北魏・秦洪誌

〇靜慤龍盤

北魏・元慤誌

〇君諱慤字思忠

【𢡟】

《說文》：，美也。从心須聲。

【快】

《說文》：，喜也。从心夬聲。

嶽・識劫案 125

〇婡快

里・第八層 663

〇守府快

馬壹 80_10

〇不快於心

馬壹 12_73 下

〇我心不快

金關 T30:028A

〇身小不快

廿世紀璽印三-SY

〇快印

秦代印風

〇快印

秦代印風

○李快印

漢印文字徵

○趙快之印

漢印文字徵

○郝襄快印

北齊・宋買等造像

○快有京華之勢

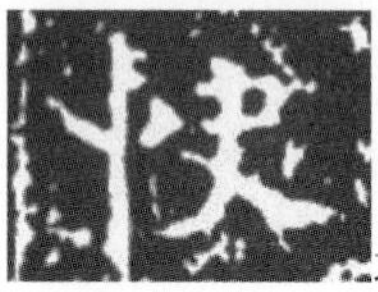
北齊・員度門徒等造像

○常住快樂

【愷】

《説文》：，樂也。从心豈聲。

北壹・倉頡篇 46

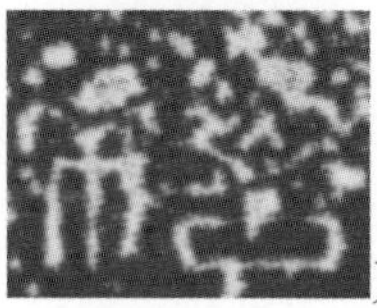
東漢・張遷碑陽

○詩云愷悌

晉・大中正殘石

○寬猛殊務君莅以愷悌

三國魏・受禪表

北魏・元恪嬪李氏誌

北魏・元謐誌

北周・張僧妙法師碑

○著愷悌之德

【㥦】

《説文》：，快心。从心匧聲。

北壹・倉頡篇 72

○爁窺鬗㥦擾

漢印文字徵

○公孫慁

【念】

《説文》：，常思也。从心今聲。

嶽・芮盜案 75

馬壹 88_194

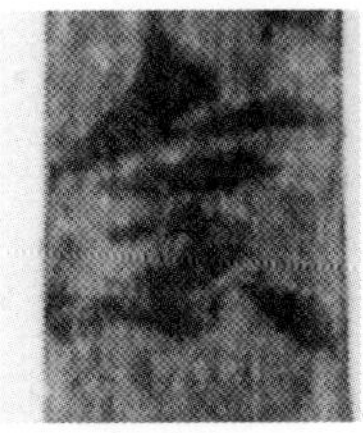
敦煌簡 0162

○難念杞男

敦煌簡 0161

○表憂念一日

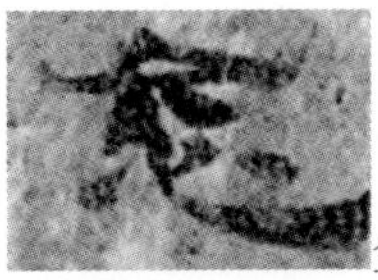
金關 T23:412

○自維念殺身

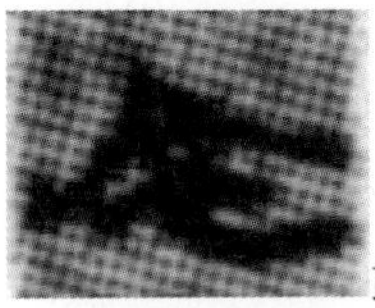
武・甲《特牲》10

○羹念（飪）實

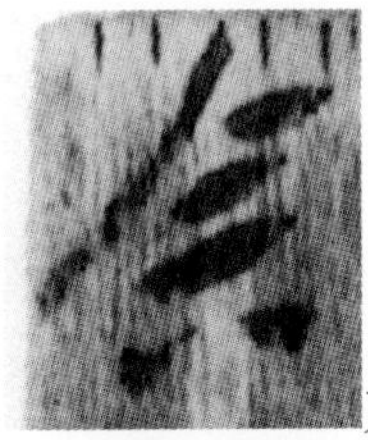
東牌樓 102 正

東牌樓 036 背

魏晉殘紙

魏晉殘紙

魏晉殘紙

秦代印風

漢印文字徵

東漢・石祠堂石柱題記
〇克念父母之恩

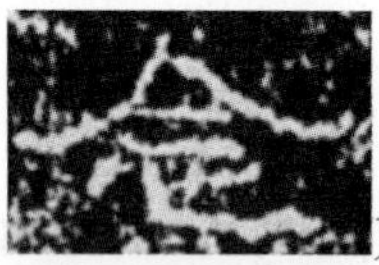
東漢・三老諱字忌日刻石

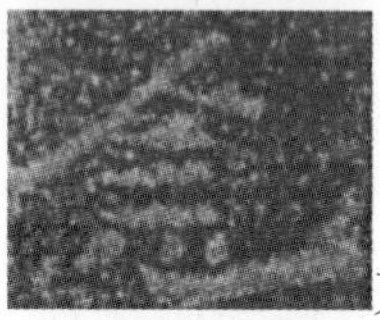
東漢・桓孨食堂畫像石題記

東漢・史晨後碑

東漢・史晨前碑

東漢・禮器碑

三國魏・三體石經尚書・篆文
〇遠念天畏

三國魏・三體石經尚書・古文
〇遠念天畏

西晉・張朗誌

北魏・元恭誌

北魏・劉華仁誌

北魏・元璨誌

東魏・元均及妻杜氏誌

東魏・廣陽元湛誌

【忖】

《說文》：，思也。从心付聲。

【憲】

《說文》：，敏也。从心从目，害省聲。

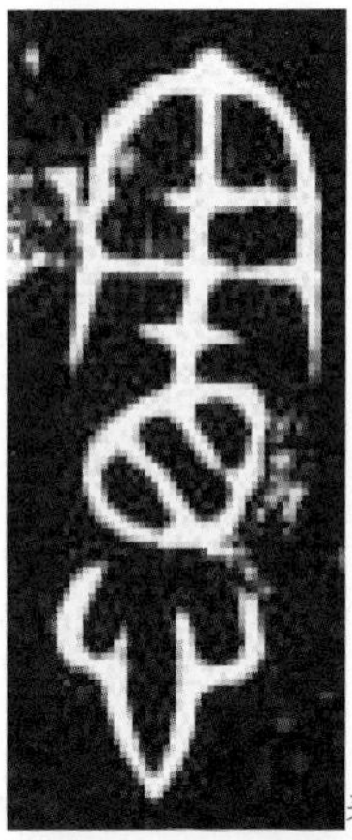
春早・秦公鐘

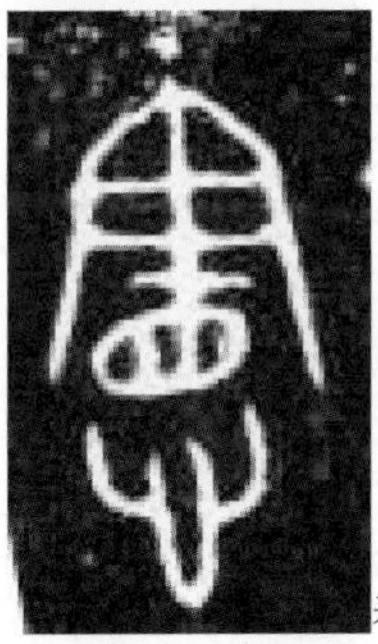
春早・秦公鎛

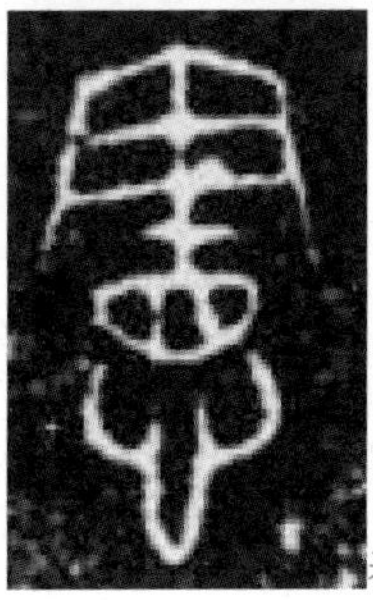
春早・秦公鎛

漢銘・建昭行鐙

睡・秦律十八種 193

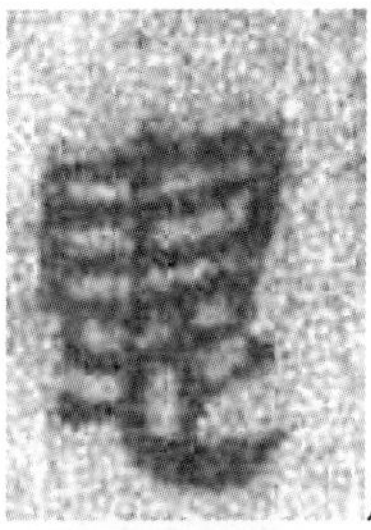
馬壹 135_48 下/125 下

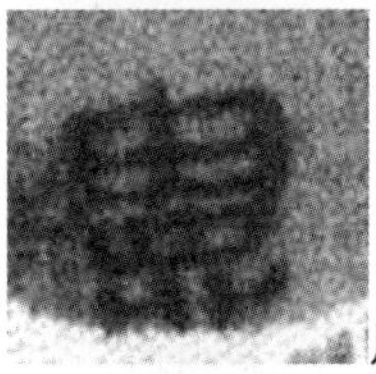
馬壹 132_35 上/112 上

敦煌簡 1960

金關 T24:141

秦代印風

廿世紀璽印三-SY

○郭憲私印

廿世紀璽印三-SY

○曹憲印信

廿世紀璽印三-SY

○祝憲

漢印文字徵

○張印憲君

漢印文字徵

○李憲

柿葉齋兩漢印萃

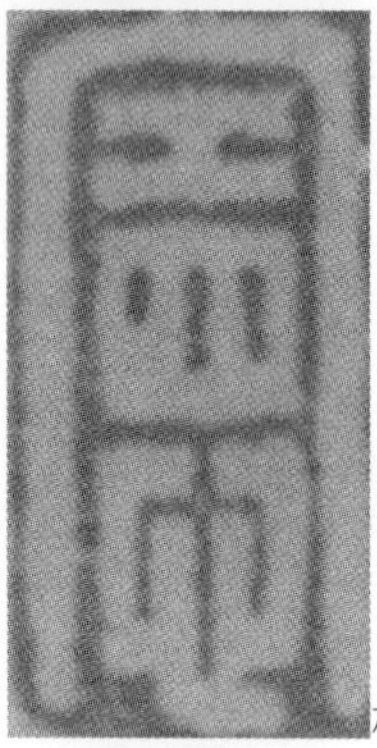
柿葉齋兩漢印萃

漢印文字徵

○憲丘留

歷代印匋封泥

○鄭憲

柿葉齋兩漢印萃

漢晉南北朝印風

○唐憲私印

漢晉南北朝印風

東漢・曹全碑陰

東漢・夏承碑

東漢・成陽靈臺碑

東漢・尚博殘碑

東漢・尚博殘碑

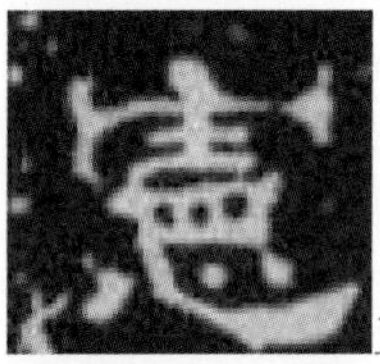
三國魏・受禪表

三國魏・曹真殘碑

三國魏・王基斷碑

十六國後秦・呂憲表

○憲葬於長安北

北魏・馮會誌

北魏・昭玄法師誌

北魏・元瞻誌

○示之以律憲

北魏・元愔誌

北魏・元悛誌

○憲公領雍州刺史

北魏・李超誌

○憲臺誤聽

北魏・寇治誌

北齊・狄湛誌

○憲章法度

【憕】

《說文》：憕，平也。从心登聲。

【戁】

《說文》：戁，敬也。从心難聲。

秦文字編 1617

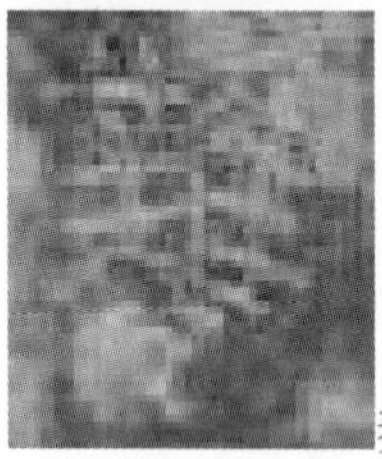
秦駰玉版

【忻】

《說文》：忻，闓也。从心斤聲。《司馬法》曰：“善者，忻民之善，閉民之惡。”

北魏・楊濟誌

北魏・長孫忻誌

○君諱忻

東魏・司馬韶及妻侯氏誌

北齊・赫連子悅誌

北齊・李難勝誌

北齊・張忻誌

北齊・吐谷渾靜媚誌

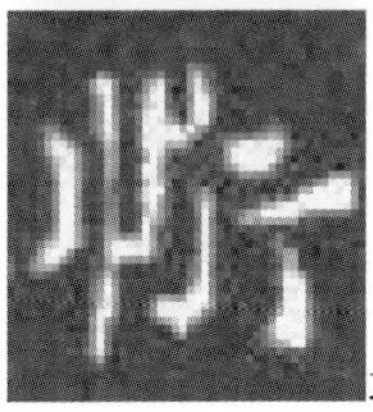
北齊・韓裔誌

【⿰忄重】

《説文》：⿰忄重，遲也。从心重聲。

【惲】

《説文》：惲，重厚也。从心軍聲。

漢銘・建平鍾

漢銘・上林銅鼎二

敦煌簡 0619

○北地大守惲書

金關 T30:204

○都尉惲丞謂候往告

金關 T23:222

○卒史王惲

金關 T03:064

○佐范惲用馬

魏晉殘紙

○白疏惲惶

廿世紀璽印三-SY

漢印文字徵

柿葉齋兩漢印萃

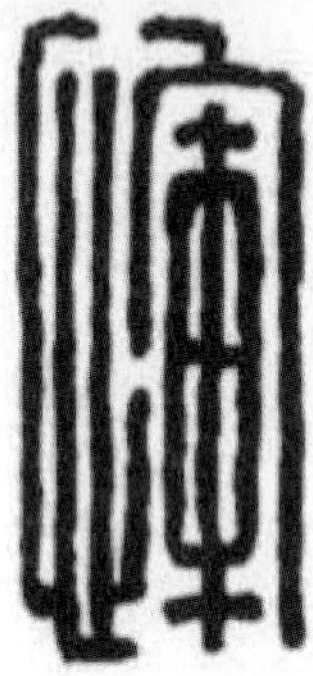
漢印文字徵

漢印文字徵

漢印文字徵

漢晉南北朝印風

東漢・倉頡廟碑側

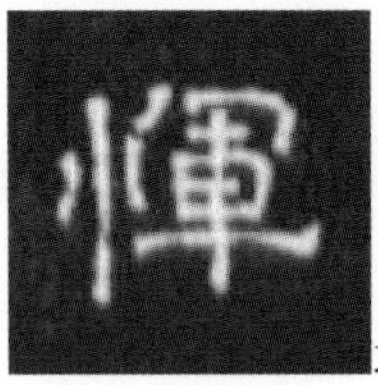
北周・宇文儉誌

【惇】

《説文》：惇，厚也。从心𦎫聲。

里・第五層 9

〇惇以公命

北魏・元純陀誌

北魏・王誦妻元妃誌

北齊・盧脩娥誌

【忼】

《説文》：忼，慨也。从心亢聲。一曰《易》“忼龍有悔”。

東漢・趙菿殘碑

〇志節忼慨

北魏・元誨誌

〇少忼慨有大節

【慨】

《説文》：慨，忼慨，壯士不得志也。从心既聲。

東漢・趙菿殘碑

〇居志節忼慨時□

東漢・景君碑

東漢・楊震碑

北魏・卌一人造像

北魏・元誨誌

北魏・元暐誌

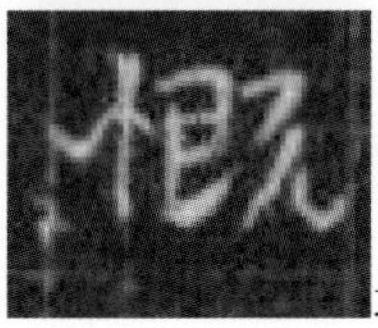
北魏・元汎略誌

北魏・元熙誌

北魏・楊氏誌

東魏・劉雙周造塔記

〇周自慨彌淪生處，凡俗竊聞，

東魏・元玕誌

北齊・徐顯秀誌

【悃】

《説文》：悃，愊也。从心困聲。

【愊】

《説文》：愊，誠志也。从心畐聲。

【愿】

《説文》：愿，謹也。从心原聲。

里・第八層 1554

○大婢闌愿

馬壹 85_128

○晉若愿乎

馬貳 39_67 下

馬貳 38_77 上

○希愿

馬貳 37_57 下

○愿去下一崖

歷代印匋封泥

○願睦子印章

漢印文字徵

○愿睦子印章

【慧】

《説文》：，儇也。从心彗聲。

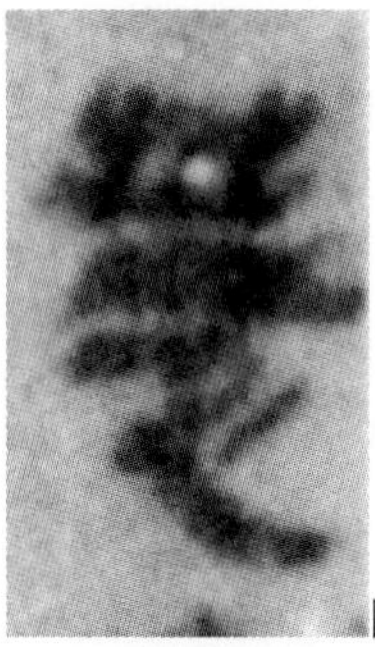
睡・日甲《盜者》82

馬壹 171_13 上

馬貳 211_97

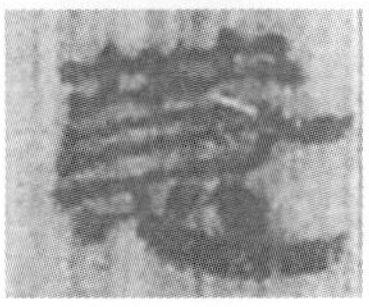
北貳・老子 167

秦代印風

○慧

秦代印風

○張慧

漢印文字徵

北魏・穆彥誌

北魏・李蕤誌

北魏・元顥平妻王氏誌

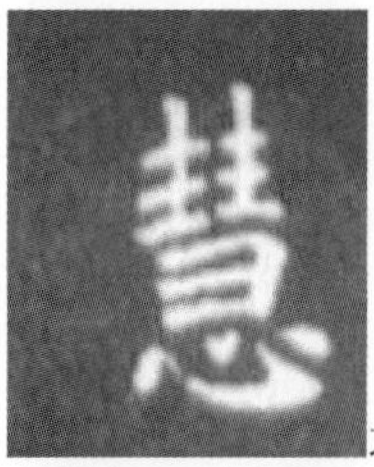
北魏・楊無醜誌

北魏・慧靜誌

北魏・奚真誌

北魏・慈香慧政造像

○日，比丘尼慈香慧政造窟

北齊・魯思明造像

北齊・唐邕刻經記

北齊・無量義經二

【憭】

《説文》：，慧也。从心尞聲。

【佼】

《説文》：，憭也。从心交聲。

【㥷】

《説文》：，靜也。从心疾聲。

【悊】

《説文》：，敬也。从心折聲。

【悰】

《説文》：，樂也。从心宗聲。

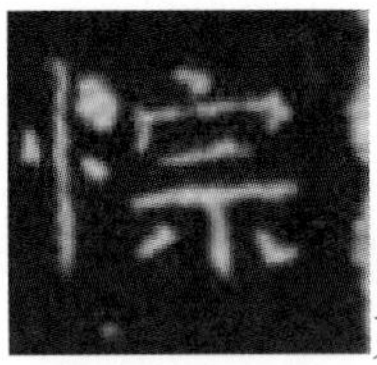
東魏・元悰誌

【恬】

《説文》：，安也。从心，甛省聲。

里・第八層 2170

北貳・老子 205

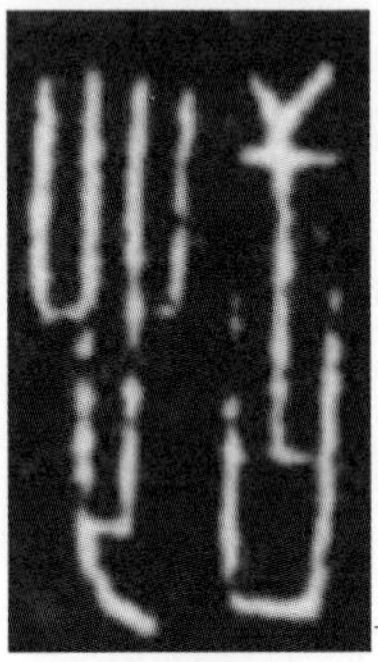
廿世紀璽印三-SY

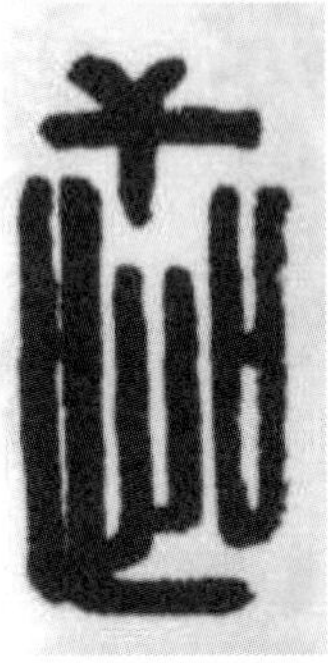
漢印文字徵

○趙恬

漢印文字徵

東漢・東漢・婁壽碑陽

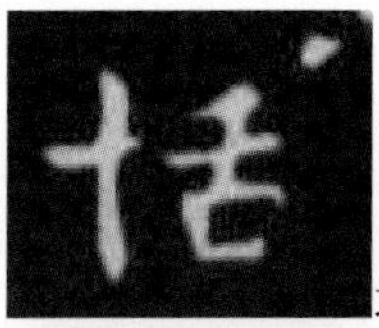
北魏・乞伏寶誌

北魏・王悦及妻郭氏誌

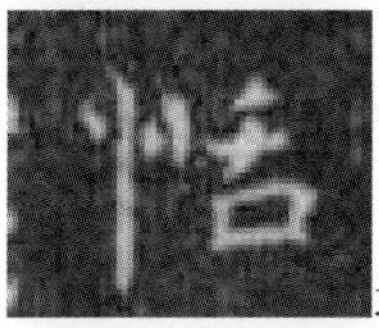
北魏・辛穆誌

北魏・元則誌

北魏・唐雲誌

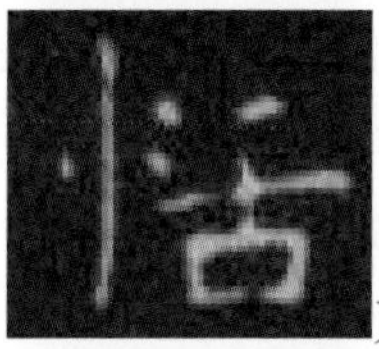
東魏・蕭正表誌

北齊・無量義經二

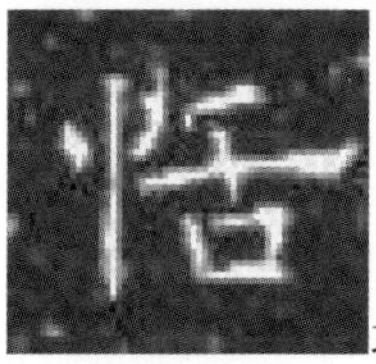
北齊・李難勝誌

【恢】

《說文》：，大也。从心灰聲。

秦文字編 1618

張・奏讞書 71

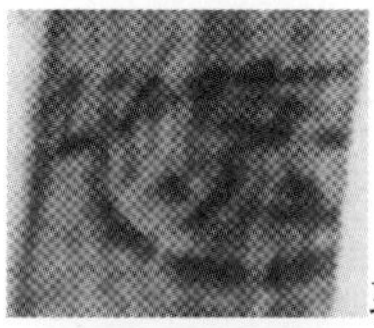
敦煌簡 1418

敦煌簡 0639B

金關 T24:117

北壹・倉頡篇 46

廿世紀璽印三-SY

漢印文字徵

漢印文字徵

漢印文字徵

漢晉南北朝印風
○程恢印信

漢晉南北朝印風

東漢・禮器碑陰
○魯孔恢聖文千

東漢・石門頌
○㾀（恢）弘大節

東漢・成陽靈臺碑
○恢踐帝宮

東漢・禮器碑側

三國魏・曹真殘碑
○州民玉門長京兆宋恢□□

西晉・趙氾表

北魏・寇演誌

北魏・寇演誌

北魏・元靈曜誌

北魏・元周安誌

北魏・元鑽遠誌

北魏・元鑒誌

北齊・徐顯秀誌

【恭】

《說文》：，肅也。从心共聲。

漢銘・恭廟鐙

漢銘・永元六年弩鐖

敦煌簡 0114

○今恭奴言鄯善反

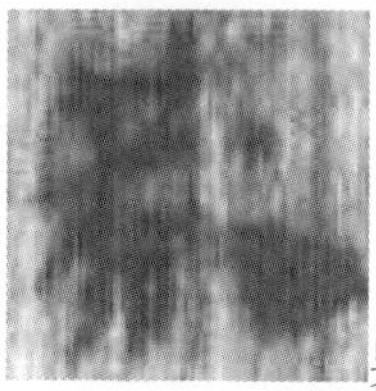
吴簡嘉禾・五・一〇九一

○衛恭佃田十二町

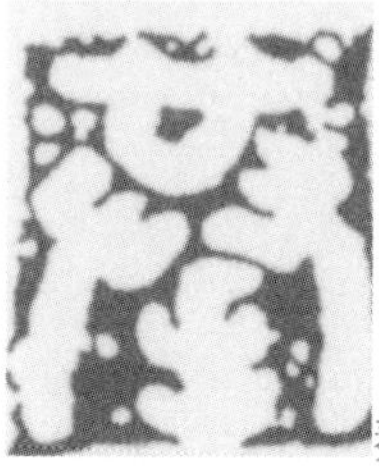
秦代印風

○慎原恭敬

廿世紀璽印三-GP

漢印文字徵

漢印文字徵

漢印文字徵

漢晉南北朝印風

漢晉南北朝印風

漢晉南北朝印風

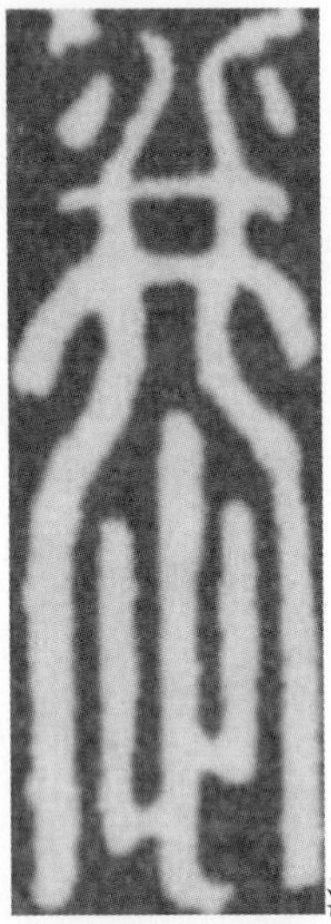
漢晉南北朝印風

○田恭印

東漢・肥致碑

東漢・尚博殘碑

東漢・桐柏淮源廟碑

東漢・封龍山頌

東漢・肥致碑

東漢・張遷碑陽

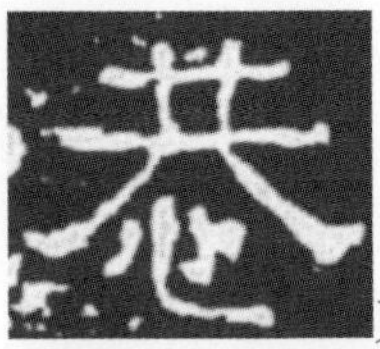
東漢・圉令趙君碑

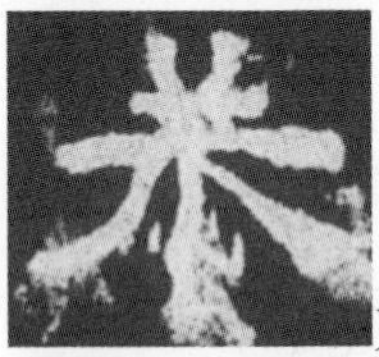
東漢・相張壽殘碑

西晉・管洛誌

西晉・荀岳誌

西晉・郭槐柩記

○虔恭粢盛

北魏・元毓誌蓋

○魏故宣恭趙王墓誌銘

北魏・元弼誌

北魏・元嵩誌

北魏・元珍誌

北魏・元順誌

東魏・王僧誌

○雖魯恭之在中牟

北齊・馬天祥造像

北齊・馬天祥造像

○□□肅恭

【憼】

《說文》：，敬也。从心从敬，敬亦聲。

【恕】

《說文》：，仁也。从心如聲。

【忞】

《說文》：，古文省。

金關 T10:220A

○薄恕自憐

魏晉殘紙

○恕頓首者

東漢・孔宙碑陽

北魏・王悅及妻郭氏誌

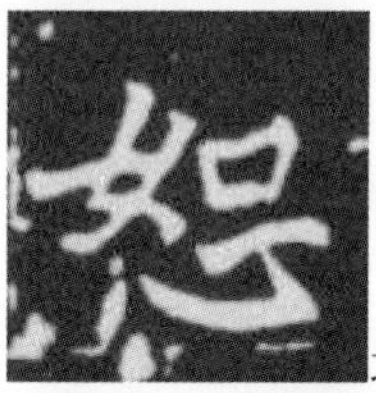
北魏・奚真誌

北魏・司馬顯姿誌

○感其罔恕之志

北魏・趙光誌

【怡】

《說文》：，和也。从心台聲。

漢印文字徵

○王怡印信

漢晉南北朝印風

○秦怡印信

北魏・元誨誌

北魏・元瞻誌

北魏・元子正誌

北魏・鮮于仲兒誌

北魏・元緒誌

東魏・元均及妻杜氏誌

北齊・孫昨造像

【慈】

《説文》：，愛也。从心玆聲。

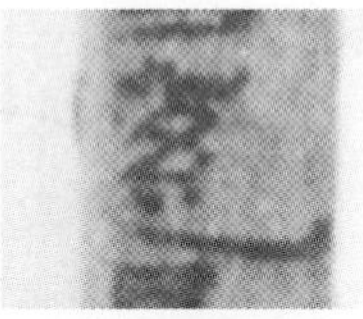
敦煌簡 0676

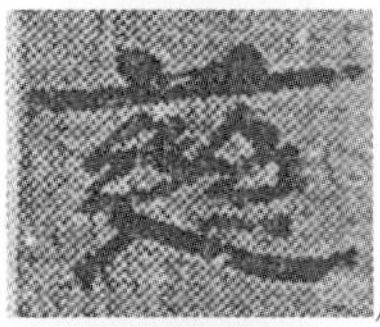
居・EPT51.310

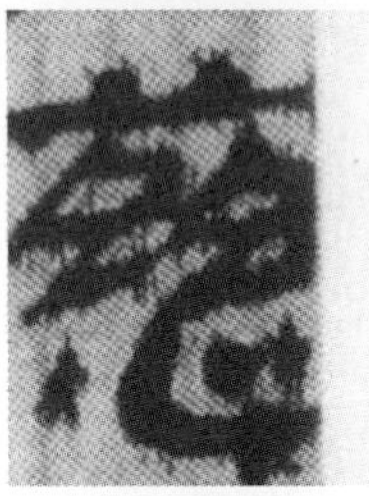
金關 T30:018

武・儀禮・甲本《服傳》52

○以慈加也

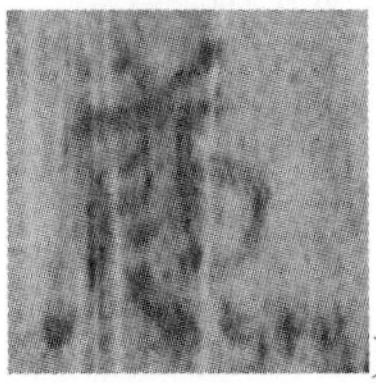
東牌樓 032 背

○鄉人慈非可與

漢晉南北朝印風

〇慈孝單左史

歷代印匋封泥

〇一慈

漢印文字徵

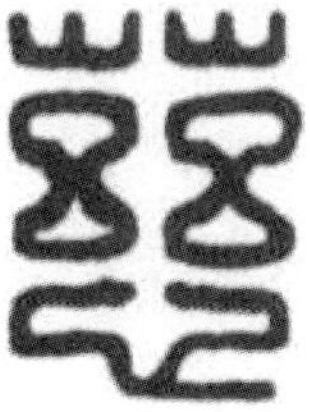
漢印文字徵

漢印文字徵

〇公孫慈

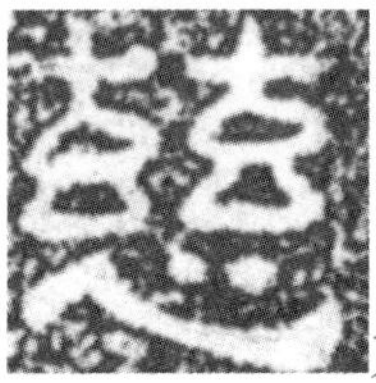
東漢・從事馮君碑

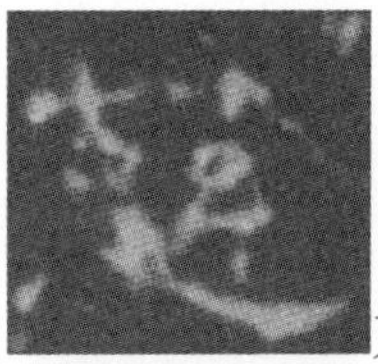
東漢・劉熊碑

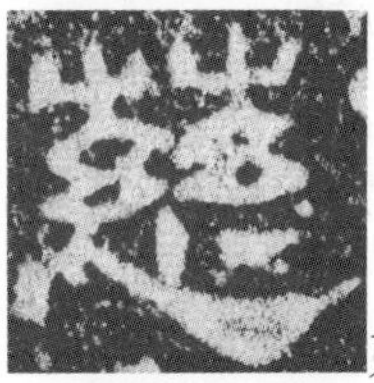
東漢・靜仁等字殘碑

東漢・肥致碑

北魏・元禮之誌

北魏・元暐誌

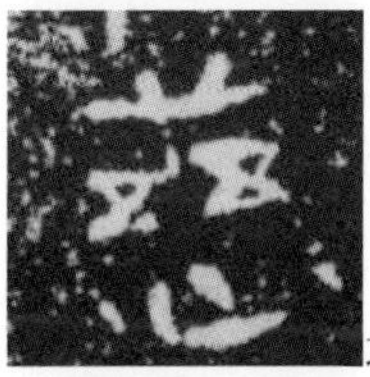
北魏・元鸞誌

北魏・元新成妃李氏誌

北魏・慈慶誌

北魏・元壽安誌

北魏・高珪誌

東魏・妻李豔華誌

東魏・南宗和尚塔銘

○慈惠至純

北齊・暢洛生造像

北齊・劉碑造像

北齊・高百年誌

北齊・賀拔昌誌

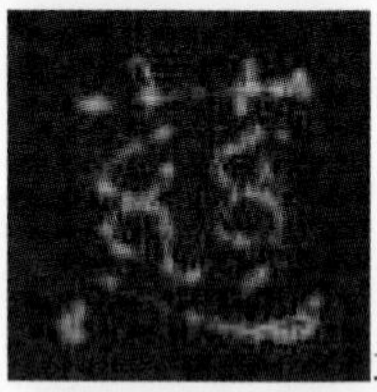
北齊・魯思明造像

北齊・義慈惠石柱頌

○義慈惠

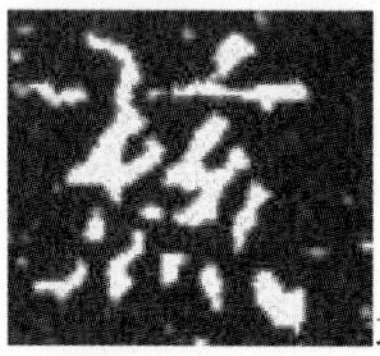
北齊・張僧顯銘聞

【忯】

《說文》：忯，愛也。从心氏聲。

東漢・石門闕銘

○惟自舊忯

【⿰忄虒】

《說文》：⿰忄虒，忯⿰忄虒，不憂事也。从心虒聲。讀若移。

【恮】

《說文》：恮，謹也。从心全聲。

【恩】

《説文》：，惠也。从心因聲。

敦煌簡 2013

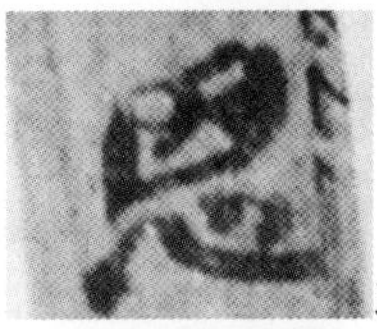
敦煌簡 0244A

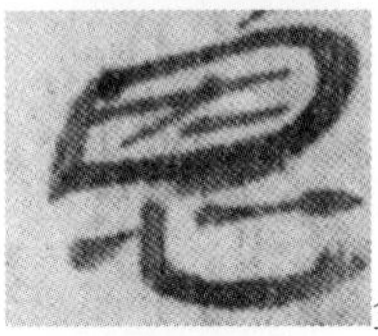
金關 T30:094B

金關 T09:008

金關 T02:077

東牌樓 159

○加恩

魏晉殘紙

廿世紀璽印三-SY

廿世紀璽印三-SY

廿世紀璽印四-SY

漢印文字徵

○蘇子恩

漢印文字徵

○邯鄲恩印

漢印文字徵

○薛恩

漢印文字徵

○王恩之印

漢印文字徵

○公孫惠恩

漢印文字徵

○張印恩

漢印文字徵

○張恩

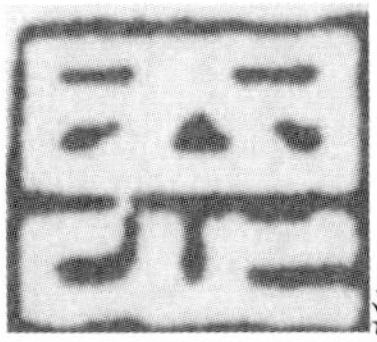
漢晉南北朝印風

漢晉南北朝印風

漢晉南北朝印風

東漢・許安國墓祠題記

東漢・北海相景君碑陽

東漢・石祠堂石柱題記

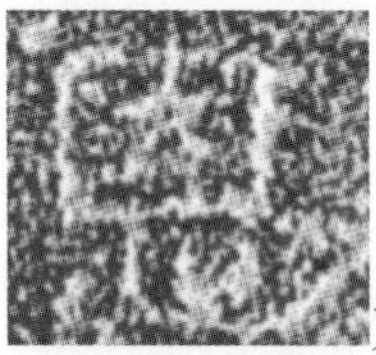
東漢・永壽元年畫像石闕銘

東漢・許安國墓祠題記

東漢・史晨前碑

東漢・成陽靈臺碑

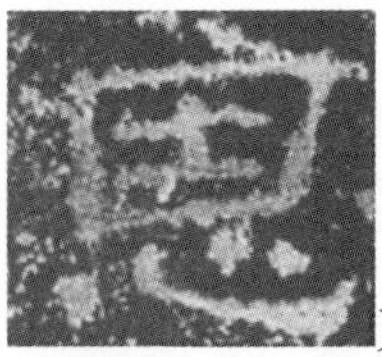
東漢・孟孝琚碑

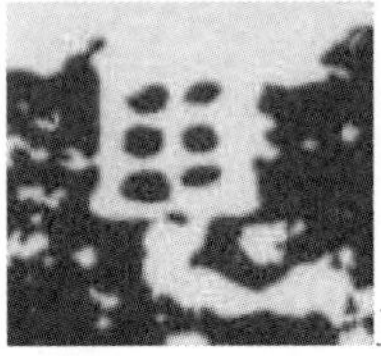
三國吳・谷朗碑

○垂仁恩以布化

西晉・臨辟雍碑

北魏・李蕤誌

北魏・元英誌

北魏・劉玉誌

東魏・馮令華誌

北齊・張世寶造塔記

○歸真悟恩

北周・豆盧恩碑

○君諱恩

【懘】

《説文》：，高也。一曰極也。一曰困劣也。从心帶聲。

北貳・老子 188

○大曰懘（逝）

【憖】

《説文》：，問也。謹敬也。从心猌聲。一曰説也。一曰甘也。《春秋傳》曰：“旻天不憖。”又曰：“兩君之士皆未憖。”

東漢・楊著碑陽

○不我憖遺

三國魏・王基斷碑

○曾不憖遺

北魏・長孫盛誌

北魏・赫連悅誌

○不憖斯振

北魏・侯剛誌

○而天不憖遺

北魏・緱光姬誌

○天不憖遺

北魏・王基誌

○天不憖遺

東魏・李挺誌

○曾不憖留

北齊・無量義經二

○方憖照曜甚明徹

北齊・徐顯秀誌

○宜其憖遺

北齊・暴誕誌

○曾不憖遺

北齊・道明誌

○天不遺憖

【懬】

《説文》：，闊也。一曰廣也，大也。一曰寬也。从心从廣，廣亦聲。

秦文字編 1618

秦文字編 1618

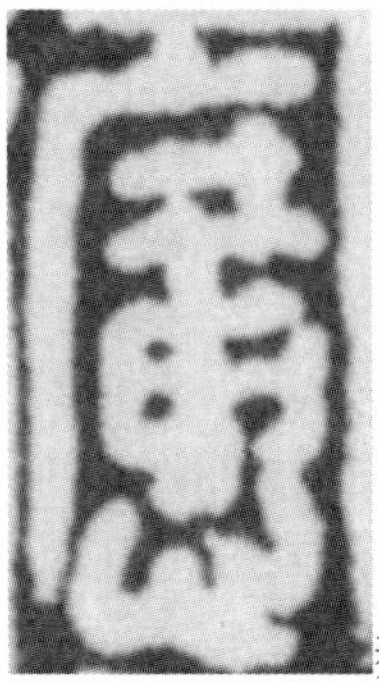
秦代印風

○任懬

【慽】

《説文》：悈，飾也。从心戒聲。《司馬法》曰："有虞氏悈於中國。"

【𢡠】

《説文》：𢡠，謹也。从心粤聲。

【慶】

《説文》：慶，行賀人也。从心从夊。吉禮以鹿皮爲贄，故从鹿省。

春晚·秦公鎛

戰晚·卅七年上郡守慶戈

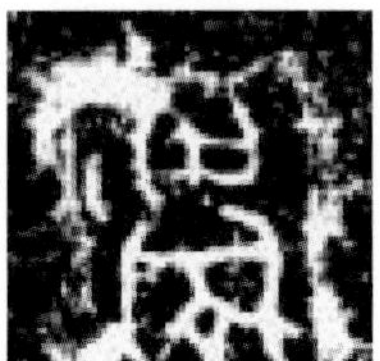
春晚·秦公簋

漢銘·慶延年印鉤

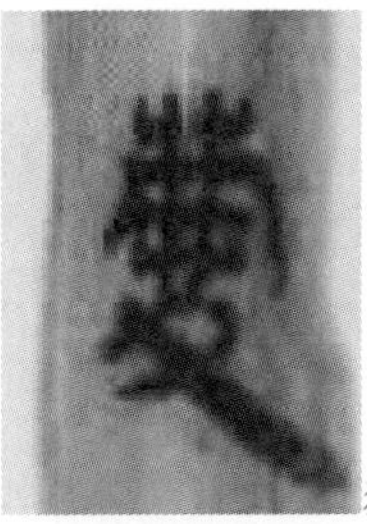
嶽·綰等案 243

里·第八層 78

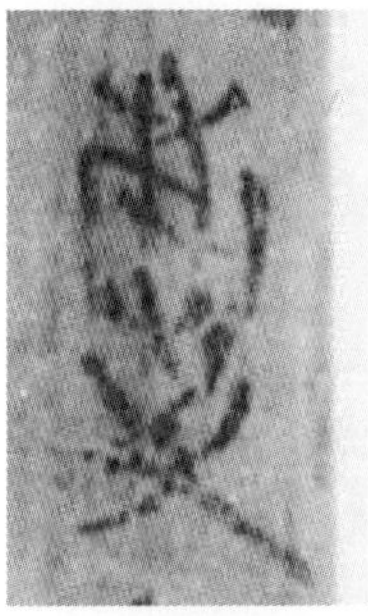
里·第八層背 138

馬壹 80_10

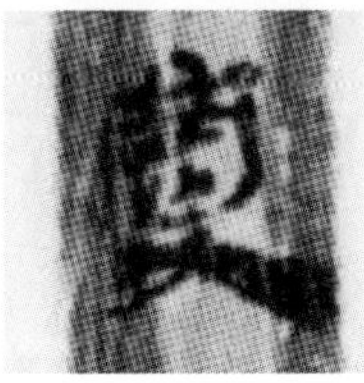
張·奏讞書 100

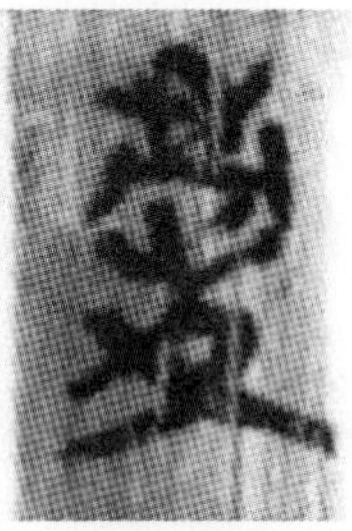
張・蓋盧 19

○戰必慶

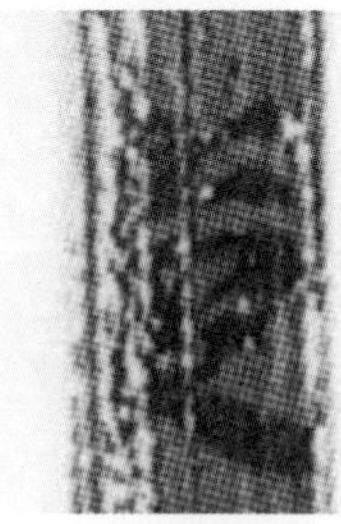
銀貳 2085

○□山慶（獷）獸

敦煌簡 1160

○對曰慶卿

金關 T07:003

金關 T23:287A

北壹・倉頡篇 47

歷代印匋封泥

○慶

廿世紀璽印二-SY

○笵慶

秦代印風

秦代印風

○淳于慶忌

歷代印匋封泥

秦代印風

〇慶

秦代印風

秦代印風

〇王慶

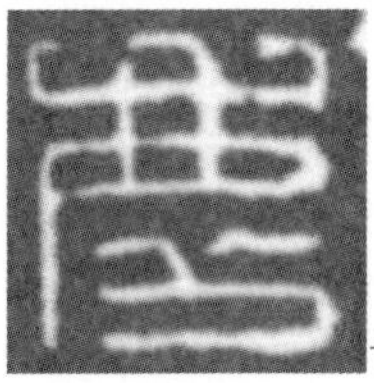
廿世紀璽印三-SY

〇慶咸私印

廿世紀璽印三-SY

〇慶千万

廿世紀璽印三-SP

〇遂慶之印

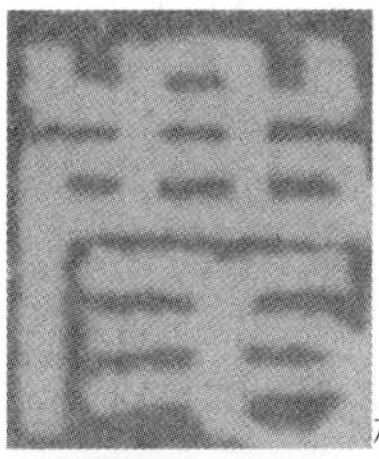
柿葉齋兩漢印萃

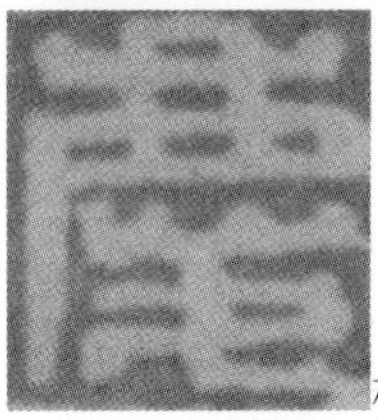
柿葉齋兩漢印萃

柿葉齋兩漢印萃

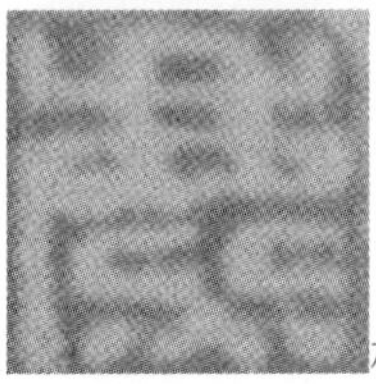
柿葉齋兩漢印萃

〇慶鳳私印

漢印文字徵

〇莊慶

漢印文字徵

○行慶

漢印文字徵

○劉慶私印

漢印文字徵

○周慶

漢印文字徵

○王慶忌

漢印文字徵

○王慶忌

漢印文字徵

○賈慶

漢印文字徵

○慶寶

漢印文字徵

○劉慶忌

漢印文字徵

○張慶

漢印文字徵

○馮慶

漢晉南北朝印風

○長左慶

漢晉南北朝印風

漢晉南北朝印風

○慶寶

漢晉南北朝印風

○慶並私印

漢晉南北朝印風

○高慶私印

漢晉南北朝印風

○劉慶印信

東漢・成陽靈臺碑

○慶都僊沒

東漢・成陽靈臺碑

○昔者慶都

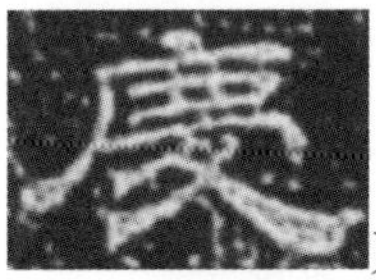
東漢・桐柏淮源廟碑

東漢・成陽靈臺碑

○慶都告以河龍

北魏・元悛誌

北魏・韓氏誌

北魏・于纂誌

北魏・寇演誌

北魏・寇憑誌

北魏・宇文永妻誌

北魏・趙充華誌

北魏・萬福榮造像

北魏・元弘嬪侯氏誌

北魏・元簡誌

北魏・崔承宗造像

北魏・靈山寺塔銘

○慶都邑主梁英才

北魏・楊胤誌

北齊・張思文造像

【愷】

《説文》：愃，寬嫺心腹皃。从心宣聲。《詩》曰："赫兮愃兮。"

【愻】

《説文》：愻，順也。从心孫聲。《唐書》曰："五品不愻。"

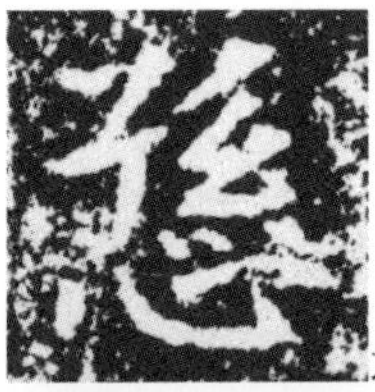
北魏・清河王妃胡殘刻

北周・寇胤哲誌

【䆲】

《説文》：䆲，實也。从心，塞省聲。《虞書》曰："剛而䆲。"

【恂】

《説文》：恂，信心也。从心旬聲。

漢晉南北朝印風

○江恂私印

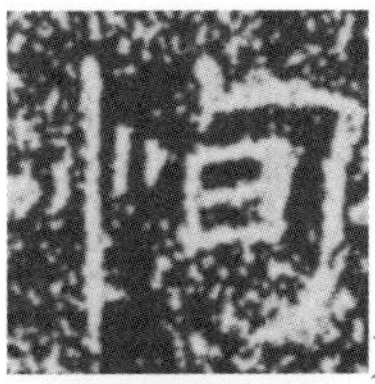
東漢・尹宙碑

東漢・肥致碑

東漢・楊著碑陽

東漢・楊著碑額

東漢・楊震碑

北魏・寇偘誌

北魏・李超誌

北魏・李超誌

北魏・常文遠造像

○恂恂如老照

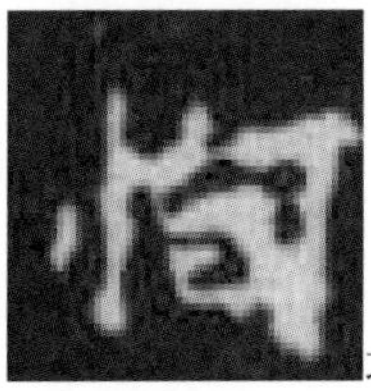
北魏・高慶碑

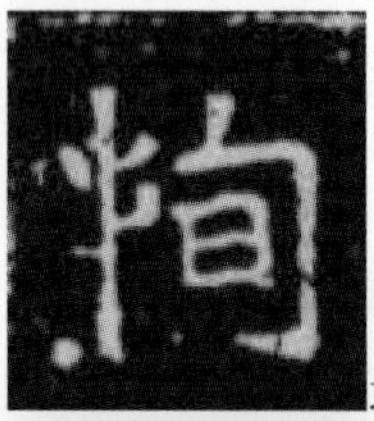
北齊・暴誕誌

北齊・吐谷渾靜媚誌

北齊・竇泰誌

北齊・崔芬誌

【忱】

《説文》：，誠也。从心冘聲。《詩》曰："天命匪忱。"

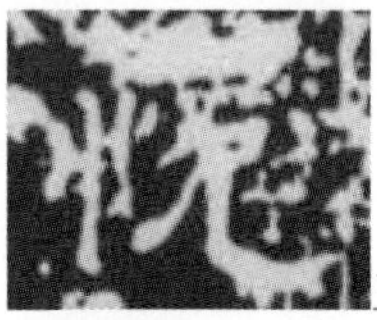
三國魏・三體石經尚書・隸書

〇天難忱

三國魏・三體石經尚書・篆文

〇天難忱

【惟】

《説文》：，凡思也。从心隹聲。

魏晉殘紙

〇惟念世人

東漢・夏承碑

東漢・太室石闕銘

〇惟中嶽大室，崇高神

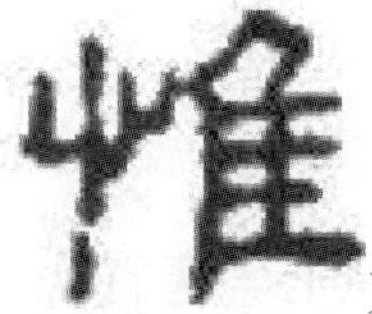
東漢・成陽靈臺碑

東漢・張遷碑陽

東漢・白石神君碑

東漢・尹宙碑

東漢・西狹頌

東漢・譙敏碑

東漢・封龍山頌

東漢・桐柏淮源廟碑

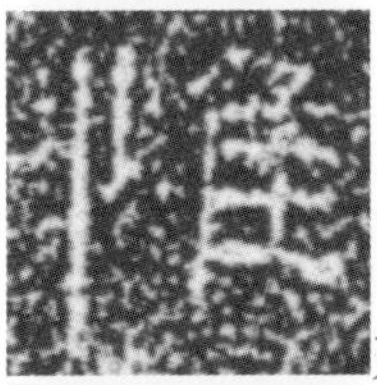
東漢・郎中鄭固碑

東漢・石祠堂石柱題記

東漢・北海相景君碑陽

東漢・楊震碑

東漢・西狹頌

東漢・成陽靈臺碑

三國魏・三體石經殘・隸書

三國魏・三體石經尚書・篆文

三國魏・三體石經尚書・古文

〇惟曰

西晉・成晃碑

北魏・鄯乾誌

北魏・元引誌

北魏・王蕃誌

北魏・元詮誌

北魏・元詮誌

北魏・元簡誌

北魏・王遺女誌

北齊・高百年誌

北齊・盧脩娥誌

北齊・唐邕刻經記

北齊・斛律氏誌

【懷】

《説文》：懷，念思也。从心褱聲。

睡・封診式 84

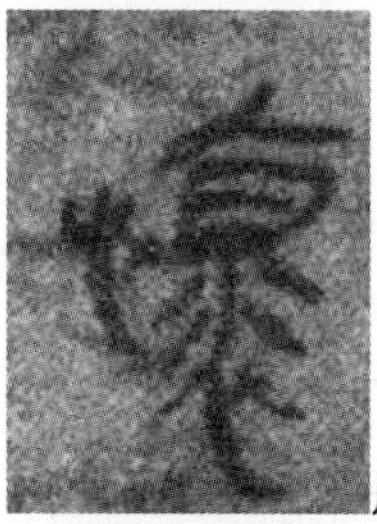
馬貳 119_193/192

銀貳 997

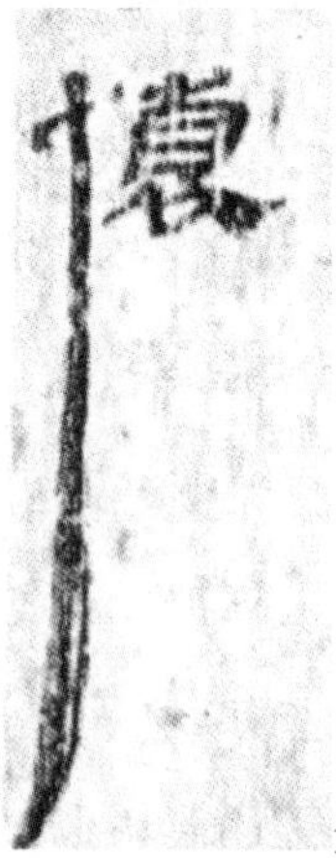
金關 T09:033

○牛官懷

北壹・倉頡篇 50

○殤恐懼懷歸趨

魏晉殘紙

○懷情

漢印文字徵

漢印文字徵

○懷千秋

廿世紀璽印四-GY

○懷州刺史

漢晉南北朝印風

○懷州刺史印

懷后磬

東漢・尚博殘碑

東漢・譙敏碑

東漢・曹全碑陽

○感孔懷

東漢・楊統碑陽

東漢・桐柏淮源廟碑

東漢・北海相景君碑陰

東漢・尚博殘碑

東漢・北海相景君碑陽

○驚恇（慟）傷褱（懷）

三國魏・三體石經殘・篆文

○德懷邦

三國魏・三體石經殘・隸書

北魏・元弼誌

○懷我哲人

北魏・山暉誌

○永懷清衿

北魏・元嵩誌

○況我孔懷

北魏・封昕誌

○長懷雅亮

北魏・叔孫協及妻誌

○召除平北將軍懷朔鎮將

北魏・封魔奴誌

○氓俗懷仁

北魏・劉華仁誌

○忤懷曉就

北魏・李超誌

北魏・李伯欽誌

○懷相荊秦四州刺史

北魏・昭玄法師誌

北魏・石婉誌

○心如懷月

東魏・張瓘誌

東魏・元悰誌

東魏・元悰誌

東魏・元玕誌

東魏・李挺誌

北齊・石信誌

北齊・法懃塔銘

北齊・雲榮誌

【惀】

《説文》：惀，欲知之皃。从心侖聲。

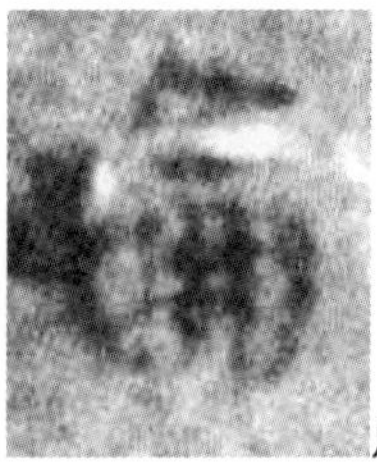
馬壹 114_10\413

【想】

《説文》：想，冀思也。从心相聲。

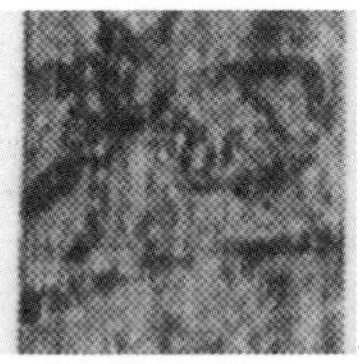
敦煌簡 0163

○逾想而已

金關 T09:264A

東牌樓 050 正

魏晉殘紙

魏晉殘紙

○往想

東漢・孔彪碑陽

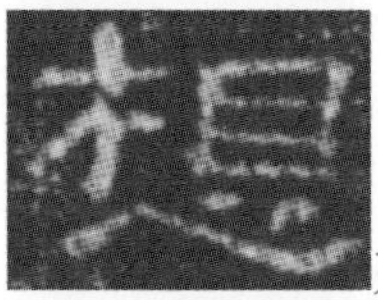
東漢・肥致碑

北魏・昭玄法師誌

北魏・昭玄法師誌

北魏・元誘誌

北魏・慈慶誌

北魏・元譿誌

北魏・東堪石室銘

東魏・李顯族造像

北齊・無量義經二

南朝梁・舊館壇碑

【⿰忄豙】

《説文》：⿰忄豙，深也。从心豙聲。

【慉】

《説文》：慉，起也。从心畜聲。《詩》曰：“能不我慉。”

【⿱啻心】

《説文》：⿱啻心，滿也。从心啻聲。一曰十萬曰啻。

【⿳亠口心】

《說文》：，籀文省。

詛楚文・沈湫

○張矜悹怒

【悹】

《說文》：，憂也。从心官聲。

【憀】

《說文》：，憀然也。从心翏聲。

東漢・鮮於璜碑陰

○皇上憀慄

【愙】

《說文》：，敬也。从心客聲。《春秋傳》曰：“以陳備三愙。”

【㥦】

《說文》：，懼也。从心，雙省聲。《春秋傳》曰：“駟氏㥦。”

【懼】

《說文》：，恐也。从心瞿聲。

【思】

《說文》：，古文。

睡・為吏 7

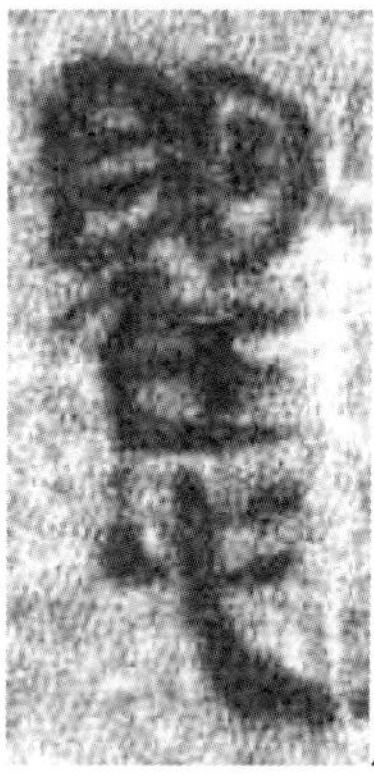
馬壹 113_44\395

○恐懼

馬壹 81_38

銀貳 1683

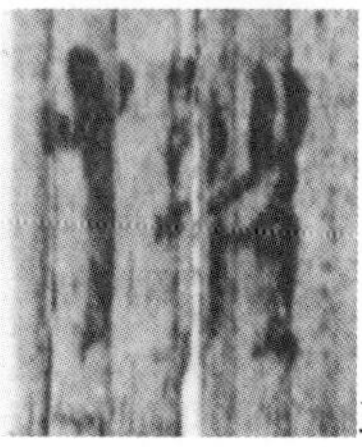
敦煌簡 0074

○師必懼

北壹・倉頡篇 50

○早殤恐懼懷歸

馬壹 265_7

○是胃（謂）五愳(懼)

馬壹 76_65

○

東漢・景君碑

東漢・賈仲武妻馬姜墓記

東漢・武氏左石室畫像題字

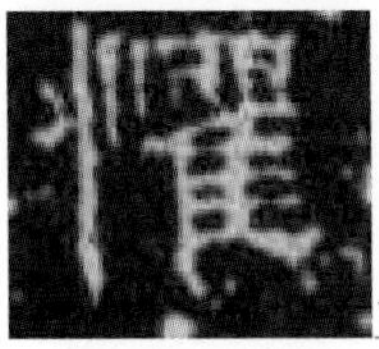
三國魏・上尊號碑

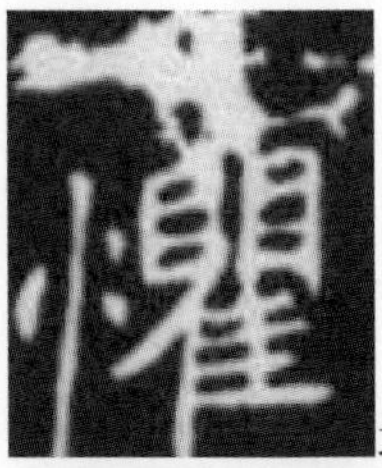
北魏・元孟輝誌

北魏・高英誌

北魏・元懷誌

東魏・鄭氏誌

北齊・韓裔誌

【怙】

《說文》：怙，恃也。从心古聲。

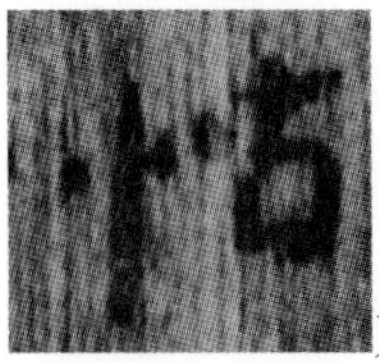
東牌樓 036 背

東漢・成陽靈臺碑

東漢・成陽靈臺碑

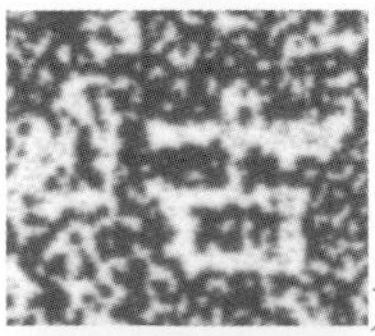
東漢・郎中鄭固碑

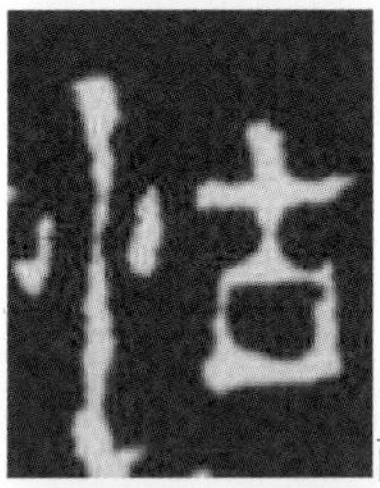
西晉・張朗誌

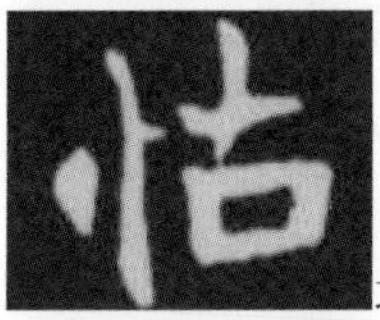
北魏・元鑒誌

東魏・邑主造像訟

○怙恃先靈

【恃】

《説文》：，賴也。从心寺聲。

馬壹 92_285

馬壹 82_56

馬壹 84_99

銀壹 126

東漢・肥致碑

三國魏・曹真殘碑

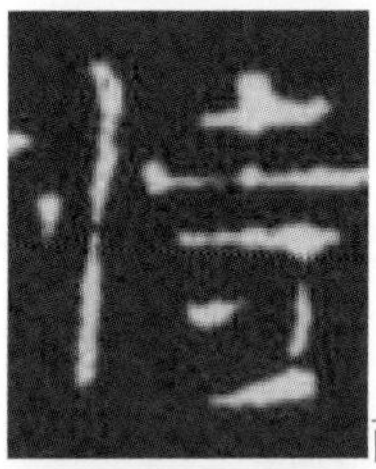
西晉・張朗誌

北魏・封昕誌

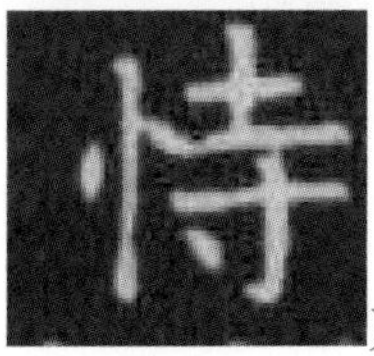
東魏・馮令華誌

【慒】

《説文》：，慮也。从心曹聲。

【悟】

《説文》：悟，覺也。从心吾聲。

【㤀】

《説文》：㤀，古文悟。

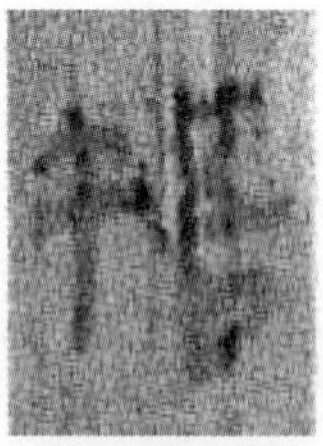
馬貳 206_37

十六國北涼・沮渠安周造像

北魏・元爽誌

北魏・淨悟浮圖記

○姿性了悟道力貞堅初落髮于

北魏・靈山寺塔銘

○福合家眷屬慧悟法界

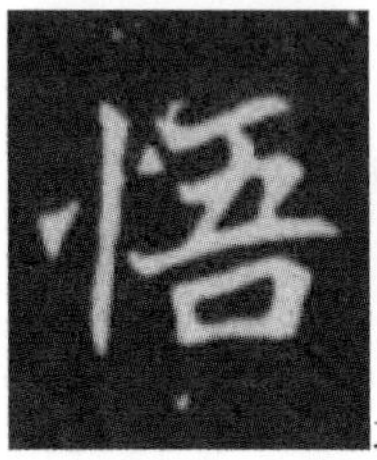
北魏・元頤平妻王氏誌

北魏・元新成妃李氏誌

北魏・元寧誌

北魏・淨悟浮圖記

○淨悟法師遠公師之法派也幼

北魏・陳天寶造像

東魏・李顯族造像

北齊・高淯誌

北齊・唐邕刻經記

北齊・傅華誌

北齊・狄湛誌

北齊・高阿難誌

北周・張子開造像

【憮】

《說文》：，愛也。韓鄭曰憮。一曰不動。从心無聲。

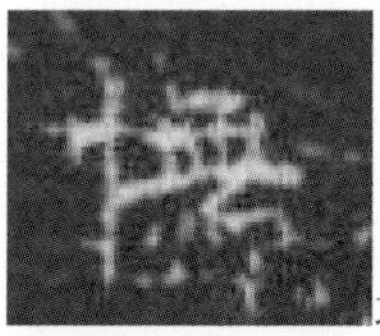
北齊・畢文造像

北周・王德衡誌

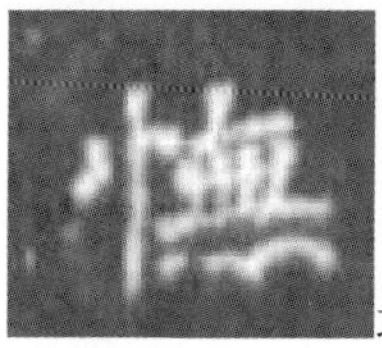
北周・王鈞誌

【㤠】

《說文》：，惠也。从心先聲。

【憠】

《說文》：，古文。

【㥠】

《說文》：，知也。从心胥聲。

【慰】

《說文》：，安也。从心尉聲。一曰恚怒也。

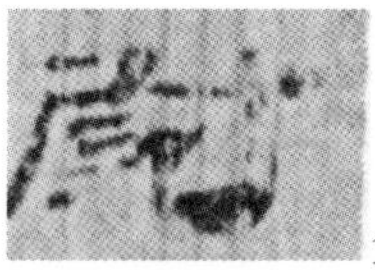
金關 T09:223

○敢告慰史
縣邑

東漢・曹全碑陽

東漢・鮮於璜碑陽

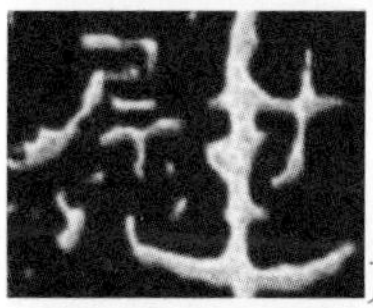
東漢・楊震碑

北魏・昭玄法師誌

北魏・宋靈妃誌

北魏・寇慰誌

北魏・元欽誌

北魏・元倪誌

北魏・元廣誌

北魏・封昕誌

東魏・王僧誌

○招慰酋渠

東魏・崔鶣誌

北齊・張思伯造浮圖記

【⿱𣦼心】

《説文》：⿱𣦼心，謹也。从心𣦼聲。讀若毳。

【㥦】

《説文》：㥦，㥦箸也。从心钇聲。

【怞】

《説文》：怞，朗也。从心由聲。《詩》曰：“憂心且怞。”

【悔】

《説文》：悔，悔，撫也。从心某聲。讀若侮。

【忞】

《説文》：忞，彊也。从心文聲。《周書》曰：“在受德忞。”讀若旻。

【慔】

《説文》：慔，勉也。从心莫聲。

【愐】

《説文》：愐，勉也。从心面聲。

【㥏】

《説文》：㥏，習也。从心曳聲。

【懋】

《説文》：，勉也。从心楙聲。《虞書》曰："時惟懋哉。"

【孞】

《説文》：，或省。

北魏・寇霄誌

○懋葉魏邦

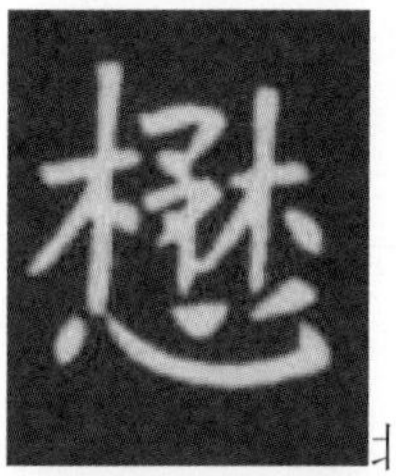
北魏・胡明相誌

北魏・長孫忻誌

北魏・尉氏誌

○昭哉懋德

北魏・尉氏誌

○朝野欽其懋庸

北魏・元廣誌

○器懋罕世

北魏・元弘嬪侯氏誌

○懋於早年

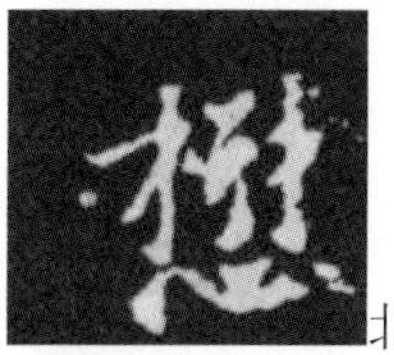
北魏・元榮宗誌

【慕】

《説文》：，習也。从心莫聲。

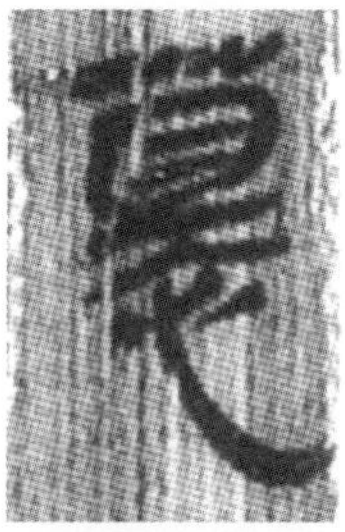
銀貳 2137

東漢・曹全碑陽

東漢・營陵置社碑

東漢・楊震碑

東漢・立朝等字殘碑

○慕百朋哀懽於是

東漢・景君碑

東漢・夏承碑

東漢・肥致碑

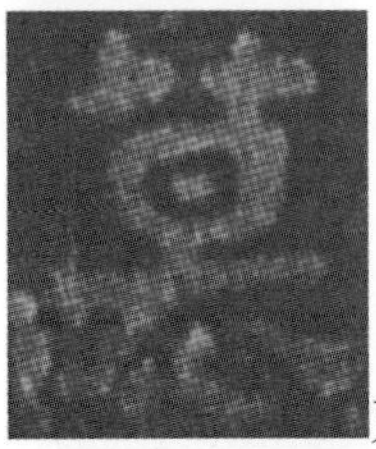
東漢・楊統碑陽

東漢・鮮於璜碑陰

東漢・孔宙碑陽

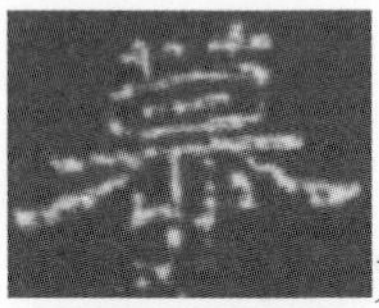
東漢・桐柏淮源廟碑

東漢・北海相景君碑陽

東漢・成陽靈臺碑

北魏・宇文永妻誌

北魏・元榮宗誌

北魏・元緒誌

北魏・張列華誌

北魏・石婉誌

北魏・元颺誌

北魏・馮會誌

北魏・元繼誌

北魏・長孫盛誌

北魏・元誨誌

北魏・王翊誌

北魏・元彥誌

北魏・王誦誌

北魏・高英誌

北魏・元悌誌

北魏・元悌誌

北魏・侯愔誌

北魏・元融誌

○故朋徒墓義

北魏・元過仁誌

北魏・鮮于仲兒誌

北魏・秦洪誌

北魏・元子直誌

北魏・丘哲誌

東魏・元悰誌

北齊・石信誌

北齊・姜纂造像

北齊・吳遷誌

【悛】

《説文》：悛，止也。从心夋聲。

東漢・曹全碑陽

○咸蒙瘳悛

北魏・元悛誌

○君諱悛

北魏・張整誌

○皇上悛悼

【㥽】

《説文》：㥽，肆也。从心隶聲。

【懙】

《説文》：懙，趣步懙懙也。从心與聲。

【慆】

《説文》：慆，説也。从心舀聲。

【懕】

《説文》：懕，安也。从心厭聲。《詩》曰：“懕懕夜飲。”

北魏・論經書詩

○浮生懕人職

北魏・元歆誌

○厭世遄去

北齊・徐之才誌

○物不懕其高

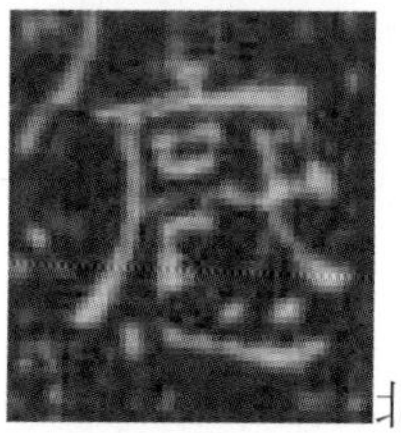
北齊・司馬遵業誌

○明皇懕世

【憺】

《説文》：憺，安也。从心詹聲。

東魏・高盛碑

【怕】

《説文》：怕，無爲也。从心白聲。

東漢・朝侯小子殘碑

○怕（泊）然無爲

【恤】

《説文》：恤，憂也。收也。从心血聲。

睡・為吏 26

○勿恤視享（烹）

廿世紀璽印三-SP

○上官卧恤

詛楚文・亞駝

○亞駝之衈祠圭玉、

東漢・劉熊碑

東漢・尚博殘碑

東漢・尚博殘碑

東漢・熹平石經殘石五

東漢・熹平石經殘石五

東漢・張遷碑陽

東漢・曹全碑陽

三國魏・三體石經尚書・古文

〇人冋不秉德明恤

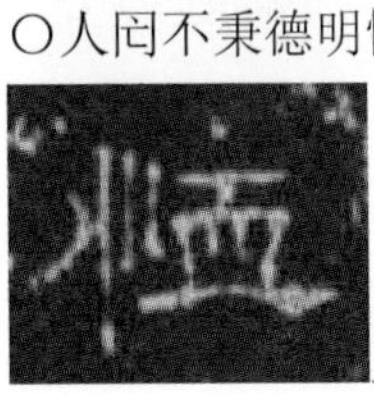
三國魏・上尊號碑

北魏・元誘妻馮氏誌

北魏・張宜誌

〇情存賑恤

北魏・慈慶誌

〇躬所養恤

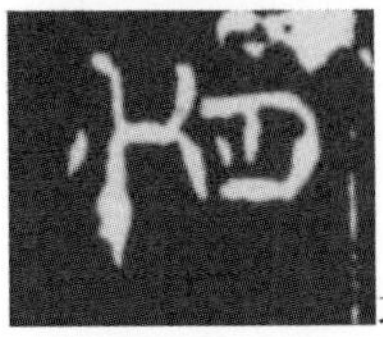
北魏・甯懋誌

〇撫導恤民

【忓】

《說文》：忓，極也。从心干聲。

【懽】

《說文》：懽，喜㰴也。从心雚聲。《爾雅》曰：“懽懽愮愮，憂無告也。”

東漢・西狹頌

〇行人懽（歡）悀

北魏・韓顯祖等造像

〇邑子趙老懽

北魏・元煥誌

北魏・韓顯祖造像

○咸來懽舞

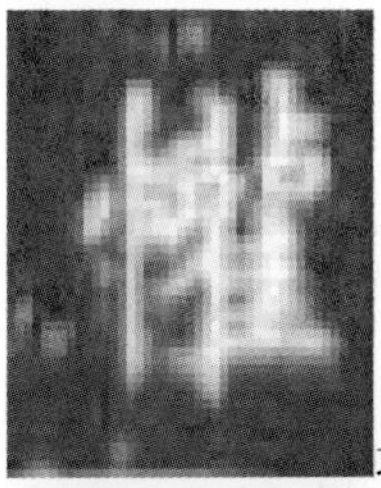
北魏・元邵誌

北魏・于纂誌

○三荊懽株

北齊・無常偈出涅槃經

【愚】

《説文》：，懽也。琅邪朱虛有愚亭。从心禺聲。

【惄】

《説文》：，飢餓也。一曰憂也。从心叔聲。《詩》曰：“惄如朝飢。”

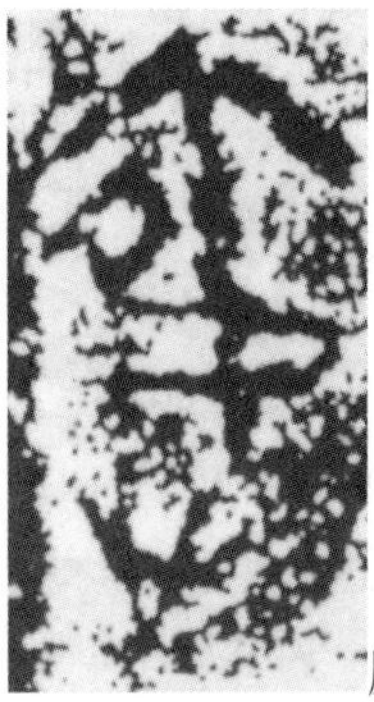
歷代印匋封泥

○陳惄

東漢・楊統碑陽

○惄焉永傷

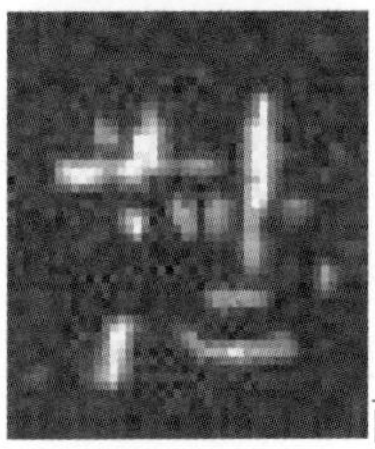
西魏・柳敬憐誌

○惄焉之灑

【㥔】

《説文》：，勞也。从心卻聲。

【憸】

《説文》：，憸詖也。憸利於上，佞人也。从心僉聲。

【愒】

《説文》：，息也。从心曷聲。

【惷】

《説文》：，精戇也。从心毳聲。

【思】

《說文》：，疾利口也。从心从冊。《詩》曰："相時思民。"

【急】

《說文》：，褊也。从心及聲。

睡・秦律十八種 183

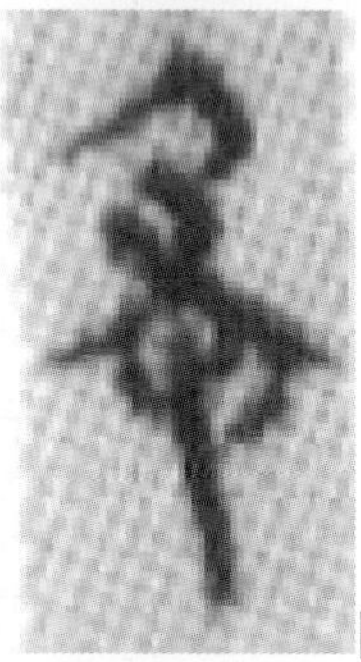
關・病方 363

里・第八層 756

里・第八層背 1486

馬壹 176_45 下

馬壹 82_56

馬貳 32_1 上

張・行書律 265

張・奏讞書 211

張・引書 33

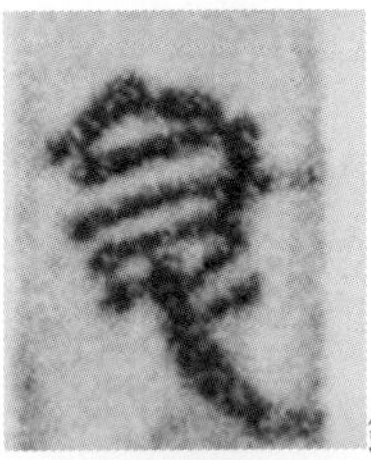
銀壹 276

敦煌簡 0051

金關 T03:054A

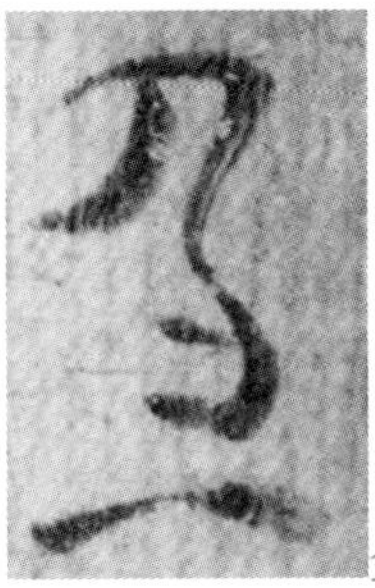
金關 T23:731B

○大急

金關 T10:409

東牌樓 070 背

北壹・倉頡篇 68

○趯急邁徙

漢印文字徵

○張不急

漢印文字徵

○臣不急

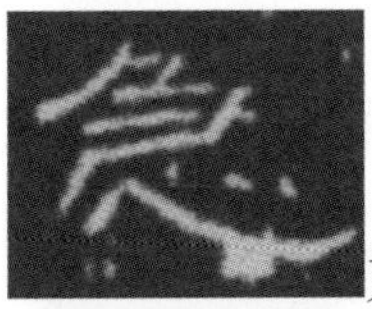
東漢・曹全碑陽

東漢・白石神君碑

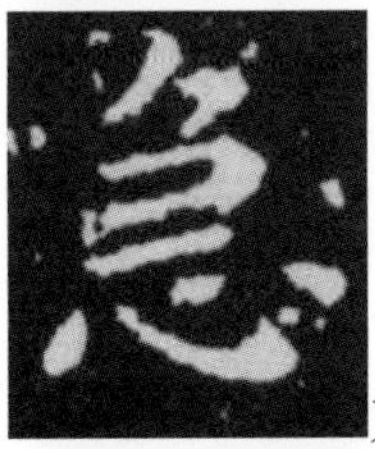
東晉・黃庭經

北魏・唐耀誌

北魏・李榘蘭誌

北魏・元冏誌

東魏・元悰誌

東魏・房悅誌

北齊・徐顯秀誌

北齊・赫連子悅誌

【辡】

《説文》：辡，憂也。从心辡聲。一曰急也。

【恆】

《説文》：恆，疾也。从心亟聲。一曰謹重皃。

【懁】

《説文》：懁，急也。从心睘聲。讀若絹。

【㤿】

《説文》：㤿，恨也。从心至聲。

【悘】

《説文》：悘，急也。从心从弦，弦亦聲。河南密縣有悘亭。

【慓】

《説文》：慓，疾也。从心票聲。

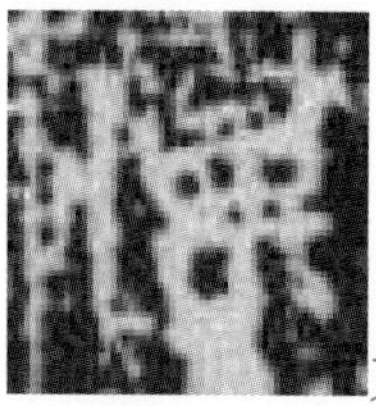
東魏・程哲碑

○矛而能慓

【懦】

《説文》：懦，駑弱者也。从心需聲。

北魏・張寧誌

○則行懦春波

北魏・陶浚誌

【恁】

《説文》：恁，下齎也。从心任聲。

漢印文字徵
○國恁之印

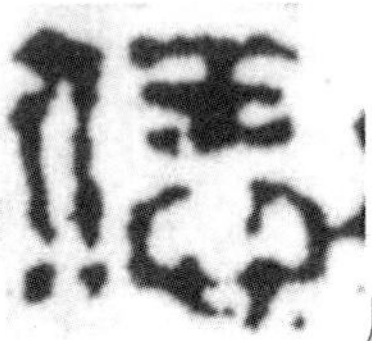
歷代印匋封泥
○單恁私印

【㤝】

《說文》：，失常也。从心代聲。

【怚】

《說文》：，驕也。从心且聲。

【悒】

《說文》：，不安也。从心邑聲。

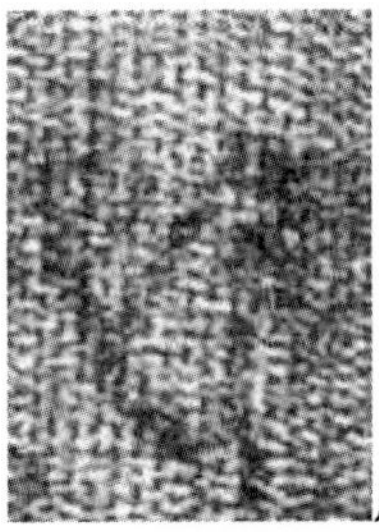
馬貳 65_29/63
○悒=（喝喝）

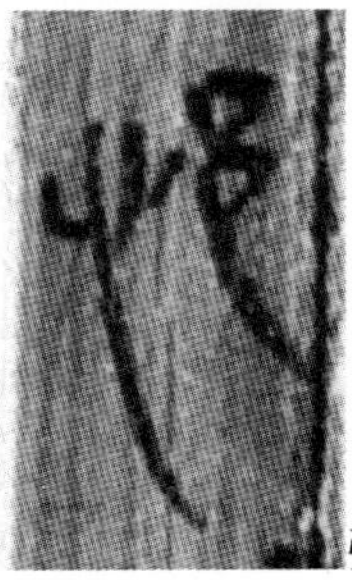
張・脈書 39
○悒=如亂

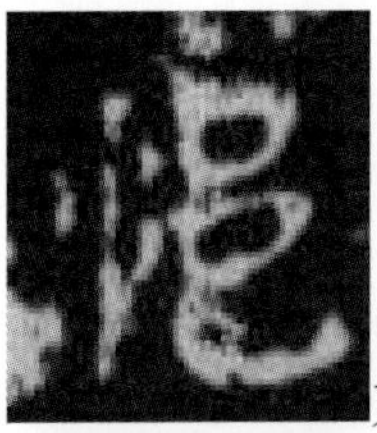
東魏・修孔子廟碑

北齊・和紹隆誌

【悆】

《說文》：，忘也。嘾也。从心余聲。《周書》曰：“有疾不悆。”悆，喜也。

北魏・元斑誌
○寢疾不悆

北魏・劉阿素誌
○享茲悆珍

【忒】

《說文》：，更也。从心弋聲。

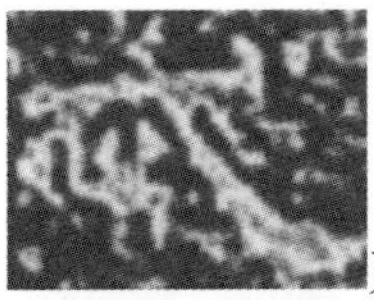
東漢・桐柏淮源廟碑

三國魏・王基斷碑

北魏・李媛華誌

○六禮無忒

北魏・李慶容誌

北齊・傅華誌

【憪】

《説文》：憪，愉也。从心閒聲。

【愉】

《説文》：愉，薄也。从心俞聲。《論語》曰：“私覿，愉愉如也。”

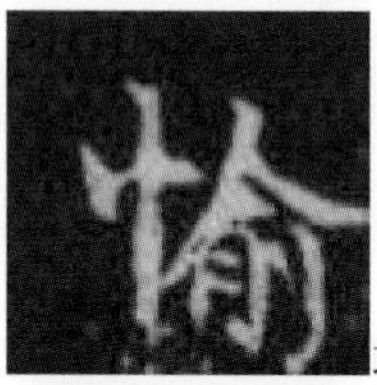
北魏・元寶月誌

北魏・元汎略誌

北魏・元汎略誌

北魏・王蕃誌

北魏・元詮誌

【懱】

《説文》：懱，輕易也。从心蔑聲。《商書》曰：“以相陵懱。”

北魏・元瞻誌

○魏齔懱其妙

【愚】

《説文》：愚，戇也。从心从禺。禺，猴屬，獸之愚者。

睡・為吏 32

○智能愚

馬壹 91_270

馬壹 8_35 下

銀壹 696

北貳・老子 79

北貳・老子 4

敦煌簡 0661

敦煌簡 0066

○臣愚

金關 T23:788A

東牌樓 049 背

○乃盡愚

東漢・柳敏碑

東漢・西狹頌

東漢・乙瑛碑

東漢・乙瑛碑

北魏・乞伏寶誌

北魏・元頊誌

北魏・穆彥誌

北魏・元愔誌

北魏・檀賓誌

北魏・元思誌

北魏・侯太妃自造像

○弘宣妙法昏愚

北齊・路衆及妻誌

○事等賢愚

北齊・天柱山銘

北齊・維摩經碑

【戇】

《説文》：，愚也。从心贛聲。

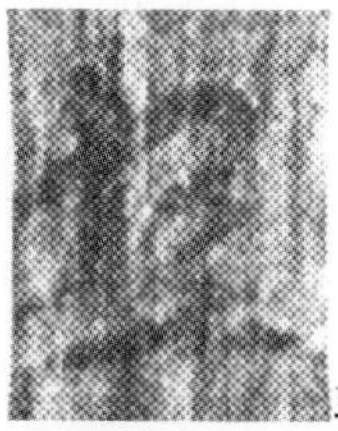
敦煌簡 0140

○愚戇

金關 T23:663A

○戇□一

東漢・乙瑛碑

○臣戒愚戇

【㥶】

《説文》：，姦也。从心采聲。

【惷】

《説文》：，愚也。从心舂聲。

秦文字編 1620

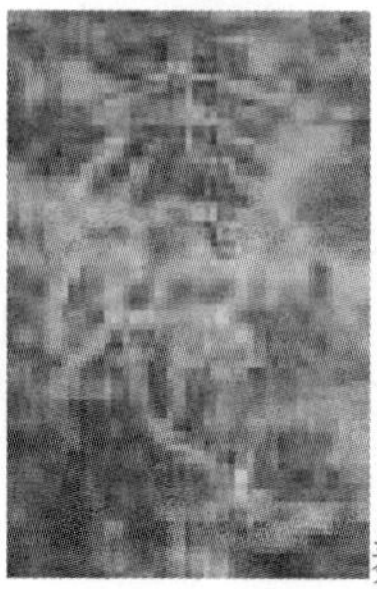
秦駰玉版

【懝】

《説文》：懝，騃也。从心从疑，疑亦聲。一曰惶也。

北魏・高道悦誌

○沖齡表岐懝（嶷）之風

【忮】

《説文》：忮，很也。从心支聲。

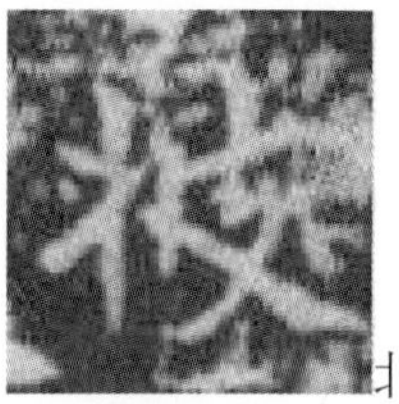
北齊・報德像碑

○此忮求

【悍】

《説文》：悍，勇也。从心旱聲。

戰晚・八年蜀東工戈

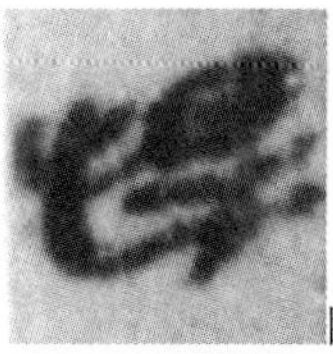
睡・法律答問 79

睡・封診式 38

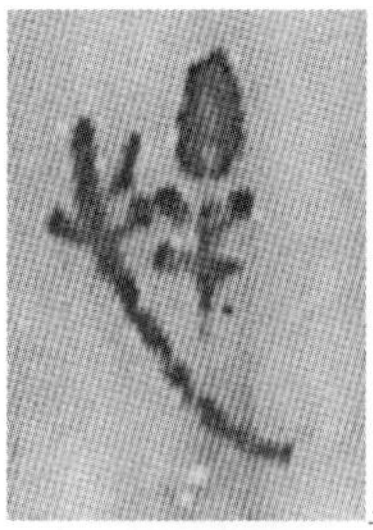
里・第八層 78

張・賊律 44

張・奏讞書 187

北壹・倉頡篇 10

秦代印風

○楊悍

漢印文字徵

○王悍

漢印文字徵

〇李悍

北周・賀屯植誌

【㥋】

《說文》：，意也。从心从能。

【㑷】

《說文》：，或从人。

【怪】

《說文》：，異也。从心圣聲。

睡・法律答問 69

〇而有怪物其身

睡・日甲《盜者》82

〇食成怪目

北貳・老子 100

〇天罔（綱）怪（恢）怪（恢）

東牌樓 036 背

〇務勿怪也

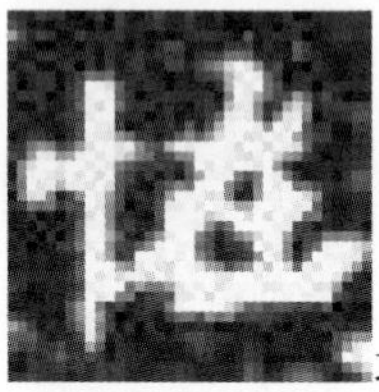
北齊・高叡修定國寺碑

〇怪崦嵫咫尺

北齊・崔宣華誌

〇照無何怪

【像】

《說文》：，放也。从心象聲。

【慢】

《說文》：，惰也。从心曼聲。一曰慢，不畏也。

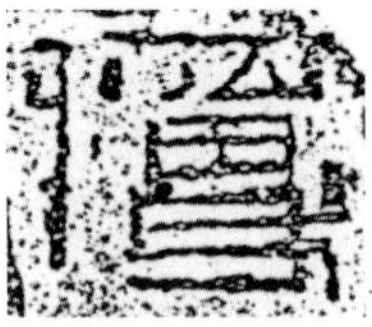
廿世紀璽印三-SP

〇慢

西晉・管洛誌

〇曾無片言違慢之失

北魏・元新成妃李氏誌

○則失傲慢之志

西魏・辛萇誌

○侮慢人主

北齊・無量義經二

○因是自高我慢除

【怠】

《說文》：怠，慢也。从心台聲。

馬壹 78_89

銀貳 1039

東牌樓 055 背

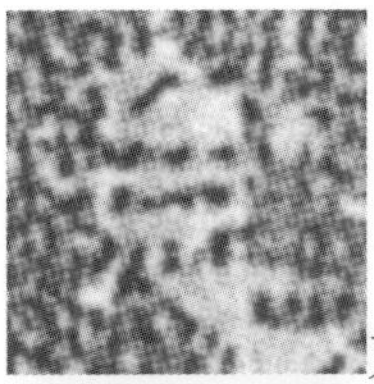
東漢・三公山碑

晉・洛神十三行

○心振蕩而不怠

北魏・李頤誌

北魏・李元姜誌

【懈】

《說文》：懈，怠也。从心解聲。

北魏・元純陀誌

北魏・慈慶誌

北魏・邢偉誌

北齊・崔芬誌

【憜】

《説文》：，不敬也。从心，𡐦省。《春秋傳》曰："執玉憜。"

【惰】

《説文》：，憜或省𠂤。

【媠】

《説文》：，古文。

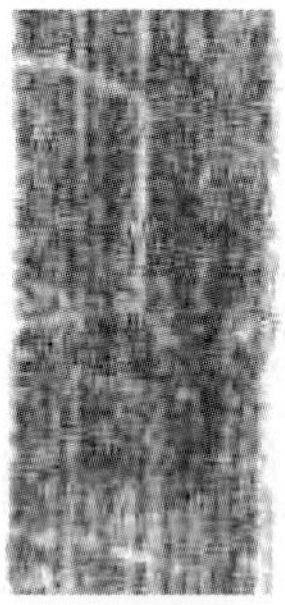
馬貳 216_5/16

○憜氣不至而用則避

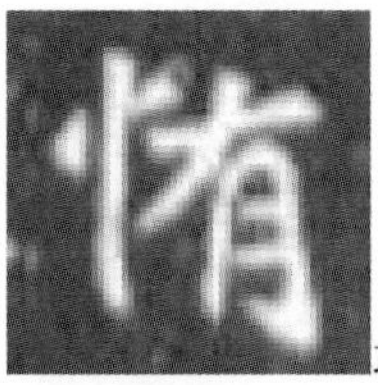
北魏・楊舒誌

○鋭情無惰

北齊・無量義經二

○歷劫挫身不倦惰

【慫】

《説文》：，驚也。从心從聲。讀若悚。

【怫】

《説文》：，鬱也。从心弗聲。

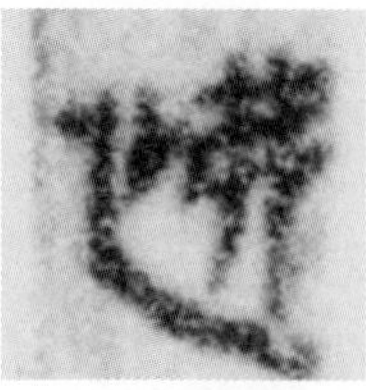
銀壹 409

○蓁怫（茀）

【忦】

《説文》：，忽也。从心介聲。《孟子》曰："孝子之心不若是忦。"

【忽】

《説文》：，忘也。从心勿聲。

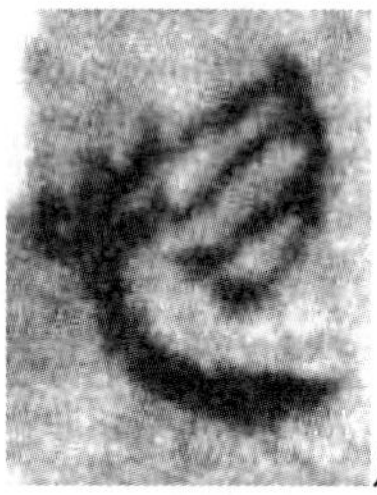
馬壹 100_117

○其下不物（忽）

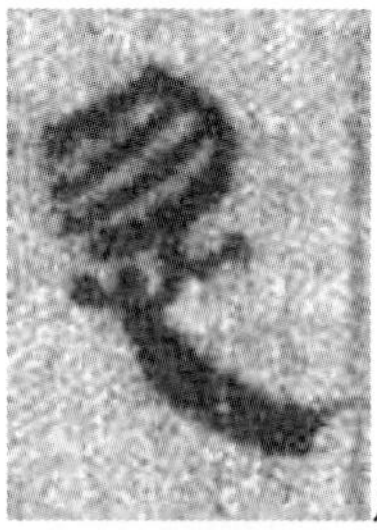
馬壹 43_43 上

金關 T28:026

金關 T21:158A

東牌樓 035 正

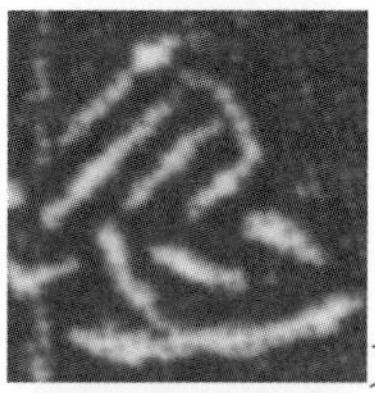
東漢・石祠堂石柱題記額

東漢・石祠堂石柱題記

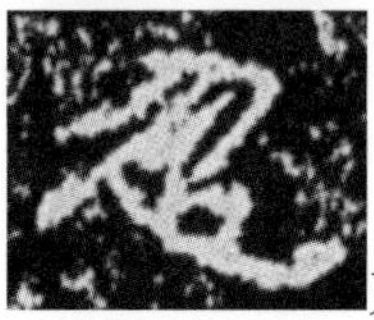
東漢・三老諱字忌日刻石

○掾諱忽字子儀

北魏・孟元華誌

北魏・元思誌

北魏・元思誌

北魏・元理誌

○鄉遂忽以延興四年春秋

北周・尉遲將男誌

【忘】

《說文》：忘，不識也。从心从亡，亡亦聲。

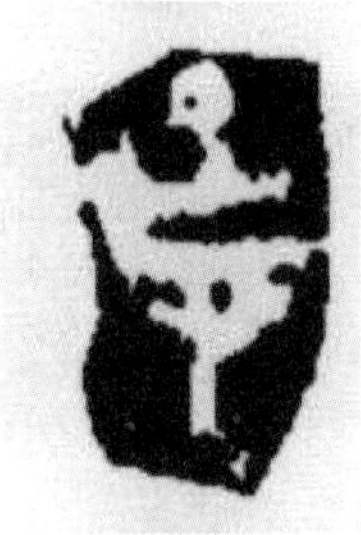
漢銘・顧君毋相忘鉤

睡・為吏 23

睡・日甲《詰》63

嶽・為吏 39

里・第八層 1065

馬壹 104_48\217

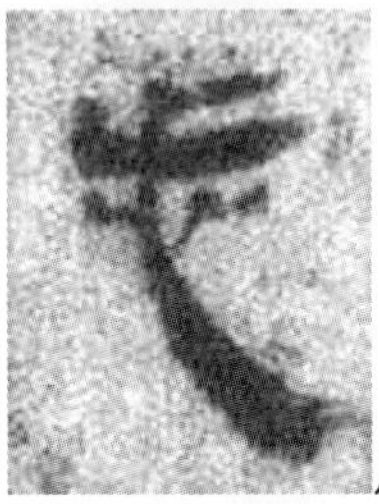
馬壹 39_15 下

銀貳 1488

北貳・老子 164

敦煌簡 2253

金關 T24:775

東牌樓 070 背

魏晉殘紙

廿世紀璽印三-SY

○陳毋忘

漢印文字徵

漢印文字徵

○丁印忘生

漢印文字徵

歷代印匋封泥

漢印文字徵

漢晉南北朝印風

漢晉南北朝印風

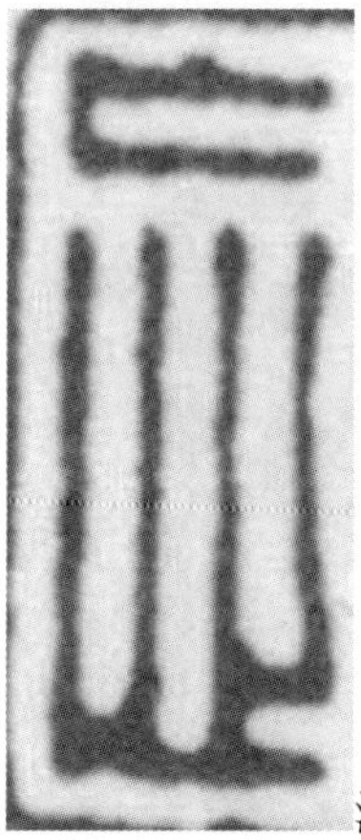
漢晉南北朝印風

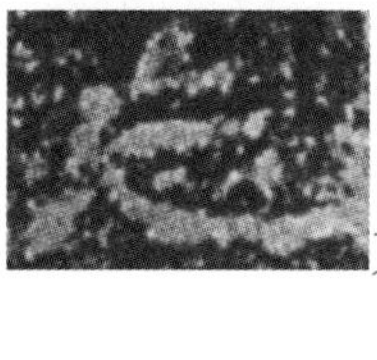
東漢・桓孨食堂畫像石題記

東漢・尚博殘碑

東漢・封龍山頌

○令德不忘

東漢・楊著碑額

北魏・張盧誌

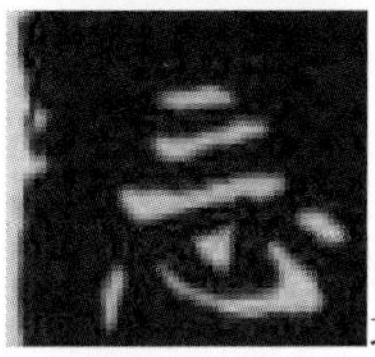
北魏・高慶碑

○見義忘生

北魏・元壽安誌

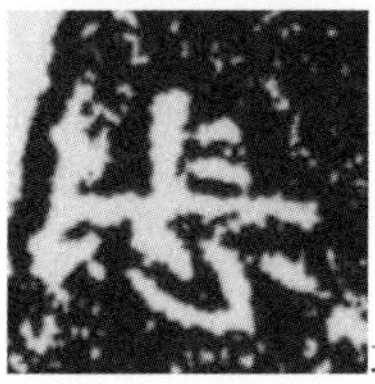
北魏・王阿善造像

○忘夫馮阿標忘息馮義顯

北魏・昭玄法師誌

北魏・元顯魏誌

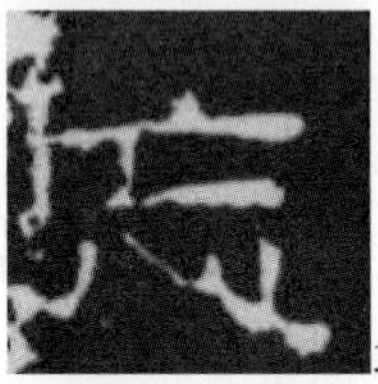
北魏・翟普林造像

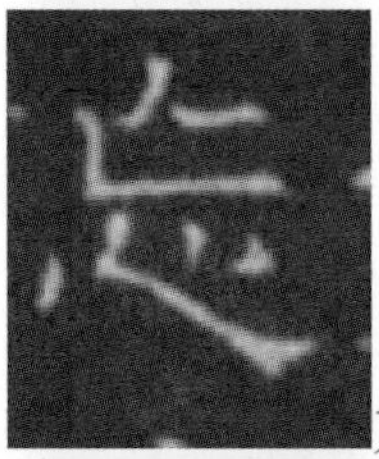
東魏・元悰誌

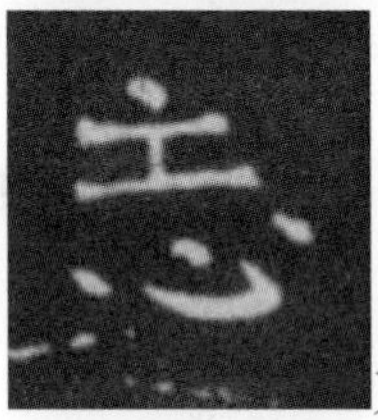
東魏・陸順華誌

○此可得而忘言

東魏・元玕誌

北齊・房周陁誌

北齊・吐谷渾靜媚誌

北齊・天柱山銘

北周・辛洪略造像

○略爲忘父敬造世加

北周・寇嶠妻誌

【慲】

《說文》：慲，忘也。慲兜也。从心㒼聲。

【恣】

《說文》：恣，縱也。从心次聲。

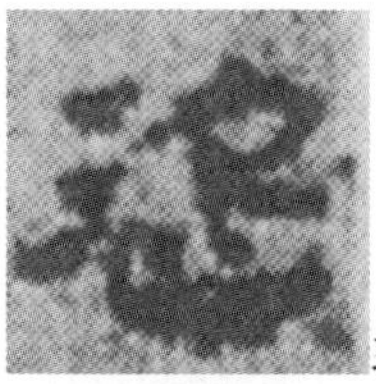
敦煌簡 2253

○從恣蒙水

秦文字編 1620

東漢・肥致碑

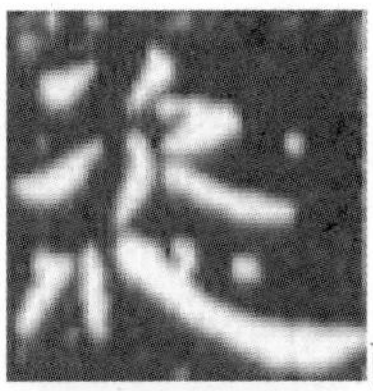
西晉・趙氾表

北齊・徐顯秀誌

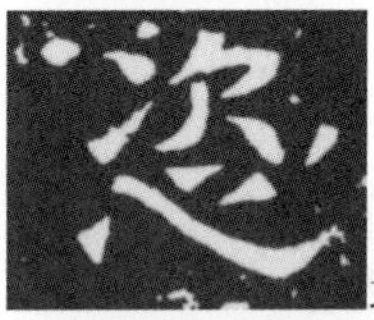
北齊・武成胡后造像

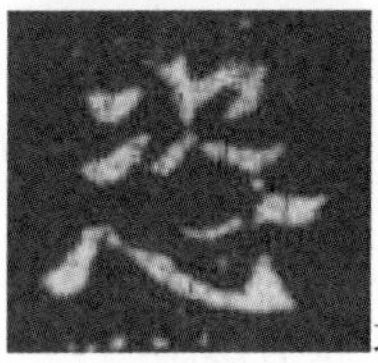
北齊・劉雙仁誌

【惕】

《説文》：惕，放也。从心易聲。一曰平也。

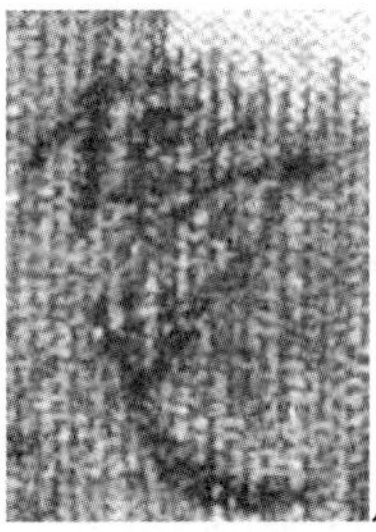
馬貳 64_11/45

○惕(惕)然驚心

張・脈書 24

○驚心惕（惕）然

吴簡嘉禾・五・五二二

○鄧惕佃田五町

吴簡嘉禾・四・四四六

○野張惕

吴簡嘉禾・四・二○

○張惕

【憧】

《説文》：憧，意不定也。从心童聲。

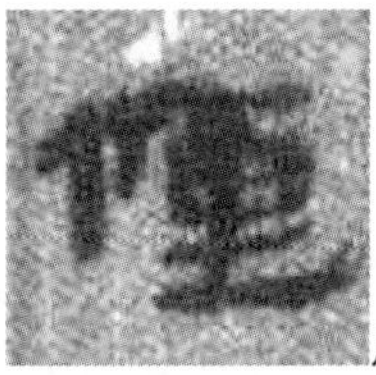
馬壹 43_36 上

○見也憧焉

【悝】

《説文》：悝，啁也。从心里聲。《春秋傳》有孔悝。一曰病也。

嶽・猩敞案 55

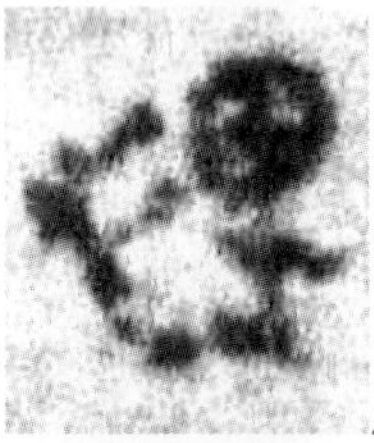
馬壹 101_132

北壹・倉頡篇 12

秦代印風

漢印文字徵

漢印文字徵

○蘇悝

漢印文字徵

廿世紀璽印四-SY

○劉悝

東漢・禮器碑陰

東漢・北海相景君碑陰

北魏・元侔誌

【憰】

《説文》：，權詐也。从心矞聲。

【狂】

《説文》：，誤也。从心狂聲。

【怳】

《説文》：，狂之皃。从心，況省聲。

【恑】

《説文》：，變也。从心危聲。

【𢤱】

《説文》：，有二心也。从心巂聲。

【悸】

《説文》：，心動也。从心季聲。

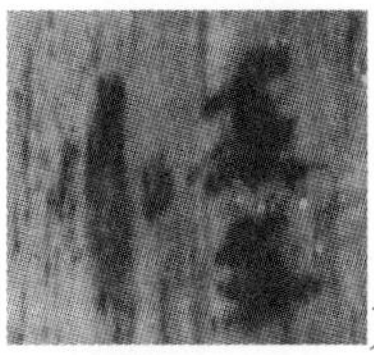
東牌樓 048 背

○□戰悸

【憿】

《説文》：，幸也。从心敫聲。

秦文字編 1620

【懖】

《説文》：，善自用之意也。从心銛聲。《商書》曰：“今汝懖懖。”

【𨮒】

《説文》：，古文从耳。

【忨】

《説文》：，貪也。从心元聲。《春秋傳》曰：“忨歲而漱日。”

【惏】

《説文》：，河内之北謂貪曰惏。从心林聲。

北魏・侯剛誌

○惏心斯絕

【懜】

《説文》：，不明也。从心夢聲。

【愆】

《説文》：，過也。从心衍聲。

【𡫸】

《説文》：，或从寒省。

【𠍗】

《説文》：，籒文。

東漢・舉孝廉等字殘碑

東漢・桐柏淮源廟碑

北魏・元誨誌

○而斯理一愆

北魏・王翊誌

北魏・元汎略誌

北魏・侯掌誌

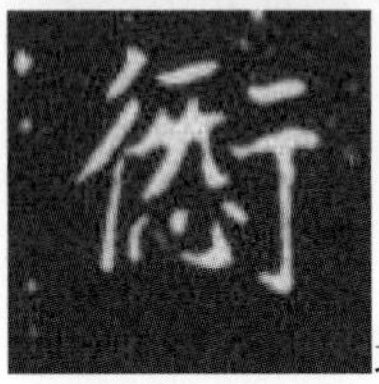
北魏・常季繁誌

○終始不愆於禮度

北魏・王遺女誌

○終始靡愆

北魏・劉華仁誌

○寵賞無愆之戾

北魏・封魔奴誌

北魏・穆亮誌

○餘祉愆順

東魏・鄭氏誌

○容止何諐（愆）

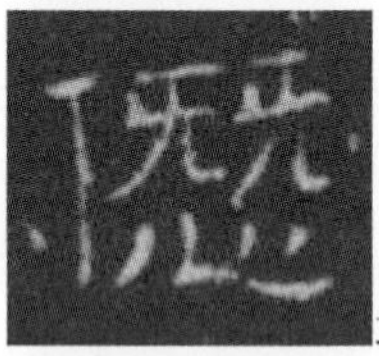
北齊・是連公妻誌

○自誓無愆

北齊・婁黑女誌

○遂愆與善

【慊】

《說文》：，疑也。从心兼聲。

北魏・元濬嬪耿氏誌

【惑】

《說文》：，亂也。从心或聲。

馬壹 101_136

馬壹 141_5 下/172 下

馬壹 39_14 下

馬貳 210_88

張・蓋盧 18

銀壹 687

北壹・倉頡篇 1

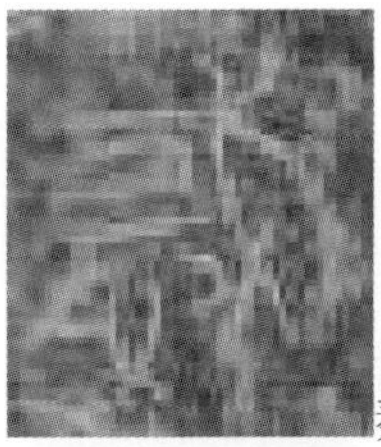
秦駰玉版

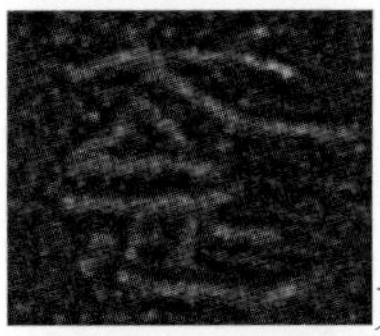
東漢・公乘田魴畫像石墓題記

北魏・元子直誌

〇惑(或)壽惑(或)夭

北齊・邑義七十人造像

【怋】

《説文》：怋，怓也。从心民聲。

【怓】

《説文》：怓，亂也。从心奴聲。《詩》曰："以謹惽怓。"

【惷】

《説文》：惷，亂也。从心春聲。《春秋傳》曰："王室日惷惷焉。"一曰厚也。

【惽】

《説文》：惽，不憭也。从心昏聲。

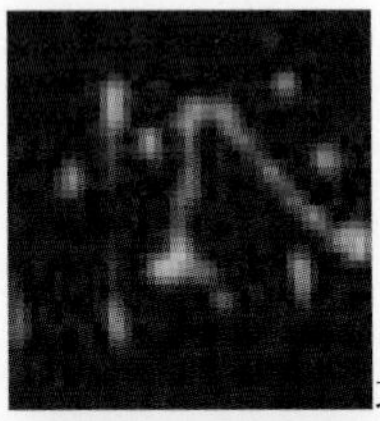
北魏・弔比干文

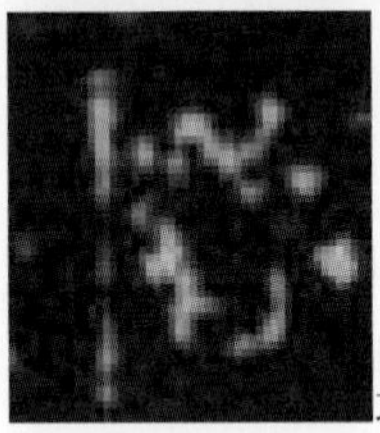
北魏・弔比干文

○世惛惛而溷濁兮

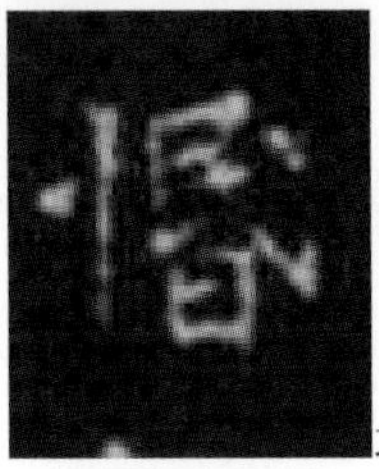
北魏・元欽誌

○民用惛墊

【忥】

《説文》：，癡皃。从心气聲。

【懲】

《説文》：，寱言不慧也。从心衛聲。

【憒】

《説文》：，亂也。从心貴聲。

【忌】

《説文》：，憎惡也。从心己聲。

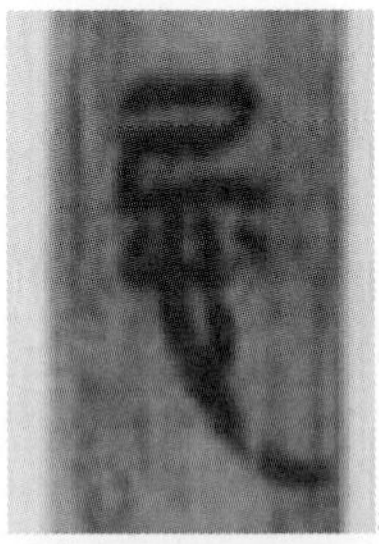
嶽・綰等案 243

里・第八層 149

馬壹 109_136\305

馬壹 91_279

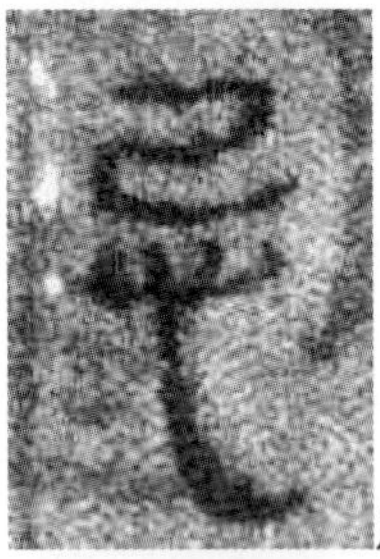
馬貳 20_20 上

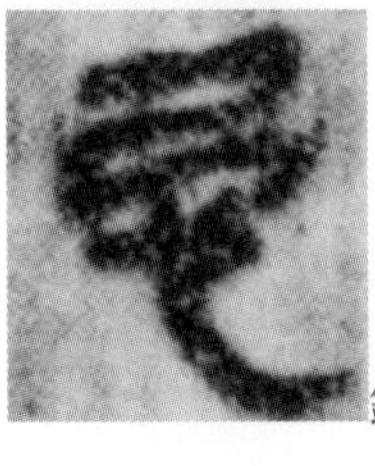
銀壹 240

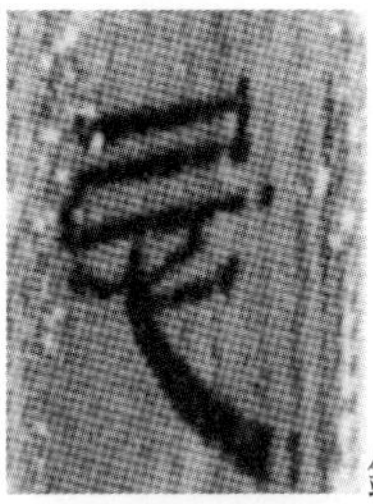
銀貳 1165

北貳・老子 54

敦煌簡 1968B

○破血忌天

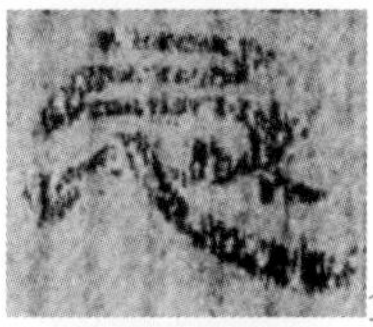
金關 T23:316

北壹・倉頡篇 2

廿世紀璽印二-SY

○忌嘖

秦代印風

秦代印風

廿世紀璽印三-SY

○忌歇

秦代印風

○淳于慶忌

秦代印風

秦代印風

○忌周

廿世紀璽印三-SY

○忌廣漢

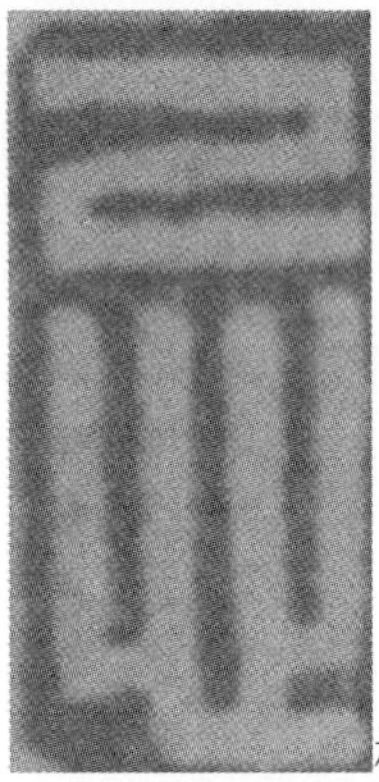
柿葉齋兩漢印萃

漢印文字徵

○王忌

漢印文字徵

漢印文字徵

○左忌私印

漢印文字徵

○忌翕

漢印文字徵

○楊印慶忌

歷代印匋封泥

○公孫忌

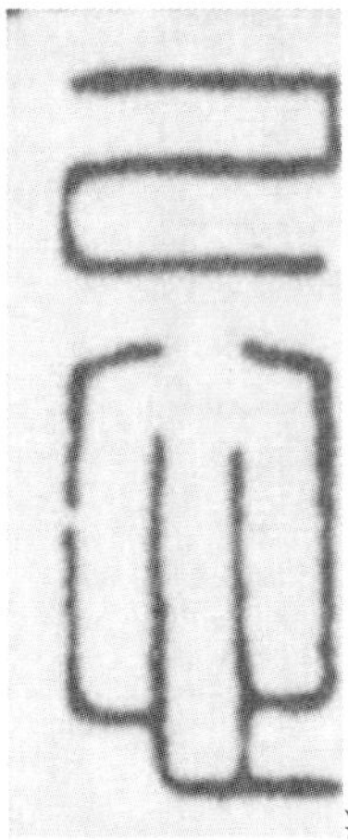
漢晉南北朝印風

漢晉南北朝印風

○兒忌

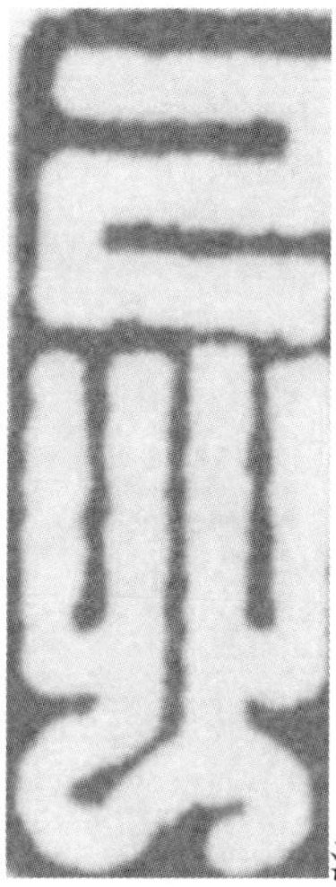
漢晉南北朝印風

○張忌

漢晉南北朝印風

漢晉南北朝印風

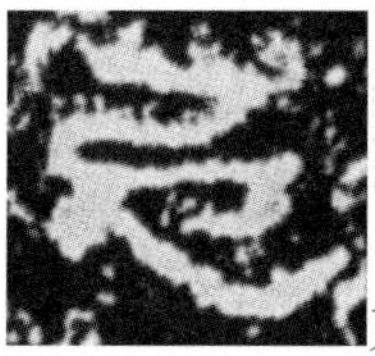
東漢・三老諱字忌日刻石

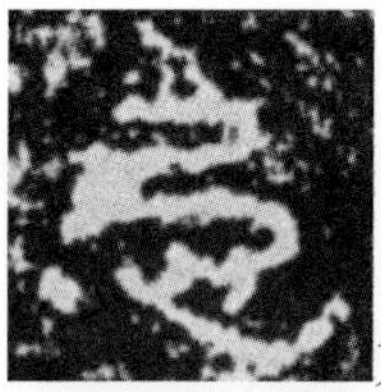
東漢・三老諱字忌日刻石

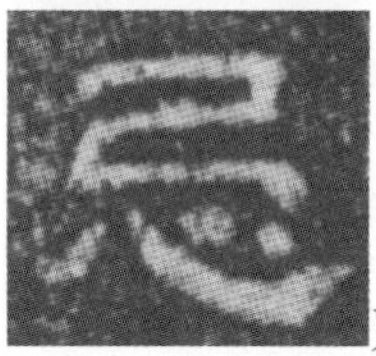
東漢・肥致碑

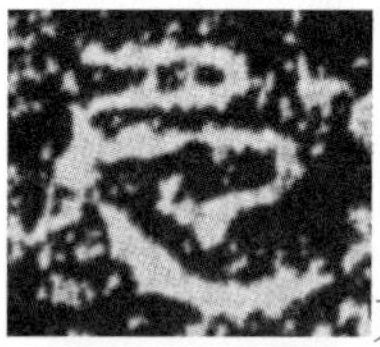
東漢・三老諱字忌日刻石

○庚午忌日

北魏・高慶碑

○見忌窒□

北魏・李璧誌

○人情敬忌

北魏・元暐誌

○雅相猜忌

北魏・辛穆誌

北魏・元端妻馮氏誌

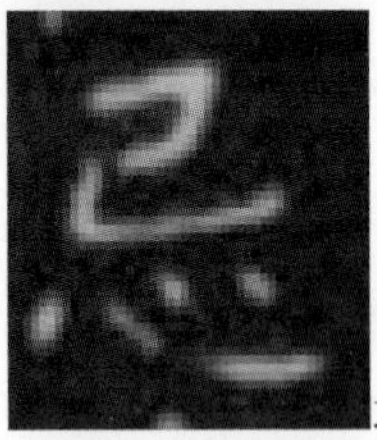
北魏・元延明誌

東魏・張玉憐誌

○性不妒忌

東魏・楊顯叔再造像

○考忌十

【忿】

《説文》：，悁也。从心分聲。

睡・為吏 11

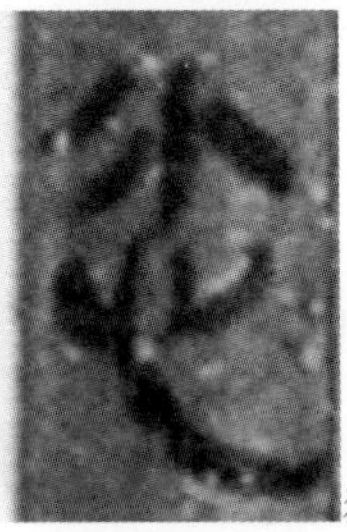
嶽・為吏 53

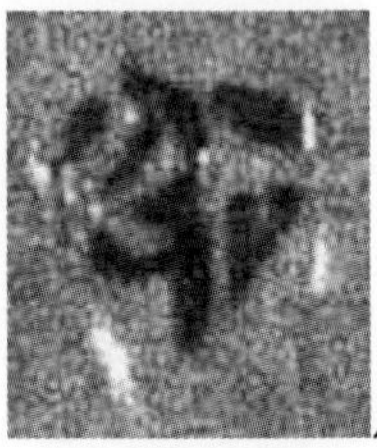
馬壹 135_51 下/128 下

馬壹 135_51 下/128 下

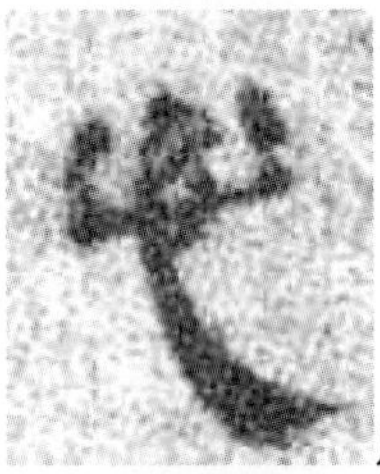
馬壹 13_82 上

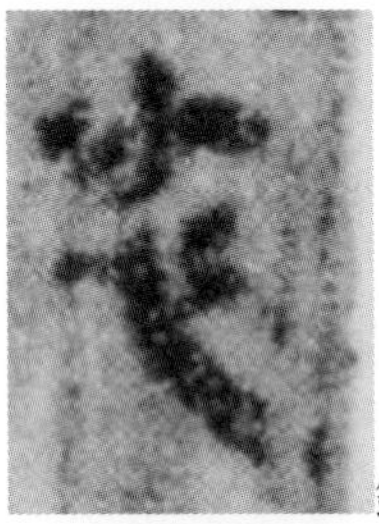
銀壹 275

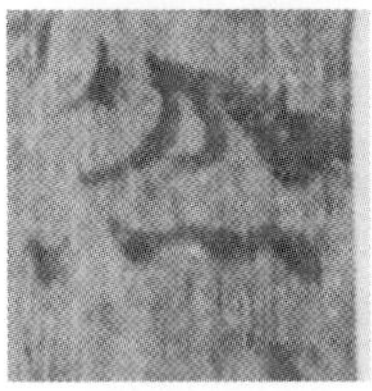
敦煌簡 0104

○奴誠忿

漢印文字徵

○段忿

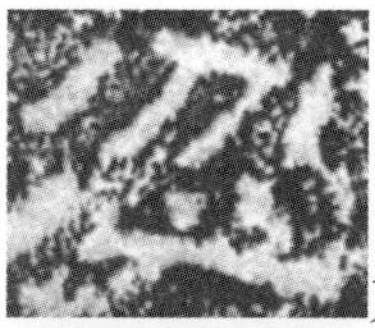
東漢・孟孝琚碑

北魏・元懌誌

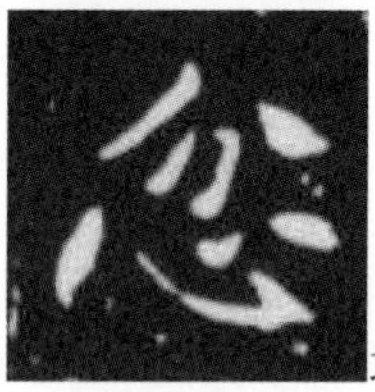
北魏・張盧誌

【悁】

《説文》：，忿也。从心肙聲。一曰憂也。

【⿱肙心】

《説文》：，籀文。

漢印文字徵

○李悁

漢印文字徵

○闞中悁

漢晉南北朝印風

○闞中悁

北魏・元瞻誌

○事同悁(捐)珠

東魏・杜文雅造像

○悁(捐)金弗愛

北齊・狄湛誌

○悁(捐)家入仕

【⿱黎心】

《説文》：，恨也。从心黎聲。一曰怠也。

【恚】

《説文》：，恨也。从心圭聲。

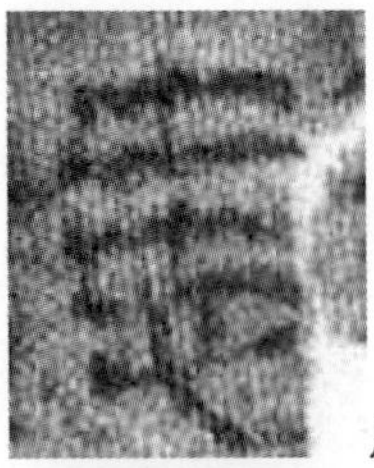
馬壹 266_9 欄

張・奏讞書 43

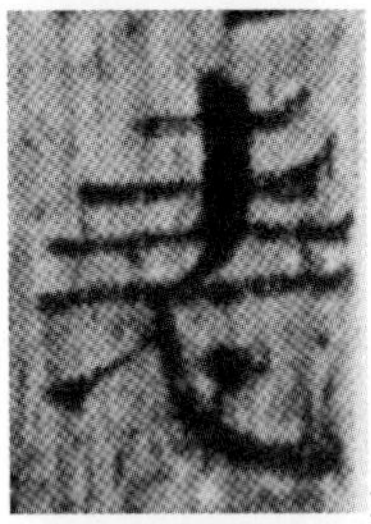
金關 T10:221A

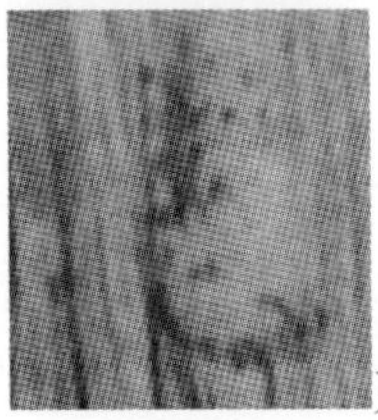
東牌樓 003 背

○不平恚□

北壹・倉頡篇 40

○蠻趍恚魃袳

廿世紀璽印三-SP

歷代印匋封泥

北魏・慧靜誌

北魏・元新成妃李氏誌

○歡恚弗形於顏

【怨】

《説文》：，恚也。从心夗聲。

【命】

《説文》：，古文。

睡・為吏 13

睡・為吏 25

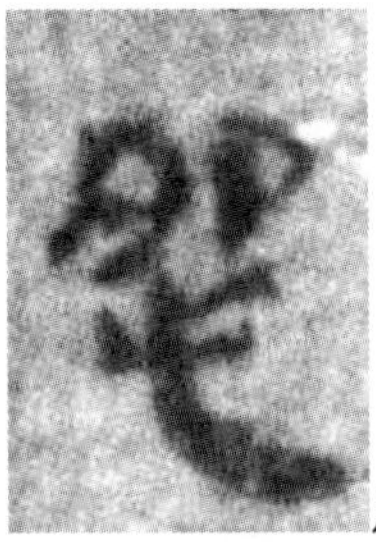
馬壹 99_91

馬壹 81_40

馬壹 78_91

○悔德詐窓(怨)

北貳・老子 115

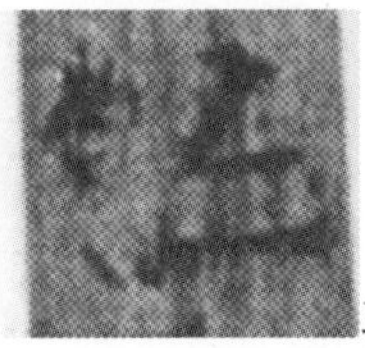
敦煌簡 0159

○其必怨故求請兵

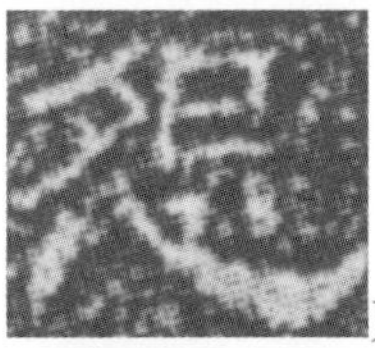
東漢・趙寬碑

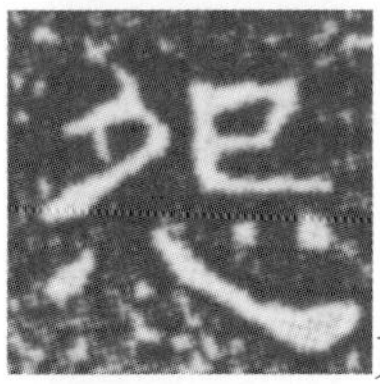
東漢・張遷碑陽

東漢・趙寬碑

三國魏・三體石經尚書・古文

○用厥心韋怨

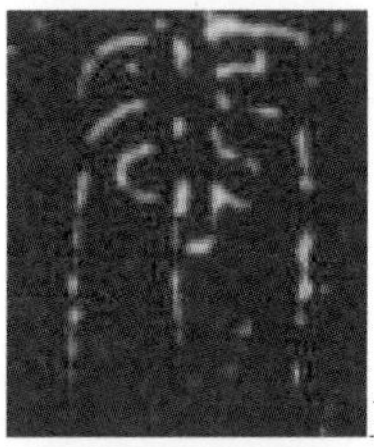
三國魏・三體石經尚書・篆文

○用厥心韋怨

三國魏・三體石經尚書・隸書

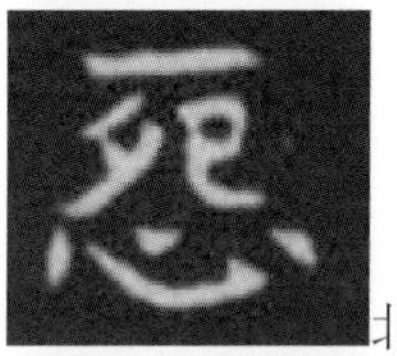
北魏・元恭誌

北魏・堯遵誌

○怨沖□之莫闡

北魏・元暐誌

北魏・元暐誌

北魏・元瞻誌

北魏・宋靈妃誌

北魏・元壽安誌

北周・王榮及妻誌

【怒】

《説文》：，恚也。从心奴聲。

睡・為吏 11

睡・為吏之道 42

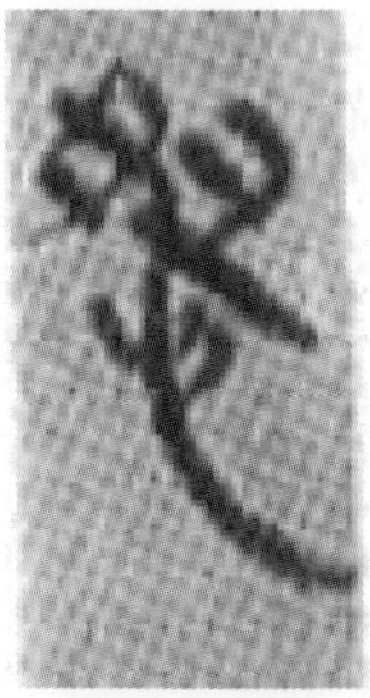
關・日書 248

嶽・為吏 53

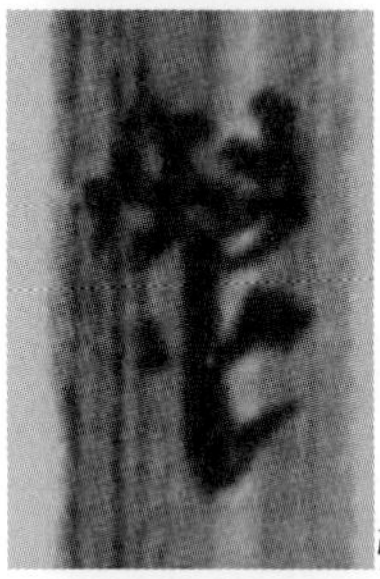
張・奏讞書 145

張・引書 107

北貳・老子 89

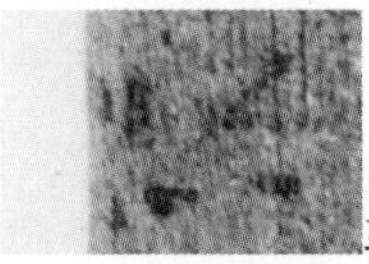
敦煌簡 0712

○可恨怒何等□

金關 T29:114B

○唯薄怒善視黃卿

魏晉殘紙

漢印文字徵

○矦怒私印

詛楚文・沈湫

○張矜意怒

東漢・武氏左石室畫像題字

三國魏・三體石經尚書・隸書

○不敢含怒

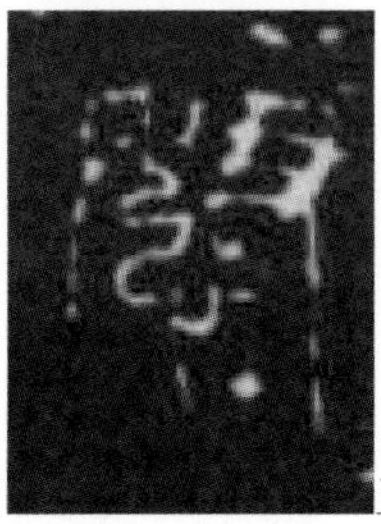
三國魏・三體石經尚書・篆文

○不敢含怒

三國魏・三體石經尚書・古文

○不敔(敢)含怒

北魏・張盧誌

東魏・蕭正表誌

【憝】

《說文》：憝，怨也。从心敦聲。《周書》曰："凡民罔不憝。"

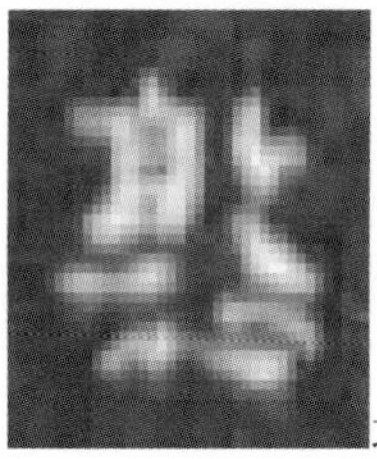
北周・尉遲運誌

○大憝既殄

【慍】

《說文》：慍，怒也。从心𥁕聲。

東漢・熹平石經殘石五

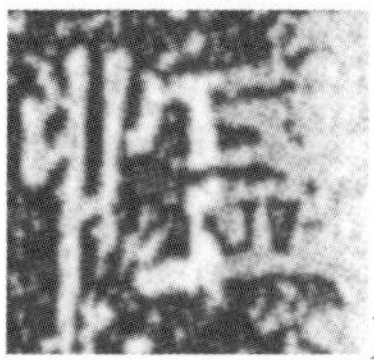
東漢・尚博殘碑

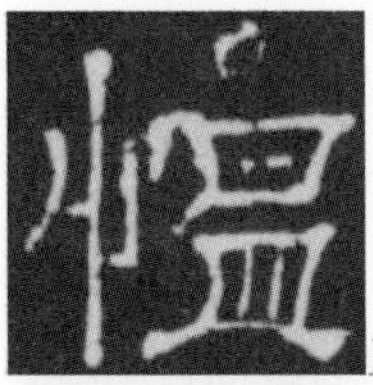
三國魏・張君殘碑

北魏・王悅及妻郭氏誌

北魏・元恭誌

○愔慍不見於言

北魏・劇市誌

○以慍匱之價

北魏・司馬顯姿誌

東魏・趙胡仁誌

東魏・劉幼妃誌

北齊・婁黑女誌

北齊・元賢誌

○愔慍莫窺

【惡】

《說文》：，過也。从心亞聲。

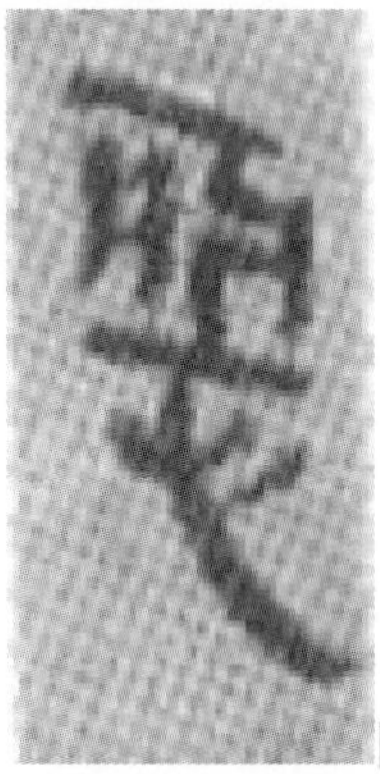
關・日書 253

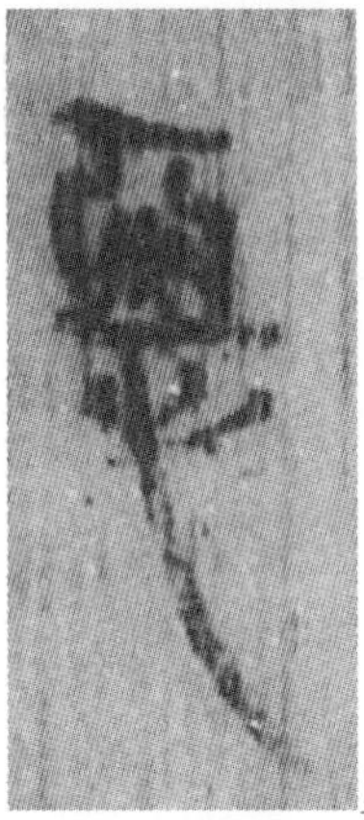
里・第八層 344

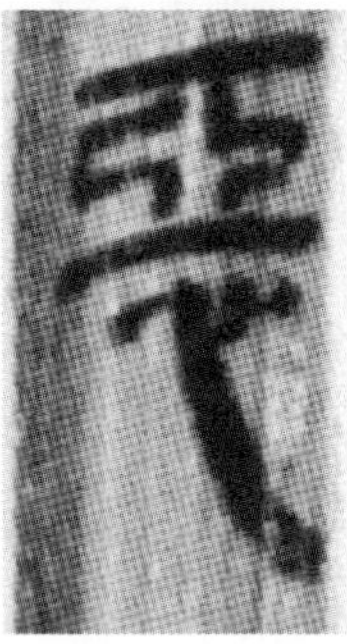
張・奏讞書 144

張・算數書 40

張・脈書 24

北貳・老子 99

○之所惡孰智（知）

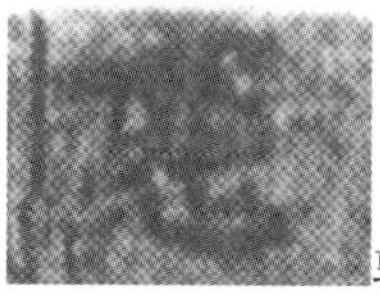
敦煌簡 1255

○惡其

金關 T04:086

○小縵惡□

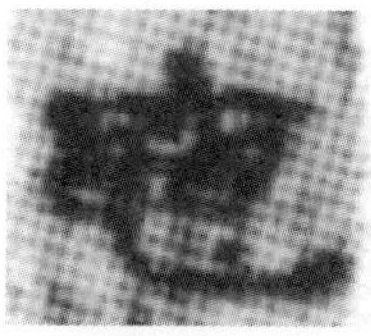
武・甲《特牲》25

○酌惡（亞）獻尸

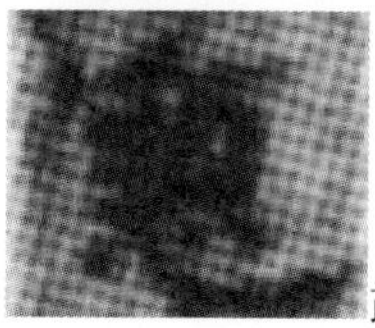
武・乙本《服傳》37

○姑惡栞（弃）

漢晉南北朝印風

○漢匈奴惡適屍逐王

漢印文字徵

○杜惡夫

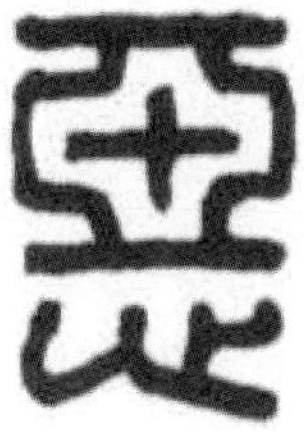
漢印文字徵

○梁毋惡

漢印文字徵

漢印文字徵

漢印文字徵

○漢匈奴惡適尸逐王

漢印文字徵

東漢・從事馮君碑

○獻善絀惡

東漢・景君碑

○善勸惡懼

東漢・楊震碑

東漢・北海相景君碑陽

○分明好惡

東漢・石門頌

○惡蟲憋狩

東漢・石門頌

○卑者楚惡

東漢・夏承碑

○糾姦示惡

東漢・西狹頌

○示之以好惡

十六國北涼・沮渠安周造像

○瞬息之惡

北魏・元祐誌

○善惡不形二言

北魏・公孫猗誌

北魏・宋靈妃誌

北齊・暴誕誌

【憎】

《說文》：憎，惡也。从心曾聲。

敦煌簡 2371

○憎胡隧卒□回

東漢・朝侯小子殘碑

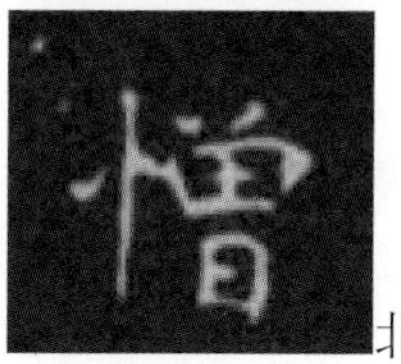
北魏・侯剛誌

【㤄】

《說文》：㤄，恨怒也。从心市聲。《詩》曰：“視我㤄㤄。”

北壹・倉頡篇 42

○縞給勸㤄

【忍（忉）】

《說文》：忍，怒也。从心刀聲。讀若顡。李陽冰曰：“刀非聲，当从刈省。”

東漢・景君碑

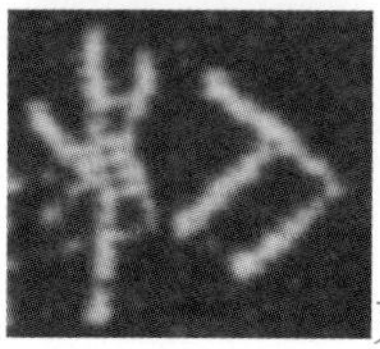
東漢・石祠堂石柱題記

○思念忉怛悲楚之情

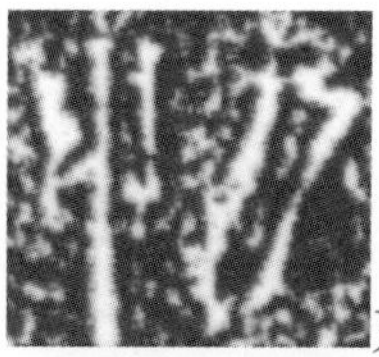
東漢・北海相景君碑陽

北魏・寇治誌

○有忉邊患

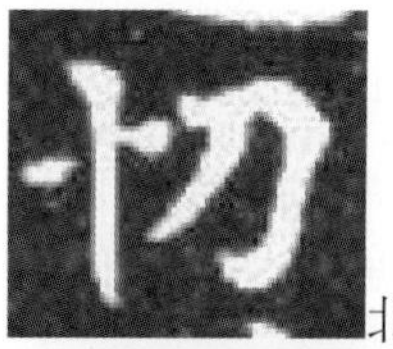
北齊・張忻誌

北齊・高阿難誌

○皇上忉天倫之痛

【𢡟】

《說文》：𢡟，怨恨也。从心象聲。讀若膎。

【恨】

《說文》：恨，怨也。从心艮聲。

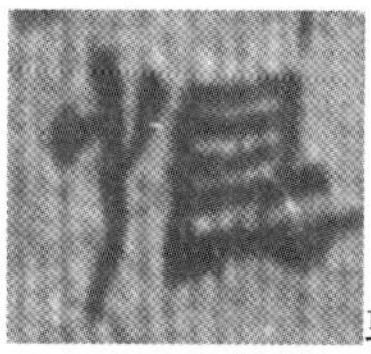
敦煌簡 0178

金關 T23:896B

東牌樓 058 背

○恨語言不□

漢印文字徵

○孫恨印

東漢・孟孝琚碑

三國魏・王基斷碑

北魏・元汎略誌

北魏・石婉誌

北魏・馮會誌

北魏・李超誌

北魏・元乂誌

北魏・曹望憘造像

北魏・元顯魏誌

東魏・元悰誌

北齊・高百年誌

北齊・董桃樹造像

北齊・常文貴誌

○晝夜啼恨

北齊・赫連子悅誌

北周・寇嶠妻誌

【懟】

《説文》：，怨也。从心對聲。

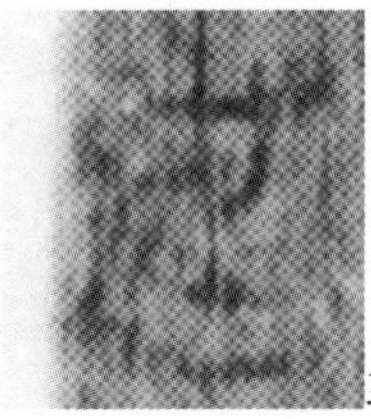
敦煌簡 0219

〇怨懟

【悔】

《説文》：，悔恨也。从心每聲。

睡・為吏 41

睡・為吏 10

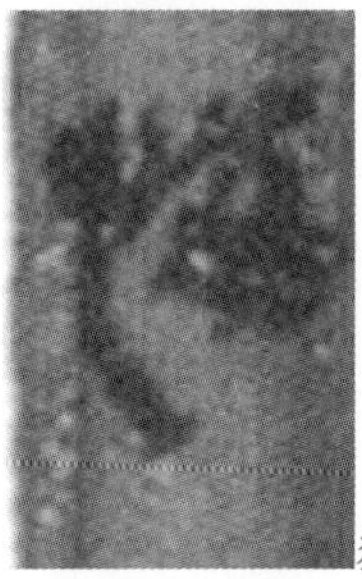
嶽・為吏 36

嶽・芮盜案 75

馬壹 91_269

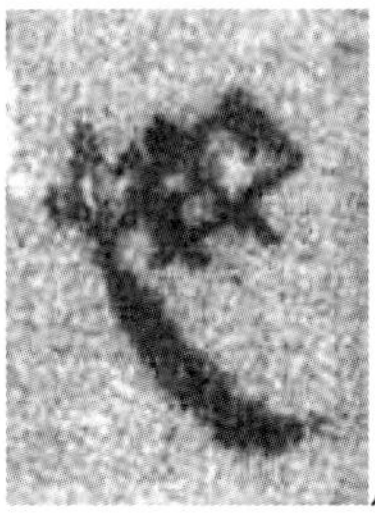
馬壹 16_5 下\98 下

〇肝予悔

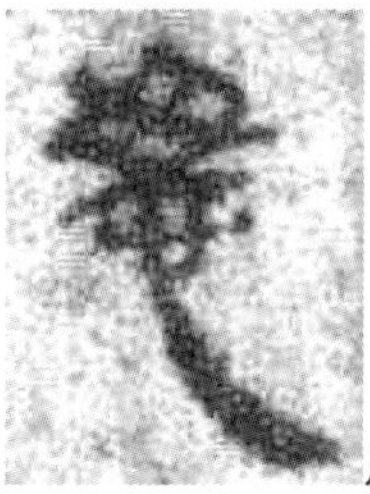
馬壹 4_10 下

〇悔亡

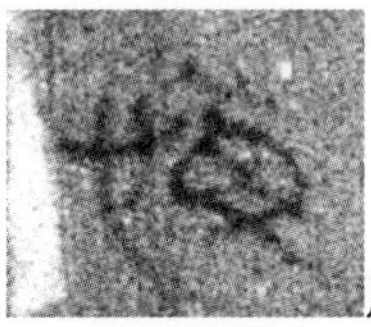
馬貳 28_21

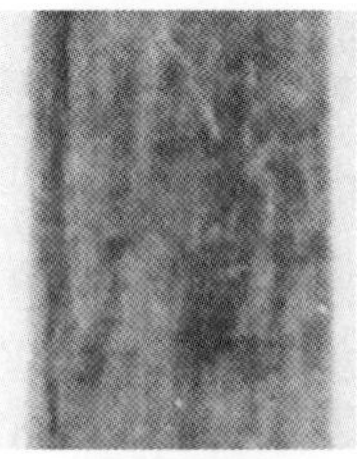
敦煌簡 0973

東牌樓 065 背

〇得止悔

秦代印風

○悔

東漢・熹平石經殘石五

東漢・熹平石經殘石四

東漢・耿勳碑

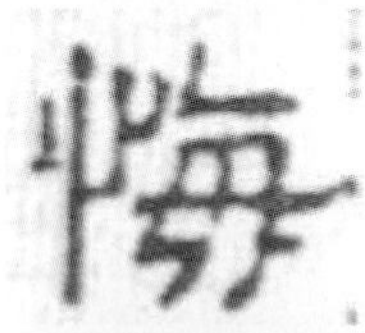
東漢・譙敏碑

北魏・郭顯誌

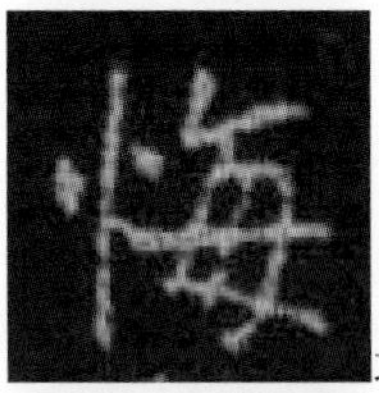
北魏・元熙誌

北魏・元天穆誌

北齊・劉悅誌

南朝宋・石驅銘

【憘】

《説文》：憘，小怒也。从心喜聲。

【怏】

《説文》：怏，不服，懟也。从心央聲。

銀貳 2090

○有怏（陽）民

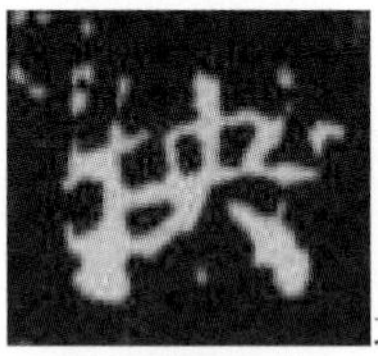
北魏・賈瑾誌

○負氣鬱怏

【懣】

《説文》：懣，煩也。从心从滿。

敦煌簡 0105

○甚懣

【憤】

《說文》：憤，懣也。从心賁聲。

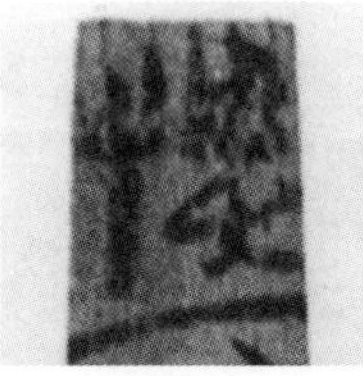
敦煌簡 0044

○憤二甚二

東漢・譙敏碑

東漢・夏承碑

北魏・高珪誌

北魏・于景誌

北魏・吳光誌

○痛憤心懷

【悶】

《說文》：悶，懣也。从心門聲。

馬壹 96_30

○啟亓（其）悶

東漢・東漢・婁壽碑陽

○遁世無悶

北魏・李超誌

【惆】

《說文》：惆，失意也。从心周聲。

西晉・成晃碑

北魏・緱光姬誌

【悵】

《説文》：悵，望恨也。从心長聲。

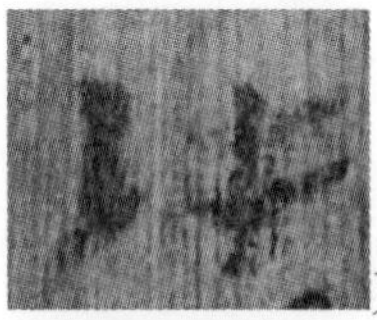
東牌樓 120

○愁悵

東漢・鮮於璜碑陽

○王機悵兮嘉謀荒

西晉・成晃碑

○豈不惆悵

北魏・王誦妻元妃誌

○黼悵(帳)凝塵

東魏・廉富等造義井頌

○悲泉悵已

【愾】

《説文》：愾，大息也。从心从氣，氣亦聲。《詩》曰："愾我寤歎。"

【懆】

《説文》：懆，愁不安也。从心喿聲。《詩》曰："念子懆懆。"

【愴】

《説文》：愴，傷也。从心倉聲。

敦煌簡 0504

○時使褚愴

北魏・緱靜誌

北魏・馮季華誌

北魏・韓顯宗誌

北魏・韓顯宗誌

【怛】

《説文》：怛，憯也。从心旦聲。

【悬】

《説文》：悬，或从心在旦下。《詩》曰：“信誓悬悬。”

東漢・景君碑

東漢・許安國墓祠題記

○悲哀慘怛

東漢・石祠堂石柱題記

○思念忉怛悲楚之情

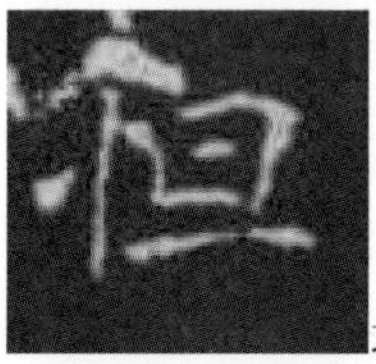
北魏・元廞誌

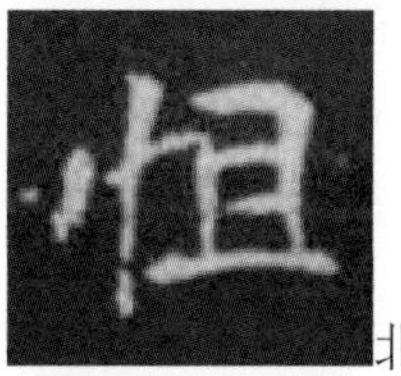
北魏・和邃誌

○慟怛天矜

北魏・元愨誌

【憯】

《説文》：憯，痛也。从心朁聲。

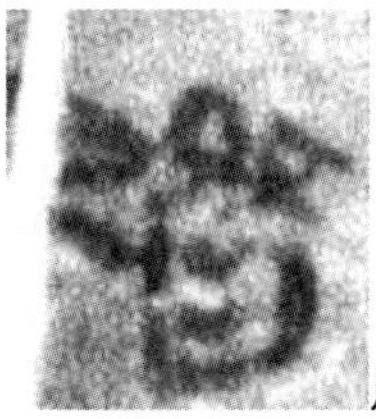
馬壹 95_19

○咎莫憯於欲得

【慘】

《説文》：慘，毒也。从心參聲。

東漢・北海太守爲盧氏婦刻石

東漢・正直殘碑

○慘凄□□□□莫不

東漢・許安國墓祠題記

○悲哀慘怛

三國魏・王基斷碑

○永懷慘悴

北魏・青州元湛誌

○慘結行雲

北魏・元演誌

○浮雲慘蹤

東魏・元暐誌

○悽慘行露

東魏・叔孫固誌

○慘慘高臺

北周・王通誌

○日慘丹旐

【悽】

《說文》：，痛也。从心妻聲。

東牌樓 048 正

○悽得

東漢・正直殘碑

北魏・緱靜誌

北魏・張玄誌

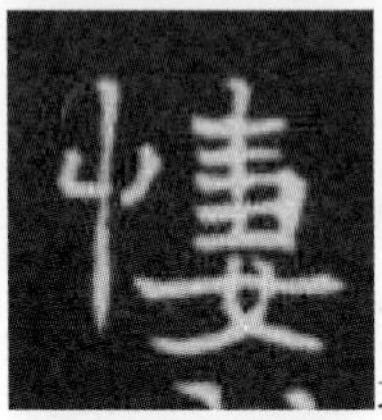
北魏・元子直誌

北魏・元羽誌

○庶述悽而

北魏・韓顯宗誌

【恫】

《說文》：，痛也。一曰呻吟也。从心同聲。

【悲】

《說文》：，痛也。从心非聲。

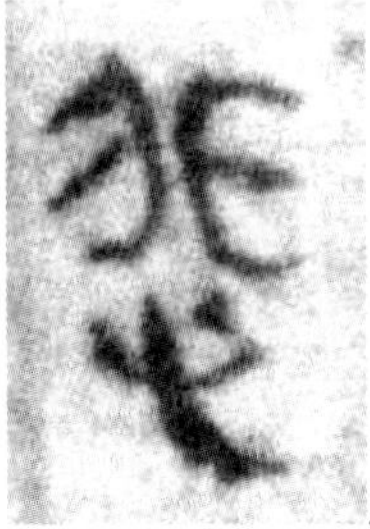
馬壹 102_158

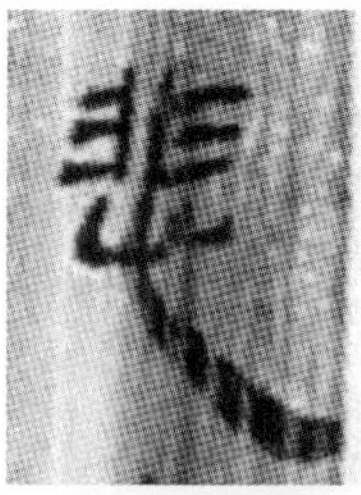
張・奏讞書 187

張・蓋廬 37

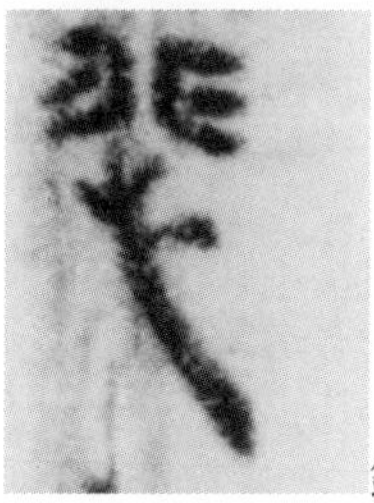
銀壹 818

北貳・老子 207

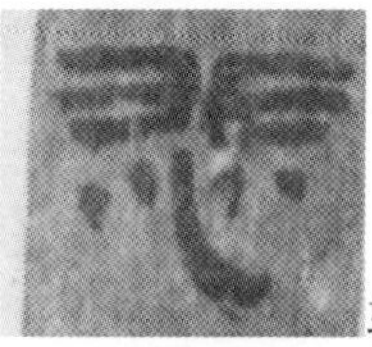
敦煌簡 1409A

○温莫悲於寒

金關 T21:438

西漢・楚王墓塞石銘

○目此也仁者悲之

東漢・永和二年畫像石題記

東漢・建寧三年殘碑

○悲夫迄終位號

東漢・北海太守爲盧氏婦刻石

東漢・鮮於璜碑陰

○奈何悲夫

東漢・楊著碑額

東漢・石祠堂石柱題記

東漢・石祠堂石柱題記額

西晉・成晃碑

北魏・劉華仁誌

北魏・元新成妃李氏誌

北魏・元彧誌

北魏・馮會誌

東魏・元仲英誌

○悲夫

北周・王榮及妻誌

【惻】

《説文》：惻，痛也。从心則聲。

東漢・秦君神道石闕

○孤悲惻怛

東漢・景君碑

○農夫恩（惻）結

北魏・元新成妃李氏誌

北魏・趙超宗誌

北魏・張整誌

東魏・杜文雅造像

東魏・叔孫固誌

【惜】

《説文》：惜，痛也。从心昔聲。

東漢・朝侯小子殘碑

東漢・楊統碑陽

東漢・鮮於璜碑陰

○痛惜欷歔

東漢・從事馮君碑

西晉・荀岳誌

北魏・元信誌

北魏・元琮誌

北魏・元璨誌

北魏・張盧誌

北魏・張盧誌

北魏・李伯欽誌

東魏・李挺誌

北周・王榮及妻誌

【愍】

《説文》：，痛也。从心敃聲。

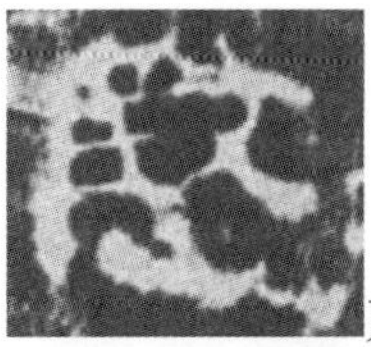
東漢・衛尉卿衡方碑

西晉・荀岳誌

西晉・荀岳誌

北魏・王悅及妻郭氏誌

北魏・元繼誌

北魏・寇治誌

北魏・甄凱誌

北魏・元纂誌

北魏・王遺女誌

○上追慇之

北魏・張安姬誌

○內慇宿勤

北魏・封昕誌

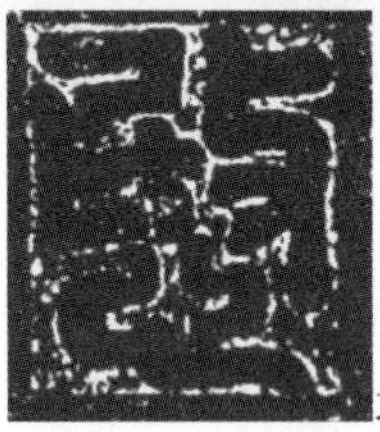
北齊・李難勝誌蓋

○慇悼王妃李尼墓銘

【慇】

《說文》：，痛也。从心殷聲。

漢印文字徵

○陳慇

東漢・孔宙碑陽

東漢・禮器碑

北魏·封魔奴誌

北魏·元颺誌

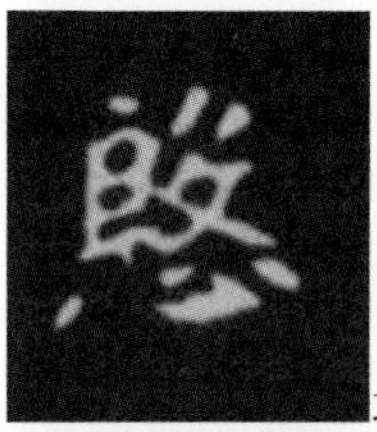
北魏·元悅誌

東魏·元玕誌

北齊·赫連子悅誌

【㤅】

《説文》：，痛聲也。从心依聲。《孝經》曰：“哭不㤅。”

【憪】

《説文》：，憪，存也。从心，簡省聲。讀若簡。

【慅】

《説文》：，動也。从心蚤聲。一曰起也。

【感】

《説文》：，動人心也。从心咸聲。

戰晚·卲宮和

嶽·芮盜案 71

里·第八層 1063

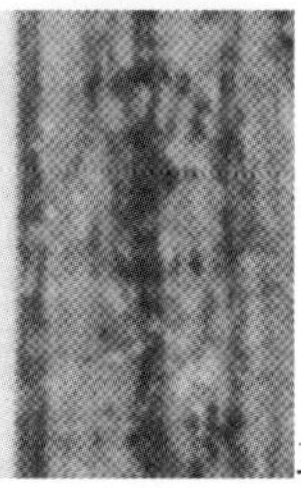
敦煌簡 0716B

○□及感予□

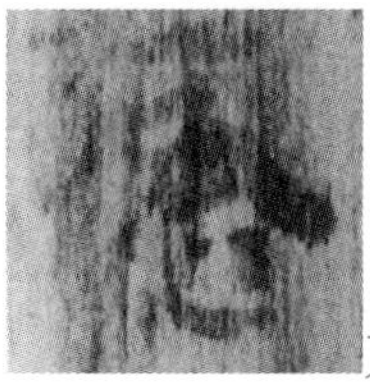
東牌樓 038 背

○有感小人居

北壹・倉頡篇 15

○贛害輟感甄瞉

漢印文字徵

○曾感之印

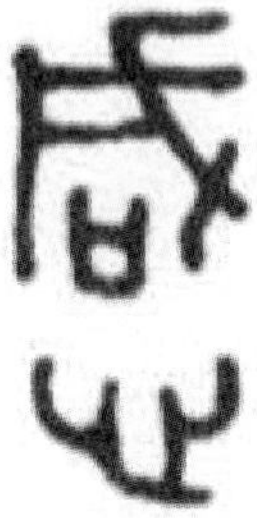
漢印文字徵

○任感

漢晉南北朝印風

○曾感之印

東漢・成陽靈臺碑

東漢・楊著碑額

東漢・夏承碑

東漢・張遷碑陽

東漢・曹全碑陽

西晉・管洛誌

西晉・臨辟雍碑

北魏・元弼誌

北魏・馮迎男誌

北魏・胡明相誌

北齊・感孝頌

○隴東王感孝頌

【忧】

《說文》：，不動也。从心尤聲。

讀若祐。

【慦】

《說文》：慦，怨仇也。从心咎聲。

【愪】

《說文》：愪，憂皃。从心員聲。

銀貳 2119

○星躍而玄愪(運)

【怮】

《說文》：怮，憂皃。从心幼聲。

【忦】

《說文》：忦，憂也。从心介聲。

【恙】

《說文》：恙，憂也。从心羊聲。

睡・語書 11

里・第八層 659

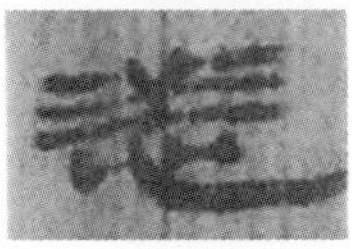
北貳・老子 115

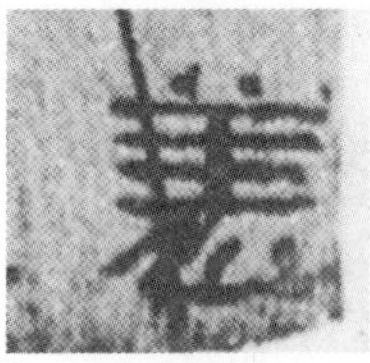
敦煌簡 1962A

敦煌簡 1586

金關 T29:012

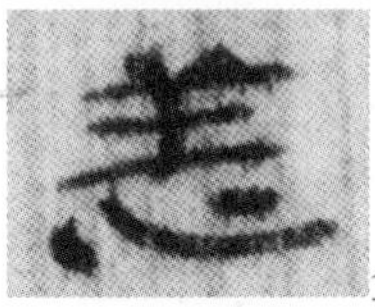
金關 T27:094

東牌樓 146

漢印文字徵

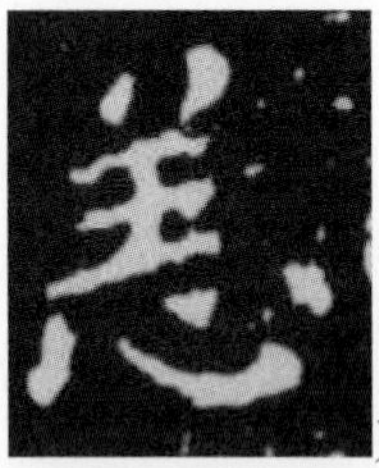
東晉・黃庭經

北魏・王誦誌

【惴】

《說文》：，憂懼也。从心耑聲。《詩》曰："惴惴其慄。"

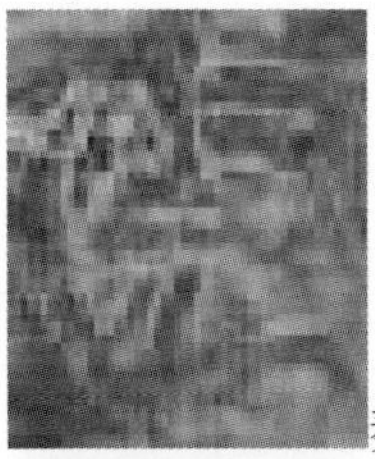
秦駰玉版

東漢・西狹頌

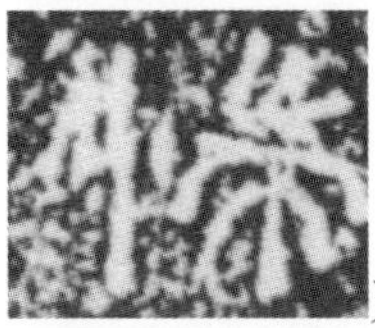
東漢・西狹頌

北周・乙弗紹誌

○惴惴小心

北周・乙弗紹誌

【𢠇】

《說文》：，憂也。从心鈞聲。

【怲】

《說文》：，憂也。从心丙聲。《詩》曰："憂心怲怲。"

【惔】

《說文》：，憂也。从心炎聲。《詩》曰："憂心如惔。"

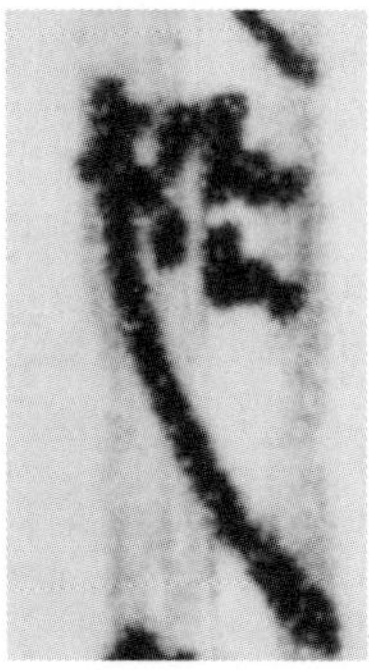
銀壹 687

○恬惔（淡）

【惙】

《說文》：，憂也。从心叕聲。《詩》曰："憂心惙惙。"一曰意不定也。

北魏・元斌誌

北魏・張安姬誌

北魏・吐谷渾璣誌

【愓】

《說文》：，憂也。从心，殤省聲。

【愁】

《說文》：，憂也。从心秋聲。

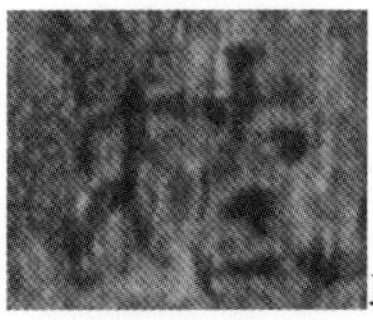
敦煌簡 0701

○怨愁

東牌樓 068 正

○分了愁愁

北壹・倉頡篇 17

○㪅愁焦讎

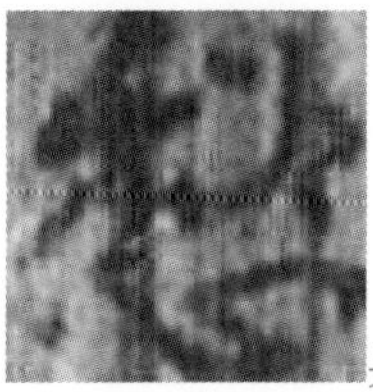
吳簡嘉禾・五・六五三

漢印文字徵

○程愁人印

漢晉南北朝印風

○程愁人印

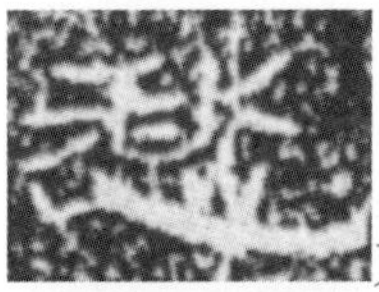
東漢・石門頌

北魏・爾朱紹誌

○愁雲夜張

北魏・元煥誌

北齊・斛律氏誌

北齊・張忻誌

【愵】

《說文》：，憂皃。从心弱聲。讀與惄同。

【惂】

《說文》：，憂困也。从心臽聲。

【悠】

《説文》：悠，憂也。从心攸聲。

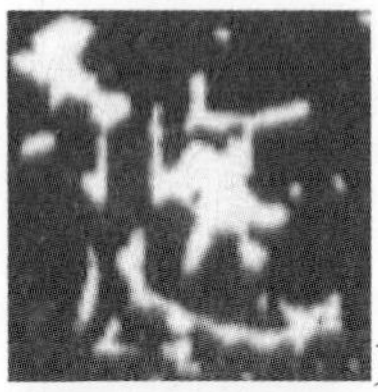
東漢·北海太守爲盧氏婦刻石

北魏·元襲誌

○去國悠悠

北魏·元天穆誌

北魏·侯愔誌

北魏·薛伯徽誌

北魏·薛伯徽誌

○悠悠泉陌

北魏·郭顯誌

○悠悠高蓋

北魏·郭顯誌

○槐路悠凝

北魏·封魔奴誌

○道悠運促

北魏·鄯乾誌

○悠悠車旗

北魏·鄯乾誌

○悠悠車旗

北魏·元鑒誌

○弈弈悠徽

北齊·盧脩娥誌

北齊·高百年誌

北周・盧蘭誌

【悴】

《説文》：，憂也。从心卒聲。讀與《易》萃卦同。

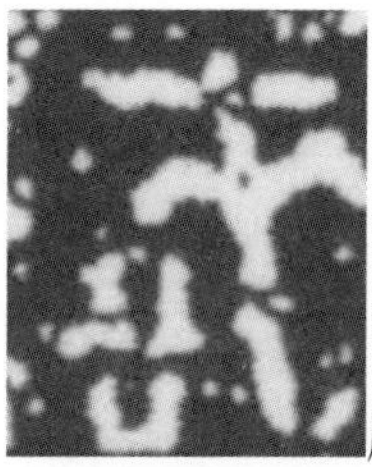
歷代印匋封泥

○曹不悴

東漢・王舍人碑

三國魏・王基斷碑

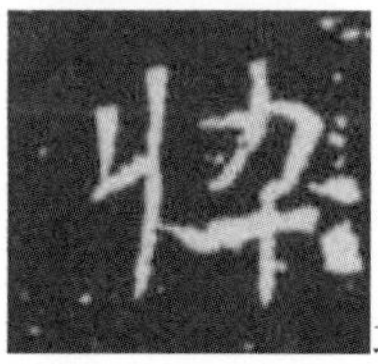
北魏・吐谷渾氏誌

○終言悴紋

北魏・元悌誌

北魏・源延伯誌

北魏・寇治誌

東魏・呂覎誌

○尚枯悴以致摧

東魏・叔孫固誌

○凡百殄悴

【慁】

《説文》：，憂也。从心圂聲。一曰擾也。

【慦】

《説文》：，楚潁之閒謂憂曰慦。从心𠩺聲。

【忓】

《説文》：，憂也。从心于聲。讀若吁。

【忡】

《説文》：忡，憂也。从心中聲。《詩》曰："憂心忡忡。"

【悄】

《説文》：悄，憂也。从心肖聲。《詩》曰："憂心悄悄。"

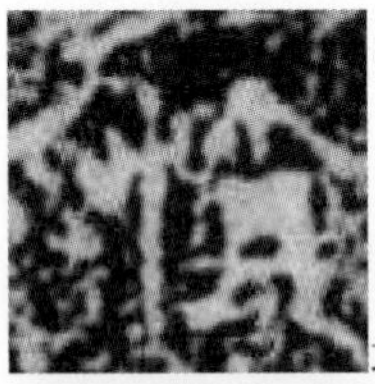
北齊・郭顯邕造經記

北齊・郭顯邕造經記

【慽】

《説文》：慽，憂也。从心戚聲。

【𢝊】

《説文》：𢝊，愁也。从心从頁。

睡・日甲《盜者》81

○亡𢝊（憂）

漢印文字徵

○鮑毋𢝊

【患】

《説文》：患，憂也。从心上貫吅，吅亦聲。

【𢟓】

《説文》：𢟓，古文从關省。

【𢙟】

《説文》：𢙟，亦古文患。

嶽・為吏 31

馬壹 78_89

馬壹 84_108

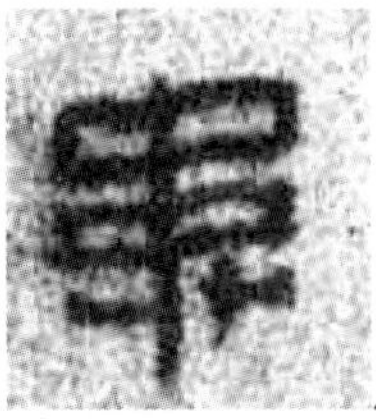
馬壹 132_30 上/107 上

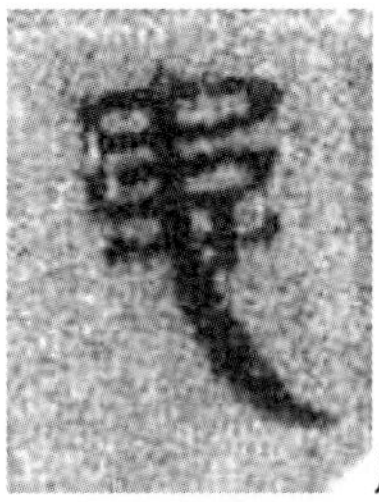
馬壹16_13下\106下

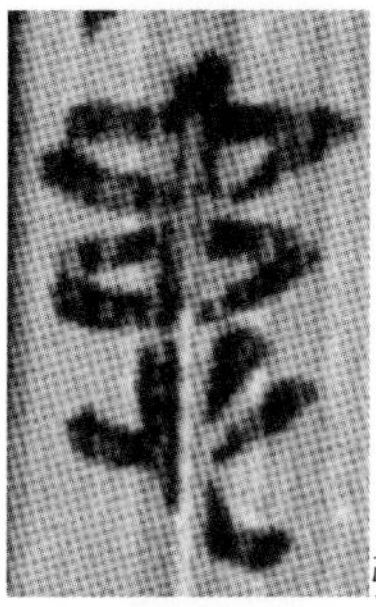
張・蓋盧52

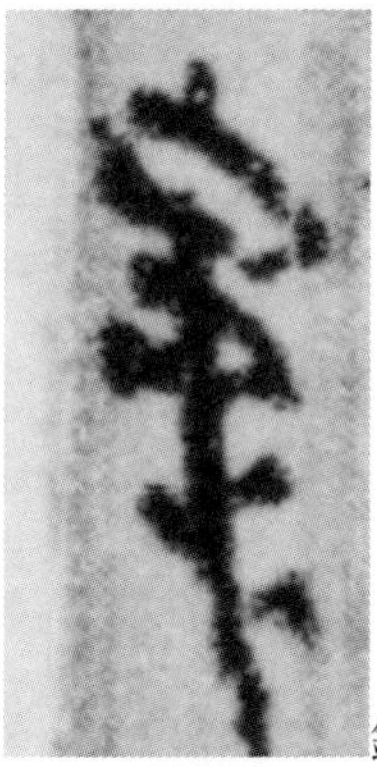
銀壹913

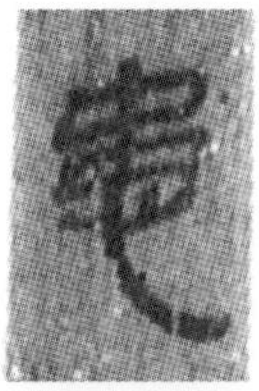
銀貳1277

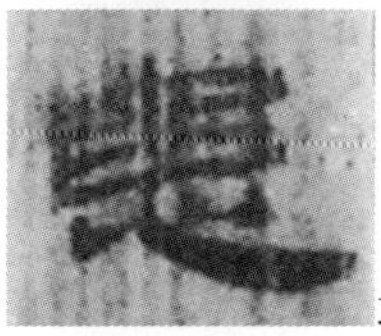
北貳・老子152

北貳・老子153

金關T21:064

漢印文字徵

○吐患□利□邪

漢晉南北朝印風

○王毋患印

東漢・石門頌

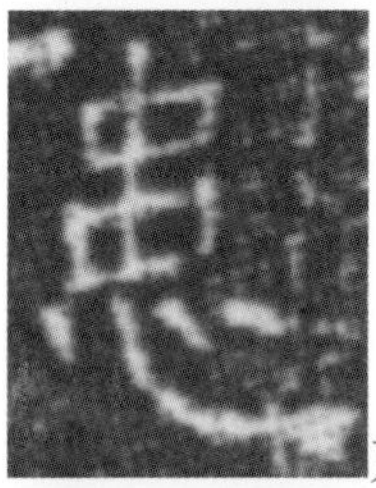
東漢・石祠堂石柱題記額

東漢・張景造土牛碑

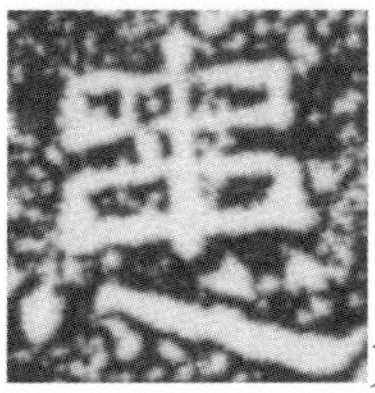
東漢・西狹頌

晉・黃庭內景經

北魏・陳天寶造像

○宿薄無良風患縈痾

北魏・元緒誌

北魏・張宜世子妻誌

○四年六月八日患亡熙平

北魏・寇憑誌

北魏・奚真誌

北魏・寇治誌

北魏・元朗誌

【恇】

《説文》：恇，怯也。从心、匡，匡亦聲。

北魏・元顯誌

○中外恇駭

北魏・緱光姬誌

○嬪御恇然

【悏】

《説文》：悏，思皃。从心夾聲。

【懾】

《説文》：懾，失气也。从心聶聲。一曰服也。

北魏・元顯誌

北魏・楊順誌

北魏・爾朱紹誌

【憚】

《説文》：憚，忌難也。从心單聲。一曰難也。

東漢・曹全碑陽

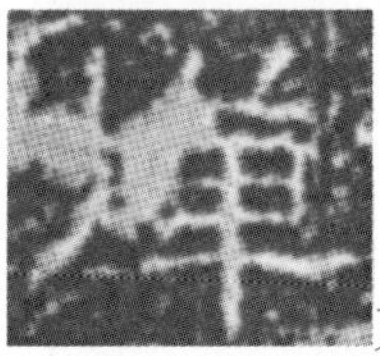
東漢・白石神君碑

〇火無灾憚

北魏・公孫猗誌

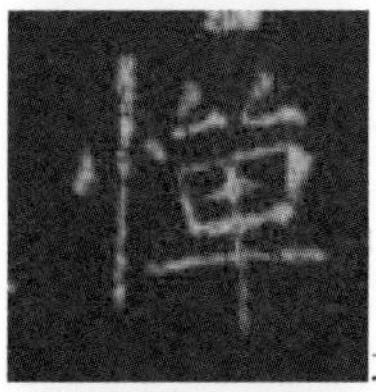
北魏・元熙誌

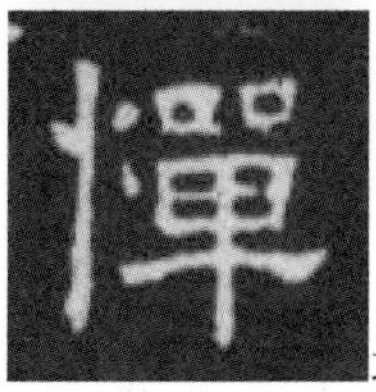
北齊・暴誕誌

【悼】

《説文》：悼，懼也。陳楚謂懼曰悼。从心卓聲。

漢印文字徵

〇齊悼惠園

歷代印匋封泥

〇齊悼惠浸

東漢・尚博殘碑

北魏・笱景誌

北魏・元繼誌

北魏・元思誌

北魏・元始和誌

北魏・穆亮誌

北魏・元彬誌

北齊・雲榮誌

北齊・高建妻王氏誌

北齊・高百年誌

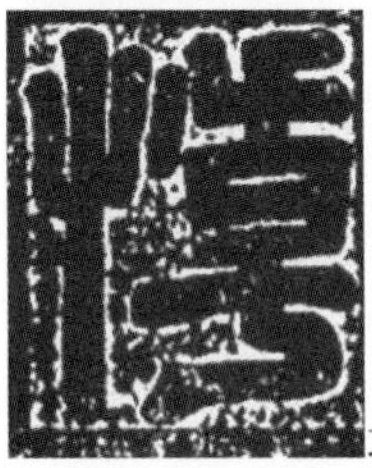
北齊・李難勝誌蓋

○齊故濟南愍悼王妃李尼墓銘

【恐】

《說文》：，懼也。从心巩聲。

【𢖶】

《說文》：，古文。

睡・法律答問 51

睡・為吏 2

嶽・芮盜案 75

里・第六層 28

馬壹 80_13

馬壹 82_61

馬壹 36_29 上

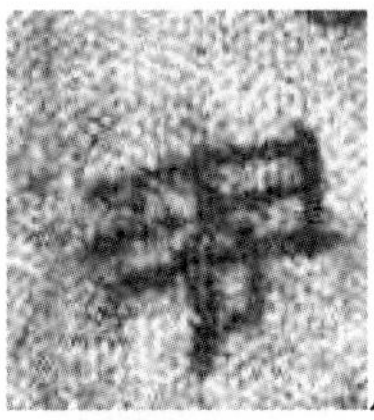
馬貳 35_24 下

張・盜律 65

張・奏讞書 134

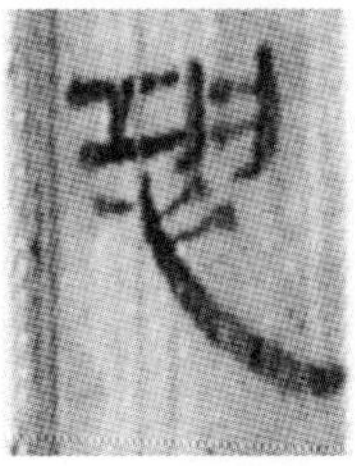
銀貳 1166

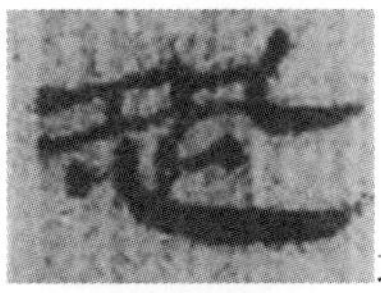
北貳・老子 7

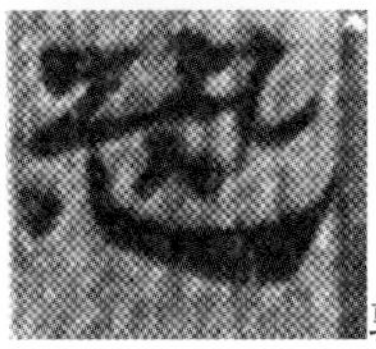
敦煌簡 0177

敦煌簡 0052

○誠恐誤天時

金關 T24:011

金關 T23:731B

東牌樓 048 正

東牌樓 035 背

北壹・倉頡篇 50

○孺旱殤恐懼懷

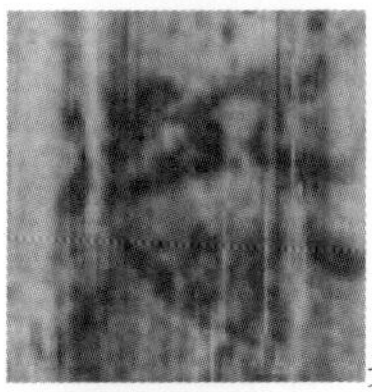
吳簡嘉禾・一一四六

魏晉殘紙

廿世紀璽印二-SY

○恐戲

東漢・繆紆誌

○恐五世後

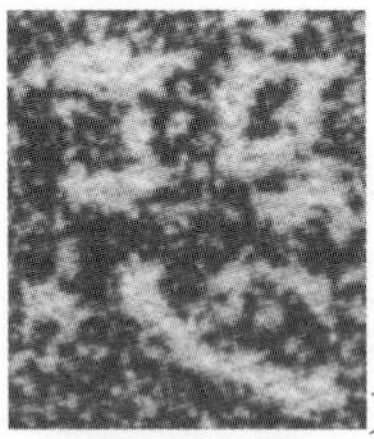
東漢・永壽元年畫像石墓記

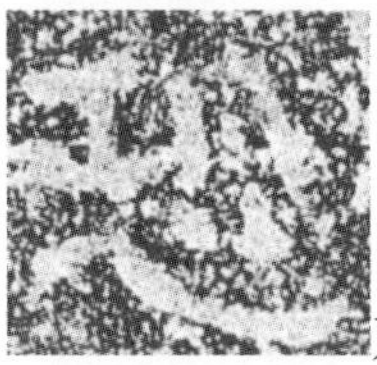
東漢・宋伯望買田刻石正

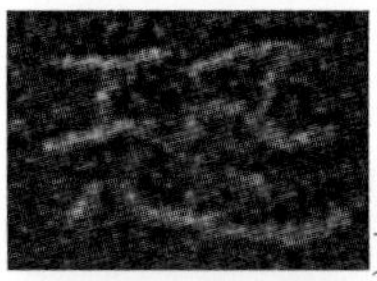
東漢・公乘田魴畫像石墓題記

東晉・筆陣圖

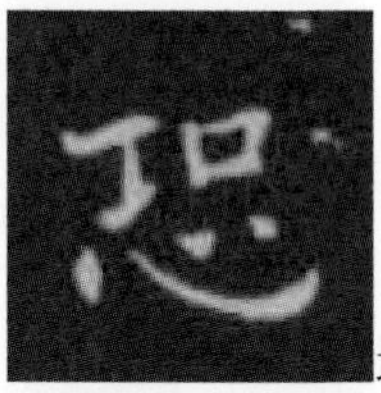
北魏・爾朱襲誌

○但恐其勇於授命

東魏・元悰誌

北齊・唐邕刻經記

北齊・張忻誌

○恐山河難固

北齊・庫狄迴洛誌

○門生故吏等恐文昭武烈

北周・宇文儉誌

【慴】

《說文》：慴，懼也。从心習聲。讀若疊。

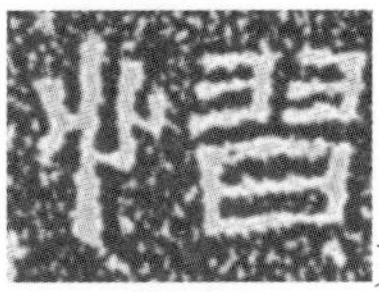
東漢・張景造土牛碑

〇宛令右丞慴告追

【怵】

《説文》：怵，恐也。从心术聲。

【惕】

《説文》：惕，敬也。从心易聲。

【悐】

《説文》：悐，或从狄。

東牌樓 125

〇史陳惕

吳簡嘉禾・四・八〇

北魏・慈慶誌

東魏・侯海誌

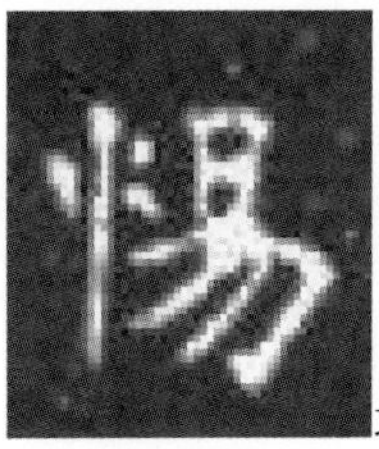
北齊・李難勝誌

【供】

《説文》：供，戰慄也。从心共聲。

【恔】

《説文》：恔，苦也。从心亥聲。

【惶】

《説文》：惶，恐也。从心皇聲。

敦煌簡 0177

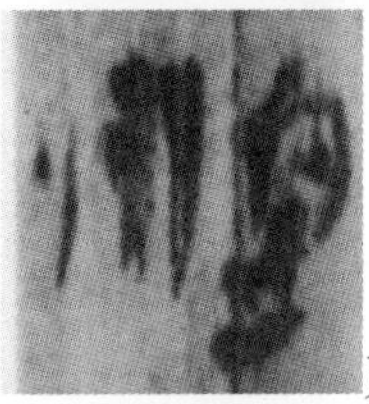
東牌樓 035 背

魏晉殘紙

〇惶恐

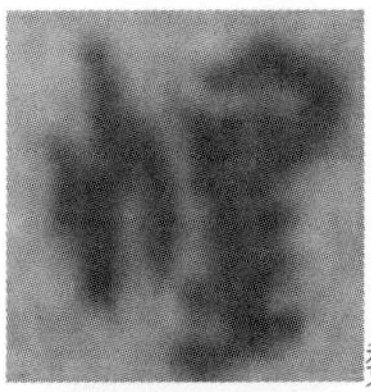
魏晉殘紙

東漢・乙瑛碑

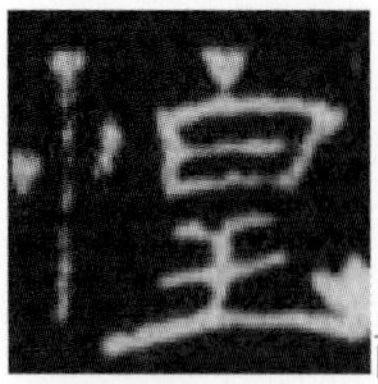
西晉・徐義誌

【情】

《説文》：，惶也。从心甫聲。

【怖】

《説文》：，或从布聲。

東漢・耿勳碑

○怖威悔惡

東漢・史晨前碑

○夙夜憂怖

東漢・鮮於璜碑陰

○單于怖畏

北朝・十六佛名號

○壞一切世間怖畏佛

北魏・元彬誌

○朔野怖聞

北齊・潘景暉造像

○更續明燈者怖

【慹】

《説文》：，悑也。从心執聲。

【慤】

《説文》：，悑也。从心㱿聲。

【憊】

《説文》：，慤也。从心葡聲。

【痡】

《説文》：，或从疒。

【惎】

《説文》：，毒也。从心其聲。《周書》曰："來就惎惎。"

魏晉殘紙

○惟念世人惎可推之

【恥】

《説文》：，辱也。从心耳聲。

馬壹 77_75

○恥而近（靳）之

歷代印匋封泥

○通恥里附城

東漢・譙敏碑

○耻與鄰人

東漢・樊敏碑

東漢・尹宙碑

○卑官不以爲恥

北魏・元誘誌

○雖復冤耻尋申

北魏・元尚之誌

○耻迹子春

北魏・寇憑誌

○耻爲勳償

北齊・畢文造像

○耻屈人下

【悑】

《説文》：，青徐謂慙曰悑。从心典聲。

東魏・邑主造像訟

○磬兹悑果

【忝（忝）】

《説文》：，辱也。从心天聲。

魏晉殘紙

○忝然

東漢・譙敏碑

○不忝其美

北魏・王誦誌

○昔忝光祿

北魏・吳光誌

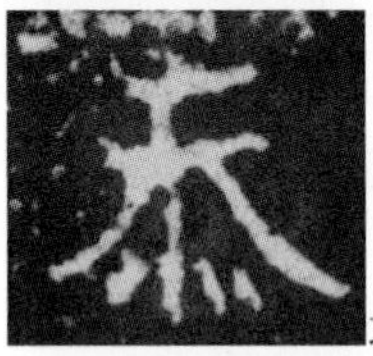
北魏・法生造像

○忝充五戒

東魏・李挺誌

北齊・□忝□揩誌

【慙（慚）】

《說文》：，媿也。从心斬聲。

敦煌簡 1990B

○誠慙

東牌樓 040 背

○相益者可慙

東牌樓 035 背

○言不有慙

北魏・元純陀誌

北魏・檀賓誌

北齊・暴誕誌

【恧】

《說文》：，慙也。从心而聲。

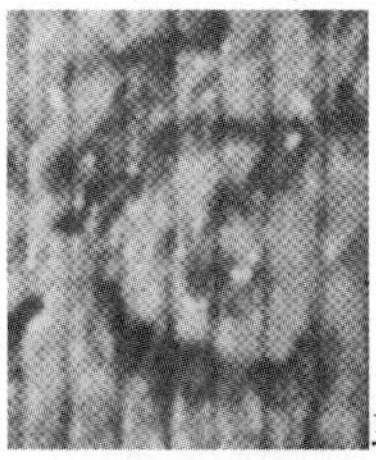
敦煌簡 0007A

○自恧左子淵頃

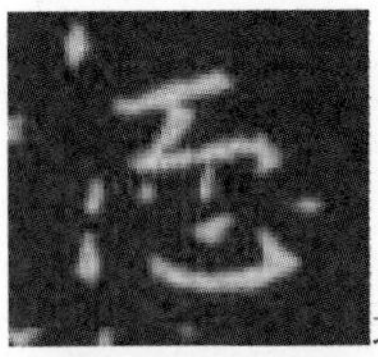
北魏・元瞻誌

北魏・薛慧命誌

北魏・楊舒誌

【怍】

《說文》：怍，慙也。从心，作省聲。

【憐】

《說文》：憐，哀也。从心粦聲。

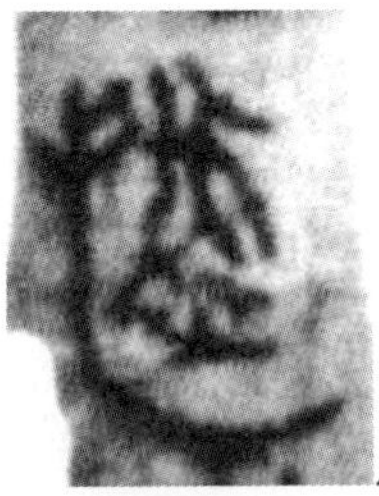
馬壹 88_191

○竊愛憐之

敦煌簡 0667

○哀憐全命

金關 T10:220A

○恕自憐忍

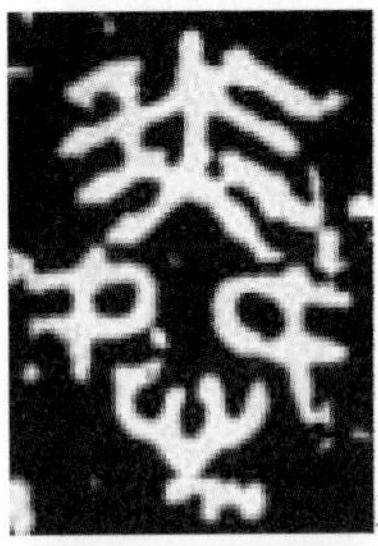
石鼓・吳人

東漢・許安國墓祠題記

○深加哀憐

三國魏・何晏磚誌

○憐惜亢夫

北魏・元譚誌

○黄鳥徒憐

北魏・元始和誌

北齊・許儁卌人造像

北齊・王憐妻趙氏誌

【悳】

《說文》：㦁，泣下也。从心連聲。《易》曰：“泣涕㦁如。”

【忍】

《說文》：忍，能也。从心刃聲。

睡・為吏 36

里・第八層 1584

○隸妾忍

里・第八層 1732

馬壹 85_134

銀壹 725

○无道忍

敦煌簡 0661

敦煌簡 0125

金關 T10:220A

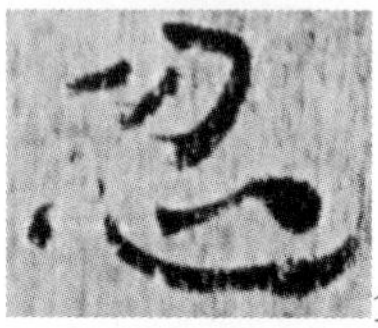
金關 T06:024

東牌樓 070 正

歷代印匋封泥

○忍

歷代印匋封泥

○忍

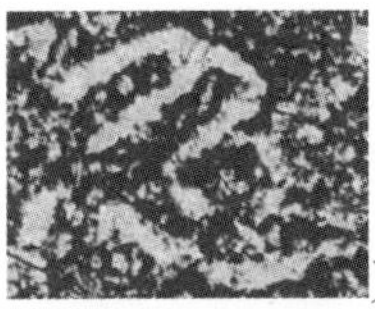
東漢・李禹通閣道記

○郡朐忍令換漢中成固令

東漢・曹全碑陽

東漢・景君碑

東漢・景君碑

北魏・封魔奴誌

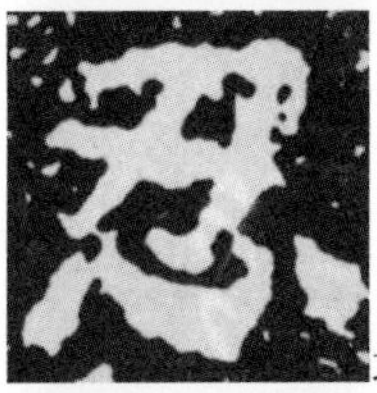
北魏・郭□買地券

北魏・皇興五年造像

北齊・報德像碑

北齊・張忻誌

【㣆】

《説文》：，厲也。一曰止也。从心弭聲。讀若沔。

【忞】

《説文》：，懲也。从心乂聲。

【懲】

《説文》：，忞也。从心徵聲。

【憬】

《説文》：，覺寤也。从心景聲。《詩》曰：“憬彼淮夷。”

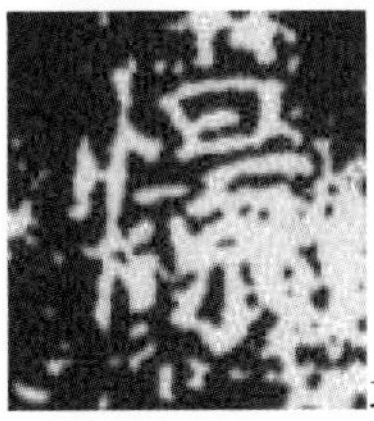
北魏・常季繁誌

○釋憬蕃闈

北魏・寇演誌

○憬迹攸心

【慵】

《説文》：慵，嬾也。从心庸聲。

【悱】

《説文》：悱，口悱悱也。从心非聲。

【怩】

《説文》：怩，䛏怩，慙也。从心尼聲。

北魏・元誕業誌

【惉】

《説文》：惉，惉懘，煩聲也。从心沾聲。

【懘】

《説文》：懘，惉懘也。从心滯聲。

【懇】

《説文》：懇，悃也。从心豤聲。

漢印文字徵

〇奮懇印

北魏・元乂誌

北魏・尹祥誌

〇懇篤發忠

北齊・徐之才誌

【忖】

《説文》：忖，度也。从心寸聲。

北魏・元恩誌

【怊】

《説文》：怊，悲也。从心召聲。

【慟】

《説文》：慟，大哭也。从心動聲。

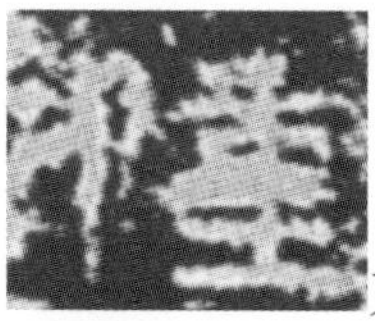
東漢・執金吾丞武榮碑

〇感哀悲慟（慟）

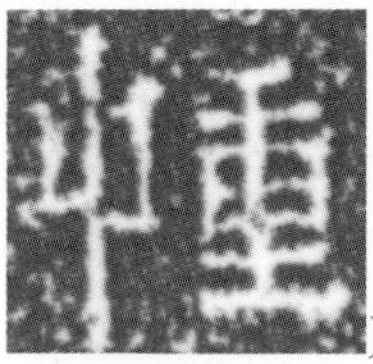東漢・北海相景君碑陽

○驚⿰忄重（慟）傷懷

北魏・元悌誌

北魏・和邃誌

北魏・鮮于仲兒誌

北魏・元靈曜誌

北魏・石婉誌

北魏・元誘妻馮氏誌

東魏・張玉憐誌

○大悲慟心

北齊・婁黑女誌

北周・叱羅協誌

○哀深窮慟

南朝宋・劉懷民誌

【惹】

《説文》：惹，亂也。从心若聲。

【恰】

《説文》：恰，用心也。从心合聲。

東魏・南宗和尚塔銘

【悌】

《説文》：悌，善兄弟也。从心弟聲。經典通用弟。

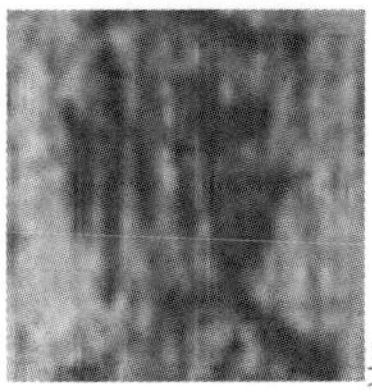吳簡嘉禾・

○毛悌佃田二町

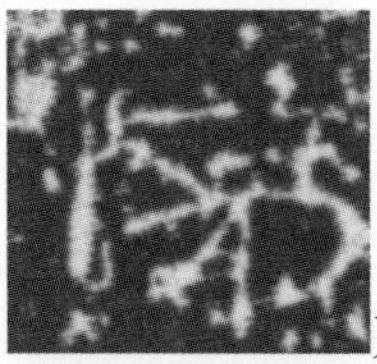
東漢・張遷碑陽

晉・大中正殘石

○愷悌

三國魏・受禪表

北魏・元寶月誌

北魏・元悌誌

北魏・元恪嬪李氏誌

北魏・侯掌誌

北魏・元秀誌

北魏・元進誌

○孝悌之至

【懌】

《說文》：懌，說也。从心睪聲。經典通用釋。

西晉・華芳誌

○字叔懌

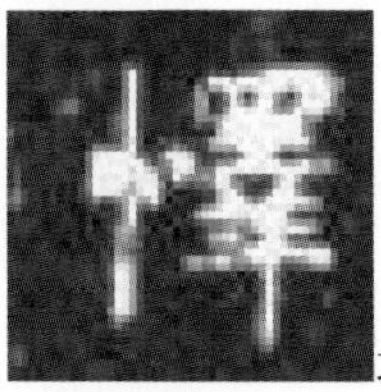
北魏・元懌誌

○王諱懌

〖忑〗

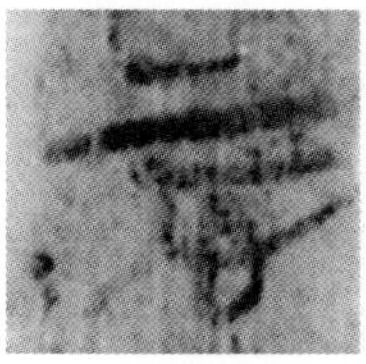
里・第五層 5

〖忐〗

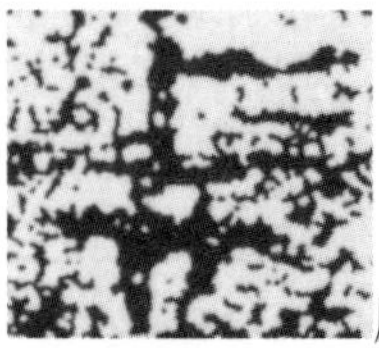
歷代印匋封泥

○□忐

〖忤〗

北魏・楊濟誌

北魏・劉華仁誌

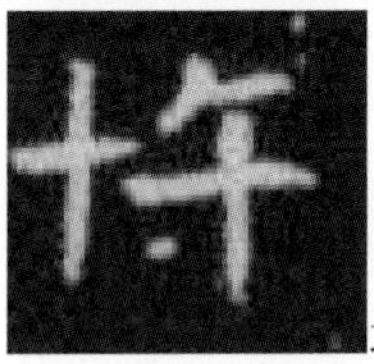
北齊・元賢誌

〖忪〗

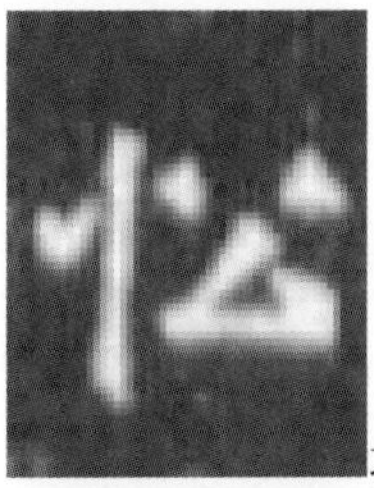
北魏・楊舒誌

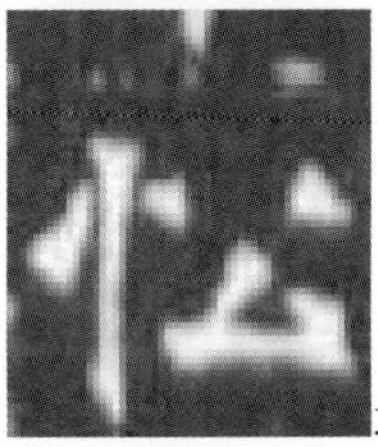
北魏・楊舒誌

〖发〗

馬壹 96_37

○號而不发（憂）

〖忸〗

北魏・元誕業誌

○忸怩

〖忬〗

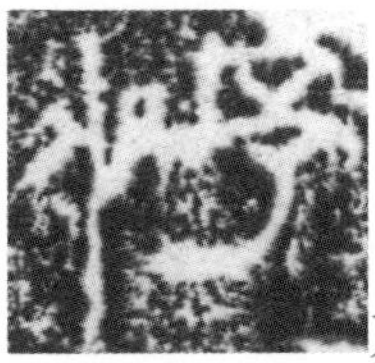
東漢・楊叔恭殘碑

○忬泰山縣

〖㤥〗

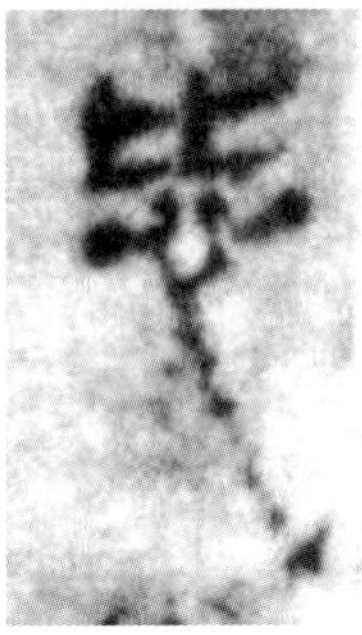
馬壹 89_214

○必長㤥之秦

〖怗〗

吳簡嘉禾・五・七九八

○男子勇怗

吳簡嘉禾・五六七

○右怗家

北魏・樊奴子造像

〇人民寧怗

北魏・元悌誌

北魏・元融誌

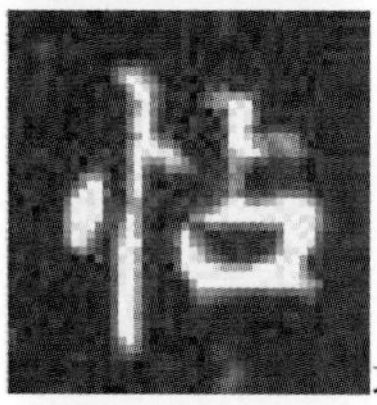
北魏・席盛誌

北周・叱羅協誌

〖怞〗

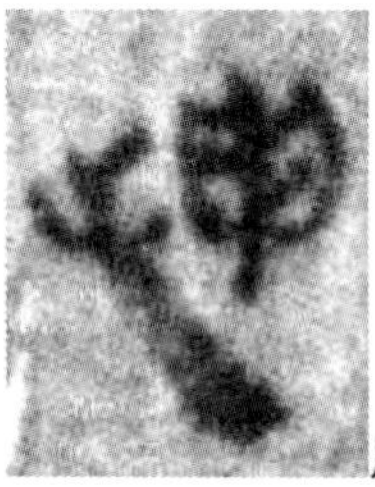
馬壹 101_146

〇是胃（謂）怞（愧）明

〖怢〗

馬貳 64_21/55

〇則怢然

〖悒〗

漢印文字徵

〇侤左尉印

〖恝〗

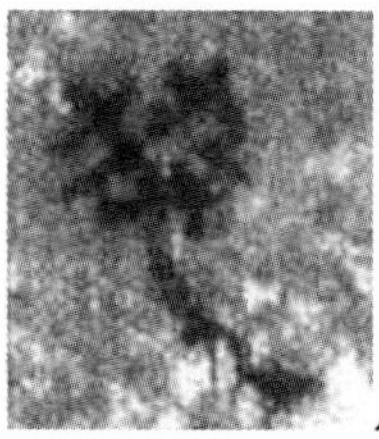
馬壹 11_75 上

〇見車恝

〖悚〗

北齊・赫連子悅誌

〖忒〗

北魏・馮季華誌

〇在河無忒

〖㤹〗

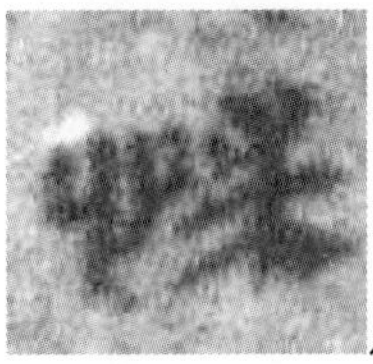
馬壹 148_68/242 上

○聖人恆善㤹（救）人

〖恍〗

東漢・王孝淵碑

北齊・崔幼妃誌

○恍若浮雲

北周・華岳廟碑

〖悎〗

廿世紀璽印二-SY

○支悎己

漢晉南北朝印風

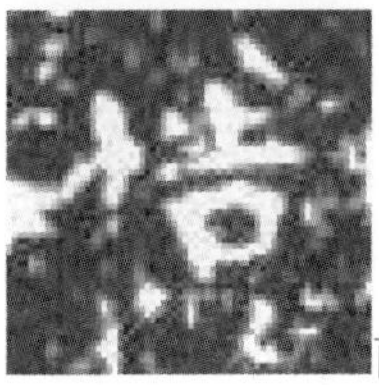
南朝梁・王慕韶誌

○息悎

〖悕〗

十六國北涼・沮渠安周造像

○悕宗研味者

北魏・元文誌

○方悕合抱

北魏・元愔誌

○君諱愔字士悕

北魏・奚真誌

○悕銘不朽

北齊・路衆及妻誌

○温舒五世孫悕怡

〖念〗

漢晉南北朝印風

○莊念

〖思〗

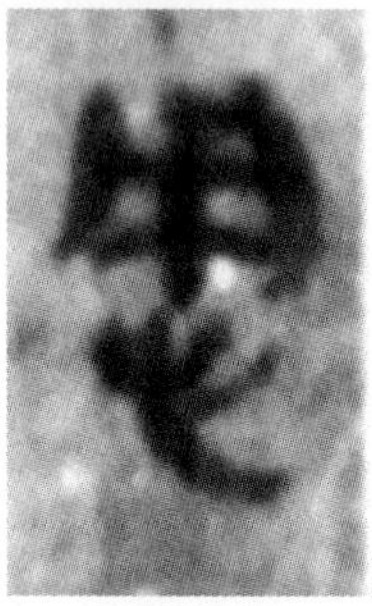
睡・日甲《盜者》79

○名馬童龏思

〖恪〗

廿世紀璽印三-GP

漢印文字徵

○恭恪里附城

東漢・孔彪碑陽

東漢・楊震碑

北魏・馮邕妻元氏誌

北齊・崔昂誌

北齊・高阿難誌

北周・宇文恪造龍華浮圖銘

〖恪〗

北魏・元茂誌

○非驕與恪

北魏・司馬顯姿誌

○哀如不恪

北魏・元新成妃李氏誌

○則無鄙悋之心

北魏・邸元明碑

○悋薰王□

北齊・房周陁誌

○祛鄙悋

北齊・路衆及妻誌

○廣施不悋

〖悦〗

漢晉南北朝印風

○解悦印信

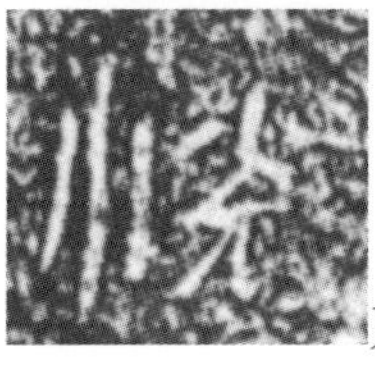
東漢・石門頌

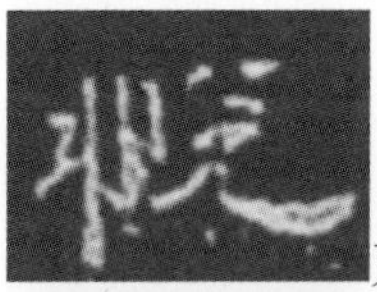
東漢・桐柏淮源廟碑

東漢・楊統碑陽

東漢・西狹頌

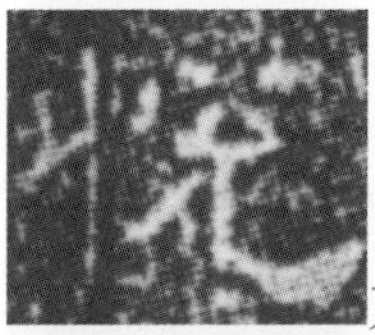
東漢・趙寬碑

三國魏・張君殘碑

西晉・臨辟雍碑

北魏・康健誌

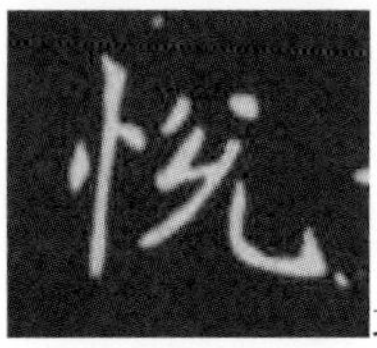
北魏・元洛神誌

北魏・張玄誌

北魏・元頊誌

北魏・王悅及妻郭氏誌

北魏・高珪誌

北魏・穆亮誌

東魏・元季聰誌

東魏・閭叱地連誌

北齊・牛景悅造石浮圖記

〖悢〗

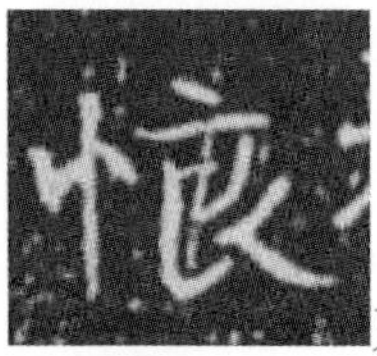
東魏・趙紹誌

○百辟哀悢（悼）

〖悞〗

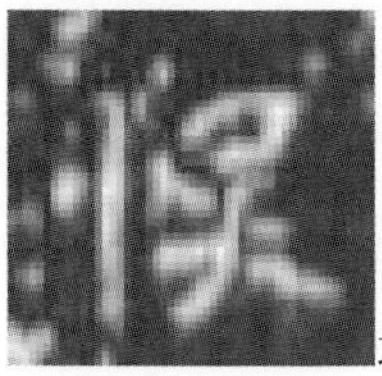
北魏・韋彧誌

○以自悞(娛)世

〖𡩋〗

睡・日書乙種 2

○𡩋結

〖㤅〗

漢印文字徵

○郭㤅

〖㥏〗

秦代印風

○淳於悹

廿世紀璽印三-SY

○田悹

〖惧〗

北魏・於遷等造像

○惧（俱）登正覺

〖惚〗

北魏・法行造像

○煩惚(惱)

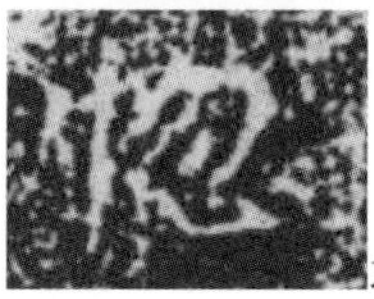
北魏・大般涅槃經偈

○受諸苦惚(惱)

北魏・侯太妃自造像

○無明惚(惱)業

北齊・智度等造像

○假懷憂惚(惱)

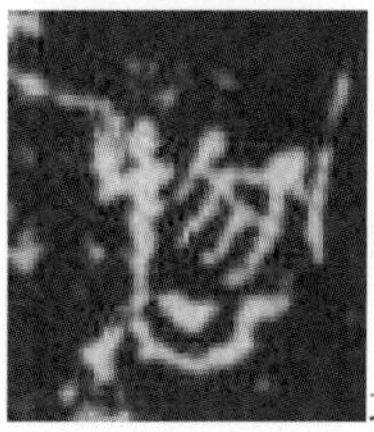
北周・張僧妙法師碑

○截煩惚(惱)

〖惓〗

東牌樓 059

○處惓惓謝比得

東牌樓 043 正

○所□惓惓不盡

北魏・元子正誌

北齊・無量義經二

北齊・吳遷誌

〖惋〗

北魏・元瞻誌

北魏・元周安誌

北魏・趙光誌

北魏・元新成妃李氏誌

北魏・元珍誌

〖悺〗

東漢・馮緄碑

○中常侍左悺弟

〖愜〗

北魏・堯遵誌

北齊・暴誕誌

北齊・元賢誌

〖愕〗

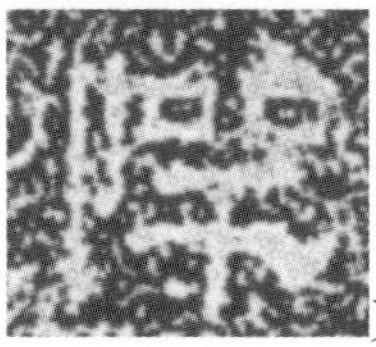
東漢・郎中鄭固碑

○犯顏謇愕

東漢・行事渡君碑

○以謇愕兮□右職

西晉・成晃碑

○莫不悲愕

北魏・爾朱紹誌

○昇車愕愕

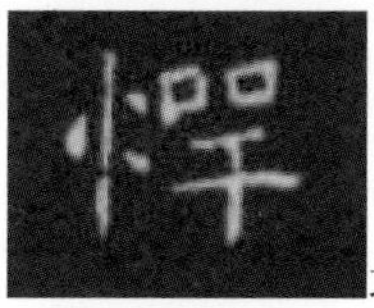
北魏・元子正誌

○登朝愕愕

北魏・元順誌

○遐邇挹其蹇愕

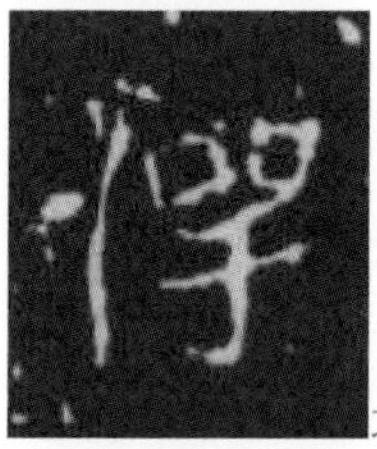
北魏・高廣誌

○居官愕愕

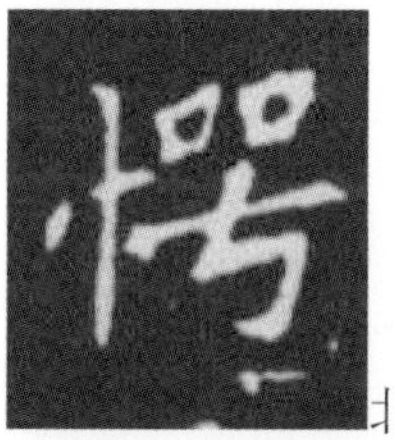
北魏・奚真誌

北齊・崔昂誌

〖惺〗

北周・張子開造像

○迷子惺(醒)悟

〖惕〗

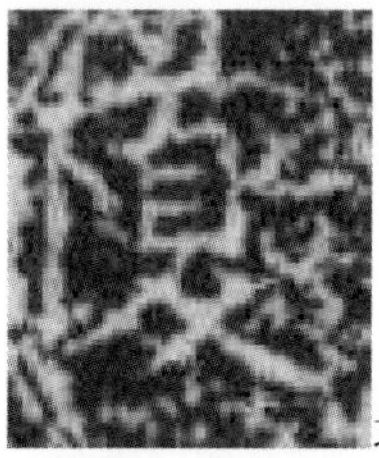
北齊・梁子彥誌

○剛而不愎

〖愀〗

北魏・殷伯姜誌

北魏・李慶容誌

〖惸〗

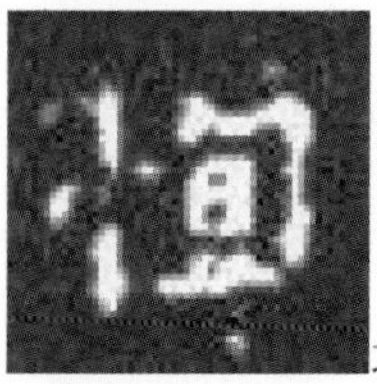
北魏・韓賄妻高氏誌

○惸然焉恃

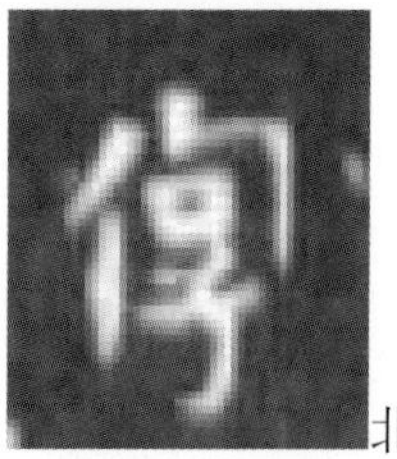
北周・韋彪誌

○號咷惸獨

〖惗〗

北周・陳歲造像

○永垂煩惗(惱)

〖愔〗

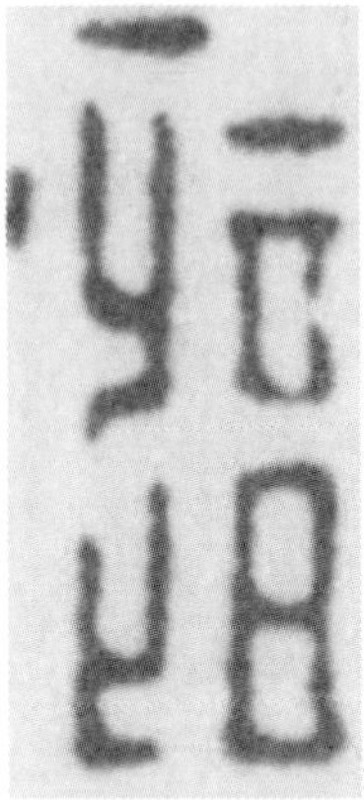
漢晉南北朝印風

○趙愔

東漢・倉頡廟碑側

北魏・元恩誌

北魏・元愔誌

北魏・元敷誌

北魏・暉福寺碑

北齊・唐邕刻經記

〖愘〗

東漢・東漢・魯峻碑陽

○敬愘恭儉

東漢・從事馮君碑

○勤愘既脩

三國魏・孔羨碑

○三愘之禮

〖愑〗

東漢・西狹頌

○懽（歡）悀

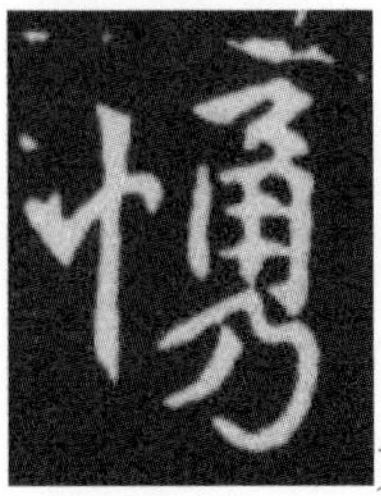
東魏・杜文雅造像

○㥜躍難任

〖慠〗

北魏・元新成妃李氏誌

○慠慢之志

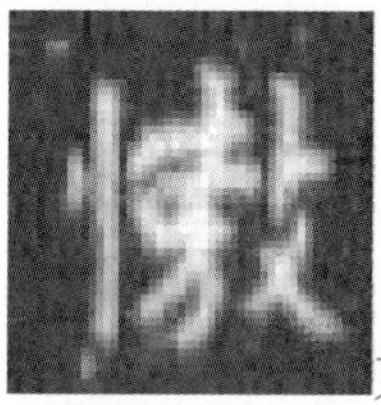
東魏・公孫略誌

○慠法侮吏

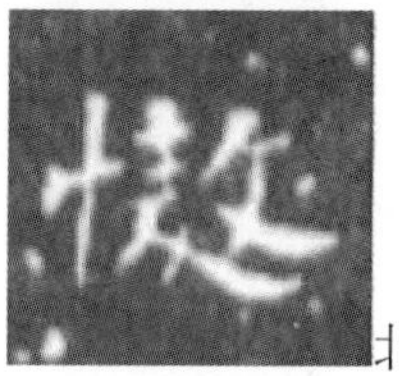
北齊・□忝□揩誌

○慠（遨）遊不必故鄉

〖慓〗

東漢・西狹頌

東漢・衛尉卿衡方碑

東漢・楊統碑陽

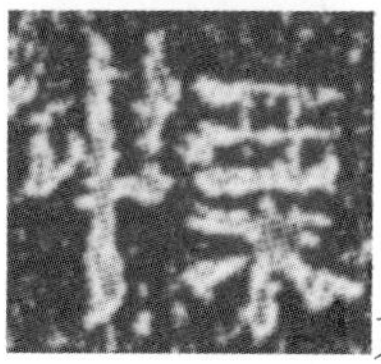
東漢・鮮於璜碑陰

東漢・鮮於璜碑陰

東漢・從事馮君碑

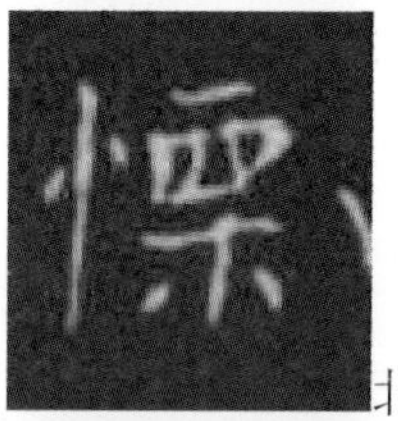
北魏・元端誌

北魏・源延伯誌

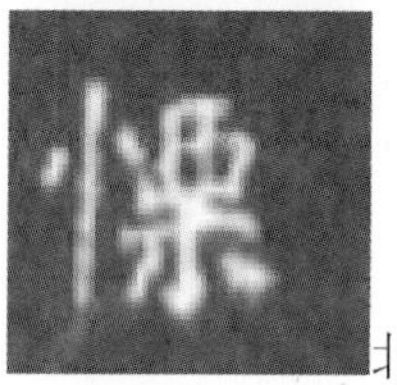
北齊・李稚廉誌

〖慱〗

秦代印風

○慱方

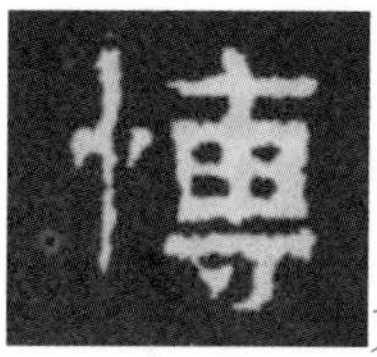
東晉・王建之誌

○太學慱（博）士

北魏・元寶月誌

○慱（博）聞强記

北魏・青州元湛誌

○慱（博）讀經

北魏・郭顯誌

○慱（博）陸

北魏・元靈曜誌

○慱（博）陵順公

北魏・王基誌

○史慱（博）平男

北魏・尉氏誌

○慱（博）陵府君

北魏・宇文永妻誌

○慱（博）平男

北魏・元濬嬪耿氏誌

○慱（博）陵

北魏・寇猛誌

○慱（博）陵

北齊・劉悅誌

○食博陵郡幹

〖愈〗

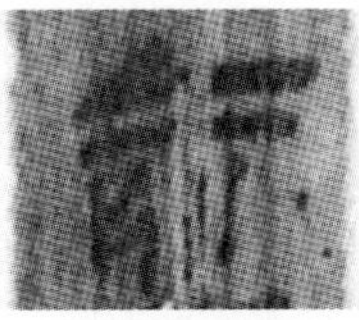
銀貳 2114

○馬心愈(愉)而安

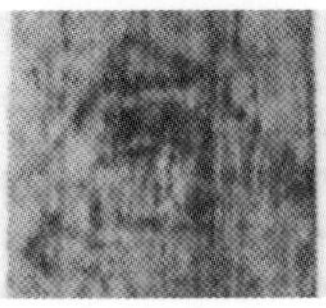
敦煌簡 0360B

○馬病今愈食

金關 T24:065A

○今未愈極坐人可□

東漢・石祠堂石柱題記額

北魏・吐谷渾氏誌

北魏・元悌誌

北魏・李超誌

北周・董榮暉誌

○名高愈退

〖憝〗

睡・日甲《詰》36

○以憝（敲）其心

〖惒〗

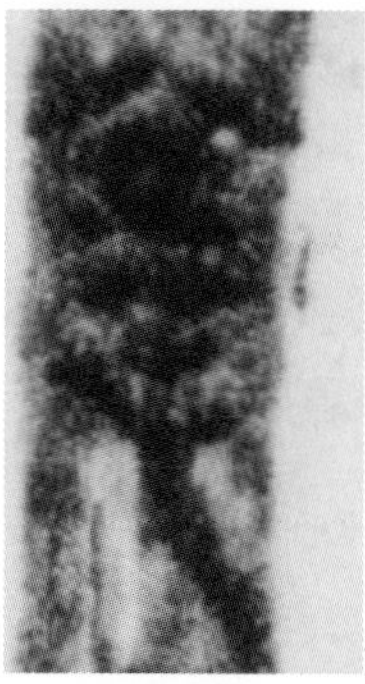
銀壹 827

○事之惒

〖慝〗

東魏・南宗和尚塔銘

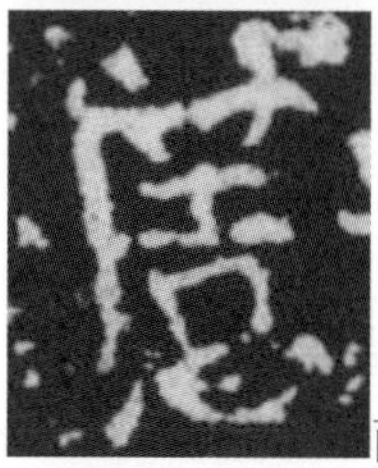
西魏・沙門瑹銘

○娑羅慝曜

北齊・雋敬碑

○慝秀蔽才

〖慔〗

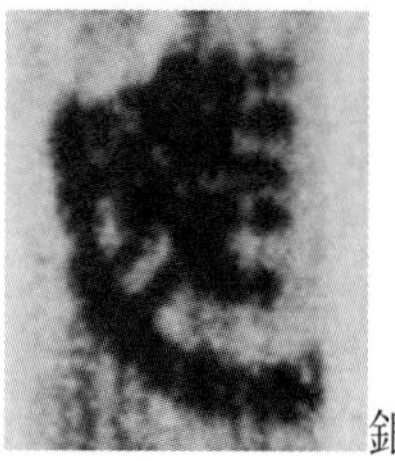
銀壹 590

○渭（喟）然慏（嘆）

〖慳〗

北齊・維摩經碑

○不施不慳

〖慷〗

東漢・景君碑

東漢・楊震碑

北魏・李謀誌

○慷慨

北魏・元熙誌

○慷慨

東魏・元玕誌

○慷慨

北齊・徐顯秀誌

○慷慨

〖慛〗

東漢・立朝等字殘碑

○慕百朋哀慛

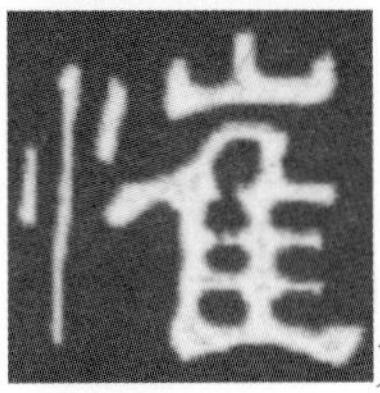
東漢・楊著碑額

○縉紳慛傷

〖憘〗

東牌樓 035 背

○安善（歡）憘（喜）

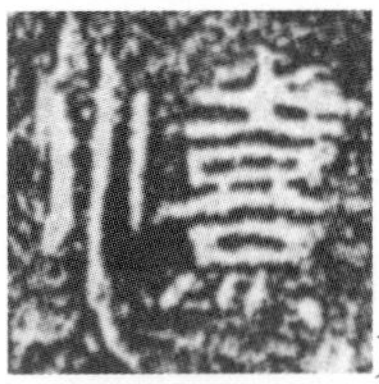
東漢・石門頌

○商人咸憘

北魏・韓顯祖造像

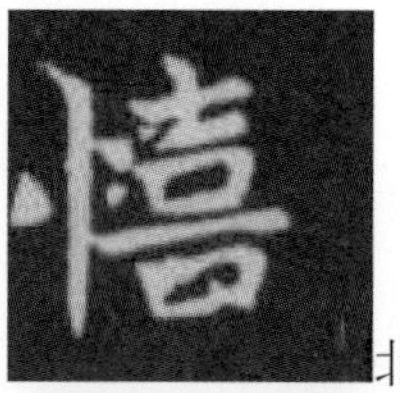
北魏・王悅及妻郭氏誌

北魏・鄭黑誌

北魏・郭顯誌

北魏・郭顯誌

東魏・王蓋周造像

北齊・吳遷誌

南朝宋・明曇憘誌

〖憉〗

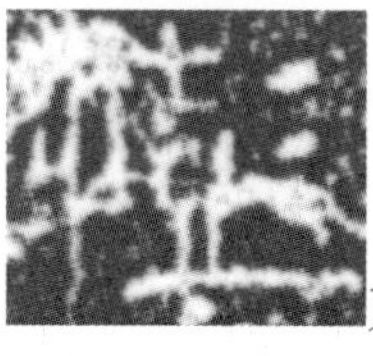
東漢・北海相景君碑陽

○孝子憉𢥞

〖慄〗

北周・王德衡誌

○荼苦逾慄(慄)

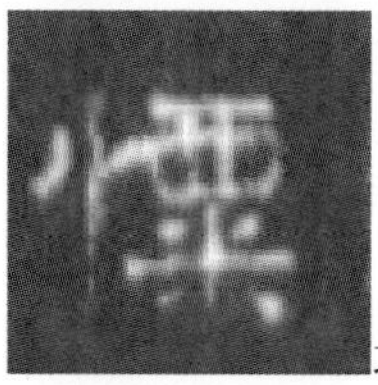
北周・王鈞誌

○荼苦逾慄(慄)

〖慼〗

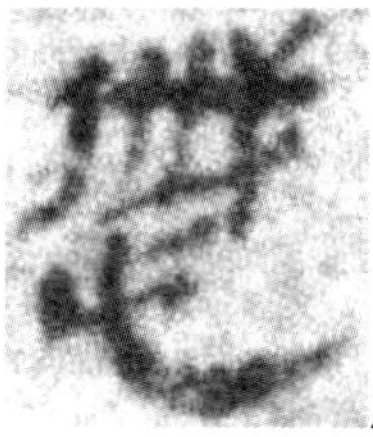
馬壹 106_82\251

○能相慼也

馬壹 105_65\234

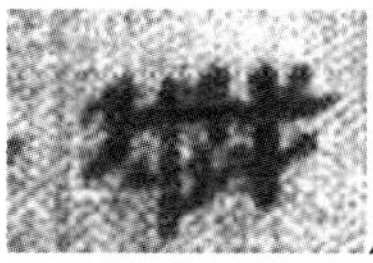
馬貳 32_8 上

東漢・夏承碑

○君之群慼

北魏・元頊誌

北魏・元恩誌

○親慼（戚）

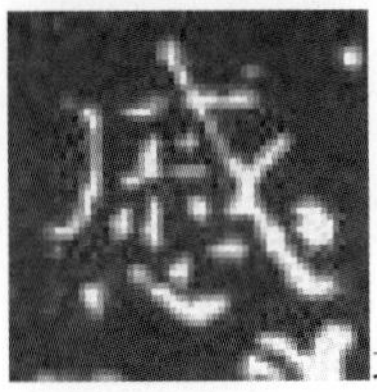
北齊・李難勝誌

〖憍〗

秦代印風

○成㤭

北魏・元新成妃李氏誌

○憍矜莫現於色

北齊・吐谷渾靜媚誌

〖[illegible]〗

秦代印風

○戎[illegible]

〖慜〗

北魏・昭玄法師誌

北魏・元宥誌

北魏・元靈曜誌

北魏・吐谷渾璣誌

東魏・元均及妻杜氏誌

北齊・高阿難誌

〖⿰亻愈〗

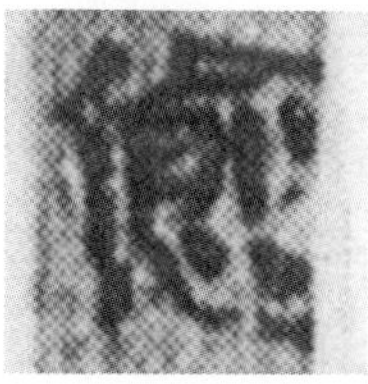
敦煌簡 1997

○飲藥盡大下立⿰亻愈(愈)矣

居・EPF22.280

○病泄注不⿰亻愈(愈)

〖憔〗

東漢・朝侯小子殘碑

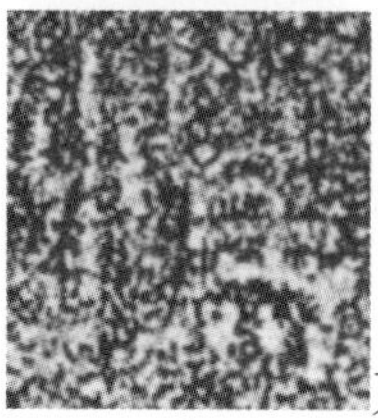
東漢・王舍人碑

○□舍業憔悴

〖⿱術心〗

里・第八層 1243

○以繒臧(藏)治⿱術心(術)暴

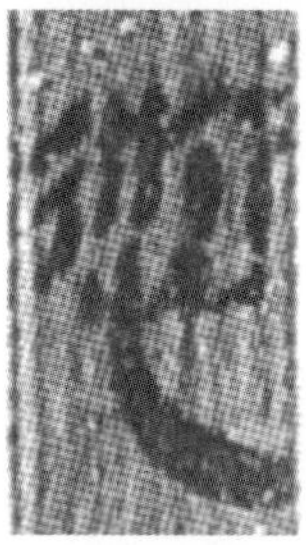
銀貳 2133

○⿱術心(怵)惕心

〖慾〗

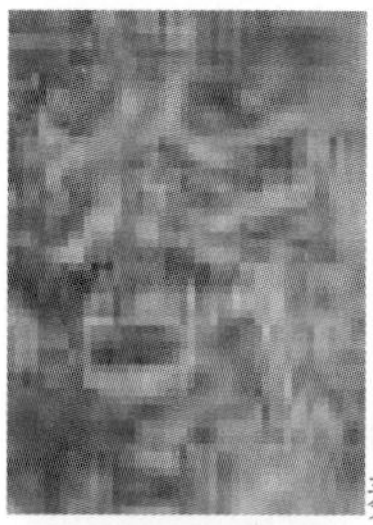
秦駰玉版

晉・黄庭内景經

北魏・高廣誌

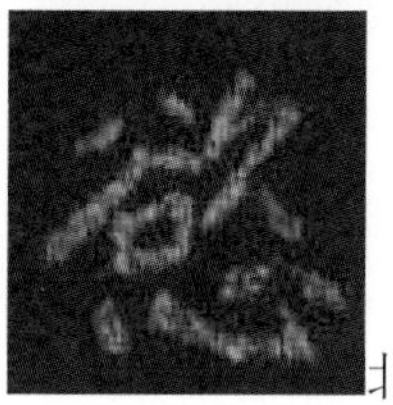
北魏・劉璿等造像

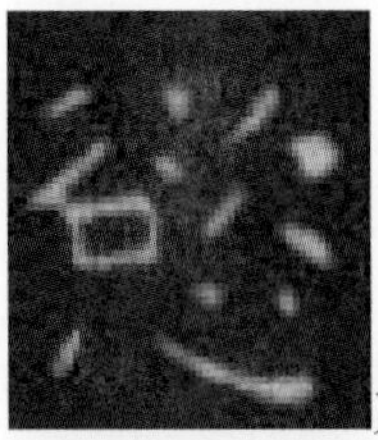
東魏・蕭正表誌

北齊・崔昂誌

北周・張子開造像

○想慾塵累生滅難除如來大慈

〖憣〗

北齊・爾朱元靜誌

○憣(播)五教於中鉉

〖憪〗

東漢・北海太守爲盧氏婦刻石

○□憪厥□

東漢・趙寬碑

〖悶〗

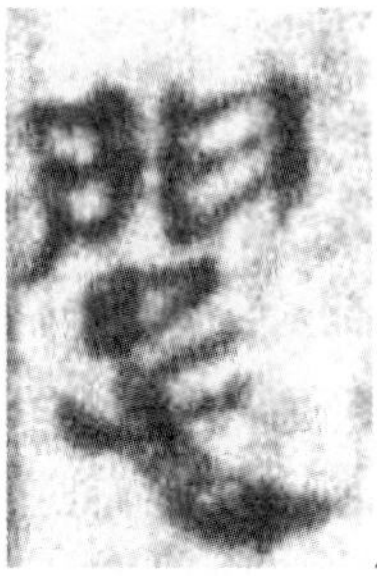
馬壹 100_126

○邦家泯（悶）乳（亂）

〖憨〗

馬貳 118_176/175

○龍憨三石

〖憑〗

東漢・武氏左石室畫像題字

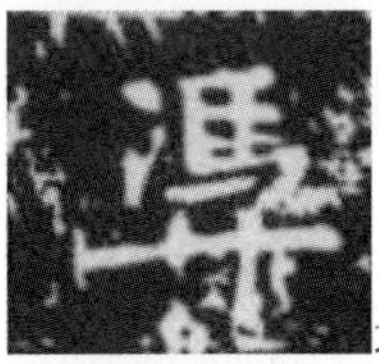
北魏・張寧誌

○憑翰泉冥

北魏・長孫盛誌

北魏・元瞻誌

○公遂憑軾而東征

北魏・元瞻誌

○有物憑焉

北魏・元禮之誌

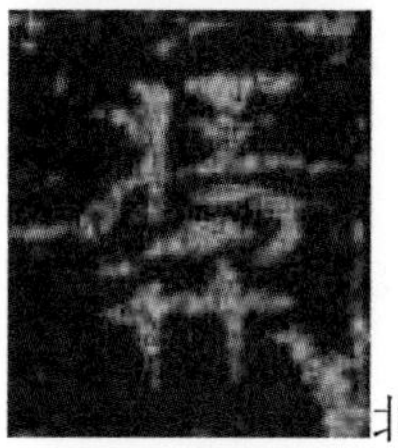
北魏・元華光誌

○憑葉帝室

北魏・吴光誌

北魏・給事君妻韓氏誌

北魏・封昕誌

東魏・僧崇等造像

○並馥寶憑

北齊・雲榮誌

○若不憑諸琬琰

北齊・劉悅誌

○遂憑邙阜

北齊・姜纂造像

北周・僧妙等造像

○仰憑聖容

〖憖〗

漢印文字徵

○宋憼

〖憹〗

北周・張子開造像

○心願永憹（濃）

南朝宋・明曇憘誌

○父憹

〖憴〗

北齊・宋靈媛誌

○憴俛綢繆

〖憩〗

北魏・元延明誌

○亦既憩止

北魏・元賄誌

〖𢡺〗

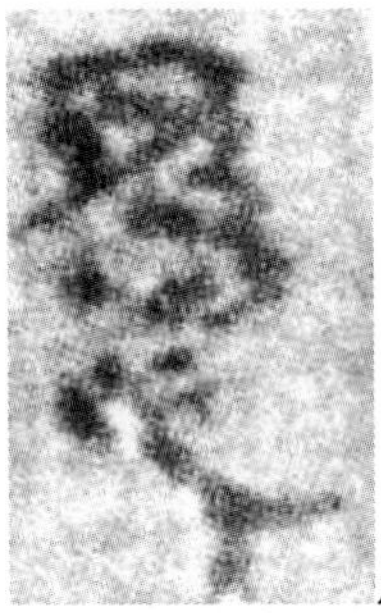
馬壹 102_168

○萬物將自𢡺（化）

〖憎〗

里・第八層 533

○憎司寇

〖懍〗

北魏・元珽誌

○懍若秋霜

北魏・元靈曜誌

○懍然正色

〖憶〗

晉・黃庭內景經

北魏・元始和誌

○同氣號憶以自絕

北周・乙弗紹誌

○猶陳王之憶仲宣

〖慉〗

秦代印風

○王慉

〖懤〗

東魏・閭叱地連誌

〖懃〗

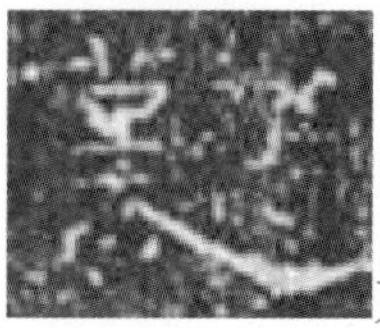
東漢・禮器碑

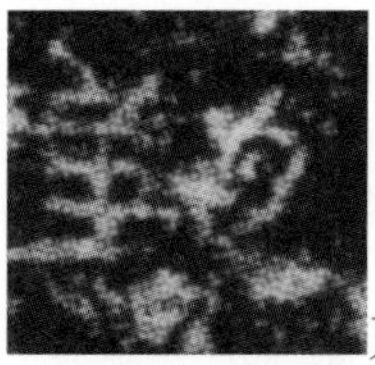
東漢・太室石闕銘

○盡懃以頌功德

北魏・元純陀誌

北魏・于纂誌

北魏・元恪嬪李氏誌

北魏・封魔奴誌

北魏・封魔奴誌

北魏・張整誌

○上美其懃績

東魏・叔孫固誌

東魏・趙紹誌

〇手有懃心

北齊・法懃塔銘

北齊・高阿難誌

〖懪〗

東漢・北海相景君碑陽

〇孝子憉懪

〖憝〗

詛楚文・沈湫

〇憝告

〖[illegible]〗

秦文字編 1627

〖懰〗

東漢・從事馮君碑

〇泣血懰慄

〖憒〗

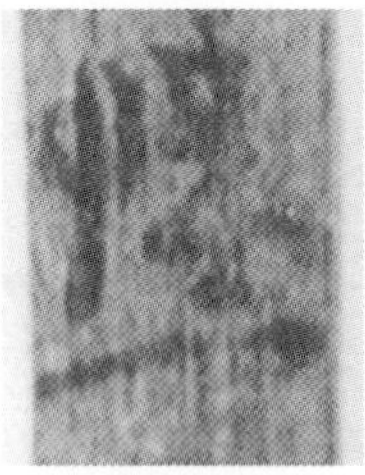
敦煌簡 0105

〇甚憒懣

〖懸〗

吳簡嘉禾・五・六九七

吳簡嘉禾・五・四四九

北魏・元彧誌

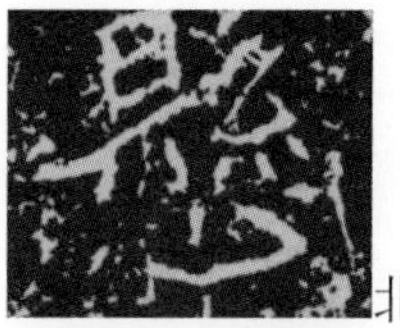
北魏・東堪石室銘

北魏・尉氏誌

北魏・李超誌

北魏・元悌誌

北魏・元子永誌

北魏・王□奴誌

東魏・鄭君殘碑

東魏・王令媛誌

東魏・馮令華誌

北齊・高百年誌

北齊・□弘誌

北齊・斛律昭男誌

北齊・常文貴誌

北齊・徐顯秀誌

北齊・赫連子悅誌

北齊・赫連子悅誌

北齊・赫連子悅誌

北齊・范粹誌

北齊・高湝誌

〖懺〗

北魏・元濬嬪耿氏誌

○懺（殲）我良人

北齊・三十五佛名經

○懺悔侍文

〖⿱霝心〗

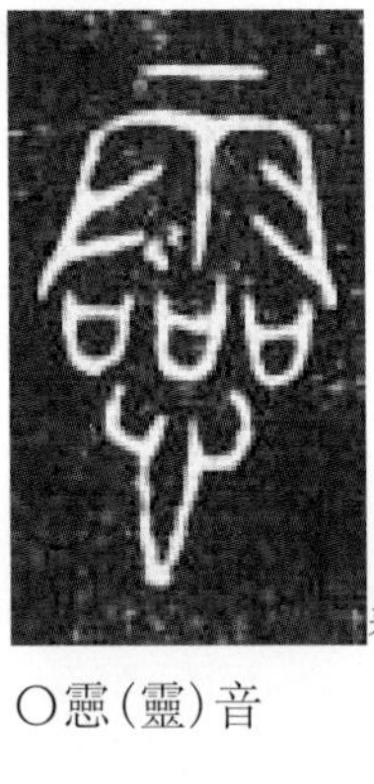
春早・秦公鎛

○⿱霝心(靈)音

〖戃〗

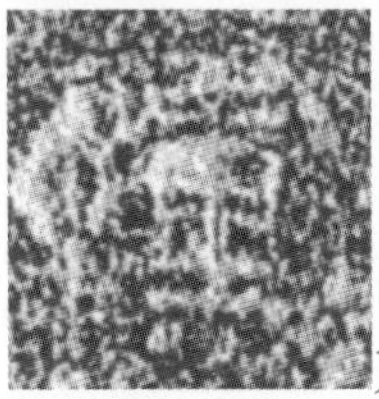
東漢・永壽元年畫像石闕銘

○忉戃悔歷

〖戄〗

北貳・老子 101

○以殺戄（懼）之

〖戀〗

魏晉殘紙

廿世紀璽印三-SY

○戀

東漢・仙人唐公房碑陽

○妻子戀家

西晉・趙氾表

北魏・于仙姬誌

北魏・李椝蘭誌

東魏・李顯族造像

東魏・王僧誌

北周・盧蘭誌

〖戀〗

北壹・倉頡篇 19

○總納韔戀橐

惢部

【惢】

《説文》：惢，心疑也。从三心。凡惢之屬皆从惢。讀若《易》“旅瑣瑣”。

【繠】

《説文》：繠，垂也。从惢糸聲。

北壹・倉頡篇 70

○眇靖姑繠姍媵

秦代印風

○趙繠

漢印文字徵

○趙繠